U0794913

新编21世纪风险管理与精算系列教材

精算模型

第4版

肖争艳 编著

Actuarial Models

中国人民大学出版社
·北京·

内容简介

本书立足于统计学和精算学的基本理论，介绍统计学和数学在保险精算中的应用。不仅阐述了精算建模、保险风险的性质，为保险经营过程中的风险分析和控制提供技术支持，还展示了从实际数据出发建立一个合适的精算模型的具体过程，理论与实践紧密结合。本书对统计学和精算学中的基础知识有较详细的介绍，并且通过大量的习题来提升读者运用精算理论解决实际问题的能力。

本书是中国人民大学统计学院应用统计学专业核心课程“精算模型”多年教学经验的总结，可作为数学、应用统计学、保险学和精算学等专业的本科教材。为便于教师授课，本书提供了第2～9章的教学课件、数据、代码和习题详解。

本书还能够充分满足学生参加国内外精算师或准精算师资格考试的需要。从第1版开始，本书的内容选取和章节编排参考了北美精算师协会（SOA）考试课程STAM的课程大纲，并持续保持更新。本书是第4版，可作为SOA新一轮改革后的考试课程“FAM-S”和“ASTAM”的参考用书。

作者简介

肖争艳　中国人民大学教授，统计学院风险管理与精算系主任。2003年毕业于武汉大学数学与统计学院，获理学博士学位。担任中国现场统计研究会风险管理与精算分会理事，中国工业与应用数学学会保险精算方向青年工作委员会委员。目前主讲本科生课程“精算模型”及研究生课程“非寿险精算实务”和“风险管理”，主编出版了《风险理论》《非寿险精算》等教材。研究方向为金融计量、非寿险精算和系统性金融风险，曾主持和参与多个国家自然科学基金项目、国家社会科学基金重大项目和教育部人文社会科学重点研究基地重大项目，在《经济研究》《金融研究》《统计研究》等期刊上发表30余篇论文。

总序

精算学是保险学、统计学、经济学和金融学等多学科相互交融形成的一门交叉性学科。精算师是一种复合型人才，需要多学科的联合培养。在国际上，精算师大多通过职业资格考试的方式进行认证。国际上著名的精算师协会有国际精算师协会、北美精算师协会、北美非寿险精算师协会、英国精算师协会、澳大利亚精算师协会、日本精算师协会和中国精算师协会。

精算师的资格考试通常分为两个层次：第一个层次是准精算师的资格考试，主要涉及经济学、金融学、保险学、金融数学、概率统计、寿险精算和非寿险精算等专业基础知识和基本能力的考察；第二个层次是精算师的资格考试，涉及投资、财务、全面风险管理和高级精算统计模型的应用等内容。

中国人民大学统计学院于1992年开设了精算专业方向，为我国培养了一大批优秀的风险管理与精算人才，他们活跃于保险公司、政府部门、咨询公司和大型企业，已经成为我国风险管理与精算行业的中坚力量。

经过多年的探索和实践，总结20多年的人才培养经验，中国人民大学统计学院风险管理与精算系建设了一套较为成熟的风险管理与精算系列教材，包括《金融数学》《精算学基础》《寿险精算学》《非寿险精算学》《精算模型》《风险模型》。该套教材于2007年第一次出版，2017年被列入中国人民大学“十三五”规划教材项目进行重点建设。十余年来，经过多次修订和完善，内容体系日趋成熟。目前呈现在读者面前的这套教材就是中国人民大学“十三五”规划教材项目的最终成果。该套教材在编写过程中参考了国际上著名精算师协会资格考试的有关内容，既适用于普通高等学校风险管理与精算专业本科人才的培养，也可以作为精算师职业资格考试的参考用书。

该套教材从第一次出版，就得到了中国人民大学统计学院、中国人民大学应用统计科学研究中心和中国人民大学风险管理与精算中心的支持，尤其得到了袁卫、王晓军、孟生旺、肖宇谷、肖争艳、黄向阳、王燕和高光远等老师的大力支持。此外，兄弟院校的有关老师和学生，以及中国人民大学统计学院的本科生和研究生在教材使用过程中也提出了许多宝贵意见和建议，在此一并向他们表示衷心的感谢！

前言

保险的基本职能是分散风险，因此如何定义和测量风险是保险精算学的重要内容。精算模型是使用统计学和数学等研究工具，对保险损失赔付以及资金流入和流出一个保险系统的过程进行定量分析的学科。精算模型通过建立相关风险模型来研究保险风险的性质，并为保险经营过程中的风险分析和控制提供技术支持。本书旨在向读者阐述精算建模的过程，即如何从实际数据出发建立一个合适的精算模型。首先介绍风险模型，讲解随机变量和风险度量的基础知识，讨论短期内单个保单的理赔额分布和保单组合的总理赔额分布。其次介绍模型的估计和选择，根据保险数据的特点，详细阐述精算建模的两种方法：经验模型法和参数模型法。最后介绍信度理论和随机模拟，研究如何合理利用先验信息和索赔经验对个体的未来损失进行预测，并介绍随机模拟技术及其在精算模型中的应用。

中国人民大学统计学院从 1992 年开设风险管理与精算学专业以来，已经开设“精算模型”这门课程 30 多年。在总结长期的教学经验并关注国际精算师协会最新要求的基础上，专门编写了这本《精算模型》教材。

本书可作为精算模型和风险理论等课程的本科教材，建议在大学本科三年级或四年级安排一个学期每周 3 个学时的教学。对于每周只有 2 个学时的课程，可删减经验模型、经验贝叶斯估计和随机模拟等教学内容。为便于教师授课，本书提供了第 2～9 章的教学课件、数据、代码和习题详解，教师可登录中国人民大学出版社网站 www.crup.com.cn 查阅或下载。

本书也适合数学、统计学和保险学专业的学生作为参加中国精算师资格考试或北美寿险准精算师（ASA）资格考试的参考用书。本书编写时参考了北美精算师协会（SOA）考试课程 Short-Term Actuarial Mathematics（STAM）的课程大纲，在内容取舍上基本与其相符。阅读本书的读者仅需要具有概率统计学和高等数学的基础知识，不需要具有非常强的保险学专业背景。本书在首次出现保险术语之处都给出了相应的定义。为了方便读者自学，本书的内容已录制了慕课。

第 4 版主要做了如下重要改进：

（1）在第 3 版的基础上对全书进行了改写和更新并降低了数学难度，增加了损失分布的知识和保险业务的背景知识，订正了第 3 版中的错误。

（2）为了应对国际精算师协会不断提高的对精算师软件操作水平的要求，每章增加了 R 编程辅导，提供了部分例题的 R 程序，并补充了相应的上机作业。

最后，感谢多年来使用本书的各位师生，感谢所有来函讨论问题或者提供勘误信息的读者。在本书第 4 版的修订过程中，作者虽然尽了最大努力，力求不断完善，但由于水平有限，错误和疏漏之处仍然在所难免。欢迎读者提出宝贵意见，作者不胜感激。

目录

第1章
导 论

第2章
理赔强度模型

第3章
理赔次数的分布

第 4 章
短期个体风险模型

第 5 章
短期集体风险模型

第 6 章
经验模型

第 7 章
参数模型

第 8 章
信度理论

第 9 章 随机模拟

附 录

第1章
导 论

1.1 什么是精算

习近平总书记所作的党的二十大报告，明确了到 2035 年和本世纪中叶我国发展的总体目标，指出了我国未来经济、社会、军事、教育、文化等不同领域的发展方向与目标，同时也指出，我国发展进入战略机遇和风险挑战并存、不确定难预料因素增多的时期，各种“黑天鹅”“灰犀牛”事件随时可能发生。我们必须增强忧患意识，坚持底线思维，做到居安思危、未雨绸缪，准备经受风高浪急甚至惊涛骇浪的重大考验。

保险的基本职能是分散风险。作为我国多层次社会保障体系的组成部分，保险公司在助力基本公共服务均等化，助推养老和医疗保障体系，兜底救助体系建设等方面发挥了独特作用。而精算师这一保险公司背后的“灵魂角色”，在推动行业稳健经营、防范和化解风险方面发挥了核心作用。精算师的主要工作就是利用各种精算技术，一方面，科学制定精算假设，开发具有核心竞争力优势的产品，形成特色化、差异化的产品结构和形态，推进产品的改革创新；另一方面，对经营数据进行量化分析、预测，及时准确把握市场环境的发展变化，适时防范和规避经营风险。在监管工作中，精算人员在有关精算的监管制度设计、产品费率改革、偿付能力建设和风险处置中发挥了重要作用，通过专业客观的精算分析结果，为监管行动提供决策依据。可以说，精算技术是保险专业化发展的重要基石，精算工作本身就是对风险的识别、分析与预测，保险业防范和化解重大风险离不开精算技术、精算工具和精算师。

精算学是一门以概率论和数理统计为基础的，与经济学、金融学及保险理论相结合的应用与交叉性学科。精算学是为适应寿险业发展的需要而产生和发展起来的，概率论、利息理论和生命表技术的发展为精算学奠定了理论基础。精算学从最初应用于人寿和年金保险中对人口死亡率的估计，逐步扩展到非寿险、养老金、社会保障中。在保险领域，精算学主要研究意外伤害等各种事故的出险规律、损失的分布规律、保费的厘定、保险产品的设计、准备金的提取、盈余的分配、基金的投资、资产负债管理、偿付能力管理等，以确保保险公司的稳健发展。在社会保障事业中，精算学研究养老、医疗、失业、工伤、生育等保险的成本与债务分配方案以及基金投资方案等，为社会保障事业的经济安全性和财务稳定性提供定量分析依据。

1.2 构建精算模型的方法

精算中许多问题的解决都需要借助模型。所谓模型就是对现实的一种数学简化，对任何给定问题的研究都可以用模型化的方法来解决。例如，在寿险中，通过建立生存模型，可以分析人口的死亡规律进而预测对被保险人未来的赔付。在非寿险中，精算师通过估计被保险人的索赔次数和索赔额的分布来解决费率厘定、准备金计提、再保险安排等一系列精算问题。因此，北美精算师协会认为“精算风险可以用随机模型的方法进行表述，这些模型是对精算风险变量未来的概率分布以及未来的环境状况的假设”①。这里的精算风险变量一般指：风险是否发生、发生的时间和损失量、索赔事件的发生概率、索赔事件发生的时间以及围绕索赔的所有成本。

精算模型的构建有两种方法：经验模型法和参数模型法。经验模型法就是不对模型做任何分布假设，直接使用经验数据建模。当统计数据量特别大而且完整时，经验分布趋近于真实分布。但在通常情况下，我们所获得的样本数据是有限的，尤其是关于高额赔付的数据更为有限。有时得到的数据还是不完整的，有可能是截断或删失数据。这些都会导致经验模型法产生偏差。下面两个例子说明了这一点。

【例 1-1】 某团体人寿保险的被保险人由不同年龄和不同受益水平的 500 名雇员组成。在过去的 5 年中，已有 8 名雇员身故，共计得到 450 000 元赔付。由于该合同的身故赔付金额与雇员的工资水平挂钩，所以需要将赔付金额按通货膨胀率进行调整。假设明年的通货膨胀率是 10%。试根据以上信息对该合同下一年的预期身故赔付金额进行经验估计。

【解】 5 年内平均赔付为 90 000 元，考虑到通货膨胀因素，预计下一年预期身故赔付金额为 99 000 元。这个估计的缺陷在于，过去 5 年的经验不一定完全反映这个合同在未来一年的情况，因为在如此短（5～6 年）的时间内身故赔付的表现可能会有很大波动。

更合理的方法是建立一个模型，适用于上面例子的就是生命表，要构造这样的表需要积累很多个体经验数据，500 个人的经验数据是不够的。有了生命表，不仅可以估计下一年的预期赔付金额，还可以评估我们所作的估计本身的风险。在寿险精算中用了很大篇幅来详细论述这些问题。

---

① Society of Actuaries Committee on Actuarial Principles. Principles of Actuarial Science. Transactions of the Society of Actuary，1992.

【例1-2】 考虑一个公司团体牙医保险计划。目前保险单规定每次事故的免赔额为50元，即只对一次医疗费用中超过50元的部分进行赔付。为了减少保险公司的平均赔付成本，有三种修改方案。第一种方案认为应该取消免赔额，这样员工就会经常去看牙，及时处理牙齿问题并降低单次支付高昂的医疗费用的可能性。第二种方案认为应该将免赔额提高到100元，以降低赔付成本。第三种方案认为应该限制对高额损失的赔付，建议保持免赔额50元不变，但每次最高理赔额不超过2 000元。作为精算师，你认为哪种方案比较合理？为了研究方便，假设你已经随机抽取了10个赔付数据（单位：元）：

141 16 46 40 351 259 317 1 511 107 567

【解】 在免赔额为50元的条件下，每次赔付的平均值为335.5元。如果免赔额提高到100元，上述保单的赔付额数据将变为141－50＝91，351－50＝301，…，567－50＝517，其中赔付额低于50元的保单的理赔额将为0。上述保单总理赔额为91＋301＋…＋517＝2 903。保险公司的成本将减少

$$\frac{3\ 355-2\ 903}{3\ 355}=\frac{452}{3\ 355}=13.47\%$$

当免赔额为0时，上述理赔额分别为

$$141+50=191,\ 16+50=66,\ \cdots,\ 567+50=617$$

平均理赔额为

$$3\ 855/10=385.5$$

保险公司的成本将提高

$$(3\ 855-3\ 355)/3\ 355=14.90\%$$

实际上，当取消免赔额时，经验模型法得到的结果是没有意义的，因为我们使用的数据并不是真正来自原始样本。如果免赔额为0，则任何有医疗花费的保单都可以获得赔付，也都应该有可能被随机抽取到。但是由于最初的保单规定免赔额为50元，因此医疗费用低于50元的保单损失不可能被保险公司记录，更不可能被随机抽取到。这样会损失大量的原始数据，造成估计结果的偏差。

对于第三种方案，经验模型法无法衡量这个修改对平均赔付额的影响，因为样本数据中没有理赔额超过2 000元的数据。

经验模型法的上述缺陷可以通过建立参数模型来解决。在例1-2中，假设每张保单的原始医疗费用服从对数正态分布 $LN(\mu,\sigma)$，利用极大似然法得到参数估计值 $\hat{\mu}=5.262$，$\hat{\sigma}=1.112$。当免赔额为50元时，经计算得到每张保单的平均赔付额为308.88元。当免赔额提高到100元时，平均赔付额为268.93元，平均赔付额减少14.88%。当取消免赔额时，每张保单的平均赔付额等于对数正态分布的期望值356.49元。由于医疗费用大于50元的概率为0.887 6，若取消免赔额，理赔次数将会增加0.11 569/0.88 776＝12.66%。当每张保单的最高赔付额不超过2 000元时，每张保单的平均赔付额为287.22元，平均赔付额减少7.1%。

相比较而言，参数模型法在分析问题时更有用。首先，理论分布有丰富的应用性质

（如中心极限定理、独立同分布、泊松随机变量的可加性），这些性质有助于对实际问题进行分析。其次，参数模型法更简单，完全可以由少数几个参数概括，如泊松分布、指数分布只有一个参数，正态分布、对数正态分布、伽马分布、帕累托分布和负二项式分布也仅有两个参数。最后，参数模型法不仅可以给出各种相关变量的点估计值，还可以给出估计置信区间，有助于进行误差分析。

1.3 构建参数模型的步骤

图 1-1 是建立参数模型的流程示意图[①]，这个流程由以下六个阶段组成。

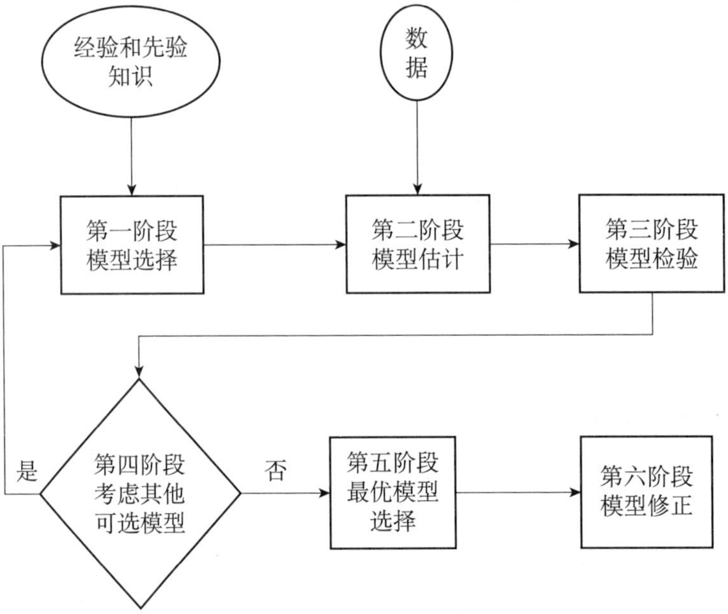

图 1-1 建立参数模型的流程示意图

第一阶段 根据分析人员对现有数据的性质和形式的先验认知及经验初步选择一个或多个模型。例如，在研究死亡率时，所选的模型也许会包含以下协变量：年龄、性别、保单生效期限、保单类型、健康状况和生活方式等。在研究保险的损失量大小时，会对统计分布类型有一些自然的选择（例如对数正态分布、伽马分布、威布尔分布）。

第二阶段 基于观测数据进行模型的校准，估计所选择分布中的未知参数。在研究死亡率的情形，数据可能是某寿险保单群体的信息。在研究财产保险的索赔时，数据可能是某财产保险群体的实际赔付数据。

第三阶段 确定所拟合模型的有效性，是否充分考虑了数据中的所有信息。这里可以采用各种诊断检验。例如一些著名的统计检验：卡方拟合优度检验、Kolmogorov-

① Stuart A. Klugman，Harry H. Panjer，Gordon E. Willmot. 损失模型：从数据到决策．吴岚，译．北京：人民邮电出版社，2009.

Smirnov检验，或者按照事物的本质进行的定性检验。检验方法的选择直接依赖于建模的目的。在保险研究中，经常要求最终的模型能够从整体上复制实际经验数据所表现的损失。在保险实务中常称之为模型的无偏性。

第四阶段 要有适当的机会考虑其他可选模型。特别是，如果在第三阶段揭示出前面的模型不适用，这个步骤将特别有价值。在这个阶段也许会考虑不止一个有效模型。

第五阶段 将第一至第四阶段考虑的所有有效模型按照一定的准则进行比较选择。这时可以利用前面获得的一些检验结果，也可以考虑其他的准则。一旦某个模型胜出，则淘汰的那些模型可用于敏感性分析。

第六阶段 最终要保证选出的模型适用于未来的应用。也许要对参数进行适当的调整，以反映从观测数据的时期到未来模型使用时期之间的通货膨胀变化。

当新的数据产生后或者环境有所变化时，需要重复进行以上六个步骤以改进模型。

在模型选择中，要注意对模型的拟合程度和简单程度进行平衡，对模型的优劣给予客观的评价。简洁性是指模型中待估计的未知参数尽可能少，准确性是指模型对实际数据的拟合误差尽可能小。另一个需要注意的问题是，对损失分布的估计应考虑获得该分布的具体精算要求。在不同的精算目的下，对损失分布估计的精度要求不一样，代价也不一样。例如，如果是为了制定费率，则对损失分布中间部分的分布情况要求较高；如果是为了考虑再保险自留额问题，则对损失分布的尾部要作更细致的估计。

1.4 本书的结构

本书将向读者介绍整个精算建模过程。我们假定读者已经掌握了高等数学和概率统计的基础知识。我们首先要学习寿险和非寿险中的基本风险模型以及如何使用，然后再讨论模型参数的估计以及如何选择模型。本书的结构如下：

（1）单张保单的理赔额和理赔次数分布。保单索赔发生的时间、次数和每次理赔的金额是非寿险中最主要的风险来源。第2章介绍财产险中的理赔强度分布。我们首先介绍常见的损失分布及其性质，其次在损失分布的基础上介绍常见的保险条款（免赔额、保单限额和比例分保）的基本概念，并研究带有这些保险条款的理赔强度分布。第3章介绍几种常见的理赔次数分布的性质、保单组合的理赔次数的分布，以及免赔额对理赔次数分布的影响。

（2）短期总理赔额的分布。在对一些保单组合、某个业务线或者某个公司进行损失建模时，我们将关心赔付的整体情况。第4章研究个体风险模型，即保单组合中保单数已知，假设每张保单至多发生一次理赔，且相互独立。第5章研究集体风险模型，即既考虑赔付次数又考虑每次赔付的金额的总理赔额模型。

（3）经验模型。有时人们需要利用数据的经验分布，这也许是因为数据的规模足够大或者是因为需要很好地表现数据本身的特点。第6章将讨论这些内容，包括对完整个体数据直接计算的简单情形、对截断或删失数据的调整、对大数据集的适当修正，特别是对生存模型的研究。

（4）参数模型的估计和选择。构建精算模型的关键在于选择一个合适的分布模型并估计参数。第 7 章将对不同数据类型下的参数估计方法进行详细阐述，讨论参数的区间估计和极大似然函数的方差，最后介绍模型选择问题，选择方法包括主观判断法和评分法两类。

（5）信度调整。有时估计是基于很小的观测量得到的，数据的可信度不高，这时可以考虑添加一些相关的先验信息来提高估计的精度。第 8 章的信度理论考虑了结合先验信息进行适当调整的机制和方法。

（6）随机模拟。在很难得到解析结果时，随机模拟（利用随机数）方法也许可以提供答案。本书介绍各种随机变量随机数的产生方法，并举例说明随机模拟在保险精算中的应用。

第2章

理赔强度模型

面对不确定性因素，一次事故导致的损失有多种。根据概率论的知识，我们可以寻找一个分布函数来刻画事故导致各种损失的概率。一般情况下，直接寻找这样的分布函数比较困难，但是当保险人拥有大量相似或同类事故的保单时，保险人可以比较准确地估计损失分布，预测平均理赔额，并确定合适的保险费。由于理赔额是基于实际损失额确定的，只有对潜在损失的分布有一定的了解，才能获得关于理赔额的分布。本章先介绍常见的损失分布及其性质，然后讨论不同保单条款下的理赔强度分布，最后讨论通货膨胀对理赔强度的影响。

2.1 损失分布

描述损失的分布类型多种多样，有些损失可以用常见的分布如指数分布、伽马分布来描述，有些损失是由巨大的自然灾害（如地震、台风、洪水等）造成的，可以用厚尾分布来描述，有些损失需要构建新分布来描述。本节先介绍常见的损失分布，再讨论如何利用常见的分布构建新的分布模型。

2.1.1 常见的损失分布

用来描述损失大小的随机变量 X 的分布函数通常具有下列特征：

（1）非负性。损失额应该都是非负的，因此 $P(X\geqslant 0)=1$。

（2）损失额应该是连续变化的，因而 $f(X)$ 是连续的。

（3）损失额小的保险事故发生的可能性较大；损失额大的保险事故发生的可能性较小，但不可以忽略。从直观上说，分布曲线左右不对称，左偏或右偏。

（4）有些损失额分布的密度函数的尾部较厚。厚尾分布通常是指密度函数的尾部比指数分布的密度函数的尾部“厚重”的分布，可用来研究巨灾保险中的大额索赔问题。

常用于描述损失的分布有指数分布、伽马分布、帕累托分布、对数正态分布、威布尔分布等。下面分别介绍这几种分布的性质。

1. 指数分布

若随机变量 X 的分布函数和密度函数分别为：

$$F(x)=1-\exp(-x/\theta),\quad x>0$$

$$f(x)=\frac{1}{\theta}e^{-x/\theta},\quad x>0$$

式中，尺度参数 $\theta>0$，则称 X 服从参数为 θ 的指数分布。①

指数分布的密度函数如图2-1所示。

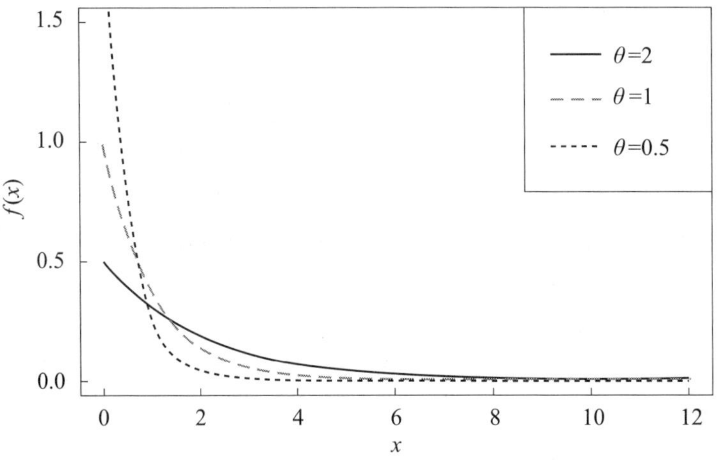

图2-1　指数分布的密度函数

指数分布的期望、方差和 k 阶原点矩分别为：

$$E(X)=\theta,\ \mathrm{Var}(X)=\theta^2,\ E(X^k)=k!\theta^k,\ k\text{ 为整数}$$

指数分布的矩母函数为：

$$M(t)=(1-\theta t)^{-1}$$

指数分布的变异系数为：

$$CV=1$$

指数分布的危险率函数为：

---

① 本书默认指数分布的参数为尺度参数，这与有些教材的定义略有不同，有些教材定义指数分布的分布函数和密度函数分别为 $F(x)=1-\exp(-\theta x)$，$f(x)=\theta\exp(-\theta x)$，$\theta>0$。此时，$\theta$ 称为比率参数。比率参数与尺度参数互为倒数。尺度参数的定义将在2.1.3节介绍。在R代码中默认指数分布的参数是比率参数，如果使用尺度参数，必须明确申明 scale=1/rate。

$$h(t)=\frac{f(t)}{S(t)}=\frac{1}{\theta}$$

在生存分析中，危险率函数也称为死亡力函数。由于$\frac{1}{\theta}$为常数，因此若假设个体生存时间随机变量服从指数分布，则称个体具有“常值死亡力”。

指数分布具有下列重要性质：

（1）对任意非负常数k，定义$Y=kX$，可以证明$f_Y(y)=\frac{1}{k\theta}\exp\left(-\frac{x}{k\theta}\right)$，因此$Y$服从参数为$k\theta$的指数分布。

（2）无记忆性。若随机变量X服从尺度参数为θ的指数分布，则条件随机变量$(X-d)\mid X>d$仍然服从尺度参数为θ的指数分布，即$E(X-d\mid X>d)=E(X)=\theta$。无记忆性可以通过产品使用寿命的例子来直观理解。假设某产品的使用寿命服从指数分布，则在此产品使用一段时间后且没有失效的条件下，能继续使用的时间仍服从相同的指数分布。由于未来产品失效的时间与历史记录无关，无记忆性有时也称作“不老化”，指数分布的危险率为常数也体现了这一性质。因此，指数函数又称为寿命分布，它是个体寿命分布的近似。

在保险精算中，指数分布可以用来描述保险事故损失额和理赔额、保险事故发生的时间间隔、个体生存时间等变量。

2. 伽马分布

若随机变量X的分布函数和密度函数分别为：

$$F(x)=\Gamma(x/\theta;\alpha)$$
$$f(x)=\frac{(x/\theta)^{\alpha}e^{-x/\theta}}{x\Gamma(\alpha)}$$

其中 $$\Gamma(\alpha)=\int_0^{\infty}t^{\alpha-1}e^{-t}dt$$

则称X服从参数为(α,θ)的伽马（Gamma）分布，其中，$\alpha(\alpha>0)$为形状参数，$\theta(\theta>0)$为尺度参数，$1/\theta$为比率参数。可以看出，当$\alpha=1$时，伽马分布就是指数分布。当参数$\theta=1$时，伽马分布称为标准伽马分布，其分布函数记为：

$$\Gamma(x;\alpha)=\frac{1}{\Gamma(\alpha)}\int_0^{x}t^{\alpha-1}e^{-t}dt$$

当$\alpha=\frac{n}{2}$，$\theta=2$时，伽马分布就是参数为n的卡方分布，均值为n，方差为$2n$。

利用Γ函数的性质：对于正整数k，$\Gamma(k+1)=k!$，可计算得到伽马分布的期望、方差和k阶原点矩分别为：

$$E(X)=\alpha\theta$$
$$\mathrm{Var}(X)=\alpha\theta^2$$
$$E(X^k)=\theta^k\frac{\Gamma(\alpha+k)}{\Gamma(\alpha)},\quad k>-\alpha$$

伽马分布的变异系数为：

$$CV = \alpha^{-1/2}$$

伽马分布的矩母函数为：

$$M(t) = (1-\theta t)^{-\alpha}, \quad t < 1/\theta$$

从伽马分布的期望和方差的表达式可以看出，当 θ 固定时，α 越大，伽马分布的期望和方差也越大，密度函数将向右偏移，同时趋于平缓。当 α 固定时，θ 越大，则期望与方差越大，密度函数将向右偏移，如图 2-2 所示。

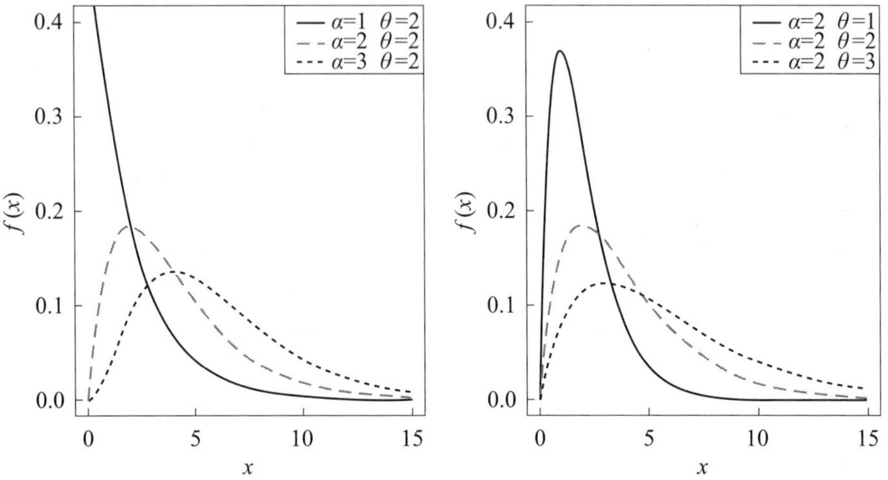

图 2-2 伽马分布的密度函数

伽马分布具有如下性质：

(1) 可加性。如果 X_1，X_2，…，X_n 是服从参数为（α_i，θ）的伽马分布的独立随机变量，则 $Y_1 = X_1 + X_2 + \cdots + X_n$ 服从参数为 $\left(\sum_{i=1}^{n}\alpha_i, \theta\right)$ 的伽马分布。特别地，若 X_1，X_2，…，X_n 独立且服从参数为 θ 的指数分布，则 Y_1 服从参数为（n，θ）的伽马分布。

(2) 当形状参数 α 趋于无穷大时，伽马分布近似正态分布。

(3) 对任意非负常数 k，定义 $Y = kX$，可以证明 Y 服从参数为（α，$k\theta$）的伽马分布。

3. 帕累托分布

若随机变量 X 的分布函数和密度函数分别为：

$$F(x) = 1 - \left(\frac{\theta}{x+\theta}\right)^{\alpha}, \quad x>0;\alpha>0;\theta>0$$

$$f(x) = \frac{\alpha\theta^{\alpha}}{(x+\theta)^{\alpha+1}}, \quad x>0;\alpha>0;\theta>0$$

则称 X 服从帕累托（Pareto）分布，其中，θ 为尺度参数，α 为形状参数。利用数学归纳法求得帕累托分布的 k 阶原点矩为：

$$E(X^k)=\frac{\theta^k\Gamma(k+1)\Gamma(\alpha-k)}{\Gamma(\alpha)},\quad -1<k<\alpha$$

于是

$$E(X)=\theta/(\alpha-1),\quad \alpha>1$$

$$\mathrm{Var}(X)=\frac{\theta^2\alpha}{(\alpha-1)^2(\alpha-2)},\quad \alpha>2$$

可见，当 $\alpha<1$ 时，帕累托分布的均值不存在，而当 $\alpha<2$ 时，帕累托分布的方差不存在。这说明帕累托分布方差无限，甚至均值无限，这也是厚尾分布的常见特征。因此，帕累托分布常用来描述大额损失分布。

观察帕累托分布的期望与方差表达式可以看出

$$\mathrm{Var}(X)=(E(X))^2\frac{\alpha}{\alpha-2},\quad \alpha>2$$

帕累托分布的变异系数为：

$$CV=\left(\frac{\alpha}{\alpha-2}\right)^{1/2}$$

可以看出当 $\alpha\to\infty$时，变异系数趋于 1。

不同参数取值的帕累托分布的密度函数如图 2－3 所示。当 α 不变时，θ 的取值越大，分布的尾部越厚。或者当 θ 不变时，α 的取值越小，分布的尾部越厚。

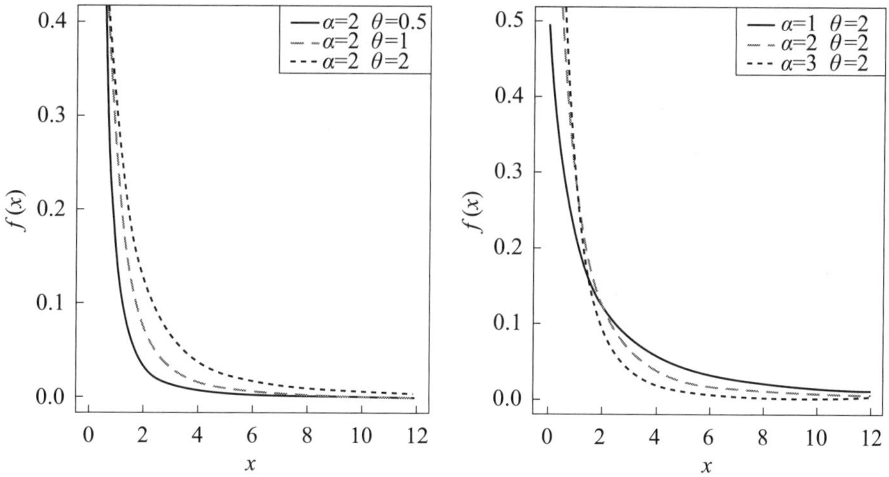

图 2－3　帕累托分布的密度函数

帕累托分布具有以下常用性质：

（1）帕累托分布总是右偏的，众数恒为 0。

（2）帕累托分布变量乘以正常数 k，仍然服从帕累托分布，参数变为（α，$k\theta$）。

（3）如果均值 $\mu=E(X)$ 保持不变，当 $\alpha\to\infty$ 时，帕累托分布收敛于参数为 μ 的指数分布。

（4）设 X 服从以 θ 为尺度参数、α 为形状参数的帕累托分布，定义 $Y=X-d\mid X>d$，

则 Y 的分布为帕累托分布，形状参数不变，尺度参数为 $\theta+d$。

4. 对数正态分布

假设随机变量 X 取对数后服从正态分布 $N(\mu, \sigma^2)$，则称 X 服从对数正态分布，参数为 μ 和 σ^2。对数正态分布的分布函数和密度函数分别为：

$$F(x)=\Phi\left(\frac{\ln x-\mu}{\sigma}\right),\quad x>0$$

$$f(x)=\frac{1}{\sqrt{2\pi}\sigma x}\mathrm{e}^{-\frac{(\ln x-\mu)^2}{2\sigma^2}},\quad x>0$$

式中，Φ 为标准正态分布函数。根据正态分布的性质，对数正态分布的均值、方差和 k 阶原点矩分别为：

$$E(X)=\exp(\mu+\sigma^2/2)$$

$$\mathrm{Var}(X)=\exp(2\mu+\sigma^2)(\exp(\sigma^2)-1)$$

$$E(X^k)=\exp(k\mu+k^2\sigma^2/2)$$

可以看出，对数正态分布的期望和方差都是参数 μ 和 σ^2 的增函数。对给定的 μ，当 $\sigma^2\to 0$ 时，$E(X)\to\exp(\mu)$，$\mathrm{Var}(X)\to 0$。不同参数取值的对数正态分布的密度函数如图 2-4 所示，可以看出对数正态分布是右偏分布。

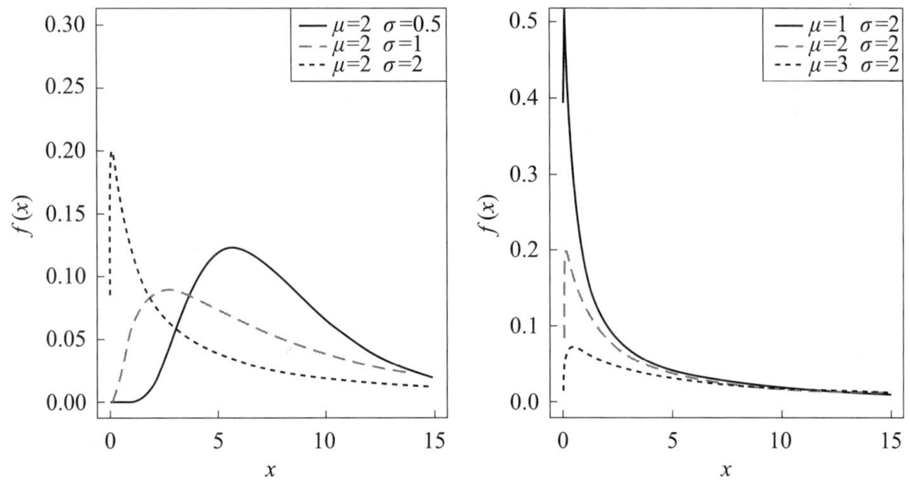

图 2-4 对数正态分布的密度函数

对数正态分布具有如下常用性质：

(1) 设 a 和 b 为正实数，X 服从参数为 μ 和 σ^2 的对数正态分布，则 $Y=aX^b$ 仍服从对数正态分布，其参数为 $b\mu+\ln a$ 和 $b^2\sigma^2$。

(2) 设 X 服从参数为 μ 和 σ^2 的正态分布，则 $Y=\exp(X)$ 服从参数为 μ 和 σ^2 的对数正态分布。反之，若 Y 服从对数正态分布，则 $X=\ln Y$ 服从正态分布。

(3) 对数正态分布总是右偏的，具有非零众数 $\exp(\mu-\sigma^2)$。

5. 威布尔分布

若随机变量 X 的分布函数和密度函数分别为：

$$F(x) = 1 - \exp(-(x/\theta)^{\tau}),\quad x>0;\theta>0;\tau>0$$

$$f(x) = \frac{\tau(x/\theta)^{\tau}e^{-(x/\theta)^{\tau}}}{x},\quad x>0;\theta>0;\tau>0$$

则称 X 服从威布尔（Weibull）分布，形状参数为 τ，尺度参数为 θ。当 $\tau=1$ 时，威布尔分布为指数分布。威布尔分布的期望和方差分别为：

$$E(X) = \Gamma(1+1/\tau)\theta$$

$$\mathrm{Var}(X) = \Gamma(1+2/\tau)\theta^2 - (\Gamma(1+1/\tau)\theta)^2$$

k 阶原点矩为：

$$E(X^k) = \theta^k\Gamma(1+k/\tau),\quad k>-\tau$$

不同参数取值的威布尔分布的密度函数如图 2－5 所示。从图中可以看出当 θ 不变时，τ 的取值越小，分布的尾部越薄。

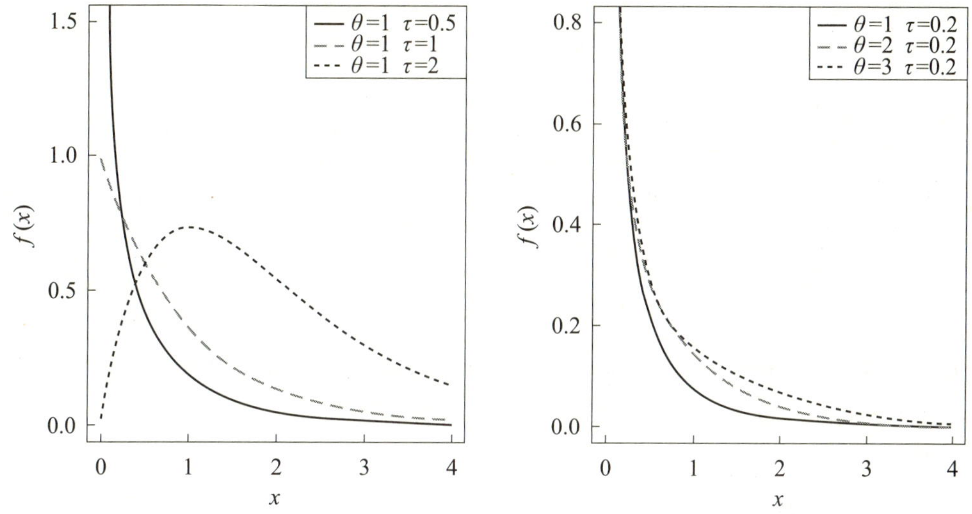

图 2－5　威布尔分布的密度函数

威布尔分布具有下列性质：

（1）$\tau=1$ 时，威布尔分布就是尺度参数为 θ 的指数分布。

（2）对正常数 k，定义 $Y=kX$，Y 服从参数为（τ，$k\theta$）的威布尔分布。

（3）如果 X 服从参数为 θ 的指数分布，则 $Y=X^{\tau}$ 服从威布尔分布。

2.1.2　极值分布

精算师有时会研究大额损失的分布特征。例如在责任事故超赔再保险中，再保险公司只在事故亏损超过较大数额时才进行赔付。这时低于这个较大数额的分布形式并不重要，尽管这个分布对于了解再保险发生概率很重要。极值分布是分析大额损失数据的常用分布。它主要涉及两种类型的极端损失。一种是一段时间内的最大损失，例如每年日降雨量的最大值、每年地震损失的最大值。广义极值分布用于描述这种极大值的分布。另一种是超过一定阈值的超额损失，例如阈值为 500 万元，对于观察值为 2 500 万元的损失额，超额损失为 2 000 万元。当阈值足够大时，可以用广义帕累托分布来描述超额损失分布。本小节将简单介绍广义极值分布和广义帕累托分布。

1. 广义极值分布

设 X_1，X_2，…，X_n 为独立同分布的损失随机变量序列，记 $M_n=\max\{X_1, X_2, \cdots, X_n\}(n>2)$ 表示损失随机变量序列的极大值，则 M_n 的分布函数可以表示为：

$$P(M_n \leqslant x) = (F(x))^n$$

若已知损失随机变量 X 的分布函数表达式，则可以求出极大值的分布。若 X 的分布函数是未知的，下面的定理说明，可以通过对 M_n 进行适当的线性变换，近似求得极大值的分布。

定理 2－1（Fisher-Tippett-Gnedenko 定理） 设 X_1，X_2，…，X_n 为独立同分布的随机变量序列，记 $M_n=\max\{X_1, X_2, \cdots, X_n\}(n>2)$，如果存在规范化常数列 $\{a_n>0\}$、$\{b_n\}$ 与某一非退化分布函数 $G(x)$，使得

$$\lim_{n\to\infty} P\left(\frac{M_n-b_n}{a_n}<x\right)=G(x)$$

成立，则 $G(x)$ 的函数形式必为：

$$G_\xi(x)=\begin{cases}\exp(-\mathrm{e}^{-x}), & \xi=0;x\in R\\ \exp\left(-(1+\xi x)^{-\frac{1}{\xi}}\right), & \xi\neq 0;1+\xi x>0\end{cases}$$

$G(x)$ 称为广义极值分布。一般来说，广义极值分布可以分为三类。

（1）Gumbel 分布类。当 $\xi=0$ 时，广义极值分布就是标准的 Gumbel 分布，其累积分布函数为：

$$F(x)=G_0(x)=\exp(-\mathrm{e}^{-x}), \quad -\infty<x<\infty$$

若引入位置参数 μ 和尺度参数 θ，则

$$F(x)=G_{0,\mu,\theta}(x)=\exp\left(-\exp\left(-\frac{x-\mu}{\theta}\right)\right), \quad -\infty<x<\infty;\theta>0$$

（2）Fréchet 分布类。当 $\xi>0$ 时

$$F(x)=G_{1,\alpha}(x)=\exp(-x^{-\alpha}), \quad x>0;\alpha>0$$

式中，α 是形状参数。引入位置参数 μ 和尺度参数 θ 的 Fréchet 分布函数为：

$$F(x)=G_{1,\alpha,\mu,\theta}(x)=\exp\left(-\left(\frac{x-\mu}{\theta}\right)^{-\alpha}\right), \quad x>0;\alpha,\theta>0$$

（3）Weibull 分布类。当 $\xi<0$ 时

$$F(x)=G_{2,\alpha}(x)=\exp(-(-x)^{\alpha}), \quad x\leqslant 0;\alpha>0$$

若引入位置参数μ和尺度参数θ，则

$$F(x)=G_{2,\alpha,\mu,\theta}=\exp\left(-\left(-\left(\frac{x-\mu}{\theta}\right)\right)^{\alpha}\right),\quad x\leqslant\mu;\alpha>0$$

定义 2-1 如果随机变量X的极大值经过标准化处理后近似服从广义极值分布，则称该随机变量的分布F属于广义极值分布H的极大值吸引域（maximum domain of attraction，MDA），记为$F\in MDA(H)$，即

$$\lim_{n\to\infty}P\left(\frac{M_n-b_n}{a_n}\leqslant x\right)=H(x)\Leftrightarrow F\in MDA(H)$$

若F属于Fréchet分布的极大值吸引域，即$F\in MDA(H_\xi)(\xi>0)$，则其生存函数可以表示为$S(x)=x^{-1/\xi}L(x)$，其中$L(x)$在$x\to\infty$时为慢变函数，即满足$\lim\limits_{x\to\infty}\frac{L(tx)}{L(x)}=1$ $(t>0)$。反之，如果F的生存函数可以表示为$S(x)=x^{-1/\xi}L(x)$，则该分布F属于Fréchet分布的极大值吸引域。这类分布具有遵循幂律的尾部，包括Fréchet分布、帕累托分布、逆伽马分布、t分布、F分布和Burr分布。

属于Gumbel分布极大值吸引域的分布，其尾部薄于任何幂函数，且存在任意阶矩，即$E(X^k)<\infty(k>0)$。属于Gumbel分布极大值吸引域的密度函数，其尾部按照指数函数衰减。这类分布的尾部差异很大，包括Gumbel分布、正态分布、指数分布、伽马分布、逆高斯分布、对数正态分布、卡方分布、标准威布尔分布等。

属于威布尔分布的极大值吸引域的分布，其密度函数有一个快速下降的尾部，实际上是有有限的右端点的分布，包括贝塔分布、均匀分布和三角分布等。

2. 广义帕累托分布

假设随机变量X服从广义帕累托分布，其分布函数可以表示为：

$$G_{\xi,\sigma}=\begin{cases}1-\left(1+\xi\dfrac{x}{\sigma}\right)^{-1/\xi}, & \xi\neq 0\\ 1-\exp(-x/\sigma), & \xi=0\end{cases}$$

式中，ξ是形状参数；σ是尺度参数。广义帕累托分布的均值和方差分别为：

$$E(X)=\frac{\sigma}{1-\xi},\quad \xi<1$$

$$\mathrm{Var}(X)=\frac{\sigma^2}{(1-\xi^2)(1-2\xi)},\quad \xi<\frac{1}{2}$$

当形状参数$\xi\to 0$时，广义帕累托分布趋于指数分布，即

$$\lim_{\xi\to 0}G_{\xi,\sigma}=\lim_{\xi\to 0}\left(1-\left(1+\xi\frac{x}{\sigma}\right)^{-1/\xi}\right)=1-e^{-x/\sigma}$$

定理2-2说明广义帕累托分布适合描述超额损失的极限分布。

定理 2-2（Pickands-Balkema-de Haan 定理） 设X_1，X_2，…，X_n为独立同分布的随机变量序列，记$M_n=\max\{X_1,X_2,\cdots,X_n\}(n>2)$。如果存在规范化常数列$\{a_n>0\}$、

$\{b_n\}$ 与某一非退化分布函数 $G(x)$，使得

$$\lim_{n\to\infty}P\left(\frac{M_n-b_n}{a_n}<x\right)=G(x)$$

成立，则对于足够大的阈值 u，超额损失随机变量 $Y=X-u\mid X>u$ 近似服从广义帕累托分布。

可见，广义帕累托分布的形状参数与广义极值分布的形状参数相同。常见的连续分布都属于广义极值分布的极大值吸引域，所以当阈值足够大时，它们的超额损失都近似服从广义帕累托分布。

2.1.3 构建新分布模型的方法

在 2.1.1 小节中，我们了解了五种常见的分布。但这几种分布对于描述复杂的损失数据还远远不够。不过，我们可以对这五种分布进行适当的函数变换或通过分布的混合产生新的分布。

1. 函数变换

假设函数 $g(x)$ 单调递增可导，则对于损失金额随机变量 X 进行函数变换可以得到一个新的随机变量 $Y=g(x)$。Y 的分布函数可以用 X 的分布函数来表示：

$$F_Y(y)=P(g(X)\leqslant y)=P(X\leqslant g^{-1}(y))=F_X(g^{-1}(y))$$

Y 的密度函数也可以用 X 的密度函数表示为：

$$f_Y(y)=\frac{\mathrm{d}F_Y(y)}{\mathrm{d}y}=\frac{\mathrm{d}}{\mathrm{d}y}g^{-1}(y)f_X(g^{-1}(y)) \tag{2.1}$$

类似地，假设函数 $g(x)$ 单调递减可导，则 $Y=g(x)$ 的分布函数为：

$$F_Y(y)=P(g(X)\leqslant y)=P(X\geqslant g^{-1}(y))=1-F_X(g^{-1}(y))$$

Y 的密度函数为：

$$f_Y(y)=\frac{\mathrm{d}F_Y(y)}{\mathrm{d}y}=-\frac{\mathrm{d}}{\mathrm{d}y}g^{-1}(y)f_X(g^{-1}(y)) \tag{2.2}$$

在生成新的损失金额分布模型时，常见的函数变换有数乘变换、幂变换和指数变换等。

(1) 数乘变换。若 X 为连续型随机变量，分布函数为 $F_X(x)$，密度函数为 $f_X(x)$，对其实施数乘变换，即令 $Y=kX$，其中 $k>0$，则 Y 的分布函数为：

$$F_Y(y)=P(Y\leqslant y)=P(kX\leqslant y)=P\left(X\leqslant\frac{y}{k}\right)$$

$$f_Y(y)=\frac{\mathrm{d}F_Y(y)}{\mathrm{d}y}=\frac{1}{k}f_X\left(\frac{y}{k}\right) \tag{2.3}$$

如果一个随机变量乘以一个正的常数 k，其分布类型保持不变，仍然属于原分布族，只是其中某个参数变为原来的 k 倍，其他参数保持不变，那么这个分布就是尺度分布，发生变化的参数称为尺度参数。例如，X 服从指数分布，$f(x)=\frac{1}{\theta}\mathrm{e}^{-\frac{x}{\theta}}$，则 $Y=kX$ 的密

度函数为：

$$f_Y(y)=\frac{1}{k\theta}f_X\left(\frac{y}{k\theta}\right)=\frac{1}{k\theta}\mathrm{e}^{-\frac{x}{k\theta}}$$

因此，Y 服从参数为 $k\theta$ 的指数分布。θ 即为尺度参数。

指数分布、威布尔分布、伽马分布、帕累托分布都是尺度分布。

(2) 幂变换。若 X 为连续型随机变量，分布函数为 $F_X(x)$，密度函数为 $f_X(x)$，对其实施幂变换，即 $Y=X^{1/\tau}$。根据 τ 的正负号，幂变换可以分为两类。

①正幂变换，即 $\tau>0$，则 Y 的分布函数为：

$$F_Y(y)=P(Y\leqslant y)=P(X^{1/\tau}\leqslant y)=P(X\leqslant y^{\tau})=F_X(y^{\tau})$$

对上式两边求导即得 Y 的密度函数为：

$$f_Y(y)=\tau y^{\tau-1}f_X(y^{\tau}) \tag{2.4}$$

这种通过对 X 实施正幂变换得到的 Y 分布称为 X 的转换（transformed）分布。

②负幂变换，即 $\tau<0$，则 Y 的分布函数为：

$$F_Y(y)=P(Y\leqslant y)=P(X\geqslant y^{\tau})=1-F_X(y^{\tau})$$

$$f_Y(y)=-\tau y^{\tau-1}f_X(y^{\tau}) \tag{2.5}$$

这种通过对 X 实施负幂变换得到的 Y 分布称为 X 的逆转换（inverse transformed）分布。特别地，如果 $\tau=-1$，则称 Y 分布为 X 的逆变换分布，如逆指数分布、逆伽马分布、逆高斯分布、逆布尔分布。

【例 2-1】 假设随机变量 X 服从参数为 1 的指数分布，求 X 的逆变换分布、转换分布和逆转换分布的分布函数。

【解】 由题意知 $F(x)=1-\exp(-x)$，对 X 实施逆变换 $Y_1=X^{-1}$。

$$F_{Y_1}(y)=P(Y_1\leqslant y)=P(X\geqslant y^{-1})=1-\mathrm{e}^{-1/y}$$

若令 $Y=\theta Y_1$，即对 Y_1 的分布引入尺度参数 θ，则 $F_Y(y)=P(\theta Y_1\leqslant y)=P\left(Y_1\leqslant\frac{y}{\theta}\right)=1-\mathrm{e}^{-\frac{1}{y/\theta}}=1-\mathrm{e}^{-\theta/y}$，得到 $F_Y(y)=1-\mathrm{e}^{-\theta/y}$，这个分布就是逆指数分布。

对于 X 实施正幂变换 $Y_2=X^{1/\tau}$，$\tau>0$。Y_2 的分布函数为：

$$F_{Y_2}(y)=1-\exp(-y^{\tau})$$

类似地，若对 Y_2 的分布引入尺度参数 θ，得到

$$F(y)=1-\exp(-(y/\theta)^{\tau})$$

这个分布就是威布尔分布。

对于 X 实施负幂变换 $Y_2=X^{1/\tau}$，$\tau<0$，由式（2.5），Y_2 的分布函数为：

$$F(y)=1-(1-\exp(-y^{-\tau}))=\exp(-y^{\tau})$$

类似地，若对 Y_2 的分布引入尺度参数 θ，得到

$$F(y) = \exp(-(\theta/y)^{\tau})$$

这个分布就是逆威布尔分布。

（3）指数变换。若 X 为连续型随机变量，分布函数为 $F_X(x)$，密度函数为 $f_X(x)$，对其实施指数变换，即 $Y=\exp(X)$，则

$$F_Y(y) = P(Y \leqslant y) = P(X \leqslant \ln y) = F_X(\ln y)$$

$$f_Y(y) = \frac{\mathrm{d}F_X(\ln y)}{\mathrm{d}y} = \frac{1}{y} f_X(\ln y)$$

【例 2-2】 X 服从正态分布 $N(\mu, \sigma^2)$，求 $Y=\mathrm{e}^X$ 的分布。

【解】

$$F_Y(y) = F_X(\ln y) = \Phi\left(\frac{\ln y - \mu}{\sigma}\right)$$

$$f_Y(y) = \frac{1}{y} f_X(\ln y) = \frac{1}{y\sigma\sqrt{2\pi}} \exp\left(-\frac{1}{2}\left(\frac{\ln y - \mu}{\sigma}\right)^2\right)$$

这就是对数正态分布。

2. 混合分布

生成新分布的第二种方法是对现有分布进行混合。混合的方法有两种，一种是离散混合，即对有限个分布进行混合。例如，假设随机变量 X_1 的密度函数为 $f_1(x)$，X_2 的密度函数为 $f_2(x)$，先定义随机变量 I，取 1 或 2 两个值，且 $P(I=1)=q$，$P(I=2)=1-q$。再定义随机变量 X

$$X=\begin{cases} X_1, & I=1 \\ X_2, & I=2 \end{cases}$$

这两个随机变量的混合分布的密度函数可以表示为：

$$f(x) = qf_1(x) + (1-q)f_2(x)$$

这样得到的分布称为二元混合分布。容易计算得到：

$$E(X) = qE(X_1) + (1-q)E(X_2)$$

$$\begin{aligned} \mathrm{Var}(X) &= E(X^2) - (E(X))^2 \\ &= q\mathrm{Var}(X_1) - 2q(1-q)E(X_1)E(X_2) + (1-q)\mathrm{Var}(X_2) \end{aligned}$$

在二元离散混合中有一种特殊的情况：若 $P(X_1=0)=1$，则

$$X=\begin{cases} 0, & I=1 \\ X_2, & I=2 \end{cases}$$

X 的密度函数为：

$$f_X(x) = q + (1-q)f_{X_2}(x)$$

X 的 k 阶原点矩为：

$$E(X) = q \times 0 + (1-q)E(X_2) = (1-q)E(X_2)$$

$$E(X^k)=q\times 0+(1-q)E(X_2^k)=(1-q)E(X_2^k)$$

$$M_X(t)=q+(1-q)M_{X_2}(t)$$

更一般地，如果 n 个随机变量的密度函数分别为 $f_i(x)(i=1,2,\cdots,n)$，则混合后的密度函数为：

$$f(x)=\sum_{i=1}^{n}q_i f_i(x),\quad q_i\geqslant 0;\sum_{i=1}^{n}q_i=1$$

【例 2-3】损失 X 的分布是一个两点混合分布：

(i) 在 0.8 的概率下，X 服从 $\alpha=2$ 且 $\theta=100$ 的两参数帕累托分布。

(ii) 在 0.2 的概率下，X 服从 $\alpha=4$ 且 $\theta=3\,000$ 的两参数帕累托分布。

计算 $Pr(X\leqslant 200)$。

【解】对于参数为 $\alpha=2$，$\theta=100$ 的两参数帕累托分布，损失 X 小于 200 的概率为：

$$Pr(X\leqslant 200\mid(\text{i}))=1-\left(\frac{100}{300}\right)^2=\frac{8}{9}$$

对于参数为 $\alpha=4$，$\theta=3\,000$ 的两参数帕累托分布，损失 X 小于 200 的概率为：

$$Pr(X\leqslant 200\mid(\text{ii}))=1-\left(\frac{3\,000}{3\,200}\right)^4=0.228$$

$$Pr(X\leqslant 200)=0.8\times\frac{8}{9}+0.2\times 0.228=0.757$$

对现有分布进行混合的另一种方法是连续混合，假设损失随机变量 X 的密度函数可以写为 $f_{X\mid\Theta}(x\mid\theta)$，其中参数 Θ 的取值随投保人不同而不同，已知 Θ 存在一个概率分布 $u(\theta)$，则 X 的无条件分布为：

$$f(x)=\int f_{X\mid\Theta}(x\mid\theta)u(\theta)\mathrm{d}\theta$$

由全概率公式知

$$E(X)=\int\left(\int f_{X\mid\Theta}(x\mid\theta)x\mathrm{d}x\right)u(\theta)\mathrm{d}\theta \tag{2.6}$$

在给定 $\Theta=\theta$ 的条件下，X 的条件期望记为：

$$E(X\mid\Theta=\theta)=\int f_{X\mid\Theta}(x\mid\theta)x\mathrm{d}x$$

可以看出，$E(X\mid\theta)$ 中的 θ 只是 Θ 的一个特定值，因此给定 θ，$E(X\mid\Theta=\theta)$ 是一个与 θ 有关的常数。随着 θ 的改变，$E(X\mid\Theta=\theta)$ 也在改变，因此 $E(X\mid\Theta=\theta)$ 是 θ 函数。于是我们可以引出条件期望的概念。

事实上，对于任意两个随机变量 (X,Y)，可以证明，存在一个值空间为 R 的可测函数 g，使得

$$E(X\mid Y)=g(Y),\quad \text{a.e}$$

$g(Y)$ 称为 X 关于 Y 的条件期望。由于 $E(X \mid Y)$ 是 Y 的函数，因此也是一个随机变量。

根据条件期望的定义和式（2.6），可以推导出无条件期望与条件期望的关系：

$$E(X) = E(E(X \mid \Theta)) \tag{2.7}$$

这一性质称为条件期望的迭代法则。

类似地，对于任意两个随机变量（X，Y），X 关于 Y 的条件方差分别定义为：

$$\begin{aligned}\mathrm{Var}(X \mid Y = y) &= E((X - E(X \mid Y = y))^2 \mid Y = y) \\ &= E(X^2 \mid Y = y) - (E(X \mid Y = y))^2\end{aligned}$$

$$\mathrm{Var}(X \mid Y) = E((X - E(X \mid Y))^2 \mid Y) = E(X^2 \mid Y) - (E(X \mid Y))^2$$

我们可以利用条件期望和条件方差的性质证明方差分解公式

$$\mathrm{Var}(X) = \mathrm{Var}(E(X \mid \Theta)) + E(\mathrm{Var}(X \mid \Theta)) \tag{2.8}$$

这个公式的证明如下：

由于

$$\mathrm{Var}(X \mid \Theta) = E((X - E(X \mid \Theta))^2 \mid \Theta) = E(X^2 \mid \Theta) - (E(X \mid \Theta))^2$$

因此

$$E(\mathrm{Var}(X \mid \Theta)) = E(E(X^2 \mid \Theta) - (E(X \mid \Theta))^2) = E(X^2) - E(E(X \mid \Theta))^2$$

另外

$$\begin{aligned}\mathrm{Var}(E(X \mid \Theta)) &= E(E(X \mid \Theta))^2 - (E(E(X \mid \Theta)))^2 \\ &= E(E(X \mid \Theta))^2 - (E(X))^2\end{aligned}$$

从而

$$\begin{aligned}E(\mathrm{Var}(X \mid \Theta)) + \mathrm{Var}(E(X \mid \Theta)) &= E(X^2) - E(E(X \mid \Theta))^2 \\ &\quad + E(E(X \mid \Theta))^2 - (E(X))^2 \\ &= E(X^2) - (E(X))^2 \\ &= \mathrm{Var}(X)\end{aligned}$$

【例 2-4】 已知损失额服从均值为 Λ 的指数分布，Λ 随被保险人而变化，服从帕累托分布（参数 $\alpha=5$，$\theta=6$），求损失额的方差。

【解】 由损失额服从均值为 Λ 的指数分布知

$$E(X \mid \Lambda) = \Lambda, \quad \mathrm{Var}(X \mid \Lambda) = \Lambda^2$$

由于 Λ 随被保险人而变化，服从帕累托分布（$\alpha=5$，$\theta=6$），因此

$$\mathrm{Var}(\Lambda) = \frac{\theta^2\alpha}{(\alpha-1)^2(\alpha-2)} = \frac{5\theta^2}{48} = \frac{15}{4}$$

$$E(\Lambda^2) = \frac{2\theta^2}{(\alpha-1)(\alpha-2)} = \frac{72}{12} = 6$$

根据方差分解公式（2.8）知

$$\begin{aligned}\mathrm{Var}(X) &= E(\mathrm{Var}(X \mid \Lambda)) + \mathrm{Var}(E(X \mid \Lambda)) \\ &= E(\Lambda^2) + \mathrm{Var}(\Lambda) = 6 + \frac{15}{4} = 9.75\end{aligned}$$

2.1.4　损失风险度量：VaR 和 TVaR

损失分布模型不仅可以通过计算保单平均损失来进行保单定价，还可以通过量化损失风险来进行风险管理和再保险安排。在风险管理和精算实践中，常见的衡量风险的指标有波动性、在险价值（VaR）和尾部在险价值（TVaR）。其中，波动性反映了损失偏离平均值的程度，通常用方差、标准差或变异系数来衡量；VaR 和 TVaR 则用来描述在一定概率水平下发生的极端损失的数值。

在险价值（value at risk，VaR）是指在给定的时间期限和置信水平之下，某一个资产组合的最大可能损失的数值。例如，$\mathrm{VaR}_{0.99}$ 等于 1 000 万元，表示发生损失超过 1 000 万元的概率仅有 1%。其数学定义如下：

定义 2－2　设 X 表示损失的随机变量，VaR_α 是损失 X 分布的 α 分位点 π_α，即

$$\mathrm{VaR}_\alpha = \inf\{x: P(X \geqslant x) \leqslant 1-\alpha\}$$

若损失 X 是连续型随机变量，则

$$\int_{-\infty}^{\mathrm{VaR}_\alpha} f(x)\mathrm{d}x = \alpha$$

图 2－6 表示当损失 X 服从正态分布时 $\mathrm{VaR}_{0.99}$ 的直观解释。

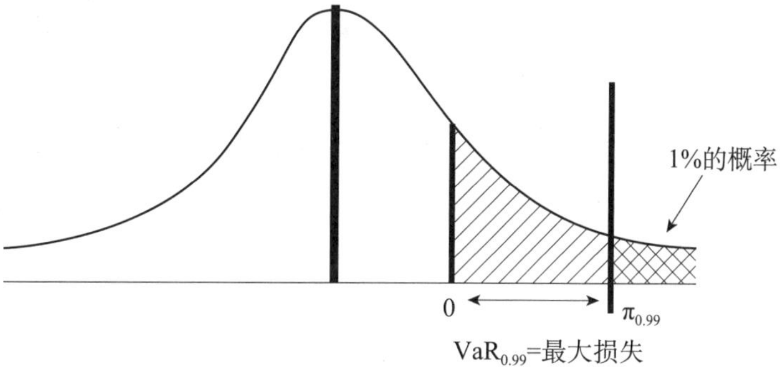

图 2－6　损失服从正态分布时的 $\mathrm{VaR}_{0.99}$ 示意图

值得注意的是，在金融实践中 VaR 也是衡量资产组合收益的风险指标。如果 X 是表示资产组合收益的随机变量，VaR_α 是收益分布的 $1-\alpha$ 分位点的负值，反映了投资组合收益小于 VaR_α 的概率等于 $1-\alpha$。例如，当 T 为 10 天，$\alpha=95\%$，$\mathrm{VaR}_{0.95}$ 对应于投资组合在 10 天后收益分布中的分位点 $\pi_{0.05}$ 的负值；从损失角度来看，VaR 对应于投资组合在 10 天后损失分布中的分位点 $\pi_{0.95}$。因此，从这个意义上说，VaR 和分位数的概念并不一样。

在使用收益分布时，人们经常使用相对 VaR_α 来测度特定时间内在置信水平 α 下资产组合的收益与期望收益的差距（如图 2－7 所示）。

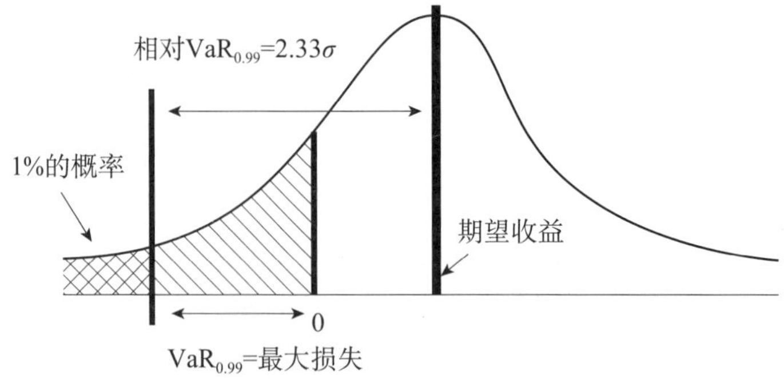

图 2－7　收益服从正态分布时的 $\mathrm{VaR}_{0.99}$ 示意图

相对 VaR_α＝期望收益－$\pi_{1-\alpha}$

下面举几个例子说明如何计算 VaR 和相对 VaR。

【例 2－5】 假定一个投资组合在 6 个月后的收益服从正态分布，分布均值为 200 万元，标准差为 1 000 万元。求该投资组合在 99％置信度下的 VaR 和相对 VaR。

【解】 正态分布的密度函数为：

$$f(x)=\frac{1}{\sqrt{2\pi}\sigma}\exp\left(-\frac{1}{2}\left(\frac{x-\mu}{\sigma}\right)^2\right)$$

设 $\Phi(x)$ 表示标准正态分布的累积分布函数，于是有

$$\pi_\alpha(X)=\mu+\sigma\Phi^{-1}(\alpha)$$

从上述正态分布的性质得出，分布的 1％分位点为 $\pi_{0.01}=200-2.33\times 1\ 000=-2\ 130$。因此，对于 6 个月的展望期，在 99％置信度下的 VaR 为 2 130 万元，相对 VaR 为 2 330 万元。

【例 2－6】 假定一个为期 1 年的项目的最终结果介于 5 000 万元损失和 5 000 万元收益之间，5 000 万元损失和 5 000 万元收益之间的任意结果具有均等的可能。求该项目在 99％置信度下的 VaR。

【解】 项目的收益服从区间［－5 000，5 000］上的均匀分布，损失大于 4 900 万元的可能性为 1％。因此，对于 1 年的展望期，在 99％置信度下的 VaR 为 4 900 万元。

【例 2－7】 假定一个为期 1 年的项目有 98％的概率获得收益 200 万元，有 1.5％的概率损失 400 万元，有 0.5％的概率损失 1 000 万元。求该项目在 99％和 99.5％置信度下的 VaR。

【解】 该项目损失的累积分布函数为：

$$F(x)=\begin{cases}0.98, & -200\leqslant x<400\\ 0.995, & 400\leqslant x<1\ 000\\ 1, & x\geqslant 1\ 000\end{cases}$$

对应99%分位点的是400万元，因此，对于1年的展望期，在99%置信度下的VaR为400万元。在99.5%置信度下，对于在400万元和1 000万元之间的任意数值V，损失超出V的概率均为0.5%。我们选取最小值400万元作为99.5%置信度下的VaR值。

VaR给出损失分布的分位点，但没有显示高过这个分位点的平均损失到底有多大。尾部VaR（TVaR）度量了当损失超过VaR时损失的期望值。

定义2-3 设X表示损失额，$\mathrm{TVaR}_\alpha(X)$是指在给定X超过分位数π_α时X的条件期望[①]，即

$$\mathrm{TVaR}_\alpha(X)=E(X\mid X>\pi_\alpha)=\frac{\int_{\pi_\alpha}^{\infty}xf(x)\mathrm{d}x}{1-F(\pi_\alpha)} \tag{2.9}$$

如果$\mathrm{TVaR}_\alpha(X)$的值是有限的，对式（2.9）的分子进行分部积分，可得

$$\mathrm{TVaR}_\alpha(X)=\frac{\int_{\alpha}^{1}\mathrm{VaR}_u(X)\mathrm{d}u}{1-\alpha}$$

因此，TVaR可以看作是VaR相对安全水平α的平均值，TVaR比VaR揭示了更多关于分布尾部的信息。

TVaR还可以写成以下形式：

$$\begin{aligned}\mathrm{TVaR}_\alpha(X)&=E(X\mid X>\pi_\alpha)=\pi_\alpha+\frac{\int_{\pi_\alpha}^{\infty}(x-\pi_\alpha)f(x)\mathrm{d}x}{1-\alpha}\\&=\mathrm{VaR}_\alpha(X)+\mathrm{e}(\pi_\alpha)\end{aligned}$$

式中，$\mathrm{e}(\pi_\alpha)$称为剩余期望函数或平均超额函数。

下面的例子说明了一些常见损失分布的VaR和TVaR。

【例2-8】 设X服从（0，θ）的均匀分布，$f(x)=\frac{1}{\theta}(\theta>0)$，则$\mathrm{VaR}_\alpha=\alpha\theta$。对任意$d(0<d<\theta)$，可得

$$E(X-d\mid X>d)=\frac{\theta-d}{2}$$

因此 $$\mathrm{TVaR}_\alpha=E(X\mid X>\mathrm{VaR}_\alpha)=\frac{\theta-\mathrm{VaR}_\alpha}{2}+\mathrm{VaR}_\alpha=\frac{(1+\alpha)\theta}{2}$$

【例2-9】 设X服从均值为θ的指数分布，其密度函数为：

$$f(x)=\frac{1}{\theta}\exp\left(-\frac{x}{\theta}\right),\quad x>0$$

容易推出$\alpha=1-\mathrm{e}^{-\pi_\alpha/\theta}$，则有

---

① 在一些教材中，TVaR也称为条件尾部期望值（conditional tail expectation，CTE）或条件风险值（CVaR），在金融风险管理实践中，TVaR通常称为预期亏损（expected shortfall，ES）。

$$\mathrm{VaR}_\alpha(X) = -\theta\ln(1-\alpha)$$

又由指数分布的无记忆性，对任何 d，都有 $E(X-d \mid X>d)=\theta$。因此

$$\mathrm{TVaR}_\alpha = \theta + \mathrm{VaR}_\alpha = \theta(1-\ln(1-\alpha))$$

【例 2-10】 设 X 服从正态分布，均值为 μ，标准差为 σ，其密度函数为：

$$f(x) = \frac{1}{\sqrt{2\pi}\sigma}\exp\left(-\frac{1}{2}\left(\frac{x-\mu}{\sigma}\right)^2\right)$$

设 $\varphi(x)$ 和 $\Phi(x)$ 分别表示标准正态分布的密度函数和累积分布函数，于是有

$$\mathrm{VaR}_\alpha(X) = \mu + \sigma\Phi^{-1}(\alpha)$$

$$\mathrm{TVaR}_\alpha(X) = \mu + \sigma\frac{\varphi(\Phi^{-1}(\alpha))}{1-\alpha}$$

【例 2-11】 设 X 服从参数为 θ 和 $\gamma(\gamma>1)$ 的帕累托分布，其累积分布函数为：

$$F(X) = 1-\left(\frac{\theta}{x+\theta}\right)^\gamma, \quad x>0$$

令 $\alpha=1-\left(\frac{\theta}{\pi_\alpha+\theta}\right)^\gamma$，即 $1-\alpha=\left(\frac{\theta}{\pi_\alpha+\theta}\right)^\gamma$，则有

$$\mathrm{VaR}_\alpha(X) = \theta((1-\alpha)^{-\frac{1}{\gamma}}-1)$$

对任意 $d>0$，$E(X-d \mid X>d)=\frac{\theta+d}{\gamma-1}$，因此

$$\mathrm{TVaR}_\alpha = \frac{\theta+\mathrm{VaR}_\alpha}{\gamma-1} + \mathrm{VaR}_\alpha = \frac{\theta+\gamma\mathrm{VaR}_\alpha}{\gamma-1}$$

为了便于读者查阅，附录3给出了精算模型中常见分布的分布函数、期望和 k 阶原点矩，以及部分分布的 VaR 和 TVaR 的计算结果。有学者给出了连续的椭圆分布和线性指数分布族的 VaR 和 TVaR 的计算公式。[①]

2.2 不同保单条款下的理赔强度分布

保险公司的理赔过程包括两个步骤：（1）发生保险事故，造成财产损失或人身伤亡，被保险人提出索赔。（2）保险公司勘查定损，根据保单约定的保险责任进行理赔。但并不是所有的保险事故都必然引起索赔，而且保险公司的理赔额也并不总是等于实际的损失额。

损失额和理赔额[②]是两个不同但又密切相关的概念，损失额是指承保的标的可能发生

① Stuart A. Klugman, Harry H. Panjer, Gorden E. Willmot. Loss Models: From Data to Decisions. 3rd ed. New York: John Wiley & Sons, 2008.

② 在本书中，有时也用索赔额表示保险人在理赔事件中支付的赔付额，此时，索赔额与理赔额的含义相同。

的实际损失大小，而理赔额是指保险公司按照合同规定的保险责任所支付的实际费用。当保单中的损失事件发生时，若不满足保单中规定的赔偿条件，理赔额就不存在。通常理赔额小于实际损失额。一般来说，理赔额分为两类，即完全理赔和部分理赔。在完全理赔中，理赔额就是保险事故的实际损失额；在部分理赔中，实际的理赔额可能低于实际的损失额。对保险公司来说，理赔额比损失额更值得关注，因为费率厘定、准备金及再保险安排等精算问题都以对保险人的实际赔付情况为依据。因此，保险公司记录在案的数据往往是实际的理赔数据，而不是实际的损失数据。但是，理赔额是基于损失额确定的，只有对潜在损失的分布有一定的了解，才能获得关于理赔额的分布。

本节将讨论几种常见保险条款下的理赔强度分布模型，也就是一次事故导致的理赔额分布。

2.2.1 保单限额

保单限额（policy limit）指保单约定保险事故中的最高赔偿金额，当损失额超过保单限额时，投保人将只能获得最高赔偿金额，超出部分由投保人承担。在财产保险中，保单限额就是财产的投保额，投保额不能高于财产的实际价值，而投保人的实际损失额可能高于其投保额。例如，某投保人在家庭财产保险中投保 2 万元，而某次火灾中家庭的实际损失为 2.5 万元，这时该投保人只能得到 2 万元的赔偿，自己要承担 0.5 万元的损失；若家庭的实际损失为 1.5 万元，他将得到全额赔偿。在责任保险中，保单限额由保险人与投保人双方协商。

保单限额在创建保险单时通过合同约定，通常有两种类型：单次事故限额（一次事故中应赔付的最高金额）和总限额（保险公司在保单年度内对该保单的最高累计赔付金额）。例如，某份保单规定，单次限额为 100 万元，总限额为 400 万元，此保单将对单次理赔事件赔付最高 100 万元，在保单期内累计赔付不超过 400 万元。除非特别说明，本章的保单限额是指单次保险事故中最高赔偿金额。

若保单规定了保单限额 L，一旦损失发生，保险人必须进行赔付，因此损失事件等同于理赔事件。一次保险事故造成的实际损失记为 X，其分布函数为 $F_X(x)$。保险公司按保单约定的保险责任实际支付的理赔额记为 Y^P。当 X 小于 L 时，保险公司全额赔付，理赔额 Y^P 等于 X；当 X 大于 L 时，理赔额 Y^P 恒等于 L，因此 Y^P 可以看作是对 X 的一种上部“删失”，即

$$Y^P=\begin{cases}X, & X\leqslant L\\ L, & X>L\end{cases}=X\wedge L$$

式中，$X\wedge L$ 是指 X 和 L 的最小值。

从 Y^P 的表达式可以看出，Y^P 在点 L 上具有点密度 $P(X\geqslant L)$，因此 Y^P 的分布是由一个离散分布和一个连续分布混合而成的。它的密度函数和分布函数分别为：

$$f_{Y^P}(y)=\begin{cases}f_X(y), & y<L\\ P(X\geqslant L), & y=L\end{cases}$$

和

$$F_{Y^P}(y)=F_X(y),\quad y<L$$
$$F_{Y^P}(y)=1,\quad y\geqslant L$$

下面计算理赔额 Y^P 的期望，首先定义一个非常有用的函数。

定义 2-4 设 X 是一个随机变量，给定实数 d，定义有限期望函数为：

$$E(X\wedge d)=\int_{-\infty}^{d}xf_X(x)\mathrm{d}x+d(1-F_X(d))$$

$F_X(x)$ 和 $f_X(x)$ 为 X 的分布函数和密度函数。

显然，$E(X\wedge d)$ 是 d 的增函数。当 $E(X)<\infty$时，$\lim\limits_{d\to\infty}E(X\wedge d)=E(X)$。对于非负随机变量 X，$E(X\wedge d)$ 对任意 $d>0$ 都存在，且

$$\begin{aligned}E(X\wedge d)&=\int_{0}^{d}xf_X(x)\mathrm{d}x+d(1-F_X(d))\\&=-x(1-F_X(x))\big|_0^d+\int_0^d(1-F_X(y))\mathrm{d}y+d(1-F_X(d))\\&=\int_0^d(1-F_X(x))\mathrm{d}x\end{aligned}\tag{2.10}$$

设 X 表示一次保险事故造成的实际损失额。若保单规定了保单限额 L，则保险人的期望赔付成本是 $E(X\wedge L)$。

【例 2-12】 设某责任险的单次事故损失额 X 的密度函数如下：

$$f(x)=\frac{324}{(3+x)^5},\quad x>0$$

若保单规定，保险公司对单次事故最高赔付 4 万元，求单次理赔额的期望值。

【解】 首先来求 X 的分布函数

$$F(x)=\int_0^x\frac{324}{(3+y)^5}\mathrm{d}y=-\frac{324}{4}(3+y)^{-4}\big|_0^x=1-\frac{81}{(3+x)^4}$$

代入式（2.10）得

$$E(X\wedge d)=\int_0^d(1-F(x))\mathrm{d}x=1-\frac{27}{(3+d)^3}$$

记单次理赔事件的理赔额为 Y^P，则

$$Y^P=\begin{cases}X, & X<4\\ 4, & X>4\end{cases}\Rightarrow Y^P=X\wedge 4$$

因此

$$E(Y^P)=E(X\wedge 4)=1-\frac{27}{(3+4)}=0.921\,2$$

大多数责任保险单都会提供多种保单限额供投保人选择，如汽车第三者责任保险、

公众责任保险和医疗责任保险等。对于这类保单的费率厘定，主要的工作是计算增限因子（increased limit factor，ILF）。增限因子是较高限额（L）下的期望赔付成本与基本限额（B）下的期望赔付成本之比，即

$$ILF_B(L)=\frac{\text{限额为 } L \text{ 的期望赔付成本}}{\text{限额为 } B \text{ 的期望赔付成本}}$$

若不考虑理赔费用、安全附加等因素，则较高限额为 L 的增限因子为：

$$ILF_B(L)=\frac{E(X\wedge L)}{E(X\wedge B)}$$

有时，在不致引起混淆的情况下，$ILF_B(L)$ 简写为 $ILF(L)$。

若考虑理赔费用、安全附加等费用因素，在没有其他条款如免赔额的情况下，增限因子可以写为：

$$ILF(L)=\frac{\text{限额为 } L \text{ 的期望赔付成本}+\text{限额为 } L \text{ 的费用附加}}{\text{限额为 } B \text{ 的期望赔付成本}+\text{限额为 } B \text{ 的费用附加}}$$

因此，如果用增限因子乘以基本限额下的期望赔付成本，就可以求出较高限额下的期望赔付成本，并在此基础上厘定其保险费率。

【例 2－13】 已知某险种的实际损失额的分布函数为：

$$F_X(x)=1-0.8\mathrm{e}^{-0.02x}-0.2\mathrm{e}^{-0.001x},\quad x\geqslant 0$$

若保单规定：损失额低于 1 000 元就全部赔偿；损失额高于 1 000 元则只赔偿 1 000 元。(1) 求被保险人所获得的实际期望赔付额。(2) 假设 1 000 元为基本限额，在不考虑费用等因素的情况下，求限额为 2 000 元的增限因子。

【解】(1) 由题意知，保单限额为 1 000 元，因此理赔额的期望为 $E(X\wedge 1\,000)$。根据式（2.10）有

$$\begin{aligned}E(X\wedge 1\,000)&=\int_0^{1\,000}(1-F_X(x))\mathrm{d}x\\&=\int_0^{1\,000}(0.8\mathrm{e}^{-0.02x}+0.2\mathrm{e}^{-0.001x})\mathrm{d}x\\&=(-40\mathrm{e}^{-0.02x}-200\mathrm{e}^{-0.001x})\Big|_0^{1\,000}\\&=39.999\,9+126.4\approx 166.4\end{aligned}$$

$$\begin{aligned}(2)\ E(X\wedge 2\,000)&=\int_0^{2\,000}(1-F_X(x))\mathrm{d}x\\&=(-40\mathrm{e}^{-0.02x}-200\mathrm{e}^{-0.001x})\Big|_0^{2\,000}=212.9\end{aligned}$$

$$ILF(2\,000)=\frac{212.9}{166.4}=1.279$$

2.2.2 免赔额

有些保单规定：当损失额低于某一限额时，保险公司不予赔偿；当损失额高于该限

额时，保险公司只赔偿高出的部分。这一限额称为普通免赔额（ordinary deductible），简称免赔额。免赔额可以提高投保人的安全意识，减少索赔次数，降低保险经营的费用。如果保单同时规定了最高保单限额 L 和免赔额 d，本书约定投保人实际所能得到的最高赔偿金为 L。因此保单覆盖的最大损失额为 $L+d$。

一次保险事故造成的实际损失记为 X，其分布函数为 $F_X(x)$。假设保单规定免赔额为 d，单次损失事件中被保险人获得的实际赔付额记为 $I_d(X)$，则

$$I_d(X)=\begin{cases}0, & X\leqslant d\\ X-d, & X>d\end{cases}$$

有时，在不致产生误解的前提下将 $I_d(X)$ 简记为 I_d。对投保人来说，d 起到了“限额损失”的作用，因为超过额度 d 的部分即 I_d 可看成保险人承担的风险，投保人自留的风险则是：

$$X-I_d=\begin{cases}X, & X\leqslant d\\ d, & X>d\end{cases}=(X\wedge d) \tag{2.11}$$

即损失额 X 被分解为 $X=(X-I_d)+I_d$。这种存在免赔额的保险形式通常称为限额损失保险。

由于当损失额 $X\leqslant d$ 时，被保险人不会提出索赔，保险人无须进行理赔，因此理赔额也就不存在。只有当 $X>d$ 时，被保险人才会提出索赔，保险人对损失事件进行理赔，赔付额为 $X-d$。这时，对保险人而言，损失事件变为理赔事件。在单次理赔事件中，保险人的理赔额为：

$$Y^P=I_d\mid X>d=\begin{cases}\text{未定义}, & X\leqslant d\\ X-d, & X>d\end{cases}$$

从单次理赔事件的理赔额 Y^P 的表达式可以看出，Y^P 实际上是对 X 下部的“截断”，在 $X>d$ 成立的条件下，它等于 $X-d$ 的值，也等于 $I_d(X)$ 的值。Y^P 的取值范围是 $Y>0$。Y^P 的分布是在 $X>d$ 的条件下 $X-d$ 的条件分布。将 Y^P 的分布函数记为 $F_{Y^P}(y)$。当 $y>0$ 时

$$\begin{aligned}F_{Y^P}(y)&=P(Y^P\leqslant y)=P(X-d\leqslant y\mid X>d)\\&=\frac{F_X(y+d)-F_X(d)}{1-F_X(d)}\end{aligned} \tag{2.12}$$

当 $y=0$ 时，$F_{Y^P}(0)=0$。因此，Y^P 的密度函数可以写为：

$$f_{Y^P}(y)=\begin{cases}\dfrac{f_X(y+d)}{1-F_X(d)}, & y>0\\ 0, & y=0\end{cases} \tag{2.13}$$

【例 2-14】 已知某险种的实际损失额的分布为 $X\sim\begin{pmatrix}0 & 1 & 3 & 10\\ 0.5 & 0.3 & 0.15 & 0.05\end{pmatrix}$，若保单规定免赔额为 1 元，求 $I_1(X)$ 和理赔额 Y^P 的分布。

【解】 根据免赔额的含义，只有当损失额大于免赔额 1 元时，理赔额 Y^P 才存在。

表 2-1 给出了 $I_1(X)$ 和 Y^P 的分布。

表 2-1 $I_1(X)$ 和 Y^P 的分布

$P(X=x)$	0.5	0.3	0.15	0.05
X	0	1	3	10
$I_1(X)$	0	0	2	9
Y^P			2	9
$P(Y^P=y)$			0.75	0.25

于是，可以计算出 $E(X)=1.25$，$E(I_1(X))=0.75$，$E(Y^P)=\dfrac{E(I_1(x))}{P(X>1)}=3.75$。

从这个例子可以看出，加入免赔额 1 元后，被保险人在单次损失事件中获得的平均赔付额由 1.25 元减少到 0.75 元，减少了 40%。余下的 0.5 元损失由投保人自己承担。

【例 2-15】 已知某险种的实际损失额分布为帕累托分布，密度函数为：

$$f(x)=\frac{3\times 2\,000^3}{(2\,000+x)^4}$$

若保单规定免赔额为 500 元，求加入免赔额后，单次理赔事件中理赔额 Y^P 的分布。

【解】 由式（2.13）可知，当免赔额等于 500 元时，Y^P 的密度函数为：当 $y>0$ 时，有

$$\begin{aligned} f_{Y^P}(y) &= \frac{f_X(y+d)}{1-F(d)}=\frac{3\times 2\,000^3}{(2\,000+y+500)^4}\Big/\frac{2\,000^3}{(2\,000+500)^3} \\ &= \frac{3\times 2\,500^3}{(2\,500+y)^4} \end{aligned}$$

当 $y=0$ 时，$f_{Y^P}(y)=0$。因此，Y^P 的分布是帕累托分布，参数为 2 500 和 4。

下面计算当免赔额 d 存在时，单次损失事件中被保险人获得的实际赔付额 I_d 的期望（通常称为纯保费）和理赔事件中保险人的理赔额期望。由于

$$I_d=\begin{cases}0, & X\leqslant d\\ X-d, & X>d\end{cases}=X-(X\wedge d)$$

因此，由式（2.10）可知

$$\begin{aligned} E(I_d) &= \int_d^{\infty}(x-d)f_X(x)\mathrm{d}x=E(X)-E(X\wedge d) \\ &= \int_d^{\infty}(1-F_X(x))\mathrm{d}x \end{aligned} \tag{2.14}$$

理赔额的期望为：

$$E(Y^P)=E(I_d(X)\mid X>d)=\frac{\int_d^{\infty}(1-F_X(x))\mathrm{d}x}{1-F_X(d)} \tag{2.15}$$

加入免赔额条款后，保险人对每张保单的期望赔付额从 $E(X)$ 减少到 $E(I_d(X))$。损失消失率（loss elimination ratio，LER）是指加入免赔额后，单次损失事件中保险人实际赔付额减少的比率。

$$LER=\frac{E(X)-E(I_d(X))}{E(X)}=\frac{E(X\wedge d)}{E(X)}$$

【例 2－16】 已知损失额的分布满足表 2－2 所示的性质。

表 2－2　损失额的分布

x	$F(x)$	$E(X\wedge x)$（元）
0	0.0	0
100	0.2	91
200	0.6	153
500	0.8	224
1 000	1.0	331

若保单规定免赔额为 100 元，计算：(1) 单次理赔事件中理赔额的期望；(2) 损失消失率。

【解】 从表 2－2 可以看出，X 的最大取值小于 1 000 元，因此 $E(X)=E(X\wedge 1\,000)=331$。根据式（2.15），加入免赔额后理赔额的期望为：

$$E(Y^P)=E(I_{100}\mid X>100)=\frac{E(X)-E(X\wedge 100)}{1-F(100)}=\frac{331-91}{0.8}=300$$

$$LER=\frac{E(X\wedge 100)}{E(X)}=\frac{91}{331}=27\%$$

当保单同时规定最高保单限额为 L，免赔额为 d，此时保险人需支付超出 d 以上的部分损失直至达到最大支付额 L。因此，保单所覆盖的最大损失额是 $L+d$，即当损失额 $X>L+d$ 时，投保人所能得到的最高赔偿金额为 L。单次损失事件的实际赔付额 $I(X)$ 可以表示为：

$$I(X)=\begin{cases}0, & X\leqslant d\\ X-d, & d<X\leqslant L+d=X\wedge(L+d)-X\wedge d\\ L, & X>L+d\end{cases}$$

$$E(I(X))=E(X\wedge(L+d))-E(X\wedge d)=\int_d^{L+d}(1-F_X(x))\mathrm{d}x \tag{2.16}$$

同样，单次理赔事件的理赔额 Y^P 可以表示为：

$$Y^P=\begin{cases}\text{未定义}, & X\leqslant d\\ X-d, & d<X\leqslant L+d\\ L, & X>L+d\end{cases}$$

当 $0<y<L$ 时，Y^P 的分布函数为：

$$F_{Y^P}(y)=P(Y^P\leqslant y)=P(X-d\leqslant y\mid X>d)=\frac{F_X(y+d)-F_X(d)}{P(X>d)}$$

当 $y \geqslant L$ 时，$F_{Y^P}(y)=1$。Y^P 的密度函数为：

$$f_{Y^P}(y)=\begin{cases}\dfrac{f_X(y+d)}{1-F_X(d)}, & 0<y<L\\ \dfrac{1-F_X(L+d)}{1-F_X(d)}, & y=L\end{cases}$$

理赔额 Y^P 的期望为：

$$E(Y^P)=E(I(X)\mid X>d)=\frac{E(X\wedge(L+d))-E(X\wedge d)}{1-F_X(d)} \tag{2.17}$$

【例 2－17】 假设某险种的损失额 X 服从帕累托分布，密度函数为：

$$f(x)=\frac{3\times 2\ 000^3}{(x+2\ 000)^4}$$

若保单规定免赔额为 500 元，保单限额为 2 500 元，求单次理赔事件的实际赔付额 Y^P 的期望。

【解】 首先计算出 X 的分布函数为：

$$F(x)=1-\left(\frac{2\ 000}{x+2\ 000}\right)^3$$

对于任意实数 $d>0$，根据式（2.10）有

$$\begin{aligned}E(X\wedge d)&=\int_0^d(1-F(x))\mathrm{d}x=\int_0^d\left(\frac{2\ 000}{x+2\ 000}\right)^3\mathrm{d}x\\&=\frac{2\ 000}{2}\times\left(1-\left(\frac{2\ 000}{d+2\ 000}\right)^2\right)\end{aligned}$$

于是

$$E(Y^P)=\frac{E(X\wedge 3\ 000)-E(X\wedge 500)}{1-F_X(500)}=\frac{840-360}{0.512}=937.5$$

2.2.3 相对免赔额

除了普通免赔额外，还存在一种相对免赔额（franchise deductible）条款，即当损失满足一定条件，如超过一定金额或保额的一定百分比时，保险公司才给予赔偿，并且补偿全部损失金额。这种相对免赔额条款通常存在于残疾保险中。例如，在残疾保险中，由于意外或疾病造成的但又不属于劳工补偿范围的残疾事故，如果事故持续七天或更短的时间，保险公司将不予赔偿；如果事故超过七天，保险公司将对被保险人给予赔偿。

假设保单规定相对免赔额为 d，则单次损失事件中被保险人获得的实际赔付额 $I(X)$为：

$$I(X)=\begin{cases}0, & X\leqslant d\\ X, & X>d\end{cases}$$

当损失额 $X\leqslant d$ 时，被保险人没有获得赔付，保险人无须进行理赔，因此理赔额不存在。只有当 $X>d$ 时，保险人才对损失事件进行全额赔付。在单次理赔事件中，保险人的理赔额 Y^P 为：

$$Y^P=\begin{cases}\text{未定义}, & X\leqslant d\\ X, & X>d\end{cases}$$

类似地，理赔额 Y^P 的密度函数和分布函数分别为：

$$f_{Y^P}(y)=\frac{f_X(y)}{1-F_X(d)},\quad y>d$$

$$F_{Y^P}(Y)=\begin{cases}0, & 0\leqslant y\leqslant d\\ \dfrac{F(y)-F(d)}{1-F(d)}, & y>d\end{cases}$$

我们可以利用普通免赔额与相对免赔额的关系来计算单次损失事件中被保险人所获得的期望赔付额和单次理赔事件中保险人支付的期望理赔额。

$$I(X)=\begin{cases}0, & X\leqslant d\\ X, & X>d\end{cases}=\begin{cases}0, & X\leqslant d\\ X-d, & X>d\end{cases}+\begin{cases}0, & X\leqslant d\\ d, & X>d\end{cases}$$

$$E(I(X))=E(I_d(X))+d\times(1-F(d)) \tag{2.18}$$

$$E(Y^P)=\frac{E(I_d(X))+d\times(1-F(d))}{1-F(d)}$$

【例 2-18】 已知机动车碰撞险保单信息如表 2-3 所示。

表 2-3　机动车碰撞险保单信息

普通免赔额	单次理赔事件的期望赔付额	损失消失率
0	800	0
1 000	720	0.8

假设精算师将保单的免赔额改为 1 000 元的相对免赔额，计算单次损失事件的期望赔付额。

【解】 由题意知，$E(X)=800$。根据普通免赔额的损失消失率公式可知

$$LER=\frac{E(X)-E(I_d(X))}{E(X)}=0.8$$

因此，$E(I_d(X))=(1-0.8)\times 800=160$。另外在普通免赔额为 1 000 元的条件下，可推出

$$E(Y^P)=\frac{E(X)-E(X\wedge d)}{1-F(1\ 000)}=\frac{160}{1-F(1\ 000)}=720$$

于是

$$1-F(1\ 000)=\frac{2}{9}$$

若将免赔额改为1 000元的相对免赔额，由式（2.18），单次损失事件的期望赔付额为：

$$160+1\,000(1-F(1\,000))=160+1\,000\left(\frac{2}{9}\right)=382\frac{2}{9}$$

2.2.4　比例分担免赔

有些保单还会约定共保条款，即两方或两方以上共同承担保险责任的条款。在财产保险中，共保是指由保险人和被保险人以一定的比例共同承担保险责任范围内的损失。这部分共同承担的损失是实际损失减去免赔额的部分。共保条款通常出现在房屋保险中。当投保人是不足额投保时，会受到共保惩罚。这时保险人按其保险金额与房屋价值约定一个比例，要求投保人承担部分损失。

在共保条款下，投保人同时也作为共同保险人对发生的损失负有部分责任。将共保比例记为$\alpha(0<\alpha<1)$，当保险事故的实际损失额为X时，保险人只支付赔偿金αX，剩余的损失额$(1-\alpha)X$由投保人自己承担。α通常称为比例分担系数或共保系数。[①] 这时

$$Y=\alpha X$$

Y的密度函数为：

$$f_Y(y)=\frac{1}{\alpha}f_X\left(\frac{y}{\alpha}\right)$$

当保单限额L、免赔额d和比例分担系数α同时存在时，一般约定，在损失达到免赔额d之后，保险人只需按比例分担系数α支付扣除免赔额后的赔偿金，且最高赔付额不超过保单限额L。单次损失事件的实际赔付额记为Y^L，单次理赔事件的理赔额记为Y^P，则

$$Y^L=\begin{cases}0, & X\leqslant d\\ \alpha(X-d), & d<X\leqslant u\\ \alpha(u-d), & X>u\end{cases}$$

$$Y^P=\begin{cases}\text{未定义}, & X\leqslant d\\ \alpha(X-d), & d<X\leqslant u\\ \alpha(u-d), & X>u\end{cases}$$

由于保险人最高赔付额等于保单限额L，因此保单覆盖的最大损失$u=L/\alpha+d$。

下面推导单次损失事件的实际赔付额Y^L的分布。

当$y=0$时，$F_{Y^L}(y)=1-F_X(d)$。

当$0<y<L=\alpha(u-d)$时，

① 共同保险的条款比较复杂，在本小节，我们用比例分担系数α来对共保条款进行数学简化。

$$F_{Y^L}(y)=P(\alpha(X-d)\leqslant y)=P(X\leqslant \frac{y}{\alpha}+d)=F_X(\frac{y}{\alpha}+d)$$

当 $y\geqslant L$ 时，被保险人的损失超过保单覆盖的最大损失，只能获得最高赔付额，即

$$F_{Y^L}(y)=P(Y^L\leqslant L)=1$$

于是 Y^L 的分布密度为：

$$f_{Y^L}(y)=\begin{cases}F_X(d), & y=0\\ \dfrac{1}{\alpha}f_X\left(\dfrac{y}{\alpha}+d\right), & 0<y<L\\ 1-F_X(u), & y=L\end{cases}$$

由于单次理赔事件的理赔额 Y^P 在 $X>d$ 成立的条件下等于 Y^L 的值，因此，类似前面的推导可得

$$f_{Y^P}(y)=\begin{cases}\dfrac{f_X\left(\dfrac{y}{\alpha}+d\right)}{\alpha(1-F_X(d))}, & 0<y<L\\ \dfrac{1-F_X(u)}{\alpha(1-F_X(d))}, & y=L\end{cases}$$

关于单次损失事件的实际赔付额 Y^L 和单次理赔事件的理赔额 Y^P 的期望，我们也有与式（2.16）和式（2.17）类似的结果。

定理 2－3 设 X 表示实际损失额，若保单规定免赔额为 d，保单覆盖的最大损失为 u，比例分担系数为 α，则

$$E(Y^L)=\alpha(E(X\wedge u)-E(X\wedge d))$$
$$E(Y^P)=\frac{\alpha(E(X\wedge u)-E(X\wedge d))}{1-F(d)} \tag{2.19}$$

定理的证明作为练习，请读者自己完成。

【例 2－19】假设某保险的损失额服从指数分布：

$$f_X(x)=\frac{1}{150}e^{-\frac{x}{150}}$$

保单规定免赔额为 100 元，赔偿限额为 1 000 元，比例分担系数为 0.8。计算单次损失事件的实际期望赔付额 $E(Y^L)$ 和单次理赔事件的实际期望理赔额 $E(Y^P)$。

【解】 X 的分布函数为 $F(x)=1-e^{-\frac{x}{150}}$，由公式

$$E(X\wedge d)=\int_0^d(1-F(x))\mathrm{d}x=150(1-e^{-\frac{x}{150}})$$

得

$$E(X\wedge 100)=150(1-e^{-\frac{100}{150}})=72.987$$
$$E(X\wedge 1\,000)=150(1-e^{-\frac{1\,000}{150}})=149.809$$

故单次损失事件的实际期望赔付额为：

$$E(Y^L)=\alpha(E(X\wedge 1\,000)-E(X\wedge 100))=0.8(149.809-72.987)=61.46$$

单次理赔事件的实际期望理赔额为：

$$E(Y^P)=\frac{E(Y^L)}{1-F_X(100)}=\frac{61.46}{\mathrm{e}^{-\frac{100}{150}}}=119.71$$

为了方便读者自学，本书附录3给出了2.1节和2.2节中出现的部分损失分布的有限期望函数 $E(X\wedge d)$。后面出现的例题不再推导这些分布的有限期望函数。

2.3　通货膨胀效应

在拟合损失分布时，我们使用的是过去某一时期损失额或理赔额的数据，而精算师关心的是当前或未来某一时期的损失额或理赔额的分布。随着时间的推移，同一险种的损失额会发生变化，其中一种自然的情况是通货膨胀效应导致的损失额的变化。下面分两种情况讨论通货膨胀效应问题。

1. 通货膨胀率 r 已知

设 X 表示某险种今年的单次实际损失额，分布函数为 $F(x)$，预期明年的通货膨胀率为 r，Z 为该险种明年的实际损失额，则 $Z=(1+r)X$。可以看出 Z 是 X 的数乘变换，Z 的分布函数、密度函数、期望和方差分别为：

$$F_Z(z)=F_X\left(\frac{z}{1+r}\right)$$

$$f_Z(z)=\frac{1}{(1+r)}f_X\left(\frac{z}{1+r}\right)$$

$$E(Z)=(1+r)E(X)$$

$$\mathrm{Var}(Z)=(1+r)^2\mathrm{Var}(X)$$

若 X 的分布函数为 $F_X(x,\theta)$，是尺度不变分布，即满足 $F_{cX}(x,\theta)=F_X(x,c\theta)$，$\theta$ 为尺度参数，则通货膨胀后，Z 的分布形式没有变化，仅尺度参数发生了一定的变化。例如，若今年损失额 X 的分布为指数分布，$f(x)=\frac{1}{\theta}\mathrm{e}^{-\frac{x}{\theta}}(x>0)$，其中 $\theta>0$ 为尺度参数，则明年的损失额 Z 服从参数为 $(1+r)\theta$ 的指数分布。

下面介绍通货膨胀对期望理赔额的影响。

定理2-4　设 X 表示今年的实际损失额，假设保单规定免赔额为 d，保单限额为 L，保单所覆盖的最大损失为 u，比例分担系数为 α，假设明年的通货膨胀率为 r，且 d、L 和 α 在通货膨胀前后保持不变，则明年单次损失事件的实际赔付额的期望 $E(Z^L)$ 和单次理赔事件的理赔额的期望 $E(Z^P)$ 为：

$$E(Z^L)=\alpha(1+r)(E(X\wedge(u/(1+r)))-E(X\wedge(d/(1+r))))$$

$$E(Z^P)=\frac{\alpha(1+r)(E(X\wedge(u/(1+r)))-E(X\wedge(d/(1+r))))}{1-F_X\left(\frac{d}{1+r}\right)}$$

证明： 明年单次损失事件的实际赔付额 Z^L 和理赔额 Z^P 可以表示为：

$$Z^L=\begin{cases}0, & X\leqslant d/(1+r)\\ \alpha((1+r)X-d), & d/(1+r)<X<u/(1+r)\\ \alpha(u-d), & X\geqslant u/(1+r)\end{cases}$$

$$Z^P=\begin{cases}\text{未定义}, & X\leqslant d/(1+r)\\ \alpha((1+r)X-d), & d/(1+r)<X<u/(1+r)\\ \alpha(u-d), & X\geqslant u/(1+r)\end{cases}$$

将 Z^L 变形为：

$$Z^L=\begin{cases}0, & X\leqslant d/(1+r)\\ \alpha(1+r)(X-d/(1+r)), & d/(1+r)<X<u/(1+r)\\ \alpha(1+r)(u/(1+r)-d/(1+r)), & X\geqslant u/(1+r)\end{cases}$$

则 $Z^L=\alpha(1+r)((X\wedge(u/(1+r)))-(X\wedge(d/(1+r))))$，两边取期望得到

$$E(Z^L)=\alpha(1+r)(E(X\wedge(u/(1+r)))-E(X\wedge(d/(1+r))))$$

由于 Z^P 是在 $X>d/(1+r)$ 条件下的 $I(Z)$ 的值，因此

$$E(Z^P)=\frac{\alpha(1+r)(E(X\wedge(u/(1+r)))-E(X\wedge(d/(1+r))))}{1-F_X\left(\frac{d}{1+r}\right)}$$

定理 2-5 单次损失事件的赔付额 Z^L 为：

$$E((Z^L)^2)=\alpha^2(1+r)^2(E(X\wedge u^*)^2-E(X\wedge d^*)^2-2d^*E(X\wedge u^*)+2d^*E(X\wedge d^*))$$

其中，$u^*=u/(1+r)$，$d^*=d/(1+r)$。

证明： 根据 Z^L 的定义

$$Z^L=\alpha(1+r)((X\wedge u^*)-(X\wedge d^*))$$

可得

$$\begin{aligned}\frac{(Z^L)^2}{(\alpha(1+r))^2}&=((X\wedge u^*)-(X\wedge d^*))^2\\&=(X\wedge u^*)^2+(X\wedge d^*)^2-2(X\wedge u^*)(X\wedge d^*)\\&=(X\wedge u^*)^2-(X\wedge d^*)^2-2(X\wedge d^*)((X\wedge u^*)-(X\wedge d^*))\end{aligned}$$

注意：

当 $X<d^*$ 时，$(X\wedge u^*)-(X\wedge d^*)=0$；

当 $d^*\leqslant X\leqslant u^*$ 时，$(X\wedge u^*)-(X\wedge d^*)=(X-d^*)$；

当 $X \geqslant u^*$ 时，$(X \wedge u^*)-(X \wedge d^*)=(u^*-d^*)$。

最后一项可写为：

$$2(X \wedge d^*)((X \wedge u^*)-(X \wedge d^*)) = 2d^*((X \wedge u^*)-(X \wedge d^*))$$

因此

$$(Z^L)^2 = (\alpha(1+r))^2((X \wedge u^*)^2-(X \wedge d^*)^2-2d^*((X \wedge u^*)-(X \wedge d^*)))$$

两边取期望可得

$$E((Z^L)^2) = \alpha^2(1+r)^2(E(X \wedge u^*)^2-E(X \wedge d^*)^2-2d^*E(X \wedge u^*)+2d^*E(X \wedge d^*))$$

【例 2-20】 已知某保险服务的损失额服从参数为 $\alpha=2$，$\theta=2\ 000$ 的帕累托分布，该保单的保单限额为 5 000 元。第二年，保险公司修订了保险条款，保单免赔额为 100 元，保单限额为 4 000 元，同时，比例分担系数为 0.8。如果第二年的通货膨胀率为 4%，请计算单次损失事件的期望赔付额减少了多少。

【解】 在第一年，单次损失事件的赔付额为：

$$E(X \wedge 5\ 000) = 2\ 000\left(1-\frac{2\ 000}{7\ 000}\right) = 1\ 428.57$$

在第二年，通货膨胀率为 4%，利用帕累托分布的性质，第二年的损失额服从 $\alpha=2$，$\theta=2\ 000 \times 1.04=2\ 080$ 的帕累托分布。修订保险条款后，保单免赔额为 100 元，保单限额为 4 000 元，同时，比例分担系数为 0.8，保险公司承担的最大损失额为 5 100 元，因此

$$0.8(E(X \wedge 5\ 100)-E(X \wedge 100)) = 0.8 \times 2\ 080 \times \left(\frac{2\ 080}{2\ 180}-\frac{2\ 080}{7\ 180}\right) = 1\ 105.62$$

保险公司的单次损失事件的期望赔付额减少

$$1-\frac{1\ 105.62}{1\ 428.57}=22.6\%$$

【例 2-21】 已知 2019 年单次索赔额的分布如表 2-4 所示。

表 2-4　2019 年单次索赔额分布

索赔额（元）	概率
1 000	$\frac{1}{6}$
2 000	$\frac{1}{6}$
3 000	$\frac{1}{6}$

续表

索赔额（元）	概率
4 000	$\frac{1}{6}$
5 000	$\frac{1}{6}$
6 000	$\frac{1}{6}$

现有两类保单，其中 A 类保单的免赔额为 1 500 元，没有保单限额；B 类保单的免赔额为 1 500 元，保单限额为 3 000 元。假设 2020 年通货膨胀率为 5%。假设两类保单条款没有发生变化，计算 2020 年两类保单的单次损失事件的赔付额比 2019 年的赔付额增加了多少。

【解】 对于 A 类保单，在 2019 年单次损失事件的期望赔付额为：

$$E(Y_A^L)=\frac{1}{6}(500+1\ 500+2\ 500+3\ 500+4\ 500)=2\ 083.33$$

在 2020 年，用 Z_A^L 表示单次损失事件的赔付额，则有

$$E(Z_A^L)=\frac{1}{6}(600+1\ 650+2\ 700+3\ 750+4\ 800)=2\ 250$$

因此，2020 年 A 类保单的单次损失事件的期望赔付额增长

$$2\ 250/2\ 083.33-1=8\%$$

对于 B 类保单，在 2019 年单次损失事件的期望赔付额为：

$$E(Y_B^L)=\frac{1}{6}(500+1\ 500+2\ 500+3\ 000+3\ 000)=1\ 750$$

在 2020 年，B 类保单在单次损失事件中的期望赔付额为：

$$E(Z_B^L)=\frac{1}{6}(600+1\ 650+2\ 700+3\ 000+3\ 000)=1\ 825$$

因此，2020 年 B 类保单的单次损失事件的平均赔付额增长

$$\frac{1\ 825}{1\ 750}-1=4.3\%$$

例 2 - 21 说明如果假设由于通货膨胀的影响，所有损失都增长了相同的百分比，那么低限额层的变动趋势比高限额层要小，而高限额层的变动趋势又比超额赔款层小。这是因为对于较低限额的保单，它所承担的责任已经接近饱和，损失额上升对它的影响较小。这种现象通常称为通货膨胀的杠杆效应。下面的例子可以更清楚地说明在不同免赔额和保单限额条款下，通货膨胀对理赔额期望会有哪些影响。

【例 2 - 22】 假设某风险的损失额在 50 万元以内波动，现有三份保险合同为此风险提供保障。对于单次损失，第一份保单负责赔偿 0～10 万元之间的损失；第二份保单负责

赔偿10万～25万元之间的损失；第三份保单负责赔偿25万～50万元之间的损失。假设该风险在保险期间发生了3次损失，损失额分别为5万元、20万元和40万元，这些保单的赔付额如表2-5所示。

表2-5 三份保单的赔付额

单位：万元

损失额	赔付额		
	第一份保单（0～10）	第二份保单（10～25）	第三份保单（25～50）
5	5		
20	10	10	
40	10	15	15
合计	25	25	15

如果所有损失额由于通货膨胀的影响平均上升了10%，假设免赔额和保单限额没有变化，则每份保单承担的赔付额将会发生怎样的变化？

【解】 如果所有损失额由于通货膨胀的影响平均上升了10%，这些保单的损失额和赔付额如表2-6所示。

表2-6 三份保单的损失额和赔付额

单位：万元

损失额	赔付额		
	第一份保单（0～10）	第二份保单（10～25）	第三份保单（25～50）
5.5	5.5		
22	10	12	
44	10	15	19
合计	25.5	27	19
赔付额增长幅度	2%	8%	26.67%

由此可见，尽管损失额平均上升了10%，但每份保单赔付额的上升幅度并不相同。赔付的损失层次越高，赔付额的变化幅度越大。

2. 通货膨胀率是随机的

在很多情况下，通货膨胀率是不确定的。这时考虑模型$Y=CX$，其中通货膨胀变量$C=1+r$与损失额变量X是独立的。设C的分布函数为$F_C(c)$，密度函数为$f_C(c)$。

$$F_Y(y)=\int_0^\infty P(CX\leqslant y\mid C=c)f_C(c)\mathrm{d}c$$

$$=\int_0^\infty F_X(y/c)f_C(c)\mathrm{d}c \tag{2.20}$$

$$f_Y(y)=\int_0^\infty \frac{1}{c}f_X(y/c)f_C(c)\mathrm{d}c \tag{2.21}$$

因此，当通货膨胀率是随机的时，明年的损失额变量分布是今年损失额变量分布的混合分布。我们可以利用混合分布的性质来研究明年损失额的分布，由此计算出明年损失额的期望和方差分别为：

$$E(Y)=E(CX)=E(C)E(X)$$

$$\mathrm{Var}(Y)=E(C^2X^2)-(E(C))^2(E(X))^2$$

$$=E(C^2)E(X^2)-E(C^2)(E(X))^2+E(C^2)(E(X))^2-(E(C))^2(E(X))^2$$
$$=E(C^2)\mathrm{Var}(X)+(E(X))^2\mathrm{Var}(C)$$

【例 2-23】 假设今年的实际损失额为 X，X 服从均值为 10 的指数分布。预测明年将会发生通货膨胀，且通货膨胀变量 C 的密度函数为：

$$f_C(c)=1.1c^{-2}\mathrm{e}^{-\frac{1.1}{c}},\quad c>0$$

若明年的保单约定保单限额为 20 万元，求明年理赔额的期望。

【解】 根据式（2.21），明年的损失额 Z 的密度函数为：

$$f_Z(z)=\int_0^\infty \frac{1}{c}f_X(z/c)f_C(c)\mathrm{d}c=\int_0^\infty \frac{1}{10c}\mathrm{e}^{-z/(10c)}1.1c^{-2}\mathrm{e}^{-\frac{1.1}{c}}\mathrm{d}c$$
$$=\int_0^\infty \frac{11}{100c^3}\mathrm{e}^{-\frac{1}{c}\frac{z+11}{10}}\mathrm{d}c$$

做变量代换，令 $u=\frac{1}{c}$，$\mathrm{d}c=-\frac{1}{u^2}\mathrm{d}u$，得到

$$f_Z(z)=\frac{11}{100}\int_0^\infty u^3\cdot\frac{1}{u^2}\mathrm{e}^{-u/\left(\frac{10}{11+z}\right)}\mathrm{d}u=\frac{11}{100}\left(\frac{10}{11+z}\right)^2\Gamma(2)=\frac{11}{(11+z)^2}$$

其中，第三个等式利用了 Γ 函数的性质：$\Gamma(\alpha)=\theta^{-\alpha}\int_0^\infty u^{\alpha-1}\mathrm{e}^{-u/\theta}\mathrm{d}u$ 。因此

$$F_Z(z)=\int_0^z f_Z(x)\mathrm{d}x=\int_0^z \frac{11}{(11+x)^2}\mathrm{d}x=1-\frac{11}{11+z}$$

明年的理赔额的期望为：

$$E(Z^P)=E(Z\wedge 20)=\int_0^{20}(1-F_Z(y))\mathrm{d}y=\int_0^{20}\frac{11}{11+y}\mathrm{d}y$$
$$=11\ln 31-11\ln 11=11.397$$

2.4 本章上机指导

2.4.1 R 和 RStudio 的下载与安装

1. R 软件的下载与安装

R 是一个免费的开源软件，使用者可以直接进入 CRAN 的官网（https://www.r-project.org/），点击“download R”，网页会提供很多镜像地址，使用者可根据自己所在的地区选择镜像，从而获得比较快的下载速度。然后，根据自己计算机的系统（Windows、Linux 或者 MacOS）下载合适版本的 R。下载后根据提示完成安装，即可开始使用 R 软件。

但是 R 的用户界面（RGui 界面）并不是一个对用户友好的操作界面，在这个界面

上，每次只能执行一条代码，这无疑会给日常的程序编辑和修改造成很大的不便。RGui的不方便还体现在日常任务中重复任务的执行上（如数据的读入、R包的安装和调用），非常烦琐。因此使用者需要一个方便的开发环境，RStudio正是目前应用最广的工作平台。

2. RStudio的下载与安装

RStudio是目前应用最广的R语言集成开发环境（IDE），RStudio很好地解决了RGui操作不方便的问题，支持diamante集成编辑、语法高亮显示，支持直接执行R代码。同时，R包的安装和调用、外部数据导入等基础功能可以通过按键完成。需要注意的是，R是RStudio的基础，在安装RStudio之前必须先安装R。

RStudio的官方下载地址是：https://www.rstudio.com/products/rstudio/download/。用户可以选择桌面版的RStudio（RStudio Desktop）下载；RStudio有开源的免费版本和商用的收费版本，用户可以根据自己的需求选择下载。下载之后根据提示即可完成安装。

RStudio的界面主要分为四个窗口：左上角为程序编辑窗口；左下角为传统的RGui界面；右上角为数据窗口，读入的或者运行的数据都会在这里显示；右下角是综合窗口，数据的调用与保存、R包的安装与调用、图像的显示与保存、帮助等功能都集成在这一区域。

3. R包的下载与安装

虽然R中已经有了很多常用函数，实现了基本的统计分析功能，但一些学者和软件爱好者还在开发各种R包以实现多种功能。他们通过改进现有的基本R功能或通过添加新功能来提升R的效率。本章中有限期望函数的计算就需调用actuar包。下面以actuar包为例说明如何下载和安装R包。用户运行install.packages函数，在计算机已经联网的情况下，系统会自动下载和安装该R包，然后使用library函数调用已经安装好的R包。在一个会话中，R包只需载入一次。

```
install.packages("actuar")
library(actuar)
```

使用R包时，如果对其用法不了解，可以使用命令help（package="actuar"），得到actuar包的简短描述以及包中的函数名称和数据集名称的列表。使用函数help也可以查看任意函数或数据集的更多细节。

2.4.2 R语言的基本规则

1. 赋值

在很多软件中，通常都以等号（"="）作为赋值符号，在R语言中，等号赋值的写法也可以，但是标准写法是使用带方向的箭头号"<−"或者"−>"表示赋值。例如想完成下面的计算：

$$a=1;b=2\times a+24;c=e^b$$

对应的代码如下：

```
a<-1
b<-2*a+24
c<-exp(b)
```

R语言采用的是最小输出结果模式，R语言会将各种分析与运算结果存入适当的对象中，所有对象存于后台，不会主动在对话窗口输出赋值对象的结果。如果想知道上面代码赋值的结果，需要输入三个对应变量的名称：

```
a;b;c
## [1] 1
## [1] 26
## [1] 195729609429
```

2. 数据导入

在使用R语言进行数据分析的时候，数据集常常是巨大的，手动输入完全不现实，因此需要掌握从外界导入数据的工具。下面以常见的txt和csv两种格式为例详细说明。

导入txt文件可以使用read.table函数。（在导入文件的时候，文件路径是非常重要的，用户可以根据实际情况输入相对路径或者绝对路径。一个比较方便的做法是使用getwd函数获取工作目录，将需要导入的文件转移到该目录下，只输入文件名称即可，免去了输入路径的麻烦。）具体代码如下：

```
data = read.table("test.txt",header = T,fileEncoding = "UTF-8")
```

read.table函数同样可以用来读取csv文件，但是更加常用的是read.csv函数。导入中文文件，容易出现乱码。使用fileEncoding参数指定文件的编码，能解决导入时出现的大部分中文乱码问题。具体代码如下：

```
data = read.csv("test.csv",header = T,fileEncoding = "UTF-8")
```

read.table函数和read.csv函数的具体参数的含义可以使用help函数查看。xls或者xlsx格式的文件可以先转成csv格式的文件再导入，或者使用readxl包读入，具体用法不再赘述。

3. 常见的数据类型

R语言中常见的数据类型有数值型（numeric）、字符型（character）、因子型（factor）、逻辑型（logical）。通常，当用户给一个变量赋予数字时，默认生成数值型数据。大多数情况下，我们看到的文字是字符型数据，但是当一串文字被放在一个数据框中读入R时，文字极易被自动转换为因子型数据。因子型数据用来存储类别的数据类型，存储有序型变量。逻辑型数据取值有限，只有TRUE和FALSE两个值，逻辑型数据也可进行加减运算，TRUE对应数字1，FALSE对应数字0。除了上述几种数据类型，还有时间类数据：Date是日期数据，不包括时间和地区信息；POSIXct / POSIXlt类型数据包括日期、时间、时区信息。

4. 常用的运算符号和函数表达式

不同的计算机语言有其独特的运算符号和函数表达式，R 语言常用的运算符号和函数表达式如表 2－7 和表 2－8 所示。需要说明的是，R 语言区分大小写，输入函数的时候要特别注意。

表 2－7　R 语言常用的运算符号

运算符号	含义	运算符号	含义
+	加	>	大于
−	减	>=	大于等于
*	乘	==	严格等于
/	除	! =	不等于
^	幂次运算	! x	非 x
<	小于	x | y	或
<=	小于等于	x&y	且

表 2－8　R 语言常用的函数表达式

函数	含义	函数	含义
abs（x）	绝对值	sum（x）	求和
sqrt（x）	平方根	min（x）	最小值
log（x）	自然对数	max（x）	最大值
exp（x）	指数	set. seed（n）	设置随机数种子
mean（x）	均值	runif（n）	生成 n 个（0，1）区间均匀分布的随机数
median（x）	中位数	rnorm（n）	生成 n 个标准正态分布随机数
var（x）	方差	pnorm（x）	计算标准正态分布分位数
sd（x）	标准差	qnorm（x）	标准正态分布 q 分位数
quantile（x，probs）	分位数		

5. 矩阵运算

用 R 语言进行矩阵运算非常方便，R 语言提供了许多直观的函数可以对矩阵进行操作。下面主要介绍矩阵的创建。

matrix 函数是生成矩阵的函数，nrow 和 ncol 分别是控制矩阵行数和列数的参数，byrow 参数用于控制是否将向量按行排列生成矩阵。t() 是转置矩阵的函数。相关代码如下：

```
A<-matrix(1:12,nrow=4,ncol=3,byrow=T)
B<-matrix(1:20,nrow=4,ncol=5,byrow=F)              #创建矩阵
A
##      [,1] [,2] [,3]
## [1,]    1    2    3
## [2,]    4    5    6
## [3,]    7    8    9
## [4,]   10   11   12
```

```
t(A)                                    #转置矩阵
##       [,1] [,2] [,3] [,4]
## [1,]    1    4    7   10
## [2,]    2    5    8   11
## [3,]    3    6    9   12
```

对于行数和列数分别相等的两个矩阵，可以直接使用“+”或者“-”进行两个矩阵之间的加减法运算，新矩阵的每一个元素都是两个矩阵对应元素加减后的结果。另外，对于这样的两个矩阵，直接使用“*”相乘，得到的是矩阵的 Hadamard 积，即新矩阵的每一个元素是原矩阵对应元素相乘后的结果。如果想计算两个矩阵的乘积，需要使用“%*%”进行计算，如果前一个矩阵的列数不等于后一个矩阵的行数，系统会自动报错。在本小节的举例中，A 是 4×3 的矩阵，无法与 B 直接相乘，因此计算 $A^{T}B$ 的结果。相关代码如下：

```
C<-matrix(13:24,nrow=4,ncol=3,byrow=T)
A+C;A-C                                 #矩阵相加减
##      [,1] [,2] [,3]
## [1,]   14   16   18
## [2,]   20   22   24
## [3,]   26   28   30
## [4,]   32   34   36
##      [,1] [,2] [,3]
## [1,]  -12  -12  -12
## [2,]  -12  -12  -12
## [3,]  -12  -12  -12
## [4,]  -12  -12  -12
A*C                                     #矩阵的Hadamard积
##      [,1] [,2] [,3]
## [1,]   13   28   45
## [2,]   64   85  108
## [3,]  133  160  189
## [4,]  220  253  288
t(A)%*%B                                #矩阵相乘
##      [,1] [,2] [,3] [,4] [,5]
## [1,]   70  158  246  334  422
## [2,]   80  184  288  392  496
## [3,]   90  210  330  450  570
```

使用函数 det 可以轻松地得到一个方阵的行列式的值。使用 solve(A，B) 可以求解线性方程组 $Ax=B$，若 B 缺省，则系统默认为单位矩阵，因此可用函数 solve 进行矩阵求逆。相关代码如下：

```
D<-diag(4,nrow=4)              #生成一个对角矩阵,且所有元素均为4
det(D)                         #计算D的行列式的值
## [1] 256
solve(D)                       #求逆
##      [,1] [,2] [,3] [,4]
## [1,] 0.25 0.00 0.00 0.00
## [2,] 0.00 0.25 0.00 0.00
## [3,] 0.00 0.00 0.25 0.00
## [4,] 0.00 0.00 0.00 0.25
```

在R中很容易求得一个矩阵各行的和、平均数，以及各列的和、平均数。相关代码如下：

```
rowSums(A)
## [1]  6  15  24  33
rowMeans(A)
## [1]  2  5  8  11
colSums(A)
## [1]  22  26  30
colMeans(A)
## [1]  5.5  6.5  7.5
```

实际上，使用apply函数对矩阵进行运算，也可以得到相同的结果。

2.4.3　常见的损失分布运算

1. 常见的连续分布及其参数含义

R语言提供了四类有关统计分布的函数，以下为四类函数及其相应的前缀：概率密度函数，d；累计分布函数，p；分位函数，q；随机数函数，r。需要注意的是，这些分布有的需要指定rate参数或scale参数，scale＝1/rate，因此两个参数在本质上是等价的，在指定参数时千万不要弄混。

actuar包是一个专门为精算设计的R包，涵盖精算中常用的四个功能：损失分布建模、风险理论、复合层次模型、信度理论。actuar包提供了R的基础包stats中没有自带的一些分布，比如常用的帕累托分布，并对这些连续分布提供了m、lev和mgf三种函数，m计算理论原点矩，lev计算有限期望值，mgf计算矩母函数。R和actuar包中的连续分布及其参数含义见表2-9。

表2-9　R和actuar包中的连续分布及其参数含义

分布名称	代码名称	参数	参数含义
正态分布	norm	mean	期望
		sd	标准差

续表

分布名称	代码名称	参数	参数含义
均匀分布	unif	min	最小值
		max	最大值
指数分布	exp	rate	期望的倒数
伽马分布	gamma	shape	形状参数
		scale	比例参数
威布尔分布	weibull	shape	形状参数
		scale	比例参数
贝塔分布	beta	shape1	形状参数
		shape2	
t 分布	t	df	自由度
F 分布	F	df1	自由度
		df2	
卡方分布	chisq	df	自由度
对数正态分布	lnorm	meanlog	对数期望
		sdlog	对数方差
帕累托分布	pareto	shape	形状参数
		scale	比例参数

2. 绘制分布函数和密度函数曲线

R 语言提供了许多常见分布的密度函数、分布函数、分位数函数和生成对应分布的随机数函数，可以使用 curve 函数和分布的密度函数、分布函数，绘制分布函数和密度函数曲线。下面以期望为 0，标准差为 10 的正态分布为例，绘制分布函数和密度函数曲线（见图 2-8）。相关代码如下：

```
par(mfrow = c(1,2))
curve(pnorm(x,mean = 0,sd = 10),xlim = c( - 20,20),ylab = "F(x)")   ＃分布函数
curve(dnorm(x,mean = 0,sd = 10),xlim = c( - 20,20),ylab = "f(x)")   ＃密度函数
```

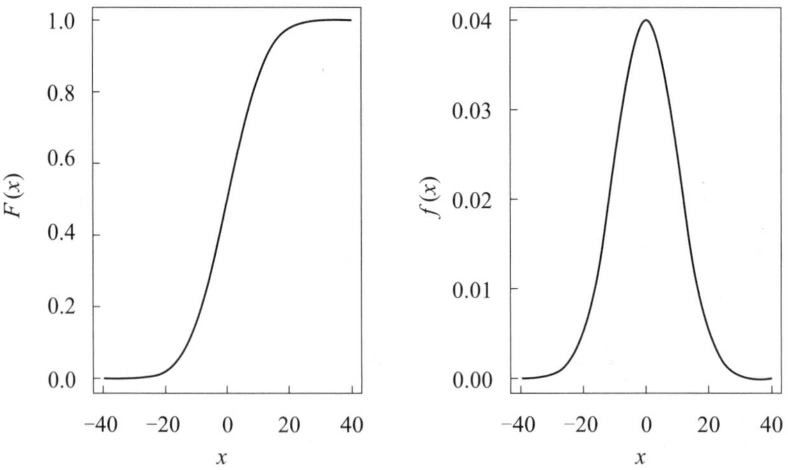

图 2-8　N(0，10) 的分布函数和密度函数图

3. 计算期望和 k 阶矩

actuar 包中含有 m 函数类，可以用于计算分布原点矩。以正态分布和帕累托分布为例。函数中参数 order 代表了原点矩的阶数。在输入计算的指令之前，要先调用 actuar 包。相关代码如下：

```
mnorm(order = 1,mean = 1,sd = 10)              #正态分布的期望
## [1] 1
mnorm(order = 4,mean = 1,sd = 10)              #正态分布的 4 阶矩
## [1] 30601
mpareto(order = 1,shape = 2,scale = 2)         #帕累托分布的期望
## [1] 2
mpareto(order = 1.5,shape = 2,scale = 2)       #帕累托分布的 1.5 阶矩
## [1] 6.664324
```

4. 产生分布随机数

R 语言中含有一系列用于生成随机数的函数，如生成服从均匀分布的 runif() 函数，生成服从正态分布的 rnorm() 函数，生成服从指数分布的 rexp() 函数等。以正态分布和帕累托分布为例，下面介绍如何使用 R 语言产生随机数。相关代码如下：

```
rnorm(10,mean = 0,sd = 10)                          #生成 10 个服从正态分布的随机数
##  [1]  0.5016828  19.3856450  8.7115804  -3.2761173  3.8850937  -8.8757498
##  [7]  -7.3311582  6.4076572  7.7890299  -9.8787781
rpareto(10,shape = 2,scale = 2)                     #生成 10 个服从帕累托分布的随机数
##  [1]  0.62640562  0.96695854  0.33545315  4.33000668  0.08384789  0.05143032
##  [7]  0.01266496  0.08070600  0.82825162  0.25119361
```

2.4.4　带有免赔额和保单限额的损失分布

通过本章的学习，我们知道，由于某些保险条款的存在，保险实际赔付额往往和实际损失额是不相等的。常见的保险条款包括免赔额、保单限额和比例共保。假设我们定义实际损失额为随机变量 X，实际赔付额为 Y，那么 $Y=f(X)$。当我们需要根据赔付额 Y 对损失额 X 进行建模时，就需要建立两者之间的联系。根据两个随机变量间的变换关系得到两个随机变量间分布密度和分布函数间的关系。大体的建模过程如下：

（1）假定 X 的原始分布形式，然后根据变换关系得到 Y 的修正分布形式。在这个过程中，原始分布的参数也同时传递到了修正分布中。

（2）将实际赔付数据带入修正分布中，使用极大似然估计或其他估计方法得到修正分布的参数。

（3）根据原始分布和修正分布的关系得到原始分布的参数。

在 actuar 包中，coverage 函数可以完成将原始分布变换为修正分布的工作。coverage 输出的是一个函数对象。其函数语法为：

```
coverage(pdf,cdf,deductible = 0,franchise = FALSE,limit = Inf,coinsurance = 1,inflation = 0,
per.loss = FALSE)
```

需要注意的 coverage 函数的 limit 参数，并非与保单限额直接对应，而是等于保单覆盖的最大损失额，即免赔额与保单限额之和。per. loss 控制的是采用理赔事件的赔付 Y_P 分布还是损失事件的赔付 Y_L 分布，默认 FALSE，即采用 Y_P 的分布。

1. 绘制曲线

下面以帕累托分布为例介绍绘制曲线的代码。假设某险种的损失额 X 服从帕累托分布，密度函数 $f(X)=\dfrac{3\times2\ 000^3}{(x+2\ 000)^4}$，保单规定的免赔额为 500 元，保单限额为 2 000 元。绘制理赔额密度函数曲线的相关代码如下，结果见图 2－9。

```
curve(dpareto(x,3,2000),xlim = c(0,6000),ylab = "pdf",main = "pdf of per payment" )
                                        #绘制原始分布为帕累托密度曲线
f<-coverage(pdf = dpareto,cdf = ppareto,deductible = 500,limit = 2500)
                                        #这里保单限额为 2000,覆盖的最大损失额为 2500
curve(f(x,3,2000),xlim = c(0,1999),col = "red",add = TRUE)
curve(f(x,3,2000),xlim = c(2001,6000),col = "red",add = TRUE)
                                        #绘制加入免赔额及限额后的理赔额密度曲线
```

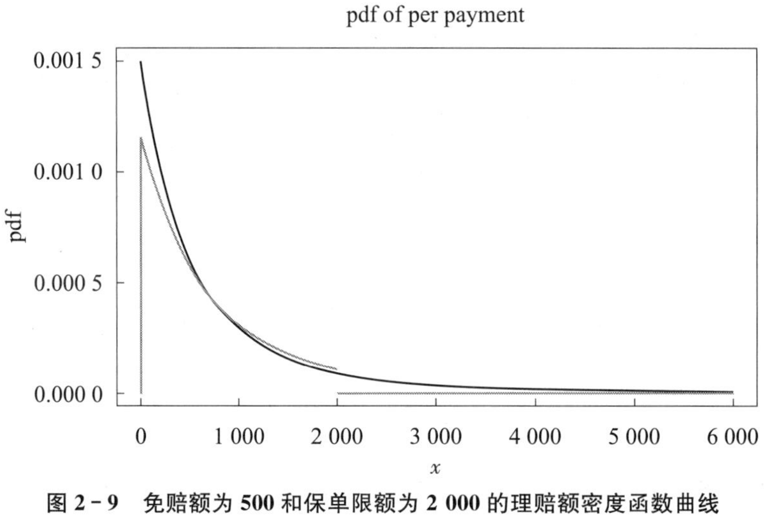

图 2－9　免赔额为 500 和保单限额为 2 000 的理赔额密度函数曲线

理赔额分布函数曲线的绘制代码如下，结果见图 2－10。

```
curve(ppareto(x,3,2000),xlim = c(0,6000),ylab = "cdf",main = "cdf of per payment")
                                        #绘制原始分布的分布函数曲线
F<-coverage(cdf = ppareto,,deductible = 500,limit = 2500)
curve(F(x,3,2000),xlim = c(0,1999),col = 4,add = TRUE)
curve(F(x,3,2000),xlim = c(2001,6000),col = 4,add = TRUE)
                                        #加入免赔额及限额后的分布函数曲线
```

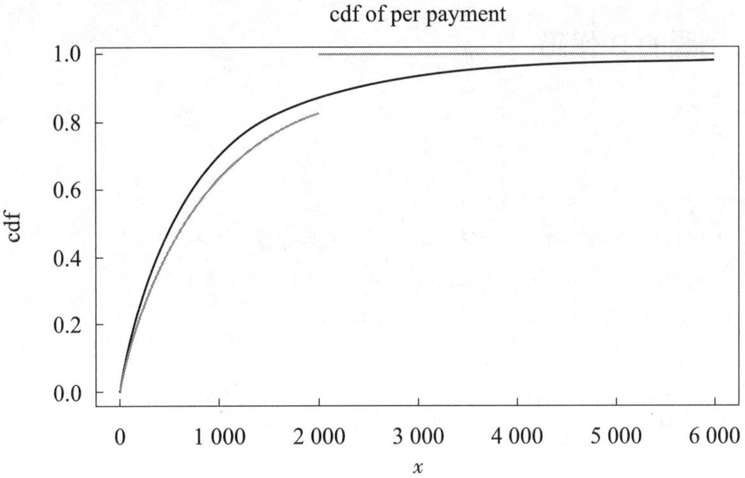

图 2-10　免赔额为 500 和保单限额为 2 000 的理赔额分布函数曲线

2. 计算有限期望函数

actuar 包中提供了 lev 函数类，专门用于计算有限期望函数，形式与 m 函数类非常类似。沿用上例中损失额分布和保单限制的假定，下面是计算有限期望函数的代码：

```
m1l<-levpareto(2500,shape=3,scale=2000,order=1)    #计算 E(X∧2500)
m2l<-levpareto(500,shape=3,scale=2000,order=1)     #计算 E(X∧500)
p<-ppareto(500,shape=3,scale=2000)                 #计算 P(X<500)
Ey<-(m1l-m2l)/(1-p);Ey                             #根据公式计算理赔额 Yp 的期望值
##[1]864.1975
```

3. 计算损失消失率

根据损失消失率的定义 $LER=\dfrac{E(X)-E(I_d(X))}{E(X)}$，可以利用 m 类函数和 lev 类函数计算损失消失率。仍然沿用上述损失额案例的相关假定。相关代码如下：

```
EX<-mpareto(order=1,shape=3,scale=2000)
LER<-(EX-Ey)/EX;LER
##[1]0.1358025
```

4. 计算增限因子

根据定义，限额为 U 的增限因子 $ILF(U)=\dfrac{\text{限额为}U\text{的期望赔付成本}}{\text{限额为}B\text{的期望赔付成本}}$。假设某损失额 X 服从帕累托分布，密度函数 $f(X)=\dfrac{3\times 2\,000^3}{(x+2\,000)^4}$，基础保单限额为 1 000 元，新的保单限额为 2 000 元。计算增限因子的相关代码如下：

```
ILF<-levpareto(2000,shape=3,scale=2000,order=1)/levpareto(1000,shape=3,scale=2000,
order=1);ILF
##[1]1.35
```

2.4.5 部分例题的 R 代码

例 2－17 的 R 代码：

```
library(actuar)
m1 = levpareto(3000,shape = 3,scale = 2000,order = 1) #计算 E(X∧3000)
m2 = levpareto(500,shape = 3,scale = 2000,order = 1) #计算 E(X∧500)
p = ppareto(500,shape = 3,scale = 2000) #计算 P(X<500)
Ey = (m1 - m2)/(1 - p)
Ey
##[1] 937.5
```

习 题

1. 假设某险种在 2019 年的实际损失额服从离散分布，$P(X=1\,000k)=1/6(k=1, 2, \cdots, 6)$。保单上规定单次损失的免赔额为 1 500 元。假设 2019—2020 年通货膨胀率为 5%，2020 年的免赔额提高到 1 600 元，2020 年单次赔偿的期望理赔额与 2019 年相比增长了多少？

2. 假设某险种的实际损失额 X 的密度函数为 $f(x)=0.04x\mathrm{e}^{-0.2x}(x>0)$。已知免赔额为 30 元，求单次事故中的平均赔付额 $E(Y^L)$。

3. 设某险种的实际损失额为 X，$E(X)=500$。当免赔额为 d 时，投保人的损失消失率为：

$$LER(d)=\frac{E(X\wedge d)}{E(X)}$$

当 $d=200$ 时，已知 $LER(200)=25\%$ 且 $P(X\leqslant 200)=0.4$。求 $E(X\mid X\leqslant 200)$。

4. 假设某险种的实际损失额的分布满足下面的性质：

x	$F(x)$	$E(X\wedge x)$
5	0.5	3
10	0.6	6
15	0.7	7.7
22.5	0.8	9.5
32.5	0.9	11
∞	1	20

（1）已知免赔额为 10 元，求理赔额的期望。

（2）现将免赔额提高到使得 $P(X>d)=0.5P(X>10)$，求理赔额提高的百分比。

（3）若明年的通货膨胀率为 50%，免赔额为 15 元，求理赔额的期望。

5. 已知某险种的实际损失额的分布为对数正态分布，$\mu=5$，$\sigma=2$，每年平均有 10 起损失事件发生。已知今年免赔额为 1 500 元。若明年的通货膨胀率为 20%，免赔额保持不变，明年平均会有多少起理赔事件发生？

6. 假设某保险的损失额服从指数分布：

$$f_X(x)=\frac{1}{150}e^{-\frac{x}{150}}$$

保单规定免赔额为 100 元，赔偿限额为 900 元，比例分担系数为 0.8。计算每次赔偿事件的实际平均理赔额。

7. 某险种保单在 2019 年的损失额 X 满足下面的分布性质：

$$E(X\wedge d)=-0.025d^2+1.475d-2.25,\quad d=10,11,12,\cdots,26$$

假设 2020 年的保单损失额比 2019 年提高 10%。保单规定赔偿高于免赔额 11 元的全部损失，最高的赔偿金额为 11 元。计算 2020 年平均理赔额与 2019 年平均理赔额之比。

8. 设某险种一份保单的实际损失的密度函数为：

$$f(x)=0.02(1-q+q\times 0.02x)e^{-0.02x},\quad x>0$$

假设保单规定免赔额为 100 元，则理赔额的期望为 200。若免赔额提高到 200 元，理赔额的期望等于多少？

9. 设某险种在 2019 年每张保单的损失额为 X，对 $0\leqslant d\leqslant 1\,000$，有下列关系式成立：

$$E(X\wedge d)=(2\,000d-d^2)/2\,000$$

若保单规定保险人支付损失超过 100 元部分的 80%，保单限额为 1 000 元。

(1) 每份保单的平均赔付额是多少？

(2) 假设 2020 年该险种的每份保单损失额提高 5%，每份保单的平均支付额相应提高多大比例？

10. 已知如下条件：

(1) 损失额服从对数正态分布，参数为 $\mu=5$，$\sigma=2$。

(2) 免赔额为 1 000 元。

(3) 每年预计的损失次数为 10 次。

(4) 损失次数与个体损失额互相独立。

如果所有的个体损失额都提高 20%而免赔额不变，求每年超过免赔额的平均损失次数。

11. 损失额服从威布尔分布，参数 $\tau=2$，θ 未知。一个保险人设定保险限额为 100 元。已知 50%的损失事件的损失低于限额 100 元。但由于通货膨胀，所有损失额上升了 10%，求损失额仍低于 100 元的损失事件的百分比。

12. 已知损失额服从指数分布；今年的损失消失率为 70%；明年的免赔额是今年免赔额的 4/3。求明年的损失消失率。

13. 已知随机变量 X，$P(X=3)=P(X=12)=0.5$，$E(I_d(x))=3$。求 d。

14. 损失额服从均值为 100 的指数分布，一个保险人正考虑以下两种保险：(1) 免赔额为20元的保险；(2) 免赔额为50元的保险。保险人对每一种保险分别计算了理赔额的偏度系数，分别为 c_1 和 c_2，求 c_2-c_1 的值。

15. 损失额服从均值为1 000的指数分布，保险公司规定免赔额为100元，求赔付额 Y^L 的方差。

16. 假设损失随机变量 X 服从均匀分布 U [0, 80]，现有两种类型的保单：

(1) 免赔额为10元，收取保费为每份保单平均赔付额加上14.6元。

(2) 全额赔付，收取保费为 $(1+k)$。

两个险种所收保费相同，求 k。

17. 一个保险人发现，对于某一种保单，当损失额大于1 000元时，超过1 000元的平均损失额为500元。保险人假设损失额服从 $[0, C]$ 的均匀分布，其中 $C>100$，求 C。

18. 2019年的损失额服从 $\alpha=2$ 和 $\theta=5$ 的帕累托分布，2020年的损失额比2019年总体提高20%。一份保单免赔额为10元，求2020年的损失消失率。

19. 损失额 X 服从帕累托分布，参数 $\alpha=2$，θ 未知。已知 $E(X-100 \mid X>100)=\dfrac{5}{3}E(X-50 \mid X>50)$，求 $E(X-150 \mid X>150)$。

20. 一份保单对损失额 X 的免赔额为40元。保单还有以下条件：若损失额位于区间 $(40, 60]$，则赔偿40元以上的部分；若损失额位于区间 $(60, 80]$，赔偿20元加上超过60元部分的75%；若损失额超过80元，则赔偿35元。假设 X 服从均匀分布 $U[0, 100]$，用 X 和 $X\wedge u$ 表示单次损失事件的赔付额 Y^L，并求 $E(Y^L)$ 的值。

21. (R编程) 产生2 000个均值等于5 000，方差等于25 000，且服从以下分布的损失随机数：正态分布、指数分布、伽马分布、帕累托分布、对数正态分布、威布尔分布。

22. (R编程) 保险公司对损失额 X 进行超额超赔再保险，用第21题的2 000个对数正态分布损失随机数，产生如下三种单次损失事件的赔付额随机数和单次理赔事件的赔付额随机数。

(1) 免赔额是0元，保单限额是5 000元。

(2) 免赔额是5 000元，保单限额是10 000元。

(3) 免赔额是10 000元，保单限额是20 000元。

计算这三种保单条款下保险人的总赔付额。

23. (R编程) 假设明年通胀率分别为1%，2%，5%，10%，利用第21题的损失随机数，产生明年的损失随机数。与今年相比，保险人的总赔付额增加了多少？结合随机模拟的结果，说明通货膨胀的杠杆效应。

第3章

理赔次数的分布

本章将讨论单张保单的理赔次数的分布和保单组合的总理赔次数分布。单张保单在单位时间内发生的理赔次数称为理赔频率，也称索赔频率。我们先介绍常见的理赔频率分布性质，然后讨论从保单组合中随机抽取一份保单时，该保单理赔次数的分布性质，接着讨论保单组合的总理赔次数的分布性质，最后研究免赔额对理赔次数分布的影响。

3.1 $(a,b,0)$ 分布族和 $(a,b,1)$ 分布族

理赔频率、理赔次数都是离散型随机变量，在精算模型中常用 $(a,b,0)$ 分布族和 $(a,b,1)$ 分布族的分布来描述。这两个分布族包含了一些常用分布。

3.1.1 $(a,b,0)$ 分布族

定义 3-1 设随机变量 N 的分布列 $\{p_k\}$ 满足

(1) $p_k \geqslant 0$ 且 $p_0 \neq 0$，$\sum\limits_{k=0}^{\infty} p_k = 1$ (3.1)

(2) $\dfrac{p_k}{p_{k-1}} = a + \dfrac{b}{k}$，$k = 1,2,\cdots$ (3.2)

则称分布 $\{p_k, k=1, 2, \cdots\}$ 属于 $(a,b,0)$ 分布族。

下面证明泊松分布、负二项分布和二项分布都可以用 $(a,b,0)$ 分布族来表示，并简单介绍这三种离散分布的性质。

1. 泊松分布

泊松分布常用来描述社会经济活动中各种排队问题。例如，单位时间内到达某服务

场所——商场、车站、银行等——的顾客数就可以用泊松分布来描述。对于保险公司而言，因发生损失而提出索赔的客户人数也类似于这种服务场所中出现的人数，因此对大多数险种来说，个别保单的理赔次数可用泊松分布来描述，即在单位时间内个别保单发生理赔次数 N 的分布列为：

$$p_k = P(N=k) = e^{-\lambda}\frac{\lambda^k}{k!}, \quad k=0,1,\cdots \tag{3.3}$$

式中，参数 $\lambda>0$。由于

$$\frac{p_k}{p_{k-1}} = \frac{e^{-\lambda}\dfrac{\lambda^k}{k!}}{e^{-\lambda}\dfrac{\lambda^{k-1}}{(k-1)!}} = \frac{\lambda}{k}, \quad k=1,2,\cdots$$

即 $a=0$，$b=\lambda$，$p_0=e^{-\lambda}$，因此泊松分布是唯一使得 $a=0$ 的（a，b，0）分布。

根据泊松分布的分布列（3.3），计算得到泊松分布的期望、方差和母函数分别为：

$$E(N) = \mathrm{Var}(N) = \lambda \tag{3.4}$$

$$P_N(z) = \sum_{k=0}^{\infty} p_k z^k = \sum_{k=o}^{\infty} z^k e^{-\lambda}\frac{\lambda^k}{k!} = \sum_{k=o}^{\infty} e^{-\lambda}\frac{(\lambda z)^k}{k!} = \exp(\lambda(z-1)) \tag{3.5}$$

可以证明，泊松分布有两个非常有用的性质：

（1）可加性。设 N_1，N_2，…，N_n 是相互独立的泊松随机变量，参数分别为 λ_1，λ_2，…，λ_n，则 $N=N_1+N_2+\cdots+N_n$ 服从泊松分布，参数为 $\lambda=\lambda_1+\lambda_2+\cdots+\lambda_n$。

证明：利用母函数的性质可得

$$\begin{aligned} P_N(z) &= \prod_{i=1}^{n} P_{N_i}(z) \\ &= \prod_{i=1}^{n} \exp(\lambda_i(z-1)) = \exp\left(\sum_{i=1}^{n}\lambda_i(z-1)\right) \end{aligned}$$

故 N 服从泊松分布，参数为 $\lambda=\lambda_1+\lambda_2+\cdots+\lambda_n$。

（2）可分解性。假设保单发生损失的次数为 N，损失事故可以分为 m 个互不相同的类型 C_1，C_2，…，C_m，p_i 表示第 i 类事故发生的概率（$i=1$，2，…，m），N_i 表示第 i 类事故发生的次数（$i=1$，2，…，m），若 N 服从参数为 λ 的泊松分布，则 N_1，N_2，…，N_m 都是相互独立的，且服从泊松分布，参数分别是 λp_i（$i=1$，2，…，m）。

证明：$N=N_1+N_2+\cdots+N_m$ 表示所有事故发生的次数。给定 $N=n$，$N_i \mid N=n$ 服从二项分布 $B(n, p_i)$，（N_1，N_2，…，N_m）服从多项分布 $B(n, p_1, \cdots, p_m)$，即

$$\begin{aligned} &P(N_1=n_1, N_2=n_2, \cdots, N_m=n_m) \\ &\quad = P(N_1=n_1, N_2=n_2, \cdots, N_m=n_m \mid N=n)P(N=n) \\ &\quad = \frac{n!}{n_1!n_2!\cdots n_m!}p_1^{n_1}p_2^{n_2}\cdots p_m^{n_m}\frac{e^{-\lambda}\lambda^n}{n!} = \prod_{j=1}^{m} e^{-\lambda p_j}\frac{(\lambda p_j)^{n_j}}{n_j!} \end{aligned}$$

其中，$n=n_1+n_2+\cdots+n_m$。

$$\begin{aligned} P(N_j = n_j) &= \sum_{n=n_j}^{\infty} P(N_j = n_j \mid N = n) P(N = n) \\ &= \sum_{n=n_j}^{\infty} C_n^{n_j} p_j^{n_j} (1 - p_j)^{n-n_j} \frac{e^{-\lambda}\lambda^n}{n!} \\ &= e^{-\lambda} \frac{(\lambda p_j)^{n_j}}{n_j!} e^{\lambda(1-p_j)} \\ &= e^{-\lambda p_j} \frac{(\lambda p_j)^{n_j}}{n_j!} \end{aligned}$$

因此，N_1，N_2，…，N_m 的联合分布等于 N_i 分布的乘积，于是证明 N_i 是相互独立的随机变量。

2. 负二项分布

负二项分布（negative binomial distribution）的分布列为：

$$p_k = P(N = k) = \binom{k + r - 1}{k} \left(\frac{\beta}{1+\beta}\right)^k \left(\frac{1}{1+\beta}\right)^r, \quad r > 0;\ k = 0, 1, \cdots$$

式中，$\binom{x}{k} = \frac{x\ (x-1)\ (x-2)\ \cdots\ (x-k+1)}{k!}$。

对于负二项分布，由于

$$\frac{\binom{k+r-1}{k}}{\binom{k+r-2}{k-1}} = \frac{(k+r-1)(k+r-2)\cdots r}{k!} \cdot \frac{(k-1)!}{(k+r-2)\cdots r} = \frac{k+r-1}{k}$$

从而

$$\frac{p_k}{p_{k-1}} = \frac{\beta}{1+\beta} \cdot \frac{k+r-1}{k} = \frac{\beta}{1+\beta} + \frac{\beta}{1+\beta}(r-1)\frac{1}{k} = \frac{\beta}{1+\beta} + \frac{\beta(r-1)}{1+\beta}\frac{1}{k}$$

因此，负二项分布属于（a，b，0）分布族，得到

$$a = \frac{\beta}{1+\beta} > 0, \quad b = \frac{\beta(r-1)}{1+\beta}, \quad p_0 = \left(\frac{1}{1+\beta}\right)^r$$

在负二项分布中，当 $r=1$ 时，即为几何分布。其分布列为：

$$p_k = P(N = k) = \frac{\beta^k}{(1+\beta)^{k+1}}, \quad k = 0, 1, \cdots$$

$$a = \frac{\beta}{1+\beta}, \quad b = 0, \quad p_0 = \frac{1}{1+\beta}$$

因此，几何分布是唯一使得 $b=0$ 的（a，b，0）分布。

注意，若令 $p=\frac{1}{1+\beta}$，$q=\frac{\beta}{1+\beta}$，则几何分布的概率函数也可写为：

$$p_k = pq^k, \quad k = 0, 1, \cdots$$

在概率论中，几何分布也称等待时间分布。假设每次贝努利试验成功的概率为 p，则 p_k 是做 $k+1$ 次独立贝努利试验后才首次成功的概率。p_0 表示第一次试验就成功的概率。[①] 类似地，当 r 是整数时，负二项分布的分布列表示在一连串贝努利试验中，刚好在第 $r+k$ 次试验中出现第 r 次成功的概率。[②]

$$p_k = P(N=k) = \binom{k+r-1}{k} q^k p^r, \quad k=0,1,\cdots$$

下面推导负二项分布的母函数，由于 $p=1-q$，所以

$$\begin{aligned}P_N(z) &= \sum_{k=0}^{\infty}\binom{k+r-1}{k} q^k (1-q)^r z^k \\ &= \sum_{k=0}^{\infty}\binom{k+r-1}{k}(qz)^k(1-qz)^r\left(\frac{1-q}{1-qz}\right)^r \\ &= \left(\frac{1-q}{1-qz}\right)^r\end{aligned}$$

利用 $q=\frac{\beta}{1+\beta}$，将 $\left(\frac{1-q}{1-qz}\right)^r$ 化简可得

$$P_N(z) = (1-\beta(z-1))^{-r}$$

于是推出负二项分布的均值和方差：

$$E(N) = r\beta, \quad \mathrm{Var}(N) = r\beta(1+\beta)$$

3. 二项分布

二项分布是描述 m 次贝努利试验中成功次数的分布。与泊松分布和负二项分布不同的是，二项分布随机变量的最大可能取值为有限值 m。在寿险模型中，常用二项分布来描述寿险中的死亡人数。假设有 m 个相同年龄的被保险人，他们下一年的死亡率相同且为 p，则下一年 m 个被保险人中死亡的人数服从二项分布。二项分布的分布列为：

$$p_k = P(N=k) = \binom{m}{k} p^k (1-p)^{m-k}, \quad 0<p<1; k=0,1,\cdots,m$$

容易证明：

$$\frac{p_k}{p_{k-1}} = \frac{m-k+1}{k}\cdot\frac{p}{1-p} = -\frac{p}{1-p} + \frac{(m+1)p}{1-p}\cdot\frac{1}{k}$$

因此，二项分布属于（a，b，0）分布族，得到

$$a = -\frac{p}{1-p}, \quad b = \frac{(m+1)p}{1-p}, \quad p_0 = (1-p)^m$$

---

① 在某些概率论教材中，几何分布取值从1开始，本书的几何分布从0开始取值。

② 大多数概率论教材中，负二项分布的参数为 r 和 p，其中 r 是整数，p 表示贝努利试验成功的概率。R 软件中的几何分布和负二项分布的参数为 r 和 p。本书用的参数与 SOA 考纲一致，除非特别说明，本书出现的负二项分布参数是指 r 和 β，其中 r 取值大于 0。

下面推导二项分布的母函数：

$$\begin{aligned}P_N(z) &= \sum_{k=0}^{\infty} z^k p_k = \sum_{k=0}^{\infty}\binom{m}{k}(pz)^k(1-p)^{m-k}\\ &= (pz+(1-p))^m\\ &= (1+p(z-1))^m\end{aligned}$$

我们将上述分布的（a，b，0）分布参数特征归纳为表3-1。

表3-1 常见的（a，b，0）分布

分布	p_k	a	b	p_0
泊松分布	$\lambda^n e^{-\lambda}/k!$	0	λ	$e^{-\lambda}$
负二项分布	$\binom{n+r-1}{k}\frac{\beta^k}{(1+\beta)^{k+r}}$	$\frac{\beta}{1+\beta}$	$(r-1)\ \frac{\beta}{1+\beta}$	$\left(\frac{1}{1+\beta}\right)^r$
几何分布	$\frac{\beta^k}{(1+\beta)^{k+1}}$	$\frac{\beta}{1+\beta}$	0	$\frac{1}{1+\beta}$
二项分布	$\binom{m}{k}p^k q^{m-k}$	$-\frac{p}{1-p}$	$(m+1)\ \frac{p}{1-p}$	$(1-p)^m$

【例3-1】设N是一个随机变量，服从（a，b，0）分布，令$p_k=P(N=k)$，如果

$$\frac{p_k}{p_{k-1}}=-\frac{1}{3}+\frac{4}{k},\quad k=1,2,\cdots$$

求N的分布。

【解】由于$a=-\frac{1}{3}<0$，因此N服从二项分布，$\frac{p}{q}=\frac{1}{3}$，$\frac{(m+1)\ p}{q}=4$，解得$m=11$，$p=\frac{1}{4}$，$q=\frac{3}{4}$。

【例3-2】设X的分布属于（a，b，0）分布族，已知$P(X=0)=P(X=1)=0.25$，$P(X=2)=0.187\ 5$，求$P(X=3)$。

【解】由

$$\frac{p_1}{p_0}=a+\frac{b}{1}=1$$

$$\frac{p_2}{p_1}=a+\frac{b}{2}=\frac{0.187\ 5}{0.25}=0.75$$

解得$a=0.5$，$b=0.5$，因此有

$$p_3=\left(0.5+\frac{0.5}{3}\right)p_2=0.125$$

3.1.2 （a，b，1）分布族

在保险实践中，我们发现有时（a，b，0）分布不能充分反映经验数据的特征，特别

是在零点的特征。理赔次数在零点的概率表示保单在观察期内没有发生索赔的概率，由于保险事故发生的概率一般都很低，因此理赔次数在零点有较大的概率值。有时也可能出现在零点的概率低于预期或为零的情况，例如记录火灾事故导致的索赔次数，其最小观测值为1。为更准确地拟合零点的概率值，我们有必要对（a，b，0）分布族在零点的概率值做出调整。

定义3-2 随机变量N的分布列满足

$$\frac{p_k}{p_{k-1}}=a+\frac{b}{k},\quad k=2,3,\cdots \tag{3.6}$$

注意：在（a，b，1）分布族中，递推关系从p_1开始而非从p_0开始。p_0的值需要单独设定。根据$p_0=0$和$p_0>0$两种情况，我们可以将（a，b，1）分布族分为两类。

（1）$p_0=0$时，此类分布称为零截断分布（Z-truncated），记为ZT-（a，b，0）分布，其概率分布列用p_k^T表示。这类分布包括零截断泊松分布、零截断负二项分布、零截断几何分布、零截断二项分布。

（2）$p_0>0$时，此类分布称为零调整分布（Z-modified），记为ZM-（a，b，0）分布，其概率分布列用p_k^M表示。这类分布包括零调整泊松分布、零调整负二项分布、零调整几何分布、零调整二项分布。

（a，b，1）分布族与（a，b，0）分布族的本质区别就在于零点的概率值p_0，这个值使得（a，b，1）分布族包含三个参数a，b和p_0，而（a，b，0）分布族只包含两个参数a和b。由于（a，b，1）分布族与（a，b，0）分布族在从$k=1$到$k=\infty$的概率值之间存在一致的递推关系，因此它们的概率值存在倍数关系。我们将根据这个特点推导零截断（a，b，1）分布族、零调整（a，b，1）分布族与（a，b，0）分布族的关系式。

1. ZM-（a，b，0）分布与（a，b，0）分布的关系

$$p_k^M=cp_k=\frac{1-p_0^M}{1-p_0}p_k,\quad k=1,2,\cdots \tag{3.7}$$

$$P^M(z)=\left(1-\frac{1-p_0^M}{1-p_0}\right)+\frac{1-p_0^M}{1-p_0}P(z) \tag{3.8}$$

证明： 比较（a，b，0）和（a，b，1）的定义可知存在常数c，使得$p_k^M=cp_k(k=1,2,\cdots)$。于是得到

$$P^M(z)=\sum_{k=1}^{\infty}p_k^Mz^k+p_0^M=p_0^M+c\sum_{k=1}^{\infty}p_kz^k=p_0^M+c(P(z)-p_0)$$

由于$P^M(1)=P(1)=1$，得到

$$1=p_0^M+c(1-p_0)\Leftrightarrow c=\frac{1-p_0^M}{1-p_0}$$

$$p_k^M=cp_k=\frac{1-p_0^M}{1-p_0}p_k,\quad k=1,2,\cdots$$

$$P^M(z)=p_0^M+\frac{1-p_0^M}{1-p_0}(P(z)-p_0)=\left(1-\frac{1-p_0^M}{1-p_0}\right)+\frac{1-p_0^M}{1-p_0}P(z)$$

因此，ZM分布可以看作是一个（a，b，0）分布和一个退化分布的混合。

2. ZT-(a，b，0)分布与(a，b，0)分布的关系

$$p_k^T=\frac{1}{1-p_0}p_k \tag{3.9}$$

$$P^T(z)=\frac{1}{1-p_0}(P(z)-p_0) \tag{3.10}$$

证明：在式（3.7）和式（3.8）中令 $p_0^M=0$，即得到

$$P^T(z)=\left(1-\frac{1}{1-p_0}\right)+\frac{1}{1-p_0}P(z)=\frac{1}{1-p_0}(P(z)-p_0)$$

$$p_k^T=\frac{1}{1-p_0}p_k$$

3. ZT-(a，b，0)分布和ZM-(a，b，0)分布的关系

$$p_k^M=(1-p_0^M)p_k^T \tag{3.11}$$

$$P^M(z)=p_0^M+(1-p_0^M)P^T(z) \tag{3.12}$$

请读者自行推导以上关系式。

【例3-3】设N服从负二项分布，$\beta=0.5$，$r=2.5$，求p_k，p_k^T，p_k^M（$k=1$，2），其中$p_0^M=0.6$。

【解】由于负二项分布属于（a，b，0）分布，其中

$$p_0=\left(\frac{1}{1+\beta}\right)^r=(1+0.5)^{-2.5}=0.362\,887$$

$$a=\frac{\beta}{1+\beta}=\frac{0.5}{1.5}=\frac{1}{3}$$

$$b=\frac{\beta(r-1)}{1+\beta}=\frac{0.5\times(2.5-1)}{1.5}=0.5$$

计算得到

$$p_1=p_0\left(a+\frac{b}{1}\right)=0.302\,406$$

$$p_2=p_1\left(a+\frac{b}{2}\right)=0.176\,404$$

$$p_1^T=\frac{p_1}{1-p_0}=\frac{0.302\,406}{1-0.362\,887}=0.474\,650$$

$$p_2^T=p_1^T\left(a+\frac{b}{2}\right)=0.276\,880$$

由 $p_0^M=0.6$，$p_k^M=\dfrac{1-p_0^M}{1-p_0}p_k$ 可知

$$p_1^M=\frac{1-0.6}{1-0.362\,887}\times0.302\,406=0.189\,860$$

$$p_2^M = \frac{1-0.6}{1-0.362\ 887}p_2 = p_1^M(a+\frac{b}{2}) = 0.110\ 752$$

【例 3-4】 已知理赔次数的分布列 $\{p_k\}$ 对任意整数 m，n 满足

$$\frac{p_n}{p_m} = \frac{m!}{n!}$$

假设对应的零点修正概率 $p_0^M=0.1$，计算 p_1^M。

【解】 由 $\frac{p_n}{p_m}=\frac{m!}{n!}$ 知，$\frac{p_n}{p_{n-1}}=\frac{(n-1)!}{n!}=0+\frac{1}{n}$，所以 $\{p_k\}$ 是一个 $(a,\ b,\ 0)$ 分布，$a=0$，$b=1$。

这是一个零调整泊松分布，$\lambda=1$，$p_0=e^{-1}=0.368=p_1$。由式（3.7）计算得到

$$p_1^M = \frac{1-p_0^M}{1-p_0}p_1 = \frac{0.9}{0.632}\times 0.368 = 0.524$$

为了方便读者查阅，本书在附录 4 中列出了常见的 $(a,\ b,\ 0)$ 分布和 $(a,\ b,\ 1)$ 分布的性质。

3.2 理赔次数分布的混合模型

保险公司往往会卖出多份保单，因此有必要研究从保单组合中随机抽取一份保单时，该保单理赔次数的分布。

对于这个问题，可以分同质性和非同质性两种情况来考虑。同质性是指保单组合中所有保单相互独立，且都有相同的风险水平，即各保单的理赔额的分布相同，理赔次数的分布也相同。在这种情况下，任意一份保单的风险水平都代表了整体的风险水平。例如，若假设个别保单的理赔次数服从参数为 λ 的泊松分布，则从保单组合中随机抽取一份保单的理赔次数也服从参数为 λ 的泊松分布。但是，事实上没有任何两份保单具有相同的风险水平。为了保证保单组合的同质性，保险公司通常根据某些风险分级变量（如性别、年龄、地域等）对不同的被保险人分组。风险分级变量的选取虽然尽量使得同一组内的被保险人具有相似的风险水平，但是由于经济、社会和心理等因素，分级变量不可避免地存在一些缺陷。因此，不可能存在完全同质的保单组合。对于完全非同质的保单组合，可以考虑混合理赔次数模型。

为了简化问题，我们假设每份保单的理赔额的分布都是相同的，且理赔次数的分布属于相同类型，但参数 θ 不同，代表了不同保单的风险水平。例如，我们假定理赔次数的分布服从泊松分布，分布的参数 λ 反映了其风险水平。在同一个保单组合中，每份保单的参数 λ 是有差异的。为了描述一个非同质性的保单组合的理赔次数，首先需要确定这个保单组合中参数 θ 的变化规律。对于规模较小的保单组合，可以考虑分组的方法，按风险水平的高低将被保险人分成几组，参数 θ 取有限个数值。例如，用大、中、小三个取值分别代表高、中、低三种风险水平。对于规模较大的保单组合，可以假设其中的

参数θ服从连续分布。不妨设Θ为一个随机变量，当$\Theta=\theta$时，N的分布为$p_k(\theta)=P(N=k\mid\Theta=\theta)$，令$v(\theta)=P(\Theta\leqslant\theta)$为$\Theta$的累积分布，$u(\theta)$为$\Theta$的密度函数，通常将之称为结构函数。根据全概率公式，从保单组合中随机抽取一份保单的理赔次数的分布为：

$$p_k=P(N=k)=\int p_k(\theta)u(\theta)\mathrm{d}\theta,\quad k=0,1,\cdots \tag{3.13}$$

若Θ为离散型随机变量，则

$$p_k=P(N=k)=\sum_{\theta_i}p_k(\theta_i)u(\theta_i),\quad k=0,1,\cdots \tag{3.14}$$

根据全概率公式，混合分布的母函数为：

$$P_N(z)=\int_\Theta P_N(z\mid\theta)u(\theta)\mathrm{d}\theta \tag{3.15}$$

或

$$P_N(z)=\sum_{\theta_i}P_N(z\mid\theta_i)u(\theta_i) \tag{3.16}$$

式中，$P_N(z\mid\theta)$表示在$\Theta=\theta$的条件下N的母函数，$P_N(z\mid\theta)=E(z^N\mid\Theta=\theta)$。$N$的均值为：

$$E(N)=\int_\Theta E(N\mid\Theta=\theta)u(\theta)\mathrm{d}\theta \tag{3.17}$$

或

$$E(N)=\sum_{\theta_i}E(N\mid\theta_i)u(\theta_i) \tag{3.18}$$

根据方差分解公式，N的方差为：

$$\mathrm{Var}(N)=E(\mathrm{Var}(N\mid\Theta))+\mathrm{Var}(E(N\mid\Theta))$$

当$\{p_k(\lambda),\ k=0,\ 1,\ \cdots\}$是参数为$\lambda$的泊松分布时，$N$的分布称为混合泊松分布。此时

$$P(N=k)=\int_0^\infty\frac{\mathrm{e}^{-\lambda}\lambda^k}{k!}u(\lambda)\mathrm{d}\lambda,\quad k=0,1,\cdots \tag{3.19}$$

由条件期望迭代法则和方差分解公式，可以计算得到

$$E(N)=E(E(N\mid\Lambda))=E(\Lambda) \tag{3.20}$$

$$\mathrm{Var}(N)=\mathrm{Var}(\Lambda)+E(\Lambda) \tag{3.21}$$

由此我们可以看出，混合泊松分布的一个显著特点是其方差大于均值。在3.1节，我们知道，泊松分布的均值等于方差，因此当从保单组合中随机抽取一份保单，其理赔次数的观察值的样本方差大于其均值时，即可断定此保单组合中存在某种程度的非同质性，而且方差越大于均值，这种非同质性就越显著。从式（3.21）很容易看出，$\mathrm{Var}(\Lambda)$正是反映这种保单组合中非同质性程度的结构函数的方差。

由于单张保单在瞬间不可能发生连续两次的损失（或理赔）事件，具有泊松过程的特点。因此，损失（或理赔）次数的混合分布模型大多数是混合泊松分布。根据参数Λ

的取值，结构函数可大致分为离散型结构函数和连续型结构函数。

1. 离散型结构函数

假设保单组合由 n 种不同的风险水平构成，泊松参数 Λ 取值于 $\{\lambda_1, \lambda_2, \cdots, \lambda_n\}$ $(\lambda_1<\lambda_2<\cdots<\lambda_n)$，设 $a_k=P(\Lambda=\lambda_k)(k=0, 1, \cdots, n)$。当 $\Lambda=\lambda_k$ 时，保单的理赔次数服从参数为 λ_k 的泊松分布，则从保单组合中任意抽取一份保单的理赔次数的分布为：

$$\begin{aligned}P(N=k) &= \sum_{i=1}^{n} P(N=k \mid \Lambda=\lambda_i)P(\Lambda=\lambda_i) \\ &= \sum_{i=1}^{n} a_i \frac{\lambda_i^k}{k!}\mathrm{e}^{-\lambda_i}, \quad k=0,1,\cdots\end{aligned}$$

N 的母函数为：

$$P_N(z)=\sum_{i=1}^{n} E(z^N \mid \Lambda=\lambda_i)P(\Lambda=\lambda_i)=\sum_{i=1}^{n}\exp(\lambda_i(z-1))u(\lambda_i)$$

在离散结构中使用最多的是二元结构模型。设保单组合由两类风险水平组成，其中低风险（泊松分布参数为 λ_1）的比例为 a_1，高风险（泊松分布参数为 λ_2）的比例为 $a_2=1-a_1$，于是

$$P(N=k)=a_1\frac{\lambda_1^k\mathrm{e}^{-\lambda_1}}{k!}+a_2\frac{\lambda_2^k\mathrm{e}^{-\lambda_2}}{k!}, \quad \lambda_1,\lambda_2>0;k=0,1,\cdots$$

经计算得到它的期望、方差分别为：

$$E(N)=a_1\lambda_1+a_2\lambda_2$$
$$\mathrm{Var}(N)=a_1\lambda_1^2+a_1\lambda_1+a_2\lambda_2^2+a_2\lambda_2-(a_1\lambda_1+a_2\lambda_2)^2$$

三阶中心矩为：

$$\mu_3'=\alpha_3-3m\alpha_2+2m^3$$

式中，$m=a_1\lambda_1+a_2\lambda_2$，$\alpha_3=a_1\lambda_1^3+a_2\lambda_2^3+3(a_1\lambda_1^2+a_2\lambda_2^2)+a_1\lambda_1+a_2\lambda_2$。

【例 3-5】 假设投保车险的驾驶员分为谨慎型和冒险型两类，他们出事故的次数服从泊松分布，其中谨慎型驾驶员的泊松参数为 0.11，冒险型驾驶员的泊松参数为 0.70，冒险型驾驶员的比例为 6%。求任意一位驾驶员出事故的次数分布。

【解】 $\lambda_1=0.70$，$\lambda_2=0.11$，$a_1=0.06$，$a_2=0.94$，则

$$P(N=k)=a_1\frac{\lambda_1^k\mathrm{e}^{-\lambda_1}}{k!}+a_2\frac{\lambda_2^k\mathrm{e}^{-\lambda_2}}{k!}=0.06\times\frac{0.70^k\mathrm{e}^{-0.70}}{k!}+0.94\times\frac{0.11^k\mathrm{e}^{-0.11}}{k!}$$

虽然二元混合泊松分布的假设简单，但有 3 个未知参数 a_1，λ_1，λ_2，方差和三阶矩公式复杂，而且不适合描述规模较大的非同质性保单组合的任意保单理赔次数分布。我们需要引入连续结构混合模型。

2. 连续型结构函数

对于规模较大的保单组合，可以假设其中的泊松参数 Λ 服从连续分布。以 $u(\lambda)$ 表示 Λ 的密度函数，则从保单组合中随机抽取一份保单的理赔次数分布为：

$$P(N=k)=\int_0^{\infty}\frac{e^{-\lambda}\lambda^k}{k!}u(\lambda)d\lambda,\quad k=0,1,\cdots$$

此时 N 的分布称为混合泊松分布。

假设泊松参数 Λ 可以表示为 $\Lambda=\lambda\Theta$，其中 λ 是一个正的常数，Θ 是一个随机变量，N 的母函数具有如下简洁的表达式：

$$\begin{aligned}P_N(z)&=E(z^N)=E(E(z^N\mid\Theta))=\int e^{\lambda\theta(z-1)}u(\theta)d\theta\\&=\int(e^{\lambda(z-1)})^{\theta}u(\theta)d\theta=P_{\Theta}(e^{\lambda(z-1)})\\&=M_{\Theta}(\lambda(z-1))\end{aligned}\tag{3.22}$$

式中，M_{Θ} 是 Θ 的矩母函数。

【例 3-6】 某司机总体被平均分成两种类型。每个司机每年发生车祸的次数都服从泊松分布。第一种类型的司机每年发生车祸的次数服从参数为（0.2，1.8）的均匀分布。第二种类型的司机每年发生车祸的次数服从参数为（0.5，2.0）的均匀分布。从这个总体中随机抽取一个司机，求他在一年内不发生车祸的概率。

【解】 对于第一种类型的司机，不发生车祸的概率为：

$$P(N=0\mid 类型\ 1)=\int_{0.2}^{1.8}\frac{1}{1.6}e^{-\lambda}d\lambda=\frac{1}{1.6}(e^{-0.2}-e^{-1.8})=0.408\,4$$

对于第二种类型的司机，不发生车祸的概率为：

$$P(N=0\mid 类型\ 2)=\int_{0.5}^{2.0}\frac{1}{1.5}e^{-\lambda}d\lambda=\frac{1}{1.5}(e^{-0.5}-e^{-2.0})=0.314\,1$$

则

$$\begin{aligned}P(N=0)&=P(N=0\mid 类型\ 1)P(类型\ 1)+P(N=0\mid 类型\ 2)P(类型\ 2)\\&=0.5\times(0.408\,4+0.314\,1)\\&=0.361\,3\end{aligned}$$

【例 3-7】 设 Θ 的母函数为：

$$P_{\Theta}(z)=\left(\frac{\beta}{\beta-\ln z}\right)^{\alpha}$$

求 N 的分布。

【解】 利用式（3.22）得到

$$\begin{aligned}P_N(z)&=P_{\Theta}(\exp(\lambda(z-1)))=\left(\frac{\beta}{\beta-\ln(\exp(\lambda(z-1)))}\right)^{\alpha}\\&=\left(\frac{\beta}{\beta-\lambda(z-1)}\right)^{\alpha}=\left(1-\frac{\lambda}{\beta}(z-1)\right)^{-\alpha}\end{aligned}$$

从母函数的表达式可以看出，N 服从负二项分布 NB（β^*，r），其中 $\beta^*=$

$\frac{\lambda}{\beta}$，$r=\alpha$。

在精算模型中，最常用来描述理赔次数的连续结构有伽马结构和逆高斯结构。

（1）伽马结构。下面的定理将证明负二项分布实际上是泊松-伽马分布的混合形式。

定理 3－1 设保单组合中每份保单的理赔次数服从泊松分布，但参数 Λ 是一个随机变量，随每份保单变化而变化。若 Λ 服从伽马分布，有

$$f_{\Lambda}(\lambda)=\frac{1}{\theta^{\alpha}\Gamma(\alpha)}\lambda^{\alpha-1}\mathrm{e}^{-\lambda/\theta}$$

则 N 服从负二项分布，参数 $\beta=\theta$，$r=\alpha$。

证明：利用全概率公式

$$\begin{aligned}P(N=k)&=\int_{0}^{\infty}P(N=k\mid\Lambda=\lambda)f_{\Lambda}(\lambda)\mathrm{d}\lambda=\int_{0}^{\infty}\frac{\lambda^{\alpha-1}\mathrm{e}^{-\frac{\lambda}{\theta}}}{\theta^{\alpha}\Gamma(\alpha)}\mathrm{e}^{-\lambda}\frac{\lambda^{k}}{k!}\mathrm{d}\lambda\\&=\frac{1}{\theta^{\alpha}\Gamma(\alpha)k!}\int_{0}^{\infty}\lambda^{\alpha+k-1}\mathrm{e}^{-\lambda\left(1+\frac{1}{\theta}\right)}\mathrm{d}\lambda\end{aligned}$$

上式积分号里的函数是一个伽马函数，利用该函数的特点，作变量代换，令 $t=\lambda\left(1+\frac{1}{\theta}\right)$，可得

$$\begin{aligned}P(N=k)&=\frac{1}{\theta^{\alpha}\Gamma(\alpha)k!}\int_{0}^{\infty}\left(\frac{\theta}{\theta+1}\right)^{\alpha+k}t^{\alpha+k-1}\mathrm{e}^{-t}\mathrm{d}t=\frac{\Gamma(\alpha+k)}{\Gamma(\alpha)k!}\frac{\theta^{k}}{(\theta+1)^{\alpha+k}}\\&=\binom{k+\alpha-1}{k}\left(\frac{\theta}{1+\theta}\right)^{k}\left(\frac{1}{1+\theta}\right)^{\alpha}\end{aligned}$$

因此，N 服从负二项分布，参数 $\beta=\theta$，$r=\alpha$。

【例 3－8】在某汽车险保单组合中，已知每位驾驶员每年的索赔次数服从泊松分布，但参数 λ 随每份保单变化。假设 λ 服从均值为 3、方差为 3 的伽马分布，从这个保单组合中随机抽取一位驾驶员，求他在一年内的索赔次数不超过 1 的概率。

【解】设伽马分布参数为 α 和 θ。由伽马分布的期望和方差公式得到

$$\alpha\theta=3,\quad \alpha\theta^{2}=3$$

解得

$$\alpha=3,\quad \theta=1$$

由定理 3－1 知，N 服从负二项分布，参数 $\beta=\theta=1$，$r=\alpha$，于是计算得到

$$P(N\leqslant 1)=p_{0}+p_{1}=0.125+0.1875=0.3125$$

（2）逆高斯结构。当理赔次数的经验直方图的尾部较厚时，伽马分布作为结构函数不是特别理想。逆高斯分布是一个比较理想的选择，它的密度函数为：

$$u(\lambda)=r(2\pi\beta\lambda^{3})^{-\frac{1}{2}}\exp\left(-\frac{(\lambda-r)^{2}}{2\beta\lambda}\right),\quad r>0;\beta>0$$

保单组合中任意一份保单损失次数的分布为泊松-逆高斯分布，即

$$p_0=\exp\left(-\frac{r}{\beta}((1+2\beta)^{\frac{1}{2}}-1)\right)$$

$$p_k=p_0\cdot\frac{r^k}{k!}\left(\sum_{m=0}^{k-1}\frac{(k+m-1)!}{(k-1)!m!}\cdot\left(\frac{\beta}{2r}\right)^m\cdot(1+2\beta)^{-\frac{k+m}{2}}\right),\quad k=1,2,\cdots$$

其均值、方差和偏度系数为：

$$E(N)=r$$

$$\mathrm{Var}(N)=r(1+\beta)$$

$$\gamma=\sigma^{-3}\left(3\sigma^2-2\mu+3\frac{(\sigma^2-\mu)^2}{\mu}\right)$$

与负二项分布相比，当两者都具有相同的均值和方差时，泊松-逆高斯分布的偏度系数较大，因此它的分布图尾部较厚。

3.3　保单组合的总理赔次数模型

3.3.1　相关性保单组合的理赔次数的分布

有些情况下，一次保险事故的发生可能导致多份保单的投保人同时要求理赔。这类险种的保单组合通常称为相关性保单组合。例如，在火灾险中，一次大火可能导致在同一家保险公司投保火灾险的多个家庭要求理赔；一次飞机事故会导致所有购买保险的旅客要求理赔。对于相关性保单组合，可使用复合分布来描述。

设 N 表示保单组合在单位时间内发生事故的次数，N 的密度函数为 $f_N(n)$，母函数为 $P_N(z)$。M_i 表示在第 i 次事故中引发理赔的保单数，为独立同分布的随机变量，且与事故次数 N 独立，M_i 的密度函数为 $f_M(k)$，母函数为 $P_M(z)$。在单位时间内保单组合总共发生的理赔次数为：

$$S=M_1+M_2+\cdots+M_N$$

S 是一个复合随机变量。S 的分布称为 M 的复合分布，其中 N 的分布称为第一分布，M 称为第二分布。

利用全概率公式，计算得到 S 的分布函数：

$$\begin{aligned}P(S=k)&=\sum_{n=0}^{\infty}P(S=k\mid N=n)P(N=n)\\&=\sum_{n=0}^{\infty}P(M_1+M_2+\cdots+M_N=k\mid N=n)P(N=n)\\&=\sum_{n=0}^{\infty}P(N=n)f_M^{*n}(k)\end{aligned}$$

式中，$f_M^{*n}(k)=P(M_1+M_2+\cdots+M_N=k)$ 为 f_M 的 n 重卷积。

S 的母函数为：

$$\begin{aligned}P_S(z) &= \sum_{k=0}^{\infty}\sum_{n=0}^{\infty}P(N=n)P(S=k\mid N=n)z^k \\ &= \sum_{n=0}^{\infty}P(N=n)\sum_{k=0}^{\infty}z^kP(M_1+M_2+\cdots+M_N=k\mid N=n)\end{aligned}$$

利用独立随机变量和的母函数的性质可得

$$P_S(z)=\sum_{n=0}^{\infty}P(N=n)P_M(z)^n=P_N(P_M(z))$$

例如，M 服从泊松分布，N 服从泊松分布，$P_N(z)=e^{\lambda_1(z-1)}$，$P_M(z)=e^{\lambda_2(z-1)}$，$S$ 的母函数为：

$$P_S(z)=P_N(P_M(z))=\exp(\lambda_1(e^{\lambda_2(z-1)}-1))$$

由条件期望的性质可以得到 S 的均值为：

$$\begin{aligned}E(S) &= \sum_{n=0}^{\infty}E(S\mid N=n)P(N=n) \\ &= \sum_{n=0}^{\infty}nE(M)P(N=n) \\ &= E(M)E(N)\end{aligned}\tag{3.23}$$

总理赔次数 S 的方差也可以由方差分解公式得到

$$\mathrm{Var}(S)=E(\mathrm{Var}(S\mid N))+\mathrm{Var}(E(S\mid N))$$

由于 $\mathrm{Var}(S\mid N=n)=n\mathrm{Var}(M)$，因此 $\mathrm{Var}(S\mid N)=N\mathrm{Var}(M)$，类似地可知，$E(S\mid N)=NE(M)$，代入方差分解公式得到

$$\begin{aligned}\mathrm{Var}(S) &= E(N\mathrm{Var}(M))+\mathrm{Var}(NE(M)) \\ &= E(N)\mathrm{Var}(M)+\mathrm{Var}(N)E(M)^2\end{aligned}\tag{3.24}$$

【例 3－9】设从城市 A 到城市 B 的某航线每个月有 70 个航班，每个航班有 2%的可能性取消，每次飞行有 0.000 01 的概率发生事故；每趟飞机有 200 个座位，每次飞行有 90%的就座率和 6 个机组人员，一旦发生事故，则飞机上的全部人员遇难，所有人员都买了保险。请描述该航线的航空意外险的月总索赔次数分布，计算每个月此航线的索赔次数的期望和方差。

【解】这个例子中有三个影响总索赔次数的随机因素：航班是否出行、就座率、是否发生事故，可用三个随机变量来描述。

首先，令 N 表示下个月出行的航班数，$N\sim B(n_1, p)$，$n_1=70$，$p=0.98$。

$$E(N)=n_1p=68.6$$
$$\mathrm{Var}(N)=70\times0.98\times0.02=1.372$$

令 P 表示飞机上的机组人员数，M 表示飞机上的乘客数，$M\sim B(n_2, p)$，$n_2=200$，$p=0.9$，则 $P=6+M$。那么，P 的期望和方差分别为：

$$E(P)=6+200\times 0.9=186$$
$$\mathrm{Var}(P)=\mathrm{Var}(M)=200\times 0.9\times 0.1=18$$

令 K 表示出行中发生事故的航班数，则 $K=I_1+I_2+\cdots+I_N$，其中

$$I_j=\begin{cases}1, q=0.000\ 01\\ 0, 1-q=0.999\ 99\end{cases},\quad j=1,2,\cdots,N$$
$$E(K)=qE(N)=0.000\ 01\times 68.6=0.000\ 686$$
$$\begin{aligned}\mathrm{Var}(K)&=E(\mathrm{Var}(I\mid N))+\mathrm{Var}(E(I\mid N))\\&=q(1-q)\cdot E(N)+q^2\cdot \mathrm{Var}(N)\\&=0.000\ 01\times 0.999\ 99\times 68.6+0.000\ 01^2\times 1.372\\&=0.000\ 686\end{aligned}$$

令 S 表示下个月发生事故死亡的人员数，$S=P_1+P_2+\cdots+P_K$，则由式（3.23）和式（3.24）得

$$E(S)=E(P)E(K)=186\times 0.000\ 686=0.127\ 6$$
$$\begin{aligned}\mathrm{Var}(S)&=E(K)\mathrm{Var}(P)+(E(P))^2\mathrm{Var}(K)\\&=0.000\ 686\times 18+186^2\times 0.000\ 686\\&=23.745\end{aligned}$$

3.3.2 风险单位调整对保单组合总理赔次数分布的影响

首先介绍风险基础和风险单位的概念。当保单持有人将其潜在损失转移给保险人时，保险人需要收取保险费。保险费应该与保单持有人的潜在损失成比例。而度量潜在损失大小的一个基本工具就是风险基础（exposure base），它近似量化了风险的大小。因此，风险基础也就是保费基础（premium base），它的大小决定着保费的高低。风险基础一般是指可能遭受损失的人、场所或事物，是保单费率厘定的基础。譬如在汽车第三者责任保险中，保险人通常使用的风险基础是车年数，即根据车年数收取保险费，如果一个车年的保费是 1 000 元，那么两个车年的保费就是 2 000 元。每一个车年被称作一个风险单位（exposure unit），可见，风险单位是度量风险基础的基本单位，因此在很多情况下，风险基础也称作风险单位数（number of exposure）。

不同的保险有不同的风险基础，其数目就是风险单位数。例如，房屋责任保险部分通常使用房屋个数作为风险单位数。在海上保险中，通常使用保险金额作为风险单位数。在机器设备保险中，通常使用机器设备的台数作为风险单位数。在汽车保险中，通常使用车年数作为风险单位数，但也有使用耗油量或年行驶里程数作为风险单位数。在多数情况下，一份保单至少包含一个风险单位。为便于读者理解，本书简单假设一份保单只包含一个风险单位。因此保单组合的风险单位数可以理解为保单数。

假设当前的保单组合中含有 n 个风险单位，令 N_j 表示第 j 个风险单位产生理赔的次数，则 $N=N_1+N_2+\cdots+N_n$ 表示保单组合产生的理赔总次数。若假设 N_j 独立同分布，则

$$P_N(z)=(P_{N_1}(z))^n$$

假设预计未来一年保单组合投保的总风险单位数为 n'，新保单组合的总理赔次数为 N'，$N'=N_1+N_2+\cdots+N_{n'}$，则根据母函数的性质有

$$P_{N'}(z)=(P_{N_1}(z))^{n'}=(\sqrt[n]{P_N(z)})^{n'}=(P_N(z))^{n'/n} \tag{3.25}$$

我们关心的是，在什么条件下，N'和 N 的分布类型相同？可以证明，如果 N 的分布满足无穷可分性①，则 N'的分布类型与 N 相同，只是修改了某些参数。

【例 3-10】 某家公司为 300 个员工办理劳工补偿险。据统计，该公司员工发生的总理赔次数在一年内服从 $\beta=0.3$，$r=10$ 的负二项分布，如果这家公司员工增加到 500 人，则理赔次数是什么分布？

【解】 设一个员工的理赔次数为 N_1，$N=300$，$N^*=500$，则

$$\begin{aligned}P_{N^*}(z)&=(P_{N_1}(z))^{n^*}=(P_N(z))^{\frac{500}{300}}\\&=((1-0.3(z-1))^{-10})^{500/300}\\&=(1-0.3(z-1))^{-16.67}\end{aligned}$$

N^* 服从 $\beta=0.3$，$r=16.67$ 的负二项分布。

3.4 免赔额对理赔次数分布的影响

当保险责任包括免赔额条款时，损失事件不一定是理赔事件。只有当损失额高于免赔额时，被保险人才能获得赔偿，因此，理赔次数不等于损失次数。下面我们分析免赔额对理赔次数分布的影响。以 X 表示损失额，N^L 表示损失次数，d 表示免赔额，$v=P(X>d)$，N^P 表示理赔次数。令

$$I=\begin{cases}1, & \text{理赔发生}\\0, & \text{理赔不发生}\end{cases}$$

$$P(I=1)=v,\quad P(I=0)=1-v$$

则 $$N^P=I_1+I_2+\cdots+I_{N^L}$$

可以看出，理赔次数 N^P 的分布是由 0-1 示性函数和损失次数 N^L 的分布复合而成。

---

① 无穷可分的含义是指，设 Y 的特征函数是 $\varphi(x)$，则对任意的正整数 n，都存在 n 个独立同分布的随机变量 X_1，X_2，…，X_n，使得 $Y=X_1+X_2+\cdots+X_n$。此时可以证明

$$\varphi(x)=(\varphi_n(x))^n$$

式中，$\varphi_n(x)$ 是 X_1，X_2，…，X_n 的特征函数。常见的无穷可分分布有泊松分布、负二项分布、复合泊松分布、复合负二项分布、正态分布、伽马分布等。

因此，我们可以利用复合分布的母函数来推导理赔次数的分布。首先，给出示性函数的母函数：

$$P_I(z) = P(I=0)z^0 + P(I=1)z^1 = 1 + v(z-1)$$

然后，代入复合分布的母函数公式，得到

$$P_{N^P}(z) = P_{N^L}(P_I(z)) = P_{N^L}(1+v(z-1))$$

【例3-11】 某损失事件的损失额可能为25，50，75，100，200，500，发生的概率分别为0.2，0.3，0.2，0.15，0.1，0.05，假设损失事件的次数服从$\beta=0.3$，$r=10$的负二项分布，免赔额为50元，求理赔事件的次数的分布。

【解】

$$v = P(X>50) = 0.2+0.15+0.1+0.05 = 0.5$$
$$P_{N^P}(z) = (1-0.3(1+0.5(z-1)-1))^{-10} = (1-0.15(z-1))^{-10}$$

所以N^P服从负二项分布，$\beta^*=0.15$，$r=10$。

分析一下这个例子中母函数的特征，我们可以得出更一般的命题如下。

命题3-1 假设N^L的母函数$P_N(z;\theta)=B(\theta(z-1))$，其中$B(\cdot)$是与参数$\theta$无关的函数，则$N^L$和$N^P$的分布类型没有变化。

证明：

$$\begin{aligned}P_{N^P}(z) &= P_{N^L}(1+v(z-1)) = B(\theta(1+v(z-1)-1)) \\ &= B(v\theta(z-1)) = P_{N^L}(z;v\theta)\end{aligned}$$

可以证明，所有的（a，b，0）分布都保持原来的类型（见表3-2）。

表3-2 （a，b，0）分布的类型

损失次数（N^L）的分布	理赔次数（N^P）的参数	期望理赔次数
泊松分布	$\lambda^*=\lambda v$	λv
二项分布	$p^*=vq$，$n^*=n$	npv
负二项分布	$\beta^*=v\beta$，$r^*=r$	$r\beta v$

说明：对于（a，b，1）分布，也有类似的结果。

命题3-2 假设N^L分布的母函数具有如下形式：

$$P_{N^L}(z) = P(z;\theta,\alpha) = \alpha + (1-\alpha)\frac{B(\theta(z-1))-B(-\theta)}{1-B(-\theta)}$$

式中，$\alpha=P_{N^L}(0)=P(N^L=0)$。则$N^P$的母函数为：

$$P_{N^P}(z) = P_{N^L}(z;v\theta,\alpha^*)$$

式中，$\alpha^*=P(N^P=0)=P_{N^P}(0)=P_{N^L}(1-v;\ \theta,\ \alpha)$。

【例3-12】 在例3-11中假设N^L服从零调整负二项分布，$r=2$，$\beta=3$，$p_0^M=0.4$，求N^P的分布。

【解】 由式（3.12）知N^L分布的母函数为：

$$p_0^M+(1-p_0^M)\frac{(1-\beta(z-1))^{-r}-(1+\beta)^{-r}}{1-(1+\beta)^{-r}}$$

因此，$\alpha=p_0^M$，$B(z)=(1-z)^{-r}$。

根据命题 3-2，N^P 服从零调整负二项分布 $r^*=2$，$\beta^*=3\times0.5=1.5$，则

$$\alpha^*=p_0^{M^*}=P_{N^L}(1-v;\theta,\alpha)=p_0^M+(1-p_0^M)\frac{(1+v\beta)^{-r}-(1+\beta)^{-r}}{1-(1+\beta)^{-r}}$$

$$=0.4+0.6\times\frac{(1+1.5)^{-2}-4^{-2}}{1-4^{-2}}=0.462\ 4$$

运用类似的方法可分析当免赔额发生变化时理赔次数分布的变化。设原来的免赔额为 d，现在免赔额调整为 d^*，分析免赔额调整后的理赔次数发生了什么变化。

以 N^d 表示免赔额为 d 的理赔次数，N^{d^*} 表示免赔额为 d^* 的理赔次数，v'表示免赔额提高后，以前的索赔事件能够继续获得赔偿的比例，则

$$v'=\frac{1-F_X(d^*)}{1-F_X(d)}$$

令 $I=1$ 表示继续获得赔偿，$I=0$ 表示不能继续获得赔偿，则

$$N^{d^*}=I_1+I_2+\cdots+I_{N^d}$$

当 $d^*>d$ 时，$v'<1$，当 N^d 为（a，b，0）分布时，N^{d^*} 的分布类型与 N^d 相同，只是参数发生变化。

当 $d^*<d$ 时，则 $v'=\frac{1-F_X(d^*)}{1-F_X(d)}>1$，此时 N^* 的参数可能超出原来分布的参数范围，因此我们不考虑这种情形。

3.5 本章上机指导

本章涉及的上机教学内容是生成离散分布随机数，计算概率分布值等。R 提供了常见离散分布如泊松分布、二项分布、负二项分布、超几何分布等的计算，actuar 包提供了（a，b，0）和（a，b，1）分布相关的四类有关统计分布的函数，表 3-3 为常见的离散分布函数及参数的含义。需注意的是 R 软件中，负二项分布和几何分布的参数的含义。虽然本章用 r，β 表示负二项分布的参数，但在软件中需进行参数转换 $p=\frac{1}{1+\beta}$。

表 3-3　常见的离散分布函数及参数的含义

分布名称	代码名称	参数	参数含义
泊松分布	pois	lambda	期望和方差
二项分布	binom	size	试验次数
		prob	试验成功的概率
几何分布	geom	prob	试验成功的概率

续表

分布名称	代码名称	参数	参数含义
超几何分布	hyper	m	“合格”物品数
		n	“不合格”物品数
		k	抽取物品数
负二项分布	nbinom	size	试验次数
		prob	试验成功的概率
		mu	期望
零调整泊松分布	zmpois	lambda	泊松参数
		p0	等于0的概率
零截断泊松分布	ztpois	lambda	泊松参数
零调整二项分布	zmbinom	size，prob	含义同二项分布
		p0	等于0的概率
零截断二项分布	ztbinom	size，prob	含义同二项分布
		p0	等于0的概率
零调整负二项分布	zmnbinom	size，prob	含义同负二项分布
		p0	等于0的概率
零截断负二项分布	ztnbinom	size，prob	含义同负二项分布
零调整几何分布	zmgeom	prob， p0	试验成功的概率 等于0的概率
零截断几何分布	ztgeom	prob	试验成功的概率

下面以负二项分布为例说明。

```
x<-0:11
dnbinom(x,size=1,prob=1/2)#计算x=0,1,2,…,11的概率p(N=x)
a<-sum(dnbinom(x,size=1,prob=1/2))
s<-pnbinom(11,size=1,prob=1/2)#计算P(N<=10)
x1 <-rnbinom(500,mu=4,size=1)##产生500个均值等于4,r=1的负二项分布
a<-sum(dnbinom(x,size=1,prob=1/2))
```

习 题

1. 已知 $p(0<p<1)$，N 服从几何分布，且 $P(N=0)=p$。如果 p 服从 [0.5，0.9] 上的均匀分布，求 $E(N)$（保留两位小数）。

2. 对于某离散分布，有如下特征：(1) $p_k=c\left(1+\dfrac{1}{k}\right)p_{k-1}(k=1,\ 2,\ \cdots)$；(2) $p_0=0.5$。求 c。

3. 假设经过旅馆的汽车的数量服从泊松分布，每小时有20辆汽车经过旅馆，其中30%是卡车，请计算从中午12点到下午1点间至少有3辆卡车经过旅馆的概率。

4. 假设某险种的损失额 X 服从帕累托分布，$\alpha=3$，$\theta=1\ 000$，即 $f(x)=$

$\frac{3\times 1\ 000^3}{(x+1\ 000)^4}$。若保单规定免赔额为 250 元，损失次数 N 服从负二项分布，$r=2$，$\beta=3$，求理赔次数的分布。

5. 一群驾驶员被等分为两个等级。每个驾驶员发生事故的次数服从泊松分布。对于等级一的驾驶员，期望事故次数服从 U [0.2，1]；对于等级二的驾驶员，期望事故次数服从 U [0.4，2]。从这群驾驶员里随机抽取一人，求这个驾驶员发生事故次数为 0 的概率。

6. 一家保险公司承保 25 份保单，每份保单发生损失的概率为 4%，各保单相互独立。平均每隔多少年会出现一年中有 4 份或以上的保单发生损失的情况？

7. 已知负二项分布 $r=2.5$，$\beta=5$，求使得 p_k 最大的 k 值。

8. 1 000 份保单中发生索赔的保单数服从负二项分布，$r=5$，$\beta=0.2$，且各保单相互独立。如果保单总数增加到 2 000 份，求发生索赔的保单数的方差。

9. 已知某险种一年内发生损失的次数服从参数为 20 的泊松分布，每次损失事故中获得理赔的人数服从二项分布 $B(3,\ 0.5)$，求一年内获赔人数的期望与方差之和。

10. 已知某险种的单份保单理赔次数服从二项分布 $B(n,\ p)$，其中 $n=5$，参数 p 服从 [0.5，1] 上的均匀分布，随机抽取一份保单，求该保单至少发生一次理赔的概率。

11. 已知一个驾驶员每年发生索赔的次数服从参数为 λ 的泊松分布。假设每个驾驶员的泊松参数 λ 都不相同，但 λ 服从 [1，5] 上的均匀分布。现随机选取一个驾驶员，求其最多发生一次索赔的概率。

12. 设随机变量 N 的分布属于 (a，b，0) 分布组，令 $p_k=P(N=k)$，如果

$$\frac{p_k}{p_{k-1}}=-\frac{1}{2}+\frac{3}{k},\quad k=1,2,\cdots$$

计算 $E(N)$。

13. （R 编程）(1) 产生 2 000 个泊松分布的随机数 n_i($i=1,\ 2,\ \cdots,\ 2\ 000$)。(2) 对应第 i 个泊松分布随机数 n_i，产生 n_i 个贝塔分布（shape1=0.5，shape2=1）的随机数 x_1，$x_2\cdots$，x_{n_i}，计算 $S_i=x_1+x_2+\cdots+x_{n_i}$。(3) 重复步骤 (2) 2 000 次，将得到的 S_i（$i=1,\ 2,\ \cdots,\ 2\ 000$）进行排序，计算其经验分布函数、样本均值和样本方差。

14. （R 编程）(1) 分别产生 10，50，100，1 000 个泊松分布（$\lambda=0,\ 2$）的随机数，计算样本均值和样本方差之比。(2) 计算散点图$\left(k,\ \frac{kn_k}{n_{k-1}}\right)$，并用一元线性回归模型拟合散点图，你得到什么结论？(3) 重复 (1) 和 (2) 的工作，产生零调整泊松分布、负二项分布和二项分布的随机数（参数自行设定），你发现什么有意思的结论？

第4章

短期个体风险模型

在明确单张保单的理赔额和理赔次数的分布后，第 4 章和第 5 章将研究保单组合的总理赔额的分布。设在某一时期内保单组合的总理赔额为 S，则 S 为随机变量。一般来说，单位时间内总理赔额 S 的分布模型可以分为两类：短期个体风险模型和短期集体风险模型。短期个体风险模型假定保单组合的份数是固定的，每份保单是否发生理赔以及理赔多少是相互独立的。对第 i 份保单来说，这段时间内可能发生理赔，也可能不发生理赔。若发生理赔，则理赔额可能是一个确定的数目，也可能按损失程度和保单承诺而定。假定在某一定时期内保险人承保 n 份保单，第 i 份保单的实际理赔额为 X_i，则这段时间总理赔额为：

$$S = X_1 + X_2 + \cdots + X_n$$

一般情况下，要获得 S 的分布是十分困难的，本章将基于下面的假设研究 S 的分布性质：

(1) 每份保单是否发生理赔以及理赔额大小是相互独立、互不影响的，即 X_1，X_2，…，X_n 是相互独立的随机变量。

(2) 每份保单至多发生一次理赔。

短期集体风险模型则将保单组合视为一个整体，认为每份保单每次发生的理赔额的分布相同。因此该模型以每次理赔额为基本对象来考虑同一问题，按理赔发生的时间顺序将所有理赔额累加起来。短期集体风险模型假设保单组合在单位时间（一年）内发生理赔的次数 N 是随机的，X_i 表示第 i 次理赔事件的理赔额，X_1，X_2，…，X_N 是独立同分布的随机变量，且 N 与 X_1，X_2，…，X_N 独立。总理赔额为：

$$S = X_1 + X_2 + \cdots + X_N$$

当 $P(N=n)=1$ 时，短期集体风险模型就成为短期个体风险模型。短期个体风险模型适合描述寿险保单组合的总理赔额的分布，短期集体风险模型更适合描述非寿险保单组合的总理赔额的分布。

本章将讨论短期个体风险模型中 S 的分布性质，第5章将讨论短期集体风险模型。

4.1 S的数字特征

由于短期个体风险模型假定每份保单至多发生一次理赔，而且每份保单是否发生理赔以及理赔额大小是相互独立、互不影响的，因此，用一个0-1随机变量 I 表示理赔发生情况，I 取值为0表示理赔不发生，I 取值为1表示理赔发生，即 I 可以表示为：

$$I=\begin{cases}0, & \text{不发生理赔}\\ 1, & \text{发生理赔}\end{cases}$$

第 j 份保单的实际理赔额 X_j 可以表示为：

$$X_j = I_j B_j = \begin{cases}0, & 1-q_j\\ B_j, & q_j\end{cases} \tag{4.1}$$

式中，$q_j=P(I_j=1)$ 表示第 j 份保单发生理赔的概率；B_j 表示第 j 次理赔发生条件下的理赔额。B_1，B_2，…，B_n 是 n 个独立的随机变量，根据短期个体风险模型的假设，$\{B_j\}$ 与 $\{I_j\}$ 分别是独立的随机变量序列，并且 $\{B_j\}$ 与 $\{I_j\}$ 之间相互独立。总理赔额 S 可以表示为：

$$S=\sum_{i=1}^{n} X_i = \sum_{i=1}^{n} I_i B_i \tag{4.2}$$

短期个体风险模型在寿险精算模型中应用广泛。第 j 个人投保一年期人寿保险。如果被保险人在保单生效后一年内死亡，保险人同意赔偿固定赔付额 b_j；否则不赔付。假设死亡概率为 q_j，如果记

$$I_j=\begin{cases}0, & \text{不发生死亡}\\ 1, & \text{发生死亡}\end{cases}$$

则 $X_j=I_j b_j$，其中 I_j 为0-1变量，即

$$X_j=\begin{cases}0, & I_j=0\\ b_j, & I_j=1\end{cases}$$

在健康险中，短期个体风险模型也有广泛的应用。当理赔发生时，被保险人获得的赔付额为 B_j。B_j 是一个取正值的随机变量。设 $P(I_j=1)=q_j$，$f_{B_j}(x)$ 为 B_j 的分布，则 X_j 的分布是一个混合分布，它的密度函数为：

$$f_{X_j}(x)=\begin{cases}1-q_j, & x=0\\ q_j f_{B_j}(x), & x>0\end{cases}$$

设 $\mu_j=E(B_j)$，容易计算得到 X_j 和 S 的期望分别为：

$$E(X_j)=\mu_j q_j,\quad E(S)=\sum_{j=1}^{n}\mu_j q_j$$

命题 4-1 设 $\sigma_j^2=\mathrm{Var}(B_j)$，则

$$\mathrm{Var}(X_j)=\mu_j^2 q_j(1-q_j)+\sigma_j^2 q_j$$

$$\mathrm{Var}(S)=\sum_{j=1}^{n}(\mu_j^2 q_j(1-q_j)+\sigma_j^2 q_j)$$

证明：由方差分解公式（2.8）得到

$$\mathrm{Var}(X_j)=E(\mathrm{Var}(X_j\mid I_j))+\mathrm{Var}(E(X_j\mid I_j)) \tag{4.3}$$

由于 $\mathrm{Var}(X_j\mid I_j=1)=\mathrm{Var}(B_j\mid I_j=1)=\sigma_j^2$，$\mathrm{Var}(X_j\mid I_j=0)=0$，因此

$$\mathrm{Var}(X_j\mid I_j)=\sigma_j^2 I_j$$

类似可知 $E(X_j\mid I_j)=\mu_j I_j$，从而

$$\mathrm{Var}(E(X_j\mid I_j))=\mathrm{Var}(\mu_j I_j)=\mu_j^2\mathrm{Var}(I_j)=\mu_j^2 q_j(1-q_j)$$

代入式（4.3）得到

$$\begin{aligned}\mathrm{Var}(X_j)&=E(\mathrm{Var}(X_j\mid I_j))+\mathrm{Var}(E(X_j\mid I_j))\\&=\mu_j^2 q_j(1-q_j)+\sigma_j^2 q_j\end{aligned} \tag{4.4}$$

再由 X_1，X_2，…，X_n 的独立性可得

$$\mathrm{Var}(S)=\sum_{j=1}^{n}(\mu_j^2 q_j(1-q_j)+\sigma_j^2 q_j)$$

【例 4-1】 某公司为员工购买意外死亡寿险。假设所有人明年的死亡概率为 0.01，且 30%的死亡是由于意外事故造成的。75 名员工分属两个保单组合，其中 50 人如果是正常死亡，保险人将赔付 5 万元；如果是意外死亡，保险人将赔付 10 万元。另外 25 人在上述两种情况下的赔付额分别为 7.5 万元和 15 万元。求明年总赔付额的期望和方差。

【解】 对这 75 人来说，死亡概率 $q_j=0.01$。根据题意，50 名员工的赔付额为：

$$B_j=\begin{cases}50\,000, & \text{概率等于 }0.7\\100\,000, & \text{概率等于 }0.3\end{cases},\quad j=1,2,\cdots,50$$

$$\mu_j=E(B_j)=0.7\times 50\,000+0.3\times 100\,000=65\,000$$

$$\sigma_j^2=\mathrm{Var}(B_j)=0.7\times 50\,000^2+0.3\times 100\,000^2-65\,000^2=525\,000\,000$$

另外 25 名员工的赔付额为：

$$B_j=\begin{cases}75\,000, & \text{概率等于 }0.7\\150\,000, & \text{概率等于 }0.3\end{cases}$$

$$\mu_j=E(B_j)=0.7\times 75\,000+0.3\times 150\,000=97\,500$$

$$\sigma_j^2=\mathrm{Var}(B_j)=0.7\times 75\,000^2+0.3\times 150\,000^2-97\,500^2=1\,181\,250\,000$$

由命题 4-1 可得

$$E(S) = 50 \times 0.01 \times 65\,000 + 25 \times 0.01 \times 97\,500 = 56\,875$$

$$\begin{aligned}\mathrm{Var}(S) &= 50 \times (0.01 \times 0.99 \times 65\,000^2 + 525\,000\,000 \times 0.01) \\ &\quad + 25 \times (0.01 \times 0.99 \times 97\,500^2 + 1\,181\,250\,000 \times 0.01) \\ &= 5\,001\,984\,375\end{aligned}$$

4.2 独立随机变量和的分布

计算 S 的分布，通常有以下三种方法：(1) 卷积法；(2) 矩母函数法；(3) 近似计算法。本节介绍卷积法，4.3 节介绍矩母函数和母函数法，4.4 节介绍近似计算法。

对于相互独立的离散型非负随机变量 X 与 Y，设它们的分布列分别为 p_X 和 p_Y，则 $S=X+Y$ 的分布为：

$$\begin{aligned}P(S=s) &= \sum_{y=0}^{s} P(X+Y=s \mid Y=y)P(Y=y) \\ &= \sum_{y=0}^{s} p_X(s-y)p_Y(y) \qquad (4.5)\end{aligned}$$

利用求和的可交换性，S 的分布也可写为：

$$P(S=s) = \sum_{x=0}^{s} p_X(x)p_Y(s-x)$$

【例 4-2】 设随机变量 X_1，X_2 相互独立，它们的分布列分别为：

$$X_1 \sim \begin{pmatrix} 0 & 1 & 2 \\ 0.5 & 0.3 & 0.2 \end{pmatrix}, \quad X_2 \sim \begin{pmatrix} 0 & 1 & 2 & 3 \\ 0.4 & 0.3 & 0.2 & 0.1 \end{pmatrix}$$

求 $S=X_1+X_2$ 的分布。

【解】 利用卷积公式 (4.5) 计算 X_1+X_2 的分布。

$$\begin{aligned}f^{(2)}(0) &= P(X_1=0, X_2=0) = 0.4 \times 0.5 = 0.20 \\ f^{(2)}(1) &= P(X_1=0, X_2=1) + P(X_1=1, X_2=0) \\ &= 0.5 \times 0.3 + 0.3 \times 0.4 = 0.27 \\ f^{(2)}(2) &= P(X_1=0, X_2=2) + P(X_1=1, X_2=1) + P(X_1=2, X_2=0) \\ &= 0.5 \times 0.2 + 0.3 \times 0.3 + 0.2 \times 0.4 = 0.27 \\ f^{(2)}(3) &= P(X_1=0, X_2=3) + P(X_1=1, X_2=2) + P(X_1=2, X_2=1) \\ &= 0.5 \times 0.1 + 0.3 \times 0.2 + 0.2 \times 0.3 = 0.17 \\ f^{(2)}(4) &= P(X_1=1, X_2=3) + P(X_1=2, X_2=2) \\ &= 0.3 \times 0.1 + 0.2 \times 0.2 = 0.07 \\ f^{(2)}(5) &= P(X_1=2, X_2=3) = 0.2 \times 0.1 = 0.02\end{aligned}$$

对于两个相互独立的连续型非负随机变量 X 和 Y，设其密度函数分别为 $f_X(x)$ 和 $f_Y(y)$，联合密度函数为 $f_{(X,Y)}(x, y)$，则由独立性知 $f_{(X,Y)}(x, y)=f_X(x)f_Y(y)$，$S=$

$X+Y$ 的分布函数为：

$$\begin{aligned}F_S(s)&=\iint_{x+y\leqslant s}f_{(X,Y)}(x,y)\mathrm{d}x\mathrm{d}y=\iint_{x+y\leqslant s}f_X(x)f_Y(y)\mathrm{d}x\mathrm{d}y\\&=\int_0^s f_X(x)\left(\int_0^{s-x}f_Y(y)\mathrm{d}y\right)\mathrm{d}x=\int_0^s f_X(x)F_Y(s-x)\mathrm{d}x\end{aligned}\tag{4.6}$$

对式（4.6）两边求导可得 S 的密度函数为：

$$f_S(s)=\int_0^s f_X(x)f_Y(s-x)\mathrm{d}x\tag{4.7}$$

利用求和的可交换性，S 的密度函数也可以写为：

$$f_S(s)=\int_0^s f_X(s-y)f_Y(y)\mathrm{d}y$$

通常称 $F_S(s)$ 为 F_X 与 F_Y 的卷积，称 $f_S(s)$ 为 f_X 与 f_Y 的卷积，分别记为：

$$F_S(s)=(F_X*F_Y)(s),\quad f_S(s)=(f_X*f_Y)(s)$$

【例 4-3】 设随机变量 X_1，X_2 独立，且与 X 的密度函数相同，即

$$f_X(x)=\frac{2}{100^2}(100-x),\quad 0<x\leqslant 100$$

$S=X_1+X_2$，计算 $f_S(120)$。

【解】 由式（4.7）知

$$f_S(120)=\int_0^{120}f_{X_1}(x)f_{X_2}(120-x)\mathrm{d}x$$

注意积分区域满足 $0<x\leqslant 100$ 和 $0<120-x\leqslant 100$，即 $20\leqslant x\leqslant 100$，故上式可化为：

$$\begin{aligned}f_S(120)&=\int_{20}^{100}f_{X_1}(x)f_{X_2}(120-x)\mathrm{d}x\\&=\int_{20}^{100}\frac{2}{100^2}(100-x)\frac{2}{100^2}(x-20)\mathrm{d}x\\&=\frac{4}{100^4}\left(-\frac{1}{3}x^3+60x^2-2\,000x\right)\Big|_{20}^{100}\\&=0.003\,4\end{aligned}$$

对于两个以上的独立随机变量之和的分布，可以逐次进行卷积。设 X_i（$i=1$，2，…，n）为相互独立的随机变量，X_i 的分布记为 F_i，$S_k=X_1+X_2+\cdots+X_k$ 的分布函数记为 $F^{(k)}$，则由卷积的定义得到

$$\begin{aligned}F^{(1)}&=F_1\\F^{(2)}&=F_2*F_1=F_2*F^{(1)}\\F^{(3)}&=F_3*F^{(2)}\\&\vdots\\F_{S_n}&=F^{(n)}=F_n*F^{(n-1)}\end{aligned}\tag{4.8}$$

$$f_{S_n} = f^{(n)} = f_n * f^{(n-1)} \tag{4.9}$$

特别地，当 X_1，X_2，…，X_n 的分布都为 F 时，S_n 的分布称为 F 的 n 重卷积，记为 $F^{*n}=F^{(n)}$。

【例 4-4】 设随机变量 X_1，X_2，X_3 相互独立，它们的分布列分别为：

$$X_1 \sim \begin{pmatrix} 0 & 1 & 2 \\ 0.5 & 0.3 & 0.2 \end{pmatrix},\quad X_2 \sim \begin{pmatrix} 0 & 1 & 2 & 3 \\ 0.4 & 0.3 & 0.2 & 0.1 \end{pmatrix}$$

$$X_3 \sim \begin{pmatrix} 0 & 1 & 2 & 3 & 4 \\ 0.5 & 0 & 0.3 & 0.1 & 0.1 \end{pmatrix}$$

用卷积方法求 $S=X_1+X_2+X_3$ 的分布。

【解】 由于 $S=X_1+X_2+X_3=(X_1+X_2)+X_3$，因此 S 的分布列等于 X_1+X_2 的分布列 $f^{(2)}(x)$ 与 X_3 的分布列 $f_3(x)$ 的卷积，例如

$$\begin{aligned} f^{(3)}(2) &= P(X_1+X_2=0,X_3=2)+P(X_1+X_2=1,X_3=1) \\ &\quad +P(X_1+X_2=2,X_3=0) \\ &= 0.2\times0.3+0.27\times0+0.27\times0.5=0.195 \end{aligned}$$

计算结果见表 4-1 第 7 列和第 10 列。

表 4-1　卷积法计算结果

X	$f_1(x)$	$f_2(x)$	$f_3(x)$	$f^{(1)}(x)$	$f^{(2)}(x)$	$f^{(3)}(x)$	$F^{(1)}(x)$	$F^{(2)}(x)$	$F^{(3)}(x)$
0	0.5	0.4	0.5	0.5	0.2	0.1	0.5	0.2	0.1
1	0.3	0.3	0	0.3	0.27	0.135	0.8	0.47	0.235
2	0.2	0.2	0.3	0.2	0.27	0.195	1	0.74	0.43
3		0.1	0.1		0.17	0.186		0.91	0.616
4			0.1		0.07	0.163		0.98	0.779
5					0.02	0.115		1	0.894
6						0.065		1	0.959
7						0.03		1	0.989
8						0.009		1	0.998
9						0.002		1	1

说明：$f_1(x)$，$f_2(x)$，$f_3(x)$，$f^{(2)}(x)$ 分别为 X_1，X_2，X_3，X_1+X_2 的分布列。

【例 4-5】 设 X_1，X_2，X_3 是相互独立的离散型随机变量，它们的分布列如表 4-2 所示。

表 4-2　随机变量的分布列

x	$f_1(x)$	$f_2(x)$	$f_3(x)$
0	p	0.6	0.25
1	$1-p$	0.2	0.25
2		0.1	0.25
3		0.1	0.25

设 $S=X_1+X_2+X_3$，已知 $f_S(5)=0.06$，求 p 的值。

【解】由卷积公式知

$$f_S(5)=P(X_1=0,X_2+X_3=5)+P(X_1=1,X_2+X_3=4)$$

式中

$$P(X_2+X_3=5)=P(X_2=2,X_3=3)+P(X_2=3,X_3=2)=0.05$$

$$P(X_2+X_3=4)=P(X_2=1,X_3=3)+P(X_2=2,X_3=2)+P(X_2=3,X_3=1)=0.1$$

故　$f_S(5)=0.05p+0.1(1-p)=0.06$

解得　$p=0.8$

在短期个体风险模型中，卷积法适用于计算理赔额固定的总理赔额的分布，例如寿险保单组合的总理赔额分布。假设第 j 份保单的理赔额可以表示为 $X_j=I_jb_j$，其中 I_j 是 0－1 变量，b_j 为理赔发生时的理赔额。

$$f_{X_j}(x)=\begin{cases}p_j, & x=0\\ q_j, & x=b_j\end{cases};\ p_j+q_j=1$$

记 $S_j=X_1+X_2+\cdots+X_j=S_{j-1}+X_j$，则由式（4.9）可以计算 S 的分布如下：

$$\begin{aligned}f_{S_j}(s)=f_{S_{j-1}}*f_{X_j}(s)&=\sum_{x=0}^{s}f_{S_{j-1}}(s-x)f_{X_j}(x)\\&=\begin{cases}f_{S_{j-1}}(s)f_{X_j}(0), & s<b_j\\ f_{S_{j-1}}(s)f_{X_j}(0)+f_{S_{j-1}}(s-b_j)f_{X_j}(b_j), & s\geqslant b_j\end{cases}\\&=\begin{cases}p_jf_{S_{j-1}}(s), & s<b_j\\ p_jf_{S_{j-1}}(s)+q_jf_{S_{j-1}}(s-b_j), & s\geqslant b_j\end{cases}\end{aligned}\tag{4.10}$$

【例 4－6】[①] 某公司为 14 名员工购买了团体定期寿险。该团体中个体的死亡率如表 4－3最后 1 列所示。每名员工按自己的工资水平（对数字取近似值，精确到千位）进行投保。

表 4－3　某团体中个体的生命表

员工	年龄	性别	赔付	死亡率
1	20	男	15 000	0.001 49
2	23	男	16 000	0.001 42
3	27	男	20 000	0.001 28
4	30	男	28 000	0.001 22
5	31	男	31 000	0.001 23
6	46	男	18 000	0.003 53

① Stuart A. Klugman，Harry H. Panjer，Gorden E. Willmot. Loss Models：From Data to Decisions. 3rd ed. New York：John Wiley & Sons，2008.

续表

员工	年龄	性别	赔付	死亡率
7	47	男	26 000	0.003 94
8	49	男	24 000	0.004 84
9	64	男	60 000	0.021 82
10	17	女	14 000	0.000 50
11	22	女	17 000	0.000 50
12	26	女	19 000	0.000 54
13	37	女	30 000	0.001 03
14	55	女	55 000	0.004 79

计算总赔付额的分布。

【解】 由式（4.10）得

$$f_{S_1}(0)=0.998\ 51$$
$$f_{S_1}(15)=0.001\ 49$$
$$f_{S_2}(0)=p_2 f_{S_1}(0)=0.997\ 092\ 12$$
$$f_{S_2}(15)=p_2 f_{S_1}(15)=0.001\ 487\ 88$$
$$f_{S_2}(16)=p_2 f_{S_1}(16)+q_2 f_{S_1}(0)=0.001\ 417\ 88$$
$$f_{S_2}(31)=p_2 f_{S_1}(31)+q_2 f_{S_1}(15)=0.000\ 002\ 115\ 8$$

类似地，迭代计算结果如表4-4所示。

表4-4　迭代计算结果

x	$F_S(x)$	x	$F_S(x)$	x	$F_S(x)$	x	$F_S(x)$
0	0.952 739 05	20	0.961 579 69	40	0.973 350 98	60	0.999 330 62
1	0.952 739 05	21	0.961 579 69	41	0.973 358 92	61	0.999 331 87
2	0.952 739 05	22	0.961 579 69	42	0.973 381 28	62	0.999 331 91
3	0.952 739 05	23	0.961 579 69	43	0.973 387 40	63	0.999 331 93
4	0.952 739 05	24	0.966 213 37	44	0.973 408 84	64	0.999 331 98
5	0.952 739 05	25	0.966 213 37	45	0.973 413 51	65	0.999 332 02
6	0.952 739 05	26	0.969 982 01	46	0.973 425 61	66	0.999 332 06
7	0.952 739 05	27	0.969 982 01	47	0.973 428 40	67	0.999 332 09
8	0.952 739 05	28	0.971 145 77	48	0.973 433 97	68	0.999 332 17
9	0.952 739 05	29	0.971 146 48	49	0.973 438 66	69	0.999 334 50
10	0.952 739 05	30	0.972 129 49	50	0.973 458 89	70	0.999 341 41
11	0.952 739 05	31	0.973 305 07	51	0.973 460 40	71	0.999 347 96
12	0.952 739 05	32	0.973 307 47	52	0.973 466 06	72	0.999 350 31
13	0.952 739 05	33	0.973 313 44	53	0.973 466 08	73	0.999 366 59
14	0.953 215 66	34	0.973 319 62	54	0.973 475 47	74	0.999 379 73
15	0.954 637 36	35	0.973 323 86	55	0.978 066 78	75	0.999 417 35
16	0.955 992 17	36	0.973 325 85	56	0.978 070 68	76	0.999 447 59
17	0.956 468 78	37	0.973 328 29	57	0.978 075 36	77	0.999 458 23
18	0.959 843 86	38	0.973 334 93	58	0.978 076 60	78	0.999 533 55
19	0.960 358 62	39	0.973 342 51	59	0.978 078 08	79	0.999 567 34

4.3　矩母函数和母函数法

用卷积求总理赔额的分布往往要做大量的运算，特别是当保单数目较多或理赔额的取值较多时，可能会超出计算机的运算能力。这时我们采用矩母函数来递归计算 S 的分布。设 X_j 表示第 j 份保单的实际赔付额，假设 X_j 的矩母函数 $M_{X_j}(t)=E(\mathrm{e}^{tX_j})$ 存在。由于 X_1，X_2，…，X_n 是相互独立的随机变量，因此 $S=X_1+X_2+\cdots+X_n$ 的矩母函数为：

$$\begin{aligned}M_S(t) &= E(\mathrm{e}^{tS}) = E(\mathrm{e}^{t\sum_{i=1}^{n}X_i}) = E(\mathrm{e}^{tX_1}\mathrm{e}^{tX_2}\cdots\mathrm{e}^{tX_n}) \\ &= \prod_{i=1}^{n}E(\mathrm{e}^{tX_i}) = \prod_{i=1}^{n}M_{X_i}(t)\end{aligned} \tag{4.11}$$

如果随机变量 X 的矩母函数存在，则可以证明 X 的分布函数与其矩母函数可以相互唯一确定。我们利用这个唯一性，可以求出 S 的分布。

对离散型随机变量 X_j，我们也可以用母函数来确定 S 的分布。设随机变量 X 的母函数为 $P_X(z)=E(z^X)$。由于 X_1，X_2，…，X_n 是相互独立的随机变量，因此 S 的母函数为：

$$P_S(z) = E(z^S) = \prod_{i=1}^{n}P_{X_i}(z) \tag{4.12}$$

【例 4-7】 设 X_1，X_2，…，X_n 独立同分布，且 X_i 服从伽马分布，参数为 α，θ，密度函数为：

$$f(x) = \frac{x^{\alpha-1}\mathrm{e}^{-x/\theta}}{\theta^{\alpha}\Gamma(\alpha)}$$

令 $S=X_1+X_2+\cdots+X_n$，求 S 的分布。

【解】 由附录 3 知伽马分布的矩母函数为：

$$M_X(t) = (1-\theta t)^{-\alpha}$$

由式（4.11）得到

$$M_S(t) = \prod_{i=1}^{n}M_{X_i}(t) = (M_X(t))^n = (1-\theta t)^{-n\alpha}$$

因此，S 服从伽马分布，参数为（$n\alpha$，θ）。

当理赔额固定时，$X_j=I_jb_j$，其中 I_j 是 0－1 变量，则由式（4.12）可以计算得到 S 的母函数为：

$$P_S(z) = \prod_{j=1}^{n}(1-q_j+q_jz^{b_j}) \tag{4.13}$$

当 $X_j=I_jB_j$ 时，类似地可以计算 S 的矩母函数和母函数分别为：

$$M_S(t)=\prod_{j=1}^{n}(1-q_j+q_jM_{B_j}(t)) \tag{4.14}$$

$$P_S(z)=\prod_{j=1}^{n}(1-q_j+q_jP_{B_j}(z)) \tag{4.15}$$

在短期个体风险模型中，母函数法适用于计算保单数较大且理赔额固定的保单组合的总理赔额分布。令 n_{ij} 表示获赔 i 个货币单位的赔付款、发生理赔的概率为 q_j 的保单数（$i=1, 2, \cdots, r$；$j=1, 2, \cdots, m$），则总理赔额为：

$$S=\sum_{i=1}^{r}\sum_{j=1}^{m}\sum_{k=1}^{n_{ij}}X_{ij}^{(k)}$$

式中，$X_{ij}^{(k)}(k=1, 2, \cdots, n_{ij})$ 独立同分布，它们的分布为：

$$f_{X_{ij}}(x)=\begin{cases}1-q_j, & x=0\\ q_j, & x=i\end{cases}$$

这时，总理赔额的母函数为：

$$P_S(z)=\prod_{i=1}^{r}\prod_{j=1}^{m}(1-q_j+q_jz^i)^{n_{ij}} \tag{4.16}$$

利用母函数与分布函数可以相互唯一确定的性质，可求解出 S 的分布。

两边取对数得到

$$\ln P_S(z)=\sum_{i=1}^{r}\sum_{j=1}^{m}n_{ij}\ln(1-q_j+q_jz^i) \tag{4.17}$$

$$P'_S(z)=P_S(z)\left(\sum_{i=1}^{r}\sum_{j=1}^{m}iq_jn_{ij}z^{i-1}(1-q_j+q_jz^i)^{-1}\right) \tag{4.18}$$

令 $z=1$，可以得到总理赔额的期望为：

$$E(S)=P'_S(1)=\sum_{i=1}^{r}\sum_{j=1}^{m}iq_jn_{ij}$$

将式（4.18）改为：

$$\begin{aligned}zP'_S(z)&=P_S(z)\left(\sum_{i=1}^{r}\sum_{j=1}^{m}in_{ij}\left(\frac{q_j}{1-q_j}z^i\right)\left(1+\frac{q_jz^i}{1-q_j}\right)^{-1}\right)\\&=P_S(z)\left(\sum_{i=1}^{r}\sum_{j=1}^{m}in_{ij}\sum_{k=1}^{\infty}(-1)^{k-1}\left(\frac{q_j}{1-q_j}\right)^kz^{ik}\right)\end{aligned} \tag{4.19}$$

其中第二个等式成立要求 $|z|<\min_{i,j}\{q_j^{-1}(1-q_j)\}^{1/i}$。若令

$$h(i,k)=i(-1)^{k-1}\sum_{j=1}^{m}n_{ij}\left(\frac{q_j}{1-q_j}\right)^k \tag{4.20}$$

则式（4.19）可以写为：

$$zP'_S(z)=P_S(z)\left(\sum_{i=1}^{r}\sum_{k=1}^{\infty}h(i,k)z^{ik}\right) \tag{4.21}$$

将式（4.21）用级数展开，其中左边 z^x 的系数是 $xf_S(x)$，而 $f_S(x)$ 是 $P_S(z)$ 中 z^x 的系数。式（4.21）右边 z^x 的系数为：

$$\sum_{ik\leqslant x} h(i,k) f_S(x-ik) \tag{4.22}$$

以［z］表示实数 z 的整数部分，则式（4.22）可以写为：

$$\sum_{i=1}^{x}\sum_{k=1}^{[x/i]} h(i,k) f_S(x-ik)$$

当 $i>x$ 时，$h(i,\ k)=0$。由于式（4.21）左右两边系数相等，因此

$$f_S(x)=\frac{1}{x}\sum_{i=1}^{x\wedge r}\sum_{k=1}^{[x/i]} h(i,k) f_S(x-ik) \tag{4.23}$$

由于

$$f_S(0)=P_S(0)=\prod_{i=1}^{r}\prod_{j=1}^{m}(1-q_j)^{n_{ij}}$$

利用式（4.23）计算得到

$$f_S(1)=h(1,1)f_S(0)$$

$$f_S(2)=\frac{1}{2}(h(1,1)f_S(1)+(h(1,2)+h(2,1))f_S(0))$$

依次计算就可以得到 S 的分布 $\{f_S(x),\ x=1,\ 2,\ \cdots\}$。

从式（4.20）可以看出，$h(i,\ k)$ 是 $(q_j/(1-q_j))^k(j=1,\ 2,\ \cdots,\ m)$ 的加权和。q_j 越接近于 0，$(q_j/(1-q_j))^k$ 越小。当 k 的值增加时，$h(i,\ k)$ 的值会下降。因此，在一定的精度保证下，式（4.23）中 $f_S(x)$ 可用下面的求和项近似。

$$f_S^{(K)}(x)=\frac{1}{x}\sum_{i=1}^{\wedge}\sum_{k=1}^{K\wedge[x/i]} h(i,k) f_S^{(K)}(x-ik) \tag{4.24}$$

事实上，De Pril（1988）证明，若 $q_j<\frac{1}{2}$（$j=1,\ 2,\ \cdots,\ m$），则

$$\sum_{x=0}^{M} | f_S(x)-f_S^{(K)}(x) | < \mathrm{e}^{\delta(K)}-1 \tag{4.25}$$

式中

$$\delta(K)=\frac{1}{K+1}\sum_{i=1}^{r}\sum_{j=1}^{m} n_{ij}\,\frac{1-q_j}{1-2q_j}\left(\frac{q_j}{1-q_j}\right)^{K+1} \tag{4.26}$$

$M=\sum_{i=1}^{r}\sum_{j=1}^{m} in_{ij}$ 是总理赔额的最大取值。

【例 4-8】沿用例 4-6，计算 S 的分布。

【解】由式（4.26）计算得 $\delta(1)=5.947\times10^{-4}$，$\delta(2)=3.9\times10^{-6}$，$\delta(3)=6.369\times10^{-8}$，$\delta(4)=1.131\times10^{-9}$。当 $K=4$ 时，$|f_S^{(4)}(x)-f_S(x)|<10^{-8}$。表 4-5、表 4-6

和表 4-7 分别给出了 n_{ij}，$h(i, k)$，$f_S^{(4)}(x)$，$F_S^{(4)}(x)$ 的值。

表 4-5　n_{ij}

j	$1\,000q_j$	14	15	16	17	18	19	20	24	26	28	30	31	55	60
1	0.5	1	0	0	1	0	0	0	0	0	0	0	0	0	0
2	0.54	0	0	0	0	0	1	0	0	0	0	0	0	0	0
3	1.03	0	0	0	0	0	0	0	0	0	0	1	0	0	0
4	1.22	0	0	0	0	0	0	0	0	0	1	0	0	0	0
5	1.23	0	0	0	0	0	0	0	0	0	0	0	1	0	0
6	1.28	0	0	0	0	0	0	1	0	0	0	0	0	0	0
7	1.42	0	0	1	0	0	0	0	0	0	0	0	0	0	0
8	1.49	0	1	0	0	0	0	0	0	0	0	0	0	0	0
9	3.53	0	0	0	0	1	0	0	0	0	0	0	0	0	0
10	3.94	0	0	0	0	0	0	0	0	1	0	0	0	0	0
11	4.79	0	0	0	0	0	0	0	0	0	0	0	0	1	0
12	4.84	0	0	0	0	0	0	0	1	0	0	0	0	0	0
13	21.82	0	0	0	0	0	0	0	0	0	0	0	0	0	1

表 4-6　$h(i, k)$

i	$h(i, k)$			
	$k=1$	$k=2$	$k=3$	$k=4$
14	7.003 501 8E−03	−3.503 502 6E−06	1.752 630 0E−09	−8.800 000 0E−13
15	2.238 335 1E−02	−3.340 096 1E−05	4.984 170 0E−08	−7.437 000 0E−11
16	2.275 230 8E−02	−3.235 422 1E−05	4.600 833 0E−08	−6.542 000 0E−11
17	8.504 252 2E−03	−4.254 253 1E−06	2.128 190 7E−9	−1.064 627 7E−12
18	6.376 509 0E−2	−2.258 881 6E−4	8.002 099 1E−7	−2.834 747 7E−9
19	1.026 554 3E−02	−5.546 388 5E−06	2.996 670 0E−09	−1.620 000 0E−12
20	2.563 281 0E−02	−3.285 204 7E−05	4.210 451 0E−08	−5.396 000 0E−11
24	1.167 249 5E−01	−5.676 964 0E−04	2.761 013 9E−06	−1.342 830 0E−08
26	1.028 452 1E−01	−4.068 129 7E−04	1.609 183 3E−06	−6.365 260 0E−09
28	3.420 172 6E−02	−4.177 707 4E−05	5.103 029 0E−08	−6.233 000 0E−11
30	3.093 186 0E−02	−3.189 266 5E−05	3.288 331 0E−08	−3.390 000 0E−11
31	3.817 695 8E−02	−4.701 548 7E−05	5.790 027 0E−08	−7.131 000 0E−11
55	2.647 180 0E−01	−1.274 102 2E−03	6.132 323 2E−06	−2.951 521 0E−08
60	1.338 404 0E+00	−2.985 542 0E−02	6.659 768 8E−04	−1.485 576 8E−05

表 4-7　$f_S^{(4)}(X)$，$F_S^{(4)}(x)$

x	$f_S^{(4)}(x)$	$F_S^{(4)}(x)$	x	$f_S^{(4)}(x)$	$F_S^{(4)}(x)$
0	0.952 739 05	0.952 739	19	0.000 514 757 056	0.960 359
14	0.000 476 607 829	0.953 216	20	0.001 221 068 952	0.961 58
15	0.001 421 699 516	0.954 637	24	0.004 633 684 032	0.966 213
16	0.001 354 813 286	0.955 992	26	0.003 768 640 299	0.969 982
17	0.000 476 607 829	0.956 469	28	0.001 163 761 430	0.971 146
18	0.003 375 082 888	0.959 844	29	0.000 000 711 205	0.971 146

续表

x	$f_S^{(4)}(x)$	$F_S^{(4)}(x)$	x	$f_S^{(4)}(x)$	$F_S^{(4)}(x)$
30	0.000 983 010 770	0.972 129	44	0.000 021 435 448	0.973 409
31	0.001 175 572 312	0.973 305	45	0.000 004 672 158	0.973 414
32	0.000 002 399 591	0.973 307	46	0.000 012 100 769	0.973 426
33	0.000 005 971 631	0.973 313	47	0.000 002 791 514	0.973 428
34	0.000 006 178 405	0.973 32	48	0.000 005 562 190	0.973 434
35	0.000 004 242 488	0.973 324	49	0.000 004 696 495	0.973 439
36	0.000 001 993 891	0.973 326	50	0.000 020 226 469	0.973 459
37	0.000 002 434 369	0.973 328	51	0.000 001 510 358	0.973 46
38	0.000 006 643 644	0.973 335	52	0.000 005 666 162	0.973 466
39	0.000 007 574 225	0.973 343	53	0.000 000 013 706	0.973 466
40	0.000 008 474 451	0.973 351	54	0.000 009 392 317	0.973 475
41	0.000 007 941 654	0.973 359	55	0.004 591 308 358	0.978 067
42	0.000 022 356 100	0.973 381	56	0.000 003 900 383	0.978 071
43	0.000 006 125 396	0.973 387	57	0.000 004 682 325	0.978 075

从表 4－4 和表 4－7 可以看出，用卷积法和用母函数法计算得到的结果十分接近。特别地，当寿险保单组合中的被保险人数非常多时，近似的母函数就非常有用。

4.4 S 分布近似计算法

矩母函数法要求每张保单的理赔额的分布都存在矩母函数，这使得矩母函数的应用受到限制。对于数目较大的保单组合来说，更简单实用的方法是求出近似分布。由概率论的知识我们知道，当各保单的理赔额 X_1，X_2，…，X_n 为独立同分布的随机变量时，在一定条件下，S 的分布可以用正态分布来近似。

定理 4－1（独立同分布的中心极限定理） 设随机变量 X_1，X_2，…，X_n 相互独立，服从同一分布，且具有有限的数学期望和方差：$E(X_k)=\mu$，$\mathrm{Var}(X_k)=\sigma^2\neq 0(k=1,2,\cdots,n)$。记 $S=\sum_{i=1}^{n}X_i$，则随机变量

$$\frac{S-E(S)}{\sqrt{\mathrm{Var}(S)}}=\frac{\sum_{i=1}^{n}X_i-n\mu}{\sqrt{n}\sigma}$$

的分布函数 $F_n(x)$ 对任意 x 满足：

$$\lim_{n\to\infty}F_n(x)=\lim_{n\to\infty}P\left(\frac{\sum_{i=1}^{n}X_i-n\mu}{\sqrt{n}\sigma}\leqslant x\right)=\int_{-\infty}^{x}\frac{1}{\sqrt{2\pi}}\mathrm{e}^{-t^2/2}\mathrm{d}t \tag{4.27}$$

对于独立但不同分布的随机变量和，在一定条件下，中心极限定理同样成立。

定理 4－2（李雅普诺夫定理） 设随机变量 X_1，X_2，…，X_n 相互独立，它们具有有

限的数学期望和方差：$E(X_k)=\mu_k$，$\mathrm{Var}(X_k)=\sigma_k^2\neq 0(k=1, 2, \cdots, n)$。记 $B_n^2=\sum_{k=1}^{n}\sigma_k^2$。

若存在正数 δ，使得当 $n\to\infty$ 时

$$\frac{1}{B_n^{2+\delta}}\sum_{k=1}^{n}E\{|X_k-\mu_k|^{2+\delta}\}\to 0$$

则随机变量

$$Z_n=\frac{\sum_{i=1}^{n}X_i-E(\sum_{i=1}^{n}X_i)}{\sqrt{\mathrm{Var}(\sum_{i=1}^{n}X_i)}}=\frac{\sum_{i=1}^{n}X_i-\sum_{i=1}^{n}\mu_i}{B_n}$$

的分布函数 $F_n(x)$ 对任意 x 有

$$\lim_{n\to\infty}F_n(x)=\lim_{n\to\infty}P\left(\frac{\sum_{i=1}^{n}X_i-\sum_{i=1}^{n}\mu_i}{B_n}\leqslant x\right)=\int_{-\infty}^{x}\frac{1}{\sqrt{2\pi}}\mathrm{e}^{-t^2/2}\mathrm{d}t$$

【例 4-9】某保险公司出售了 300 张火灾险保单。已知保单分为两类，具体信息如表 4-8 所示。

表 4-8　火灾险保单信息

类别	保单数	理赔发生概率	期望理赔额
1	200	0.05	1 000
2	100	0.01	2 000

假设：

(1) 在理赔发生的条件下，理赔额服从指数分布。

(2) 每张保单至多发生一次理赔。

(3) 理赔的发生与理赔额的大小独立。

求：

(1) 这 300 张保单的总理赔额的方差。

(2) 假设保险人收取的保费为 $(1+\theta)E(S)$，θ 称为安全附加系数，$\theta=0.1$，用正态近似法计算总理赔额超过保费收入的概率 $P(S>(1+\theta)E(S))$。

【解】(1) 记类别 1 的第 i 张保单的实际赔付额为 $X_i^{(1)}$，当理赔发生时服从均值为 1 000 的指数分布，则由式 (4.27) 得

$$\begin{aligned}E(X^{(1)})&=0.05\times 1\,000=50\\ \mathrm{Var}(X^{(1)})&=(E(B^{(1)}))^2q_1(1-q_1)+\mathrm{Var}(B^{(1)})q_1\\ &=1\,000^2\times 0.05\times 0.95+1\,000^2\times 0.05\\ &=97\,500\end{aligned}$$

200 张类别 1 的保单组合的总赔付额为 $S_1=X_1^{(1)}+X_2^{(2)}+\cdots+X_{200}^{(1)}$，则

$$E(S_1)=200\times E(X^{(1)})=200\times 50=10\,000$$

$$\mathrm{Var}(S_1)=200\times\mathrm{Var}(X^{(1)})=200\times 97\ 500=19\ 500\ 000$$

记类别 2 的第 i 张保单的赔付额为 $X_i^{(2)}$，类似地可计算得

$$E(X^{(2)})=0.01\times 2\ 000=20$$

$$\mathrm{Var}(X^{(2)})=2\ 000^2\times 0.01\times 0.99+2\ 000^2\times 0.01=79\ 600$$

100 张类别 2 的保单组合总理赔额为 $S_2=X_1^{(2)}+X_2^{(2)}+\cdots+X_{100}^{(2)}$，则

$$E(S_2)=100\times 20=2\ 000$$

$$\mathrm{Var}(S_2)=100\times 79\ 600=7\ 960\ 000$$

因此，S 的方差为：

$$\mathrm{Var}(S)=\mathrm{Var}(S_1)+\mathrm{Var}(S_2)=19\ 500\ 000+7\ 960\ 000=27\ 460\ 000$$

（2）用正态分布近似 S 的分布，其均值和标准差分别为：

$$E(S)=12\ 000$$

$$\mathrm{Std}(S)=\sqrt{27\ 460\ 000}=5\ 240.23$$

因此

$$\begin{aligned}P(S>(1+\theta)E(S))&=P\left(\frac{S-E(S)}{\mathrm{Std}(S)}>\frac{0.1E(S)}{\mathrm{Std}(S)}\right)\\&=1-\Phi\left(\frac{0.1\times 12\ 000}{5\ 240.23}\right)\\&=1-\Phi(0.229)=0.409\end{aligned}$$

【例 4-10】 沿用例 4-6，假设保险公司收取的保费的安全附加系数为 45%，求总理赔额超过保费收入的概率 $P(S>(1+\theta)E(S))$。

【解】

$$E(S)=\sum_{j=1}^{14}b_jq_j=2\ 054.41$$

$$\mathrm{Var}(S)=\sum_{j=1}^{14}b_j^2q_j(1-q_j)=1.025\ 34\times 10^8$$

保费为：

$$1.45\times 2\ 054.41=2\ 978.89$$

$$\begin{aligned}P(S>2\ 978.89)&=P\left(Z>\frac{2\ 978.89-2\ 054.41}{\sqrt{1.025\ 34\times 10^8}}\right)\\&=1-\Phi(0.091\ 3)=0.46\end{aligned}$$

通过比较发现，近似计算法的误差比较大。主要原因在于保单数太少，达不到中心极限定理的要求。

4.5 本章上机指导

1 分布的离散化

在用卷积法求总损失 S 的分布时，如果理赔额分布是连续分布，需要计算理赔额 X 的 n 重卷积。这就涉及多重积分，如果被积函数的形式比较复杂，这将变成一个十分有难度的工作。因此实际操作中通常先对连续的理赔额分布进行离散化处理，然后采用数值迭代的方法计算总损失额的分布，这样就能在保证足够精度的前提下显著提高计算速度。另外，从某种程度上来讲，索赔强度的离散化更加接近实际情况，因为损失额度通常是货币单位的整数倍。

分布的离散化就是将连续分布的支撑区域划分为若干小区域，然后以这个区域中的某一个点概率代替原来连续分布在这片小区域的取值概率。这个“代表点”可以是区域的左右端点，也可以是区域中点。此外，我们通常只对分布的“主体”进行离散化。什么叫作分布的“主体”？以正态分布为例，其分布的支撑区域为（$-\infty$，∞），显然不可能对其全部取值范围进行离散化。由于正态分布在两侧的取值概率很小，可以忽略不计，因此我们可以以均值为中心，以若干倍标准差为半径划定一个区域，在这个区域上进行离散化，这个区域上的分布函数就是该分布的“主体”。区域的大小则依赖于研究的精确程度。目前，actuar 包中的 discretize 函数支持四种离散化方法。我们记 $F(x)$ 为连续分布函数，f_x 为离散化后的概率函数。

第一种是上端离散化，或者说对 $F(x)$ 向前微分。离散化后的分布函数总是在原分布函数之上。

$$f_x = F(x+h) - F(x), \quad x = a+h, \cdots, b$$

第二种是下端离散化，或者说对 $F(x)$ 向后微分。离散化后的分布函数总是在原分布函数之下。

$$f_x = \begin{cases} F(a), & x = a \\ F(x) - F(x-h), & x = a+h, \cdots, b \end{cases}$$

第三种是中点离散化。原分布函数正好穿过离散化的分布函数的中点。

$$f_x = \begin{cases} F(a+h/2), & x = a \\ F(x+h/2) - F(x-h/2), & x = a+h, \cdots, b-h \end{cases}$$

第四种是无偏离散化，离散后的分布和原分布在区间［a，b］内有相同的取值概率和期望值。

$$f_x = \begin{cases} \dfrac{E(X\wedge a) - E(X\wedge(a+h))}{h} + 1 - F(a), & x = a \\ \dfrac{2E(X\wedge x) - E(X\wedge(x-h)) - E(X\wedge(x+h))}{h}, & a < x < b \\ \dfrac{E(X\wedge b) - E(X\wedge(b-h))}{h} - 1 + F(b), & x = b \end{cases}$$

需要注意的是，在 discretize 函数的参数中，cdf 必须是一个含 x 的表达式；from 和 to 分别指定 a 和 b，也就是分布主体的范围；step 指定步长 h；lev 参数只在 method＝unbiased 时才指定。以伽马分布 gamma（1，1）为例，fu，fl，fr 和 fb 分别对应上端离散化、下端离散化、中点离散化和无偏离散化。以下是四种离散化代码。

```
##步长 h=0.5,上限 a=0,下限 b=10,对 gamma(1,1)分布在[0,10]区域的分布离散化,可以产生 20 个点概率
fu=discretize(pgamma(x,1),method="upper",from=0,to=10,step=0.5)
fl=discretize(pgamma(x,1),method="lower",from=0,to=10,step=0.5)
fr=discretize(pgamma(x,1),method="rounding",from=0,to=10,step=0.5)
fb=discretize(pgamma(x,1),method="unbiased",lev=levgamma(x,1),from=0,to=10,step=0.5)
```

discretize 函数返回的是一串离散化后的 f_x 概率值。例如：

```
fu ##查看离散化后的 20 个概率值
## [1] 3.934693e-01 2.386512e-01 1.447493e-01 8.779488e-02 5.325028e-02
## [6] 3.229793e-02 1.958968e-02 1.188174e-02 7.206642e-03 4.371050e-03
## [11] 2.651176e-03 1.608019e-03 9.753130e-04 5.915572e-04 3.587976e-04
## [16] 2.176217e-04 1.319943e-04 8.005856e-05 4.855797e-05 2.945190e-05
```

如果要对离散化分布作图，需要进行特殊处理。函数 stepfun 返回一个阶梯函数，diffinv 是差分的逆，head（x，－1）的指令是不展示向量 x 的最后一个元素。离散化的分布图见图 4－1。

```
curve(pgamma(x,1),xlim=c(0,10))###绘制 gamma 分布曲线
x=seq(0,10,0.5)##设置 x 的值
plot(stepfun(head(x,-1),diffinv(fu)),pch=19,col="blue",add=TRUE)
plot(stepfun(x,diffinv(fl)),pch=19,col="red",add=TRUE)
plot(stepfun(head(x,-1),diffinv(fr)),pch=19,col="green",add=TRUE)
plot(stepfun(x,diffinv(fb)),pch=19,col="yellow",add=TRUE)
legend(3, 0.4, legend = c("Upper","Lower","Midpoint","Unbiased"), col = c("blue","red","green","yellow"),pch=19,lty=1)
```

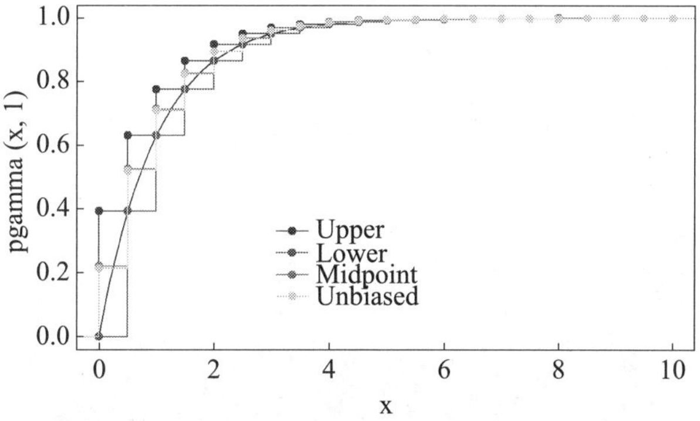

图 4－1　离散化的分布函数图

2. 分布的卷积

如果个体赔付额都是已知的固定金额，则直接利用卷积公式（4.5）和（4.7）计算总赔付额的分布。例如，随机生成了 15 个被保险人的死亡概率和死亡后的赔付金额，下面的代码展示如何通过卷积的方法求出总理赔额 S 的分布。

```
b = c(rep(2,5),rep(5,5),rep(10,5))
q = runif(15,0,0.5)                              # 随机生成 15 个被保险人的赔付金额和死亡概率
# 自定义函数用卷积法计算支付给该团体保单的保险金额的分布 s
convolution <- function(b,q){
  n <- length(b)
  fs0 <- rep(0,n)
  fs <- matrix(0,n-1,100)
  fs[1,n] = q[1]
  fs0[1] = (1-q[1])
for(j in 2:(n-1)){
    fs0[j] <- fs0[j-1] * (1-q[j])
    for(s in 1:100){
    if(s < b[j]){
        fs[j,s] <- (1-q[j]) * fs[j-1,s]
      }
    if(s > b[j]){
        fs[j,s] <- (1-q[j]) * fs[j-1,s] + q[j] * fs[j-1,s-b[j]]
      }
    if(s == b[j]){
        fs[j,s] <- (1-q[j]) * fs[j-1,s] + q[j] * fs0[j-1]
      }
    }
  }
  Fs <- rep(0,100)
  Fs0 <- fs0[n-1]
  Fs[1] <- fs0[n-1] + fs[n-1,1]
  for(j in 2:100){
    Fs[j] <- Fs[j-1] + fs[n-1,j]
  }
  return(Fs)
}
convolution(b,q)
```

3. 部分例题代码

例 4-6 的 R 代码：

```
# 每个被保险人的保险金额
b = c(15,16,20,28,31,18,26,24,60,14,17,19,30,55)
```

```
#每个被保险人的死亡概率
q = c(0.00149, 0.00142, 0.00128, 0.00122, 0.00123, 0.00353, 0.00394, 0.00484, 0.02182, 0.0005,
0.0005,0.00054,0.00103,0.00479)
#用卷积法计算支付给该团体保单的保险金额的分布 s
fs0 <- rep(0,15)
fs<-matrix(0,14,100)
fs[1,15] = q[1]
fs0[1] = (1-q[1])
for(j in 2:14){
fs0[j]<-fs0[j-1] * (1-q[j])
for(s in 1:100){
if(s<b[j]){
fs[j,s]<-(1-q[j]) * fs[j-1,s]}
if(s>b[j]){  fs[j,s]<-(1-q[j]) * fs[j-1,s] + q[j] * fs[j-1,s-b[j]]
  }
if(s==b[j]){fs[j,s]<-(1-q[j]) * fs[j-1,s] + q[j] * fs0[j-1]
}
}
}
fs
##计算累积分布函数
Fs<-rep(0,100)
Fs0<-fs0[14];
Fs[1]<-fs0[14] + fs[14,1];
for(j in 2:100) {Fs[j]<-Fs[j-1] + fs[14,j]}
Fs
```

例4-8的R代码：

```
#产生辅助矩阵 n
y=c(1,0,0,1,0,0,0,0,0,0,0,0,0,0,0,0,0,0,1,0,0,0,0,0,0,0,0,0,0,0,0,0,0,0,0,0,1,0,0,
0,0,0,0,0,0,0,0,0,0,1,0,0,0,0,0,0,0,0,0,0,0,0,0,0,1,0,0,0,0,0,0,0,0,1,0,0,0,0,0,0,0,0,
0,1,0,0,0,0,0,0,0,0,0,0,0,0,1,0,0,0,0,0,0,0,0,0,0,0,0,0,0,0,1,0,0,0,0,0,0,0,0,0,0,0,0,0,
0,0,0,0,0,1,0,0,0,0,0,0,0,0,0,0,0,0,0,0,0,0,0,1,0,0,0,0,0,0,0,0,1,0,0,0,0,0,0,0,0,0,0,0,
0,0,0,0,0,0,0,0,1)
n=matrix(y,nrow=13,ncol=14,byrow=TRUE)
#录入赔付额为 i 的向量 b 和死亡概率为 qj 的向量 q
b=c(14,15,16,17,18,19,20,24,26,28,30,31,55,60)
q=c(0.5,0.54,1.03,1.22,1.23,1.28,1.42,1.49,3.53,3.94,4.79,4.84,21.82)/1000;
#构建矩阵 x,h
m=rep(0,56)
```

```
x = matrix(m,nrow = 14,ncol = 4)
h = matrix(m,nrow = 14,ncol = 4)
#通过循环计算矩阵 h 中各元素的值
for(i in 1:14){
for(k in 1:4){
x[i,k] = 0
for(j in 1:13){
x[i,k] = x[i,k] + n[j,i] * (q[j]/(1 - q[j]))^k}
h[i,k] = b[i] * ( - 1)^(k - 1) * x[i,k]}}
#计算赔付额 fsk 的近似密度函数
K = 4;
fs0 = 1;
for(i in 1:14){
for(j in 1:13){
fs0 = fs0 * (1 - q[j])^(n[j,i])}}
s = NULL
fsk = NULL
for(x in 1:100){
  s[x] = 0
  for(i in 1:14){
     if(min(K,floor(x/b[i]))>= 1){
     for(k in 1:min(K,floor(x/b[i]))){
           if(x = = b[i] * k){s[x] = s[x] + h[i,k] * fs0}
           else{s[x] = s[x]  +  h[i,k] * fsk[x - b[i] * k]}}}}
fsk[x] = 1/x * s[x]}
#计算累积分布函数 Fs
Fs = NULL
Fs[1] = fs0
Fs[2] = fs0 + fsk[1]
for(x in 3:100){
  Fs[x] = Fs[x - 1] + fsk[x]}
#显示结果
h
fsk
Fs
```

习 题

1. 设个体理赔变量 $X=IB$，其中 $P(I=1)=0.05$，B 服从 $[0,\ 20]$ 上的均匀分布，求 $E(X)$ 和 $\mathrm{Var}(X)$。

2. 某保险人承保了两个保险标的，它们的理赔额随机变量分别为 X_1 和 X_2，$X_1 \sim U(0, 75)$，$X_2 \sim U(0, 150)$，X_1 与 X_2 相互独立。令 $S=X_1+X_2$，求 $P(S \leqslant 100)$。

3. 考虑 32 张保单，每张保单的理赔概率 $p=1/6$，在理赔发生的条件下理赔额 B 的密度函数为：

$$f(x)=\begin{cases}2(1-x), & 0<x<1 \\ 0, & \text{其他}\end{cases}$$

记 S 为总理赔额，用正态近似法计算 $P(S>2)$。

4. 设 $f_{X_i}(x)=\beta_i e^{-\beta_i x}$，若 X_1 和 X_2 相互独立：

(1) 求 $S=X_1+X_2$ 的分布函数。

(2) 若 $\beta_1=0.5$，$\beta_2=0.75$，计算 $P(X_1+X_2>5)$。

5. 设 X_1，X_2，X_3 是相互独立的随机变量，它们的分布为：

x	$f_1(x)$	$f_2(x)$	$f_3(x)$
0	p	0.6	0.4
1	$1-p$	0.2	0.3
2		0.2	0.2
3			0.1

设 $S=X_1+X_2+X_3$，已知 $f_S(5)=0.03$，求 p 的值。

6. 某保险人承保两个类别的保单组合。设保单组合类别为Ⅰ和Ⅱ，具体资料见下表：

类别	出险概率	理赔额	保单数
Ⅰ	0.1	B	5 000
Ⅱ	0.3	$a \cdot B$	3 000

假设总理赔额的期望值为 180 000，求当 a 和 B 为何值时，总理赔额的方差最小。

7. 某火灾保险公司为 160 栋建筑物承保，下表给出了最高赔付额与相应的保单数，假设每栋建筑物发生火灾的概率是 0.04，而且每栋建筑物发生火灾与否为相互独立事件，且在赔偿发生的条件下，理赔额服从 0 到最高赔付额的均匀分布，S 为总赔付额，求：

(1) $E(S)$，$\mathrm{Var}(S)$。

(2) θ 为多少时，$P(S<(1+\theta)E(S))=99\%$。

种类 i	最高赔付额（元）	保单数
1	10 000	80
2	20 000	35
3	30 000	25
4	50 000	15
5	100 000	5

8. 某保险人承保了具有如下特征的风险组合：

（1）理赔发生概率为 0.05。

（2）理赔发生时，理赔额 B 的密度函数为 $f_B(x)=\frac{3\times 100^3}{(100+x)^4}$。

该保险人的安全附加系数为 0.5。为使总赔付超过总保费的概率为 0.05，保险人至少要承保多少张保单？

9. 考虑由 10 万张同类医疗保险保单构成的保单组合。假设各保单发生损失与否相互独立，保单规定保险人将赔付损失中超过 100 的部分。假设每张保单在保险期内的损失均服从以下分布：

x	0	50	100	200	500	1 000
$P(X=x)$	0.3	0.1	0.1	0.2	0.2	0.1

若要求收取的保费总额低于总理赔额的概率不超过 5%，试确定该保单组合的最低安全附加保费。

10. 某保险人承保 500 份保单，特征如下：

类型	各种类型的保单数目	发生理赔的概率	损失额分布
1	n_1	0.01	$\mu=10$，$\sigma^2=9$
2	$500-n_1$	0.04	$\mu=3$，$\sigma^2=1$

保险人收取的保费为 $E(S)+\sqrt{\mathrm{Var}(S)}$，其中 S 是总损失变量。保险人可能收取的最高保费是多少？

11. 在一家诊所里，每天志愿者医生的数目可能取值 1，2，3，4，5。每位志愿者可以服务的病人数服从均值为 30 的泊松分布，用正态近似法求诊所里一天至少有 120 位病人接受服务的概率。

12. 某保险人有以下三种寿险：

类型	购买人数	赔付额	死亡概率
1	100	1	0.01
2	200	2	0.02
3	300	3	0.03

对于每一张保单，该保险人购买超额再保险，自留额为 2。再保险人收取的再保险保费为 H，等于再保险给付的均值加上再保险给付的标准差。该保险人向被保险人收取保费 G，G 等于保险人自留赔付的均值加上自留赔付的方差，再加上支付给再保险人的再保费。求 G。

13. 某保险人有以下保单：

类型	赔付额	保单数	发生理赔的概率
1	1	400	0.02
2	10	100	0.02

对于每张保单超过 $R(R>1)$ 的部分，保险人都买了再保险，每张保单每单位赔付的

再保险保费为0.025元。保险人希望自留赔付加上再保险保费超过34元的概率最小，用正态近似法求R。

14.（R编程）15位劳工补偿险保单持有人发生意外身故的概率是0.005，赔付金额是100万元。（1）通过卷积法求总理赔额S的分布。（2）生成100个服从二项分布B（15，0.005）的随机数，用来表示15个被保险人中发生意外的人数，然后生成100个15张保单的总理赔随机数，求S的经验分布。（3）重复（2）的工作，产生1 000个总索赔额随机数的经验分布，并与（1）的结果进行比较，你得到什么结论？

第 5 章

短期集体风险模型

短期个体风险模型将保单数视为给定的，而且每张保单是相互独立的，在一定时期（通常为一年）内只能发生一次理赔，但这些假定都不符合实际情况。例如在汽车险中，有的驾驶员很可能在较短的时间内连续发生两次理赔，购买医疗险的投保人在一年内提出索赔的次数可能不止一次。短期集体风险模型（也称短期聚合模型）将保单组合视为一个整体，其中每张保单是风险同质的。假定保单组合在单位时间内发生的理赔次数是一个随机变量，我们记为 N，以 X_1，X_2，…，X_N 表示按次序发生的个别理赔额，以 S 表示单位时间内的总理赔额，短期集体风险模型可以描述为：

$$S = X_1 + X_2 + \cdots + X_N$$

本章将在下面两个假定的基础上研究短期集体风险模型的性质。

（1）X_1，X_2，…是独立同分布的随机变量。

（2）N 与 $\{X_i\}$ 独立。

从短期集体风险模型 S 的表达式可以看出，S 的分布由理赔次数 N 和个别理赔额 $\{X_i\}$ 的分布决定。S 的分布称为复合分布。如果用泊松分布来描述理赔次数 N 的分布，则 S 的分布称为复合泊松分布。相应地，如果用负二项分布来描述理赔次数 N 的分布，则 S 的分布称为复合负二项分布。在第 2 章和第 3 章中，我们详细讨论了个别理赔额分布和理赔次数分布。本章将着重介绍如何计算 S 的分布，以及集体风险模型的应用。

5.1 S 的分布特征

5.1.1 S 的数字特征

在讨论 S 的分布之前，我们先来研究它的数字特征。S 的分布是一个复合分布，由

个别理赔额 X 和理赔次数 N 的分布决定，根据条件期望公式和方差分解公式，可以计算得到 S 的均值和方差分别为：

$$E(S)=E(E(S\mid N))=E(N\cdot E(X))=E(X)E(N) \tag{5.1}$$

$$\begin{aligned}\mathrm{Var}(S)&=E(\mathrm{Var}(S\mid N))+\mathrm{Var}(E(S\mid N))\\&=E(N\cdot \mathrm{Var}(X))+\mathrm{Var}(N\cdot E(X))\\&=\mathrm{Var}(X)E(N)+(E(X))^2\mathrm{Var}(N)\end{aligned} \tag{5.2}$$

【例 5-1】 设理赔次数 N 服从负二项分布：

$$P(N=k)=\binom{k+r-1}{k}\left(\frac{2}{3}\right)^r\left(\frac{1}{3}\right)^k$$

已知 $\mathrm{Var}(N)=24$，个别理赔额 $X\sim\begin{pmatrix}2 & 3 & 4\\0.3 & 0.5 & 0.2\end{pmatrix}$，求总理赔额 S 的均值与方差之和。

【解】 利用负二项分布的性质，有

$$E(N)=r\beta,\quad \mathrm{Var}(N)=r\beta(1+\beta)$$

因此

$$E(N)=\mathrm{Var}(N)/(1+\beta)=24\times\frac{2}{3}=16$$

由 X 的分布计算得到

$$E(X)=2\times0.3+3\times0.5+4\times0.2=2.9$$
$$\mathrm{Var}(X)=2^2\times0.3+3^2\times0.5+4^2\times0.2-2.9^2=0.49$$

因此

$$\begin{aligned}E(S)+\mathrm{Var}(S)&=E(X)E(N)+\mathrm{Var}(X)E(N)+(E(X))^2\mathrm{Var}(N)\\&=2.9\times16+0.49\times16+2.9^2\times24\\&=256.08\end{aligned}$$

5.1.2 计算 S 的分布的方法

获得 S 的分布通常有两种方法。一种方法是直接收集 S 的信息，如收集一个会计年度内每月的总理赔额，然后使用统计方法来估计 S 的分布。另一种方法是先分别估计个别理赔额 X 和理赔次数 N 的分布，然后再利用复合分布的性质研究 S 的分布。第二种方法在实际应用中有如下优点：

（1）在精算模型中，经常需要了解保单条款的变化，如提高免赔额和保单限额对总理赔额的影响，这时需要单独研究损失额和理赔额的分布。理赔次数的分布也将随着免赔额的变化而变化，只有分析清楚了理赔额的分布情况，才能分析总理赔额的变化。

（2）当保单组合中保单数目发生变化时，保单组合的理赔次数也相应地发生变化。当理赔额没有变化时，根据前几年的保单组合的理赔次数预测未来几年的理赔次数，就可以得到总理赔额的分布。

（3）总理赔额通常会受到社会、经济和政治等因素的影响。这些因素对理赔额和理赔次数的影响各不相同。例如，通货膨胀会对医疗保险中的医药费有影响，但不会影响理赔次数；一项新的保险监管条例的制定可能会导致某保险理赔次数上升，但不会影响理赔额的变化。因此，在分析这些因素对总理赔额的影响时，需要根据具体情况对理赔额和理赔次数进行分析。

（4）总理赔额的分布形状是由理赔额和理赔次数的分布形状决定的。只有了解两者的分布特点，才能更好地分析总理赔额的分布。例如，如果 X 的分布比 N 的分布具有更厚的尾部特征，那么 S 分布的尾部形状将由 X 的分布决定，对 N 的分布选择不敏感。

下面介绍如何利用 X 的分布和 N 的分布来计算 S 的分布，主要有四种方法。

1. 卷积法

卷积法利用独立随机变量和的性质直接计算 S 的分布。设 X 的分布函数为 $F_X(x)$，N 的分布列为 $\{p_n，n=0，1，\cdots\}$。从短期集体风险模型可以看出，S 是由 X 的分布和 N 的分布决定的。由全概率公式可得

$$\begin{aligned} F_S(x) = P(S \leqslant x) &= \sum_{n=0}^{\infty} P(S \leqslant x \mid N=n) P(N=n) \\ &= \sum_{n=0}^{\infty} P(X_1 + X_2 + \cdots + X_n \leqslant x \mid N=n) P(N=n) \\ &= \sum_{n=0}^{\infty} F_X^{*n}(x) p_n \end{aligned} \tag{5.3}$$

式中，$F_X^{*n}(x)$ 为分布函数 F 的 n 重卷积，它的定义为：

$$F_X^{*0}(x) = \begin{cases} 0, & x < 0 \\ 1, & x \geqslant 0 \end{cases}, \quad F^{*1}(x) = F_X(x)$$

和

$$F_X^{*n}(x) = \int_{-\infty}^{x} F_X^{*(n-1)}(x-y) \mathrm{d}F_X(y), \quad n = 2,3,\cdots \tag{5.4}$$

若 X 是非负连续型随机变量，则

$$F_X^{*n}(x) = \int_{0}^{x} F_X^{*(n-1)}(x-y) f_X(y) \mathrm{d}y, \quad n = 2,3,\cdots$$

对分布函数两边求导得到密度函数为：

$$f_S(x) = \sum_{n=0}^{\infty} f_X^{*n}(x) P(N=n) = \sum_{n=0}^{\infty} f_X^{*n}(x) p_n \tag{5.5}$$

式中 $\quad f_X^{*n}(x) = \int_{-\infty}^{x} f_X^{*(n-1)}(x-y) f_X(y) \mathrm{d}y, \quad n=2,3,\cdots$

若 X 是非负离散型随机变量，则

$$F_X^{*n}(x)=\sum_{y=0}^{x}F_X^{*(n-1)}(x-y)f_X(y),\quad x=0,1,\cdots;n=2,3,\cdots$$

$$f_X^{*n}(x)=\sum_{y=0}^{x}f_X^{*(n-1)}(x-y)f_X(y),\quad x=0,1,\cdots;n=2,3,\cdots \tag{5.6}$$

【例 5-2】 假设某保单组合在一年内的理赔次数 N 服从均值为 4 的几何分布，每次理赔额 X 的分布为 $P(X=x)=0.25(x=1,\ 2,\ 3,\ 4)$。已知理赔次数和理赔额相互独立，设 S 表示总理赔额，求 $F_S(3)$。

【解】 由附录 3 中几何分布的均值公式 $E(N)=\beta$ 可得参数 $\beta=4$。N 的分布列（见表 5-1）为：$p_k=\frac{4^k}{5^{k+1}}$，$k=0,\ 1,\ \cdots$

表 5-1　N 的分布列

N	$P(N=k)$
0	0.2
1	0.16
2	0.128
3	0.102 4

由式（5.6）计算 X 分布的 3 重卷积，见表 5-2。

表 5-2　X 分布的 3 重卷积

x	$f^{*1}(x)$	$f^{*2}(x)$	$f^{*3}(x)$
0	0	0	0
1	0.25	0	0
2	0.25	0.062 5	0
3	0.25	0.125	0.015 6

由于 X 的最小可能取值为 1，因此 $f^{*k}(x)=0(k>x)$，得

$$f_S(x)=\sum_{k=0}^{\infty}P(N=k)f^{*k}(x)=\sum_{k=0}^{x}P(N=k)f^{*k}(x)$$

计算得

$$f_S(0)=0.2,\quad f_S(1)=0.04,\quad f_S(2)=0.048,\quad f_S(3)=0.057\ 6$$

因此

$$F_S(3)=0.345\ 6$$

【例 5-3】 假设个别理赔额分布 X 服从指数分布，均值为 θ，理赔次数 N 服从二项分布，求 S 的分布。

【解】 固定 $N=n$，由伽马分布的可加性知，$X_1+X_2+\cdots+X_n$ 的分布为伽马分布。因此，X 的 n 重卷积为：

$$F_X^{*n}=\Gamma\left(n,\frac{x}{\theta}\right)$$

由于任何伽马函数 $\Gamma(n,\ x)$ 都可以写成①：

$$\Gamma(n,x)=1-\sum_{j=0}^{n-1}\frac{x^j\mathrm{e}^{-x}}{j\,!}$$

因此

$$\begin{aligned}F_S(x)&=p_0+\sum_{n=1}^{\infty}p_n\Gamma\left(n,\frac{x}{\theta}\right)\\&=p_0+\sum_{n=1}^{\infty}p_n\left(1-\sum_{j=0}^{n-1}\frac{(x/\theta)^j\mathrm{e}^{-x/\theta}}{j\,!}\right)\\&=1-\mathrm{e}^{-x/\theta}\sum_{j=0}^{\infty}\frac{(x/\theta)^j}{j\,!}\sum_{n=j+1}^{\infty}p_n\\&=1-\mathrm{e}^{-x/\theta}\sum_{j=0}^{\infty}\bar{p}_j\frac{(x/\theta)^j}{j\,!},\quad x\geqslant 0\end{aligned}$$

式中，$\bar{p}_j=\sum\limits_{n=j+1}^{\infty}p_n(j=0,\ 1,\ \cdots)$。由于 $N\sim B(m,\ p)$，$P(N\geqslant m)=0$，因此

$$F_S(x)=1-\sum_{n=1}^{m}\binom{m}{n}p^n(1-p)^{m-n}\sum_{j=0}^{n-1}\frac{(x/\theta)^j\mathrm{e}^{-x/\theta}}{j\,!}$$

2. 矩母函数法

设 $P_S(z)$ 表示 S 的母函数。由于 S 的分布是由个别理赔额 X 和理赔次数 N 决定的复合分布，因此，利用独立随机变量和的性质可得

$$\begin{aligned}P_S(z)&=\sum_{k=0}^{\infty}P(S=k)z^k=\sum_{k=0}^{\infty}\sum_{n=0}^{\infty}P(N=n)P(S=k\mid N=n)z^k\\&=\sum_{n=0}^{\infty}P(N=n)\sum_{k=0}^{\infty}P(X_1+X_2+\cdots+X_n=k\mid N=n)z^k\\&=\sum_{n=0}^{\infty}f_N(n)P_X(z)^n\\&=P_N(P_X(z))\end{aligned}\tag{5.7}$$

S 的矩母函数、特征函数也有类似的公式成立。设 $M_X(z)$ 和 $\varphi_X(z)$ 分别为 X 的矩母函数和特征函数，同样有

$$M_S(z)=E(\mathrm{e}^{zS})=P_N(P_X(\mathrm{e}^z))=P_N(M_X(z))\tag{5.8}$$

$$\varphi_S(z)=E(\mathrm{e}^{izS})=P_N(P_X(\mathrm{e}^{iz}))=P_N(\varphi_X(z))$$

利用矩母函数与分布函数的唯一对应性，当 S 的矩母函数形式比较简单时，可判断 S 的分布类型。

---

① Stuart A. Klugman，Harry H. Panjer，Gorden E. Willmot. Loss Models：From Data to Decisions. 3rd ed. New York：John Wiley & Sons，2008.

【例5-4】 设个别理赔额 X 服从指数分布，均值为 θ。设理赔次数 N 服从几何分布，$P(N=k)=\frac{\beta^k}{(1+\beta)^{k+1}}$，利用矩母函数法求 S 的分布。

【解】 由附录4已知指数分布 X 的矩母函数为：

$$M_X(z)=(1-\theta z)^{-1}$$

由附录4知几何分布 N 的母函数为：

$$P_N(z)=(1-\beta(z-1))^{-1}$$

由式（5.8）可得 S 的矩母函数：

$$\begin{aligned}
M_S(z)&=P_N(M_X(z))\\
&=(1-\beta((1-\theta z)^{-1}-1))^{-1}\\
&=\left(1-\frac{\beta\theta z}{1-\theta z}\right)^{-1}\\
&=\frac{1-\theta z}{1-(1+\beta)\theta z}\\
&=\frac{(1+\beta)(1-\theta z)}{(1+\beta)(1-(1+\beta)\theta z)}\\
&=\frac{1-(1+\beta)\theta z+\beta}{(1+\beta)(1-(1+\beta)\theta z)}\\
&=\frac{\beta}{1+\beta}(1-(1+\beta)\theta z)^{-1}+\frac{1}{1+\beta}
\end{aligned}$$

从 $M_S(z)$ 的表达式可以看出，S 的分布是一个由指数分布和贝努利（0-1）分布组成的混合分布。

$$f_S(x)=\begin{cases}\dfrac{1}{1+\beta}, & x=0\\[2ex] \dfrac{\beta}{(1+\beta)^2\theta}\exp\left(-\dfrac{x}{(1+\beta)\theta}\right), & x>0\end{cases}$$

$$F_S(x)=1-\frac{\beta}{1+\beta}\exp\left(-\frac{x}{\theta(1+\beta)}\right),\quad x\geqslant 0$$

【例5-5】 设理赔次数 N 服从负二项分布，$P(N=k)=\binom{k+r-1}{k}\left(\frac{1}{1+\beta}\right)^r\left(\frac{\beta}{1+\beta}\right)^k$，$\beta>0$，$r$ 是正整数，X 服从指数分布，均值为 θ，利用矩母函数法求 S 的分布。

【解】 由附录4已知负二项分布的母函数为：

$$P_N(z)=(1-\beta(z-1))^{-r}$$

根据式（5.8）和例5-4的推导，可得

$$\begin{aligned}
M_S(z)&=P_N(M_X(z))\\
&=P_N((1-\theta z)^{-1})\\
&=(1-\beta((1-\theta z)^{-1}-1))^{-r}
\end{aligned}$$

$$= \left(\frac{\beta}{1+\beta}(1-(1+\beta)\theta z)^{-1} + \frac{1}{1+\beta}\right)^r$$

$$= \left(1 + \frac{\beta}{1+\beta}((1-(1+\beta)\theta z)^{-1} - 1)\right)^r$$

这是一个复合分布，即

$$M_S(z) = P_{N^*}(M_{X^*}(z))$$

式中，$P_{N^*}(z)=\left(1+\frac{\beta}{1+\beta}(z-1)\right)^r$ 是二项分布的母函数，参数是 r 和$\frac{\beta}{1+\beta}$；$M_{X^*}(z)=(1-(1+\beta)\theta z)^{-1}$是指数分布的矩母函数，参数为（$1+\beta)\theta$。因此由例 5-3 可得

$$F_S(x) = 1 - \sum_{n=1}^{r}\binom{r}{n}\left(\frac{\beta}{1+\beta}\right)^n\left(\frac{1}{1+\beta}\right)^{r-n}\sum_{j=0}^{n-1}\frac{(x\theta^{-1}(1+\beta)^{-1})^j \mathrm{e}^{-x\theta^{-1}(1+\beta)^{-1}}}{j!}$$

$$= 1 - \sum_{n=1}^{r}\binom{r}{n}q^n p^{r-n}\sum_{j=0}^{n-1}\frac{\left(\frac{xp}{\theta}\right)^j \mathrm{e}^{-\frac{xp}{\theta}}}{j!}$$

其中，$q=\frac{\beta}{1+\beta}$，$p=\frac{1}{1+\beta}$。

3. 递推法

设个别理赔额 X 是离散型随机变量，取值 0，1，…，r，这 $r+1$ 个值表示某个货币单位的整数倍，r 表示 X 的最大赔付额，r 可以取值无穷。若理赔次数 N 的分布属于（a，b，0）或（a，b，1）分布族，则 S 的分布可通过递推法计算。

定理 5-1 若 N 的分布属于（a，b，0）分布族，理赔额 X 取离散整数值 0，1，…，r，则总理赔额的分布为：

$$f_S(x) = \frac{\sum_{y=1}^{x\wedge r}\left(a+\frac{by}{x}\right)f_X(y)f_S(x-y)}{1-af_X(0)} \tag{5.9}$$

$$f_S(0) = P_N(f_X(0)) \tag{5.10}$$

证明：由（a，b，0）分布族的性质可知

$$np_n = a(n-1)p_{n-1} + (a+b)p_{n-1} \tag{5.11}$$

设 $P_X(z)$ 为 X 的母函数，在式（5.11）的两边乘以（$P_X(z))^{n-1}P'_X(z)$，并对 n 求和，得到

$$\sum_{n=1}^{\infty}np_n(P_X(z))^{n-1}P'_X(z) = a\sum_{n=1}^{\infty}(n-1)p_{n-1}(P_X(z))^{n-1}P'_X(z)$$
$$+ (a+b)\sum_{n=1}^{\infty}p_{n-1}(P_X(z))^{n-1}P'_X(z)$$

由于

$$P_S(z) = \sum_{n=0}^{\infty}p_n(P_X(z))^n$$

对 $P_S(z)$ 求导可得

$$P'_S(z)=\sum_{n=0}^{\infty}np_n(P_X(z))^{n-1}P'_X(z)$$
$$=a\sum_{n=0}^{\infty}np_n(P_X(z))^nP'_X(z)+(a+b)\sum_{n=0}^{\infty}p_n(P_X(z))^nP'_X(z)$$

因此 $$P'_S(z)=aP'_S(z)P_X(z)+(a+b)P_S(z)P'_X(z)$$

两边对 z 用级数展开，比较公式两边 z^{x-1} 的系数，得到

$$xf_S(x)=a\sum_{y=0}^{x\wedge r}(x-y)f_X(y)f_S(x-y)+(a+b)\sum_{y=0}^{x\wedge r}yf_X(y)f_S(x-y)$$
$$=axf_X(0)f_S(x)+a\sum_{y=1}^{x\wedge r}(x-y)f_X(y)f_S(x-y)$$
$$+(a+b)\sum_{y=1}^{x\wedge r}yf_X(y)f_S(x-y)$$
$$=axf_X(0)f_S(x)+ax\sum_{y=1}^{x\wedge r}f_X(y)f_S(x-y)+b\sum_{y=1}^{x\wedge r}yf_X(y)f_S(x-y)$$

因此 $$f_S(x)=af_X(0)f_S(x)+\sum_{y=1}^{x\wedge r}\left(a+\frac{by}{x}\right)f_X(y)f_S(x-y)$$

整理后即得式（5.9）。

由全概率公式可得

$$f_S(0)=\sum_{n=0}^{\infty}P(X_1+X_2+\cdots+X_n=0)P(N=n)$$
$$=\sum_{n=0}^{\infty}f_X(0)^nP(N=n)$$
$$=P_N(f_X(0))$$

证毕。

若 N 服从泊松分布，则 $a=0$，$b=\lambda$，这时 S 的分布为：

$$f_S(x)=\sum_{y=1}^{x\wedge r}\frac{\lambda}{x}yf_X(y)f_S(x-y) \tag{5.12}$$

$$f_S(0)=P_N(f_X(0))=\mathrm{e}^{\lambda(f_X(0)-1)} \tag{5.13}$$

【例 5-6】 设总理赔额 S 服从复合泊松分布，其密度函数为：

$$f_S(x)=\frac{1}{x}(0.16f_S(x-1)+kf_S(x-2)+0.72f_S(x-3)),\quad x=1,2,\cdots$$

已知 $E(S)=1.68$，求个别理赔额的期望 $E(X)$。

【解】 由复合泊松分布的递推公式 $f_S(x)=\sum_{y=1}^{x\wedge r}\frac{\lambda}{x}yf_X(y)f_S(x-y)$ 知，X 只取 1，2，3，得 $r=3$，且

$$f_S(x)=\frac{1}{x}(\lambda f_X(1)f_S(x-1)+2\lambda f_X(2)f_S(x-2)+3\lambda f_X(3)f_S(x-3))$$

故有方程组

$$\begin{cases}\lambda f_X(1)=0.16\\ 2\lambda f_X(2)=k\\ 3\lambda f_X(3)=0.72\\ r=3\end{cases}$$

由于

$$\begin{aligned}E(S)=E(N)E(X)&=\lambda(f_X(1)+2f_X(2)+3f_X(3))\\&=0.16+k+0.72\\&=1.68\end{aligned}$$

解得 $k=0.8$，代入方程组有

$$\lambda(f_X(1)+f_X(2)+f_X(3))=0.16+\frac{0.8}{2}+\frac{0.72}{3}=0.8$$

因此 $\lambda=0.8$，即 $E(N)=0.8$。故

$$E(X)=\frac{E(S)}{E(N)}=2.1$$

当理赔次数的分布是复合分布，而且两个分布都属于（a，b，0）分布族时，我们也可以使用递推法来计算。设 N 的母函数具有如下形式：

$$P_N(z)=P_1(P_2(z))$$

式中，母函数 $P_1(z)$ 对应的分布属于（a，b，0）分布族，则 S 的母函数为：

$$P_S(z)=P_N(P_X(z))=P_1(P_2(P_X(z)))$$

若令 $P_{S_1}(z)=P_2(P_X(z))$，则

$$P_S(z)=P_1(P_{S_1}(z)) \tag{5.14}$$

如果 $P_2(z)$ 对应的分布也属于（a，b，0）分布族，那么通过式（5.9）和式（5.10）计算得到 $f_{S_1}(x)$。这时再将式（5.9）和式（5.10）中的 $f_X(x)$ 替换为 $f_{S_1}(x)$，就可以计算 S 的分布。

若 N 服从的分布属于（a，b，1）分布族，也有类似的结果：

$$f_S(x)=\frac{(p_1-(a+b)p_0)f_X(x)+\sum_{y=1}^{x\wedge m}(a+by/x)f_X(y)f_S(x-y)}{1-af_X(0)}$$

特别地，若 N 的分布为零截断泊松分布，则

$$f_S(x)=p_1^{T}f_X(x)+\sum_{y=1}^{x\wedge m}(\lambda y/x)f_X(y)f_S(x-y)$$

若 N 的分布为零调整泊松分布，则

$$f_S(x)=(p_1^M-\lambda p_0^M)f_X(x)+\sum_{y=1}^{x\wedge m}(\lambda y/x)f_X(y)f_S(x-y)$$

4. 快速傅立叶变换法

快速傅立叶变换法（FFT）利用了分布的特征函数与密度函数一一对应的性质：对于任何一个分布都存在唯一的特征函数，对于任意一个特征函数都对应着唯一的概率分布。

对于一个连续函数 f，傅立叶变换定义为：

$$\tilde{f}(z)=\int_{-\infty}^{\infty}f(x)\mathrm{e}^{izx}\,\mathrm{d}x \tag{5.15}$$

傅立叶变换是一个双射变换，因此任何一个原函数 f 可以通过逆傅立叶变换得到

$$f(x)=\frac{1}{2\pi}\int_{-\infty}^{\infty}\tilde{f}(z)\mathrm{e}^{-izx}\,\mathrm{d}z \tag{5.16}$$

若 $f_X(x)$ 是一个概率密度函数，则可以证明 $\tilde{f}(z)$ 是它的特征函数 $\varphi_X(x)$。

对于向量（f_0，f_1，…，f_{n-1}），离散傅立叶变换定义为：

$$\tilde{f}_k=\sum_{j=0}^{n-1}f_j\exp\left(\frac{2\pi i}{n}kj\right),\quad k=\cdots-1,0,1,\cdots \tag{5.17}$$

映射（5.17）是双射，（f_0，f_1，…，f_n）也可以通过它的逆傅立叶变换得到

$$f_j=\frac{1}{n}\sum_{k=0}^{n-1}\tilde{f}_k\exp\left(-\frac{2\pi i}{n}kj\right),\quad j=\cdots-1,0,1,\cdots \tag{5.18}$$

由式（5.18）知，$\{\tilde{f}_j,\ j=0,\ 1,\ \cdots,\ n-1\}$ 的值的计算复杂度是 $O(n^2)$。快速傅立叶变换法是建立在离散傅立叶变换的基础上的快速算法，它的计算复杂度为 $O(n\log_2 n)$。它的基本思想是将离散傅立叶变换中的求和项分为两部分：奇数项求和以及偶数项求和。用公式可以表示为：

$$\begin{aligned}\tilde{f}_k&=\sum_{j=0}^{n-1}f_j\exp\left(\frac{2\pi i}{n}kj\right)\\&=\sum_{j=0}^{n/2-1}f_{2j}\exp\left(\frac{2\pi i}{n}2jk\right)+\sum_{j=0}^{n/2-1}f_{2j+1}\exp\left(\frac{2\pi i}{n}(2j+1)k\right)\\&=\sum_{j=0}^{m-1}f_{2j}\exp\left(\frac{2\pi i}{m}jk\right)+\exp\left(\frac{2\pi i}{n}k\right)\sum_{j=0}^{m-1}f_{2j+1}\exp\left(\frac{2\pi i}{m}jk\right)\end{aligned}$$

其中，$m=n/2$。令

$$\tilde{f}_k^a=\sum_{j=0}^{m-1}f_{2j}\exp\left(\frac{2\pi i}{m}jk\right)$$

$$\tilde{f}_k^b=\sum_{j=0}^{m-1}f_{2j+1}\exp\left(\frac{2\pi i}{m}jk\right)$$

从而可以得到

$$\tilde{f}_k = \tilde{f}_k^a + \exp\left(\frac{2\pi i}{n}k\right)\tilde{f}_k^b \tag{5.19}$$

这样，$\tilde{f}_k$ 就可写为两个求和项的和。$\{\tilde{f}_k^a\}$，$\{\tilde{f}_k^b\}$分别是 m 维向量（f_0，f_2，…，$f_{2(m-1)}$）和（f_1，f_3，…，f_{2m-1}）的傅立叶变换。类似地，可以分解成奇数项求和以及偶数项求和两部分。这个过程可以继续下去。由于 $n/2$，$m/2$，…都是整数，因此快速傅立叶变换要求初始向量（f_0，f_1，…，f_{n-1}）中的 n 是 2 的某个整数幂，即$n=2^r$，r 为某个正整数。

注意用快速傅立叶变换法计算总理赔额 S 的分布时需要将个别理赔额的分布进行离散化。离散化后的个别理赔额的分布列的维数应满足 $n=2^r$。利用快速傅立叶变换计算 S 的分布的步骤为：

（1）将 X 的连续分布离散化为向量 $f_X(0)$，$f_X(1)$，…，$f_X(n-1)$，其中 $n=2^r$。

（2）使用快速傅立叶变换法求解 X 的特征函数，得到一个 $n=2^r$ 维的复向量。

（3）利用复合函数的特征函数公式 $\varphi_S(z)=P_N(\varphi_X(z))$，求得 S 的特征函数

（4）使用快速逆傅立叶变换法求 $f_S(x)$，得到 S 的分布列 $f_S(0)$，$f_S(1)$，…，$f_S(n-1)$。

【例 5－7】设个别理赔额 X 取值为 1，2，3，相应的分布列为 0.5，0.4，0.1。假设理赔次数 N 服从泊松分布，$\lambda=3$。当 $n=8$，$n=16$，$n=32$，$n=4\,096$ 时，使用快速傅立叶变换法[①]得到 S 的分布如表 5－3 所示。

表 5－3　快速傅立叶变换法计算结果

S	$n=8\ f_S(s)$	$n=16\ f_S(s)$	$n=32\ f_S(s)$	$n=4\,096\ f_S(s)$
0	0.112 27	0.050 932	0.049 787	0.049 79
1	0.118 21	0.075 283	0.074 681	0.074 68
2	0.144 7	0.116 06	0.115 75	0.115 75
3	0.151	0.132 71	0.132 56	0.132 56
4	0.147 27	0.136 04	0.135 97	0.135 97
5	0.131 94	0.125 29	0.125 25	0.125 25
6	0.109 41	0.105 6	0.105 58	0.105 58
7	0.085 18	0.083 058	0.083 05	0.083 05

从表 5－3 可以看出，随着 n 的增加，$f_S(s)$ 的数值虽然在变化，但变化的幅度越来越小，说明 n 是控制精度的有效参数。

5.2　复合泊松分布及其性质

若理赔次数服从泊松分布，则称 S 服从复合泊松分布。复合泊松分布具有良好的性质，在风险理论中具有十分重要的地位。许多关于风险模型的理论性质的讨论都是围绕

① 许多计算软件都有快速傅立叶变换程序，可以直接使用。

复合泊松分布展开的，因此，下面介绍复合泊松分布的性质。为叙述方便，对复合泊松分布重新定义如下：

随机变量 $S=\sum_{i=1}^{N}X_i$ 服从参数为 λ 的复合泊松分布，如果满足：

(1) 随机变量 N 与 X_1，X_2，…，X_N 是相互独立的。

(2) X_1，X_2，…，X_N 具有相同的分布，分布函数记为 $F_X(x)$。

(3) N 服从泊松分布，参数为 $\lambda>0$。

对于复合泊松分布，由式 (5.1) 和式 (5.2) 可得

$$E(S)=E(X)E(N)=\lambda E(X) \tag{5.20}$$

$$\begin{aligned}\mathrm{Var}(S)&=\mathrm{Var}(X)E(N)+(E(X))^2\mathrm{Var}(N)\\&=\lambda\mathrm{Var}(X)+\lambda(E(X))^2\\&=\lambda E(X^2)\end{aligned} \tag{5.21}$$

$$M_S(t)=\exp(\lambda(M_X(t)-1)) \tag{5.22}$$

关于复合泊松分布 S 的分布函数和密度函数，由式 (5.3) 和式 (5.5) 可得

$$F_S(x)=\sum_{n=0}^{\infty}P(N=n)F^{*n}(x)=\sum_{n=0}^{\infty}\frac{\mathrm{e}^{-\lambda}\lambda^n}{n!}F^{*n}(x) \tag{5.23}$$

$$f_S(x)=\sum_{n=0}^{\infty}\frac{\mathrm{e}^{-\lambda}\lambda^n}{n!}f^{*n}(x)$$

若理赔额 X 只取离散值，则 S 的分布也可以用递推法来计算：

$$f_S(x)=\sum_{y=1}^{x\wedge r}\frac{\lambda}{x}yf_X(y)f_S(x-y)$$

$$f_S(0)=P_N(f_X(0))=\mathrm{e}^{\lambda}(f_X(0)-1)$$

5.2.1　复合泊松分布的可加性

复合泊松分布具有两个非常有用的性质：可加性和可分解性。可加性是指有限个复合泊松随机变量的和依然服从复合泊松分布。定理 5-2 和定理 5-3 分别描述了泊松分布和复合泊松分布的可加性。

定理 5-2　设 N_1，N_2，…，N_n 是独立的泊松随机变量，参数分别为 λ_1，λ_2，…，λ_n，则 $N=N_1+N_2+\cdots+N_n$ 服从泊松分布，参数为 $\lambda=\lambda_1+\lambda_2+\cdots+\lambda_n$。

证明：根据独立随机变量和的母函数的性质，以及式 (3.4) 和式 (3.5) 可以计算得到 N 的母函数为：

$$P_N(z)=\prod_{i=1}^{n}P_{N_i}(z)=\prod_{i=1}^{n}\exp(\lambda_i(z-1))=\exp\Big(\sum_{i=1}^{n}\lambda_i(z-1)\Big)$$

故 N 服从泊松分布，参数为 $\lambda=\lambda_1+\lambda_2+\cdots+\lambda_n$。

定理 5-3　设 S_1，S_2，…，S_m 为相互独立的随机变量，且 S_i 服从参数为 λ_i，个别

理赔分布为 $f_{X_i}(x)(i=1,2,\cdots,m)$ 的复合泊松分布，则 $S=S_1+S_2+\cdots+S_m$ 服从参数为 $\lambda=\sum_{i=1}^{m}\lambda_i$ 且个别理赔分布为 $f_X(x)=\sum_{i=1}^{m}\frac{\lambda_i}{\lambda}f_{X_i}(x)$ 的复合分布。

证明： 设 S_i 服从参数为 λ_i 的复合泊松分布，由式（4.11）知 S_i 的矩母函数为 $M_{S_i}(t)=\exp(\lambda_i(M_{X_i}(t)-1))$。由于 S_1，S_2，…，S_m 为相互独立的随机变量，因此 S 的矩母函数为：

$$
\begin{aligned}
M_S(t) &= E(e^{tS}) = E(e^{t\sum_{i=1}^{m}X_i}) \\
&= \prod_{i=1}^{m}E(e^{tX_i}) = \prod_{i=1}^{m}M_{X_i}(t) \\
&= \exp\left(\sum_{i=1}^{m}\lambda_i M_{X_i}(t) - \sum_{i=1}^{m}\lambda_i\right) \\
&= \exp\left(\lambda\sum_{i=1}^{m}\frac{\lambda_i}{\lambda}(M_{X_i}(t)-1)\right)
\end{aligned}
$$

设 $M_X(t)=\sum_{i=1}^{m}\frac{\lambda_i}{\lambda}M_{X_i}(t)$，由矩母函数的定义可知，$M_X(t)$ 为 $f_X(t)=\sum_{i=1}^{m}\frac{\lambda_i}{\lambda}f_{X_i}(t)$ 的矩母函数，因此

$$M_S(t)=\exp(\lambda(M_X(t)-1))$$

所以 S 服从参数为 λ，个别理赔分布为 $f_X(x)$ 的复合泊松分布。

利用定理 5－2 和定理 5－3 可计算保单组合的总理赔次数和总理赔额的分布。假设有一个保单组合，共有 m 份保单，其中每份保单发生理赔事件与否相互独立，且每份保单的理赔次数服从参数为 λ 的泊松分布，则根据定理 5－2 知这个保单组合发生的总理赔次数服从参数为 $m\lambda$ 的泊松分布。定理 5－3 则指出这个组合的总理赔额仍然可以用复合泊松分布来描述。或者，S 和 N 也可以看作是同一个保单组合在 m 个不同年度内的总理赔额和总理赔次数，如果每年的总理赔额和理赔次数相互独立，各自服从不同的复合泊松分布，则 m 个年度的总理赔额也服从复合泊松分布。

【例 5－8】 设 S_1 服从复合泊松分布，$\lambda_1=10$，$f_{X_1}(1)=0.7$，$f_{X_1}(2)=0.3$；S_2 也服从复合泊松分布，$\lambda_2=15$，$f_{X_2}(1)=0.5$，$f_{X_2}(2)=0.3$，$f_{X_2}(3)=0.2$。若 S_1 和 S_2 相互独立，求 $S=S_1+S_2$ 的分布。

【解】 根据定理 5－3，S 服从复合泊松分布，$\lambda=10+15=25$，X 的分布为：

$$f_X(x)=\frac{10}{25}f_{X_1}(x)+\frac{15}{25}f_{X_2}(x)$$

$$f_X(1)=\frac{10}{25}\times 0.7+\frac{15}{25}\times 0.5=0.58$$

$$f_X(2)=\frac{10}{25}\times 0.3+\frac{15}{25}\times 0.3=0.30$$

$$f_X(3)=\frac{15}{25}\times 0.2=0.12$$

5.2.2 复合泊松分布的可分解性

复合泊松分布的另一个有用的性质是可分解性，这是一个与可加性对立的性质。假设理赔事件可以分为 m 个不同类型的 C_1，C_2，…，C_m。记 E_i 表示第 i 类事件发生；$p_i=P(E_i)$（$i=1$，2，…，m）表示第 i 类事件发生的概率，$\sum_{i=1}^{m}p_i=1$；$N_i(i=1$，2，…，$m)$ 表示第 i 类事件发生的次数；$N=N_1+N_2+\cdots+N_m$ 表示所有事件发生的次数，假设 N 服从泊松分布。设 X 表示单次理赔事件的理赔额变量，$X^{(i)}=X\mid X\in C_i$ 表示第 i 类理赔事件的理赔额变量。设 S_1，S_2，…，S_m 分别为 C_1，C_2，…，C_m 类理赔事件对应的总理赔额，则

$$S_i=X_1^{(i)}+X_2^{(i)}+\cdots+X_{N_i}^{(i)},\quad i=1,2,\cdots,m$$
$$S=S_1+S_2+\cdots+S_m$$

由泊松分布的可分解性知，N_1，N_2，…，N_m 都是相互独立的，且服从泊松分布，参数分别是 $\lambda p_i(i=1$，2，…，$m)$。因此 S_1，S_2，…，S_m 相互独立，且 S_i 服从参数为 $\lambda_i=\lambda p_i$ 的复合泊松分布，个别理赔额为 $X^{(i)}$，其分布等于已知个别理赔额 X 属于 C_i 的条件下 X 的分布。

【例 5-9】 设 S 服从复合泊松分布，$\lambda=10$，$f_X(1)=0.5$，$f_X(2)=0.3$，$f_X(3)=0.2$，$C_1=(X\mid X\leqslant2)$，$C_2=(X\mid X>2)$，求 $X^{(1)}$，$X^{(2)}$，S_1，S_2 的分布。

【解】 令 $p_1=P(X\leqslant2)=0.5+0.3=0.8$，$p_2=P(X>2)=0.2$，则 $X^{(1)}$，$X^{(2)}$ 的分布如表 5-4 所示。

表 5-4 $X^{(1)}$，$X^{(2)}$ 的分布

X	$f_X(x)$	$f_{X^{(1)}}(x)$	$f_{X^{(2)}}(x)$
1	0.5	0.625	0
2	0.3	0.375	0
3	0.2	0	1

设 N_i 表示第 i 类理赔事件发生的次数，则 N_i 服从泊松分布，$\lambda_i=\lambda P(X\in C_i)=10p_i$。计算得到 $\lambda_1=10\times0.8=8$，$\lambda_2=10\times0.2=2$。因此，S_1 是复合泊松分布，$\lambda=8$，个别理赔额分布为 $f_{X^{(1)}}(1)=0.625$，$f_{X^{(2)}}(2)=0.375$。S_2 是复合泊松分布，$\lambda=2$，个别理赔额分布为 $f_{X^{(2)}}(3)=1$。

复合泊松分布的可分解性还为计算离散型复合泊松分布提供了另一种方法。假设 C_1，C_2，…，C_m 表示理赔额分别为 x_1，x_2，…，x_m 的理赔事件，则 $S=x_1N_1+x_2N_2+\cdots+x_mN_m$，由第 3 章内容可知 N_1，N_2，…，N_m 相互独立，N_i 服从参数为 $\lambda_i=\lambda\pi_i$ 的泊松分布。这样，只需要把 x_1N_1，x_2N_2，…，x_mN_m 的分布逐次卷积相加就可以得到 S 的分布。

【例 5-10】 设理赔次数 N 服从 $\lambda=2$ 的泊松分布，个别理赔额的分布为 $f_x(x)=$

0.1x(x=1，2，3，4)，计算总理赔额 S 等于 1，2，3，4 时的概率。

【解】 总理赔额 $S=N_1+2N_2+3N_3+4N_4$，其中 N_i 服从参数为 $\lambda\pi_i$ 的泊松分布，$\pi_1=0.1$，$\pi_2=0.2$，$\pi_3=0.3$，$\pi_4=0.4$，利用独立随机变量和的卷积公式得到表 5－5。

表 5－5　总理赔额等于 1，2，3，4 时的概率

x	N_1	$2N_2$	$3N_3$	$4N_4$	$f_S(x)$
0	0.818 7	0.670 3	0.548 8	0.449 3	0.135 3
1	0.163 75	0	0	0	0.027 06
2	0.016 375	0.268 1	0	0	0.056 84
3	0.001 09	0	0.329 3	0	0.092 2
4	0.000 055	0.053 6	0	0.359 5	0.136 4

5.2.3　个体风险模型的复合泊松分布近似

假设有 n 张保单组成的保单组合，每张保单至多发生一次理赔，第 j 张保单发生理赔的概率为 q_j，理赔额为 b_j。设 $S=\sum_{j=1}^{n}X_j=\sum_{j=1}^{n}I_jb_j$，由个别风险模型可知，$S$ 的均值、方差和母函数分别为：

$$E(S)=\sum_{i=1}^{n}E(X_i)=\sum_{i=1}^{n}b_iq_i \tag{5.24}$$

$$\mathrm{Var}(S)=\sum_{i=1}^{n}\mathrm{Var}(X_i)=\sum_{i=1}^{n}(b_i^2q_i(1-q_i)) \tag{5.25}$$

$$P_S(z)=\prod_{j=1}^{n}(1+q_j(z^{b_j}-1)) \tag{5.26}$$

将 $P_S(z)$ 两边取对数，得到

$$\ln P_S(z)=\sum_{j=1}^{n}\ln(1+q_j(z^{b_j}-1)) \tag{5.27}$$

由于当 x 的值很小时，$\ln(1+x)\approx x$，因此当 q_j 的值都非常小时，上式可以近似写为：

$$\ln P_S(z)=\sum_{j=1}^{n}(q_j(z^{b_j}-1))=\lambda\sum_{j=1}^{n}\left(\frac{\lambda_j}{\lambda}(z^{b_j}-1)\right)$$

式中，$\lambda_j=q_j$，$\lambda=\sum_{j=1}^{n}\lambda_j$。于是

$$P_S(z)\approx\exp(\lambda(P_{\tilde{X}}(z)-1)) \tag{5.28}$$

$$P_{\tilde{X}}(z)=\frac{1}{\lambda}\sum_{j=1}^{n}\lambda_jz^{b_j} \tag{5.29}$$

若设 $\tilde{S}=\tilde{X}_1+\tilde{X}_2+\cdots+\tilde{X}_N$，其中 N 服从参数为 λ 的泊松分布，$\tilde{X}_i$ 的概率分布为：

$$P(\widetilde{X}_i = x) = \frac{1}{\lambda} \sum_{\{j: b_j = x\}} \lambda_j \tag{5.30}$$

根据母函数的唯一性，S 的分布可用 $\widetilde{S}$ 的分布来近似，即 S 可近似看成参数为 λ 的泊松分布和 $\widetilde{X}$ 分布的复合。近似分布的均值和方差分别为：

$$E(\widetilde{S}) = \lambda E(\widetilde{X}) = \sum_{i=1}^{n} b_i q_i$$

$$\mathrm{Var}(\widetilde{S}) = \lambda E(\widetilde{X}^2) = \sum_{i=1}^{n} b_i^2 q_i$$

与式（5.24）的精确值比较，两者的均值相同，近似分布的方差的估计偏高，差距为 $\sum_{i=1}^{n} b_i^2 q_i^2$。

【例 5－11】 某公司为 14 名员工购买了团体人身保险。保险公司的精算师选择了如表 5－6 所示的生命表来表示该团体中个体的死亡率。每名员工按其工资水平（对数字取近似值，精确到千位）进行投保。

表 5－6　例 5－11 的生命表

员工	年龄	性别	赔付额	死亡率
1	20	男	15 000	0.001 49
2	23	男	16 000	0.001 42
3	27	男	20 000	0.001 28
4	30	男	28 000	0.001 22
5	31	男	31 000	0.001 23
6	46	男	18 000	0.003 53
7	47	男	26 000	0.003 94
8	49	男	24 000	0.004 84
9	64	男	60 000	0.021 82
10	17	女	14 000	0.000 50
11	22	女	17 000	0.000 50
12	26	女	19 000	0.000 54
13	37	女	30 000	0.001 03
14	55	女	55 000	0.004 79

用复合泊松分布求 S 的近似分布。

【解】 $\lambda = \sum q_j = 0.048\ 13$，$X$ 的分布列如表 5－7 所示。

表 5－7　X 的分布列

$X=x$	15	16	20	28	31	18	26
$P(X=x)$	0.030 958	0.029 503	0.026 595	0.025 348	0.025 556	0.073 343	0.081 862
$X=x$	24	60	14	17	19	30	55
$P(X=x)$	0.100 56	0.453 36	0.010 389	0.010 389	0.011 22	0.021 4	0.099 522

使用递归公式

$$f_S(x)=\sum_{y=1}^{x\wedge r}\frac{\lambda}{x}yf_X(y)f_S(x-y)$$

$$f_S(0)=P_N(f_X(0))=e^{\lambda(f_X(0)-1)}$$

计算得 S 的近似分布如表 5-8 所示。

表 5-8　S 的近似分布

x	$F_S(x)$	x	$F_S(x)$	x	$F_S(x)$	x	$F_S(x)$
0	0.953 009 9	20	0.961 834 8	40	0.973 577 1	60	0.999 097 4
1	0.953 009 9	21	0.961 834 8	41	0.973 585 0	61	0.999 098 6
2	0.953 009 9	22	0.961 834 8	42	0.973 607 2	62	0.999 099 4
3	0.953 009 9	23	0.961 834 8	43	0.973 613 3	63	0.999 099 5
4	0.953 009 9	24	0.966 447 3	44	0.973 634 6	64	0.999 099 5
5	0.953 009 9	25	0.966 447 3	45	0.973 639 3	65	0.999 099 6
6	0.953 009 9	26	0.970 202 2	46	0.973 651 3	66	0.999 099 7
7	0.953 009 9	27	0.970 202 2	47	0.973 654 1	67	0.999 099 7
8	0.953 009 9	28	0.971 365 0	48	0.973 670 8	68	0.999 099 8
9	0.953 009 9	29	0.971 365 7	49	0.973 675 5	69	0.999 102 2
10	0.953 009 9	30	0.972 349 0	50	0.973 695 6	70	0.999 109 1
11	0.953 009 9	31	0.973 523 5	51	0.973 697 1	71	0.999 115 6
12	0.953 009 9	32	0.973 526 8	52	0.973 710 1	72	0.999 117 9
13	0.953 009 9	33	0.973 532 8	53	0.973 710 2	73	0.999 134 1
14	0.953 486 4	34	0.973 539 1	54	0.973 719 5	74	0.999 147 0
15	0.954 906 4	35	0.973 543 3	55	0.978 290 1	75	0.999 183 9
16	0.956 259 7	36	0.973 551 2	56	0.978 294 7	76	0.999 213 5
17	0.956 736 2	37	0.973 553 6	57	0.978 299 4	77	0.999 223 9
18	0.960 100 3	38	0.973 560 4	58	0.978 300 6	78	0.999 297 3
19	0.960 614 9	39	0.973 567 9	59	0.978 302 1	79	0.999 330 7

当每张保单的理赔额是随机变量 B_j 时，$X_j=I_jB_j$，X_j 的母函数为：

$$P_{X_j}(z)=(1-q_j+q_jP_{B_j}(z)) \tag{5.31}$$

相应地，S 的母函数为：

$$P_S(z)=\prod_{j=1}^{n}(1-q_j+q_jP_{B_j}(z)) \tag{5.32}$$

类似地，我们也可以用泰勒展开式得到 $\ln P_S(z)$ 的精确表达式，但这种方法比较烦琐。为了简化问题，在保证均值相同的基础上，我们只简单地将式（5.29）中的 z^{b_j} 替换为 $P_{B_j}(z)$，于是得到 S 母函数的近似表达式

$$P_S(z)\approx\exp(\lambda(P_{\tilde{X}}(z)-1))=P_{\tilde{S}}(z)$$

$$P_{\tilde{X}}(z)=\frac{1}{\lambda}\sum_{j=1}^{n}\lambda_jP_{B_j}(z) \tag{5.33}$$

个别理赔额的分布相应为：

$$f_{\widetilde{X}}(z)=\frac{1}{\lambda}\sum_{j=1}^{n}\lambda_j f_{B_j}(x) \tag{5.34}$$

近似分布的均值和方差分别为：

$$E(\widetilde{S})=\lambda E(\widetilde{X})=\lambda P'_{\widetilde{X}}(0)=\sum_{i=1}^{n}q_iE(B_i)$$

$$\mathrm{Var}(\widetilde{S})=\lambda E(\widetilde{X}^2)=\lambda P''_{\widetilde{X}}(0)=\sum_{i=1}^{n}q_i(\mu_i^2+\sigma_i^2)$$

与精确值相比较，两者的均值相同，近似分布的方差略高。

5.3　S 的近似分布

使用卷积法和矩母函数法可以精确计算 S 的分布，但是这两种方法的计算量非常大。特别是当单张保单的理赔额服从连续分布时，根据式（5.3）和式（5.4），需要计算每一个 $F_S(x)$ 的值，这几乎是一件不可能完成的事。为解决这个问题，通常采用近似分布来估计 S 的分布。

5.3.1　正态近似

定理 5-4　设个别理赔额 X 的密度函数为 $f(x)$，$\mu_1=E(X)$，$\mu_2=E(X^2)$。

（1）如果 S 服从复合泊松分布，泊松参数为 λ，则 $Z=\dfrac{S-\lambda\mu_1}{\sqrt{\lambda\mu_2}}$ 的分布在 $\lambda\to\infty$ 时趋于标准正态分布。

（2）如果 S 服从复合负二项分布，其中

$$P(N=k)=\binom{k+r-1}{k}\frac{\beta^k}{(1+\beta)^{r+k}},\quad k=0,1,\cdots$$

则

$$Z=\frac{S-r\beta\mu_1}{\sqrt{r\beta\mu_2+r\beta^2\mu_1^2}}$$

的分布在 $r\to\infty$ 时趋于标准正态分布。

证明： 根据矩母函数的唯一性，我们只需证明 Z 的矩母函数趋向于标准正态分布的矩母函数，即证明 $\lim\limits_{\lambda\to\infty}M_Z(t)=\mathrm{e}^{t^2/2}$。对于泊松分布的情形，因为 $Z=\dfrac{S-E(S)}{\sqrt{\mathrm{Var}(S)}}=\dfrac{S-\lambda\mu_1}{\sqrt{\lambda\mu_2}}$，所以

$$M_Z(t)=E\left(\exp\left(\frac{S-\lambda\mu_1}{\sqrt{\lambda\mu_2}}t\right)\right)=M_S\left(\frac{t}{\sqrt{\lambda\mu_2}}\right)\exp\left(-\frac{\lambda\mu_1 t}{\sqrt{\lambda\mu_2}}\right)$$

由式（5.22）可知

$$M_S(t)=\exp(\lambda(M_X(t)-1))$$

因此

$$M_Z(t)=\exp\left(\lambda\left(M_X\left(\frac{t}{\sqrt{\lambda\mu_2}}\right)-1\right)-\frac{\lambda\mu_1 t}{\sqrt{\lambda\mu_2}}\right)$$

由矩母函数的级数展开式

$$M_X(t)=E(e^{tX})=1+E(X)t+\frac{E(X^2)}{2}t^2+\cdots+\frac{E(X^n)}{n!}t^n+\cdots$$

可以得到

$$M_Z(t)=\exp\left(\frac{1}{2}t^2+\frac{1}{6}\frac{1}{\sqrt{\lambda}}\frac{\mu_2}{(\mu_2)^{\frac{3}{2}}}t^3+\cdots\right)$$

当 $\lambda\to\infty$，$M_Z(t)\to e^{t^2/2}$，$\lim\limits_{\lambda\to\infty}M_Z(t)=e^{t^2/2}$。对于负二项分布的情形，证明是类似的，不再赘述。

5.3.2 伽马近似

正态分布密度曲线为对称的钟形曲线，且三阶中心矩为0，但是由于复合负二项分布与复合泊松分布的三阶中心矩不为0，因此分布是偏斜的。从分布的模拟来看，正态近似的误差较大。为了减小误差，可以用经过平移变换的伽马分布来近似。

设 $G(x;\alpha,\beta)=\int_0^x\frac{\beta^\alpha}{\Gamma(\alpha)}t^{\alpha-1}e^{-\beta t}dt$ 为伽马分布，对任意一点 x_0，定义一个新的分布函数 $H(x,\alpha,\beta,x_0)=G(x-x_0;\alpha,\beta)$。设 $h(x)$ 和 $g(x)$ 分别为 $H(x,\alpha,\beta,x_0)$ 和 $G(x,\alpha,\beta)$ 的密度函数，如图 5-1 所示。从图形上看，从 $g(x)$ 到 $h(x)$ 只平移了 x_0 个单位，因此 H 称为平移伽马分布。

假设总理赔额 S 的密度函数可用 $h(x)$ 来近似。因为 $h(x)$ 有三个参数，所以只需根据 S 的均值、方差和三阶中心矩确定 $h(x)$ 的形状和位置。又因为 H 的均值、方差和三阶中心矩分别为 $x_0+\alpha/\beta$，α/β^2，$2\alpha/\beta^3$，所以用 $h(x)$ 来描述 S 的分布时，下面三个等式近似成立。

$$\begin{cases}E(S)=x_0+\alpha/\beta\\ \mathrm{Var}(S)=\alpha/\beta^2\\ E(S-E(S))^3=2\alpha/\beta^3\end{cases}\tag{5.35}$$

这是一个方程组，解得

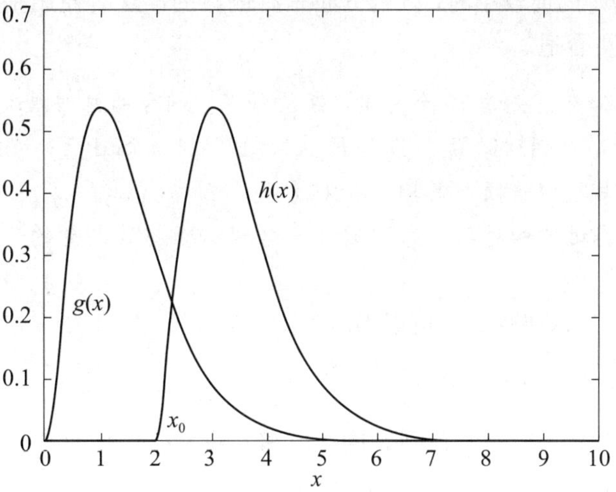

图 5-1 H 和 G 的密度函数图

$$\begin{cases} x_0 = E(S) - \dfrac{2(\mathrm{Var}(S))^2}{E((S-E(S))^3)} \\ \alpha = \dfrac{4(\mathrm{Var}(S))^3}{(E((S-E(S))^3))^2} \\ \beta = \dfrac{2\mathrm{Var}(S)}{E((S-E(S))^3)} \end{cases} \tag{5.36}$$

这样就可以得到一个平移伽马分布。当 S 为复合泊松分布时，式（5.36）可简化为：

$$\begin{cases} x_0 = \lambda\mu_1 - 2\lambda\dfrac{\mu_2^2}{\mu_3} \\ \alpha = \dfrac{4\lambda\mu_2^3}{\mu_3^2} \\ \beta = \dfrac{2\mu_2}{\mu_3} \end{cases} \tag{5.37}$$

式中，$\mu_3=E(X^3)$。

设 $x_0+\dfrac{\alpha}{\beta}=\mu$，$\dfrac{\alpha}{\beta^2}=\sigma^2$，可以证明当 $x_0\to-\infty$，$\alpha\to\infty$ 和 $\beta\to\infty$ 时，$H(x, \alpha, \beta, x_0)$ 趋于正态分布 $N(\mu, \sigma^2)$。因此，可以将正态分布看作这个三参数分布的一种极限情况。从这个意义上说，平移伽马分布近似是正态近似的推广。

此外，有时还使用对数正态分布 $\ln(\mu, \sigma^2)$ 来近似 S 的分布，采用原点矩相等的原则，考虑方程组：

$$\begin{cases} E(S) = \exp(\mu+\sigma^2/2) \\ E(S^2) = \exp(2\mu+2\sigma^2) \end{cases} \tag{5.38}$$

解出 μ，σ^2，然后用 $\ln(\mu, \sigma^2)$ 来描述 S 的分布。

当 $E(N)$ 的值较大时，正态分布近似的效果不错，特别是当 N 服从泊松分布、二项分布和负二项分布时，由中心极限定理知，当 λ，m，r 趋于无穷时，S 的分布将趋于正态分布。而当 $E(N)$ 的值较小时，S 的分布是有偏斜的，这时使用平移伽马分布和对数正态分布近似可能更合适。

【例 5－12】 已知在过去的 10 个月里，某险种保单组合的月理赔次数 N 满足 $E(N)=6.7$，$\mathrm{Std}(N)=2.3$，个别理赔额 X 满足 $E(X)=179\ 247$，$\mathrm{Std}(X)=52\ 141$。

（1）计算每个月总理赔额 S 的均值和方差。

（2）分别用正态近似和对数正态近似计算总理赔额超过期望的 140%的概率 $P(S>1.4E(S))$。

【解】（1）每个月总理赔额 S 可以表示为：

$$S=X_1+X_2+\cdots+X_N$$

由式（5.20）和式（5.21）得到 S 的均值和方差为：

$$\begin{aligned}E(S)&=E(X)E(N)=6.7\times179\ 247=1\ 200\ 955\\ \mathrm{Var}(S)&=E(\mathrm{Var}(S\mid N))+\mathrm{Var}(E(S\mid N))\\&=6.7\times(52\ 141)^2+(2.3)^2\times(179\ 247)^2\\&=1.881\ 80\times10^{11}\\ E(S^2)&=1.881\ 80\times10^{11}+(1.200\ 955\times10^6)^2\\&=1.630\ 47\times10^{12}\end{aligned}$$

（2）若使用正态近似计算，则

$$\begin{aligned}P(S>1.4E(S))&=P(S>1\ 681\ 337)\\&=P\left(\frac{S-E(S)}{\sqrt{\mathrm{Var}(S)}}>\frac{1\ 681\ 337-1\ 200\ 955}{433\ 797}\right)\\&=P(Z>1.107)\\&=1-\Phi(1.107)\\&=0.134\end{aligned}$$

若使用对数正态近似，则解下列方程：

$$\begin{aligned}\mu+\sigma^2/2&=\ln(E(S))=\ln(1.200\ 955\times10^6)=13.998\ 63\\2\mu+2\sigma^2&=\ln(E(S^2))=\ln(1.630\ 47\times10^{12})=28.119\ 89\end{aligned}$$

得到

$$\mu=13.937\ 31,\quad \sigma^2=0.122\ 63$$

因此

$$\begin{aligned}P(S>1\ 681\ 337)&=1-\Phi\left(\frac{\ln 1\ 681\ 337-13.937\ 31}{\sqrt{0.122\ 63}}\right)\\&=1-\Phi(1.135\ 940)\\&=0.128\end{aligned}$$

【例 5－13】 某保险公司的理赔部门平均每周收到 50 封理赔信件。假设信件数服从泊松分布，且每封信中的理赔额大小与信件数目相互独立。每封信中的理赔额服从如下分布（见表5-9）：

表5-9　每封信中的理赔额分布

理赔额	概率
1	0.2
2	0.25
3	0.4
4	0.15

使用正态近似计算在13周内的总理赔额小于1 800元的概率。

【解】 设 Y_i 表示第 i 封信中的理赔额。设 $X(13)$ 表示13周内收到信件中的总理赔额。那么

$$E(Y_i)=1\times 0.2+2\times 0.25+3\times 0.4+4\times 0.15=2.5$$
$$E(Y_i^2)=1\times 0.2+4\times 0.25+9\times 0.4+16\times 0.15=7.2$$
$$E(X(13))=50\times 13\times 2.5=1\ 625$$
$$\mathrm{Var}(X(13))=50\times 13\times 7.2=4\ 680$$

则有

$$P(X(13)\leqslant 1\ 800)=P\left(\frac{X(13)-1\ 625}{\sqrt{4\ 680}}\leqslant\frac{1\ 800-1\ 625}{\sqrt{4\ 680}}\right)$$
$$=\Phi(2.558\ 1)=0.995$$

【例5-14】 设 S 为复合泊松分布，$\lambda=12$，当个别理赔额服从 $[0,\ 1]$ 上的均匀分布时，试分别用正态近似分布、平移伽马近似分布计算 $P(S<10)$。

【解】 由条件易知 $\mu_1=E(X)=\frac{1}{2}$，$\mu_2=E(X^2)=\frac{1}{3}$，于是得到

$$E(S)=\lambda\mu_1=6,\quad \mathrm{Var}(S)=\lambda\mu_2=4$$

所以

$$P(S<10)=P\left(\frac{S-6}{2}<2\right)=\Phi(2)=0.977\ 2$$

令 $\mu_3=E(X^3)=\int_0^1 x^3\mathrm{d}x=\frac{1}{4}$，则 $E(S-E(S))^3=\lambda\mu_3=3$，解方程组

$$\begin{cases}x_0+\alpha/\beta=6\\ \alpha/\beta^2=4\\ 2\alpha/\beta^3=3\end{cases}$$

得 $x_0=-4.67$，$\alpha=28.44$，$\beta=2.67$。因此 S 的分布函数为 $G(x+4.67;\ 28.44,\ 2.67)$，故

$$P(S<10)=G(14.67;28.44,2.67)=0.968\ 3$$

这种利用近似分布来描述 S 分布的方法的优点是简单易行，但是它的缺点也很明显。首先，选择不同的近似分布会导致不同的结果，特别是在对损失分布的右尾进行估计时，正态近似往往低估了损失（或理赔）落入均值右边的尾部的概率。其次，近似分布无法处理一些特殊情况。例如，假设损失分布是连续的，保单规定了保单限额，则单次损失事件的理赔额的分布将在最大赔付额处具有点概率。这使得总理赔额分布是一个混合情形，最大赔付额的整数倍的点都具有点概率。如果这些离散的点的概率值很大，将会严重影响它们附近点的分布密度。这时如果使用一个连续分布来近似 S 的分布，将会得到错误的近似分布。

5.4 保单条款对总理赔额分布的影响

在 2.2 节和 3.4 节中，我们讨论了不同保单条款对理赔强度分布和理赔次数分布的影响。在本节中，我们将讨论这些保单条款，特别是免赔额条款对总理赔额分布的影响。此外，本节还将讨论不同再保险条款对原保险公司和再保险公司损失分布的影响。

5.4.1 免赔额条款对总理赔额分布的影响

我们先用一个简单的例子说明免赔额条款对总理赔额分布的影响。

【例 5－15】 某保险公司承保医疗保险，X 表示一次医疗费用，N 表示看病的次数，N 服从泊松分布，参数 $\lambda=100$，S 表示该医疗保险的总费用，设 X 的密度函数为：

$$f_X(x)=\frac{2}{250}\left(1-\frac{x}{250}\right),\quad 0\leqslant x\leqslant 250$$

试分析加入免赔额 $d=50$ 后，保险公司的总理赔额期望值的变化。

【解】 首先考虑无免赔额的情形，此时 $d=0$。总理赔额等于总医疗费用 S。由 X 的密度函数计算得到

$$E(X)=\int_0^{250}x\frac{2}{250}\left(1-\frac{x}{250}\right)\mathrm{d}x=\frac{250}{3}=83.333$$

$$\mathrm{Var}(X)=\frac{250^2}{18}=3\ 472.2$$

总理赔额的期望和方差分别为：

$$E(S)=\lambda E(X)=8\ 333.3$$

$$\begin{aligned}\mathrm{Var}(S)&=\lambda E(X^2)=100(E(X)^2+\mathrm{Var}(X))\\&=100\left(\left(\frac{250}{3}\right)^2+\frac{250^2}{18}\right)\\&=1\ 041\ 666.7\end{aligned}$$

下面考虑 $d=50$ 的情形。这时将医疗费用分为两类：$C_1=(X\leqslant 50)$，$C_2=(X>50)$。

设 N_1 表示医疗费用小于等于免赔额的事件次数，N_2 表示医疗费用大于免赔额的事件次数。根据泊松分布的可分解性，N_1 服从参数为 $\lambda_1=\lambda P(X\leqslant 50)=100\left(1-\left(1-\frac{50}{250}\right)^2\right)=36$ 的泊松分布，N_2 服从参数为 $\lambda_2=\lambda P(X>50)=100\left(1-\frac{50}{250}\right)^2=64$ 的泊松分布。设 $X^{(1)}=X\mid X\leqslant 50$，$X^{(2)}=X\mid X>50$，则总损失额 $S=S_1+S_2$，其中

$$S_1=X_1^{(1)}+X_2^{(1)}+\cdots+X_{N_1}^{(1)}$$
$$S_2=X_1^{(2)}+X_2^{(2)}+\cdots+X_{N_2}^{(2)}$$

式中，S_1 表示医疗费用小于等于免赔额的总费用，这部分费用完全由投保人承担。S_2 表示医疗费用大于免赔额的总费用。由于 $X^{(2)}=X\mid X>50=[50+(X-50)]\mid X>50$，因此

$$S_2=X_1^{(2)}+X_2^{(2)}+\cdots+X_{N_2}^{(2)}=50N_2+(Y_1^P+Y_2^P+\cdots+Y_{N_2}^P)$$

式中，$Y_i^P=X_i-50\mid X_i>50$ 表示第 i 次看病的理赔额，即每次理赔事件的赔付额。从上式可以看出，大于免赔额的医疗费用 S_2 分为两部分，一部分由投保人承担，另一部分是总理赔额部分，由保险人承担。记总理赔额为 S^P，则 $S^P=Y_1^P+Y_2^P+\cdots+Y_{N_2}^P$。因此，总医疗费用可以分解为：

$$\begin{aligned}S&=X_1+X_2+\cdots+X_N\\&=\underbrace{S_1+d\cdot N^P}_{\text{投保人承担的部分}}+\underbrace{Y_1^P+Y_2^P+\cdots+Y_{N^P}^P}_{\text{保险人承担的总理赔额}}\end{aligned}$$

其中，Y^P 的密度函数为：

$$f_{Y^P}(y)=\frac{f_Y(50+y)}{P(X>50)}=\frac{\frac{2}{250}\left(1-\frac{50+y}{250}\right)}{\left(1-\frac{50}{250}\right)^2}=\frac{\frac{2}{250}\left(\frac{200-y}{250}\right)}{\left(\frac{200}{250}\right)^2}=\frac{2}{200}\left(1-\frac{y}{200}\right)$$

因此，$E(Y^P)=\frac{200}{3}$，$\mathrm{Var}(Y^P)=\frac{200^2}{18}$。可以得到总理赔额的期望和方差分别为：

$$E(S^P)=E(N_2)E(Y^P)=64\left(\frac{200}{3}\right)=4\ 266.7$$

$$\mathrm{Var}(S^P)=E(N_2)E((Y^P)^2)=64\left(\left(\frac{200}{3}\right)^2+\frac{200^2}{18}\right)=426\ 666.7$$

加入免赔额后，总理赔额的期望值比没有免赔额时减少

$$\frac{8\ 333.3-4\ 266.7}{8\ 333.3}=48.8\%$$

上面的例子说明，加入免赔额后，总理赔额的分布同时受到理赔强度和理赔次数的影响。下面我们利用 2.2 节和 3.4 节中的性质来推导总理赔额分布的性质。假设损失事件的原始损失额（ground-up loss）为 X，普通免赔额为 d，记每次损失事件的实际赔付

额为 Y^L，每次理赔事件的理赔额为 Y^P，则

$$Y^L=\begin{cases}0, & X\leqslant d\\ X-d, & X>d\end{cases}$$
$$=(X-d)_+$$
$$Y^P=\begin{cases}\text{未定义}, & X\leqslant d\\ X-d, & X>d\end{cases}$$

显然有 $Y^P=Y^L\mid X>d$。记 $v=P(X>d)$，则

$$P(Y^L=0)=1-v$$
$$F_{Y^L}(y)=(1-v)+vF_{Y^P}(y)$$

因此，Y^P 和 Y^L 的矩母函数具有如下关系：

$$\begin{aligned}M_{Y^L}(z)&=E(\mathrm{e}^{zY^L}\mid Y=0)P(Y=0)+E(\mathrm{e}^{zY^L}\mid Y>0)P(Y>0)\\&=(1-v)+vM_{Y^P}(z)\end{aligned}$$

记损失次数为 N^L，理赔次数为 N^P，则 $N^P=I_1+I_2+\cdots+I_{N^L}$，其中

$$I=\begin{cases}1, & v\\ 0, & 1-v\end{cases}$$

由此得到，N^L 和 N^P 的母函数具有如下关系式：

$$P_{N^P}(z)=P_{N^L}(1-v+vz)$$

总理赔额 S^P 有两种表述方式。一种是基于损失事件的赔付额，即总理赔额等于所有损失事件的实际赔付额的总和：

$$S^P=Y_1^L+Y_2^L+\cdots+Y_{N^L}^L$$

总理赔额分布的变化只受到每次损失事件的赔付额分布的影响。于是 S^P 的矩母函数为：

$$M_{S^P}(z)=P_{N^L}(M_{Y^L}(z))\tag{5.39}$$

均值和方差为：

$$E(S^P)=E(N^L)E(Y^L)=E(N^L)(E(X)-E(X\wedge d))\tag{5.40}$$
$$\mathrm{Var}(S^P)=\mathrm{Var}(Y^L)E(N^L)+(E(Y^L))^2\mathrm{Var}(N^L)\tag{5.41}$$

另一种表述方式是基于每次理赔事件的理赔额，即总理赔额等于理赔事件的理赔额总和：

$$S^P=Y_1^P+Y_2^P+\cdots+Y_{N^P}^P$$

均值和方差分别为：

$$E(S^P)=E(N^P)E(Y^P)\tag{5.42}$$
$$\mathrm{Var}(S^P)=\mathrm{Var}(Y^P)E(N^P)+(E(Y^P))^2\mathrm{Var}(N^P)\tag{5.43}$$

矩母函数为：

$$M_{S^P}(z)=P_{N^P}(M_{Y^P}(z)) \tag{5.44}$$

式（5.39）和式（5.44）实际上是等价的，因为

$$P_{N^L}(M_{Y^L}(z))=P_{N^L}(1-v+vM_{Y^P}(z))=P_{N^P}(M_{Y^P}(z))$$

于是也可以推出式（5.40）和式（5.42）等价，式（5.41）和式（5.43）等价。

【例5-16】 假设损失次数服从均值等于2的泊松分布，单次损失服从参数$\alpha=3$，$\theta=10$的帕累托分布。已知保单规定免赔额等于6，保单限额等于30，比例系数为0.75。计算总理赔额的均值、方差和分布。

【解】 每次损失事件的赔付额为：

$$\begin{aligned}Y^L&=\begin{cases}0, & X\leqslant 6\\ 0.75(X-6), & 6<X\leqslant u\\ 0.75(u-6), & X>u\end{cases}\\ &=\alpha(X\wedge u-X\wedge 6)\end{aligned}$$

由于保单限额为30，因此保单所覆盖的最大损失$u=46$。

总理赔额分布为复合泊松分布，泊松分布的均值等于2，单次损失的赔付额为Y^L，则

$$\begin{aligned}E(Y^L)&=0.75(E(X\wedge 46)-E(X\wedge 6))\\ &=0.75\left(\frac{\theta}{\alpha-1}\left(1-\left(\frac{\theta}{46+\theta}\right)^{\alpha-1}\right)-\frac{\theta}{\alpha-1}\left(1-\left(\frac{\theta}{6+\theta}\right)^{\alpha-1}\right)\right)\\ &=0.75\times(4.840\ 561-3.046\ 875)\\ &=1.345\ 265\end{aligned}$$

由第2章的定理2-5知

$$\begin{aligned}E((Y^L)^2)&=0.75^2(E((X\wedge 46)^2)-E((X\wedge 6)^2)-2\times 6\times E(X\wedge 46)\\ &\quad +2\times 6\times E(X\wedge 6))\\ &=0.75^2\times(67.474\ 49-14.062\ 5\\ &\quad -12\times 4.840\ 56+12\times 3.046\ 88)\\ &=17.936\ 9\end{aligned}$$

其中，右边第一个等式的计算用到了附录3中帕累托分布的性质：

$$\begin{aligned}E((X\wedge 46)^2)&=\frac{\theta^2\Gamma(3)\Gamma(1)}{\Gamma(3)}\beta\left(3,1,\frac{46}{46+10}\right)+46^2\times\left(\frac{10}{10+46}\right)^3\\ &=10^2\times 0.554\ 25+46^2\times(10/56)^3\\ &=67.474\ 49\end{aligned}$$

同理可得，$E((X\wedge 6)^2)=14.062\ 5$。

因此，总理赔额的均值和方差分别为：

$$E(S)=2\times 1.345\ 265=2.690\ 5$$
$$\mathrm{Var}(S)=2\times 23.915\ 87=47.831\ 74$$

【例 5-17】 某保险公司承保车险业务。已知总损失额服从复合泊松分布，每年的损失次数为 30。无论何种车型，每次的损失额均服从指数分布，均值为 200。为降低理赔成本，保险公司拟对保单做如下修改：

（1）对某些车辆不再承保。预计这项修改将使损失次数减少 20%。

（2）只赔偿超过 100 部分的损失额。

求经过这两项修改后该保险公司总理赔额的期望。

【解】 设 N' 为修改后新的损失次数，则由泊松分布的可分解性得到

$$E(N')=E(N)\cdot 0.8=24$$

加入免赔额后，每次损失事件的平均赔付额为：

$$\begin{aligned}E((X-100)_+)&=E(X)-E(X\wedge 100)\\&=200-200(1-\mathrm{e}^{-0.5})\\&=121.306\end{aligned}$$

经过两次修改后保险公司的总理赔额期望为：

$$E(S^P)=E((X-100)_+)\cdot E(N')=2\ 911.35$$

5.4.2 再保险条款对总理赔额的影响

当保险人拥有大量相似或同类风险的保单时，根据大数定律，其相对风险会降低。但对于一些保额巨大或保单数量过多的业务来说，由一个保险人单独承担风险责任是非常不安全的，因为一旦发生保险事故，将使保险人面临财务困难，甚至破产。因此，保险人需要通过再保险的形式向同业分散风险，一旦承保业务发生损失，不致负担过重。因此从性质上看，再保险与原保险并没有多大的区别，再保险人也要收再保费，估计准备金，只是承保的对象不同。原保险人承保被保险人的风险，而再保险人承保原保险人的风险。

再保险主要分为比例再保险和非比例再保险两大类。比例再保险是以保险金额为基础，原保险人与再保险人根据保险金额约定一个自留比例 α，将保费和赔偿责任按照自留比例 α 来分配，原保险人持有 α 比例的保费，承担 α 比例的赔偿责任，其余的保费和赔偿责任由再保险人承担。比例再保险又分为成数再保险和溢额再保险。

（1）成数再保险（quota share reinsurance）：原保险人按约定的比例，将每一个风险单位的保险金额向再保险人分保。保险金额超过合同限额部分由原保险人自己承担。

例如，某成数再保险合同规定每个风险单位的最高限额为 500 万元，原保险公司自留 45%，分出 55%。假设有一个风险单位保险金额为 400 万元，费率为 1/1 000，在保险责任范围内发生损失 2 万元。首先根据原保险合约，原保险人收取被保险人的保费共计 4 000 000×(1/1 000)=4 000 元。然后根据比例再保险合约，原保险公司自留 45%的保费，即 4 000×45%=1 800 元，再保险公司得到 55%的保费，即 4 000×55%=2 200

元。赔偿金额亦按此比例分摊，原保险公司赔偿 20 000×45%=9 000 元，再保险公司赔偿 20 000×55%=11 000 元。

(2) 溢额再保险 (surplus reinsurance)：原保险人对每一个风险单位确定一个具体的自留责任限额，将确定的自留额以上的部分视为溢额，作为分出额转让给再保险人，并以约定的自留额的一定倍数，作为分出额限额，然后按照自留额与分出额的比例与再保险人分配保费、分摊赔偿金。

例如，某溢额再保险合同，每一风险单位自留额为 50 万元，溢额分保的限额为 5 根线，即 250 万元。如果原保险人承接一笔保险金额为 40 万元的业务，原保险人将自己承担全部赔偿责任。若承接业务的保险金额为 200 万元，原保险人和再保险人按 1∶3 的比例分配保费、分摊赔偿金。当保险金额为 350 万元时，分出额超过溢额分保限额，原保险人将保留 50 万元的保险金额，对于剩余的 300 万元的保险金额，原保险人和再保险人按照 1∶5 的比例分配保费、分摊赔偿金。因此，溢额再保险关系确立后，原保险人与再保险人实际承担的比例不同于成数再保险合同的固定比例，而是随着每笔业务保险金额的大小而变动。

非比例再保险是以赔偿金额为基础的，原保险人和再保险人约定当原保险人的损失金额超过一定自留额时，再保险人承担超出的部分。在非比例再保险中，还会约定一个再保险限额为再保险人的最高赔付额。非比例再保险主要分为超额损失再保险和停止损失再保险。

(1) 超额损失再保险 (excess of loss treaties)：原保险人因同一原因发生的任何一次损失或因同一原因所导致的各次赔付额的总和超过约定的自留额，其超出部分由再保险公司负责一定的额度。

在超额损失再保险方式中，有一种分层 (layering) 的方法，即将整个超赔保障数额分割为几层，便于不同的再保险人接受。

例如，某保险人对其承保的 500 万元的业务，分四层来安排超额再保险：第一层为超过 10 万元以后的 40 万元，即原保险人的自负责任为 10 万元的赔偿金额，超过 10 万元，少于 50 万元的赔偿责任，由某一再保险人承担。第二层为超过 50 万元以后的 50 万元。第三层为超过 100 万元以后的 100 万元。第四层为超过 200 万元以后的 200 万元。

(2) 停止损失再保险 (stop loss treaties)：与超额损失再保险非常相似，区别在于超额损失再保险以单个风险单位或一次事故为理赔基础，而停止损失再保险是以原保险人一段时间（一般为一年）内的总损失金额为理赔基础。停止损失再保险的自留额，以约定的赔付率为计算基础。例如，一份停止损失再保险合同规定，赔付率在 70%以下的部分由原保险公司负责，超过 70%至 120%的部分由再保险公司负责。假设保险净保费收入为 100 万元，如果赔偿金额为 80 万元，此时赔付率达到 80%，超过 70%。根据再保险条款，原保险公司承担的赔付率为 70%，即 70 万元；再保险公司承担超过 70%以后的部分，即原保费收入的 10%(=80%−70%)，也就是 10 万元。如果已发生赔偿金额为 130 万元，赔付率超过 120%，则再保险公司只承担 50 万元的损失。①

① 本书不讨论这种带限额的有超额赔付率的情况。

【例 5－18】 假设保险公司 A 与再保险公司 B 签订了超额损失再保险合同(单位：万元)，自留额为 5 000，再保险限额为 2 000，已知在一年内保险公司 A 面临的保险损失如下：

4 000　6 000　7 000　9 000

(1) 计算再保险公司 B 在超过 5 000 以上的 2 000 的超赔层的总损失。

(2) 若两家公司签订停止损失再保险合同，自留额为 15 000，限额为 5 000，计算再保险公司 B 承担的保险损失。

【解】 在超额损失再保险合同下，再保险公司 B 承担的保险损失为：

$$0+1\ 000+2\ 000+2\ 000=5\ 000$$

在停止损失再保险合同下，保险公司 A 在分保前的总损失是：

$$4\ 000+6\ 000+7\ 000+9\ 000=26\ 000$$

因此再保险公司 B 承担的保险损失是 min（14 000，5 000）＝5 000。

设 $S=X_1+X_2+\cdots+X_N$ 为原保险公司单位时间内的总理赔额，其中 X_i 是原保险公司在第 i 次理赔事件中的赔付额，N 为理赔次数，记 S_R 和 $S_N=S-S_R$ 分别表示再保险人和原保险人承担的总理赔额，设 α 和 d 分别为根据再保险合约计算得到的自留比例和自留额。为简单起见，假设再保险合同没有限额。比例再保险、超额损失再保险和停止损失再保险的数学模型可分别表示如下。

比例再保险：

$$S_N=\alpha S,\quad S_R=(1-\alpha)S,\quad 0<\alpha<1 \tag{5.45}$$

超额损失再保险：

$$S_N=(X_1\wedge d)+(X_2\wedge d)+\cdots+(X_N\wedge d) \tag{5.46}$$

$$S_R=I_d(X_1)+I_d(X_2)+\cdots+I_d(X_N),\quad I_d(X)=X-(X\wedge d) \tag{5.47}$$

停止损失再保险：

$$S_N=S\wedge d$$

$$S_R=I_d(S)=S-(S\wedge d) \tag{5.48}$$

从数学表达式来看，比例再保险和超额损失再保险与直接保险条款类似，比例再保险中自留比例对应着直接保险中的比例系数。自留额对应直接保险中的免赔额，读者可以按照 5.4.1 小节的方法研究这两类再保险条款对原保险人和再保险人的总理赔额的影响。此处不再赘述。下面介绍停止损失再保险合约条款的影响。

从本质上讲，超额损失再保险和停止损失再保险都可看作限额损失再保险。d 称为自留额，对原保险人来说，d 起到了“限额损失”的作用，因为超过额度 d 的部分 $I_d(X)$（或 $I_d(S)$）可看作再保险人承担的风险。所不同的是，超额损失再保险是对每次理赔事件的损失进行限额，而停止损失再保险是对原保险公司的年度总损失进行限额。在不会产生误解的前提下，本节将 $I_d(S)$ 简记为 I_d。

显然，无论是原保险人还是再保险人，都必须研究最佳的 d 取值，即自留多少、分保多少的问题。更为基础的问题是：如何计算停止损失再保险理赔 I_d 的均值，即纯保费 $E(I_d)$。

设 S 的分布函数为 $F_S(x)$，密度函数为 $f_S(x)$，则有

$$
\begin{aligned}
E(I_d) &= \int_d^\infty (x-d) f_S(x)\mathrm{d}x \\
&= E(S) - d + \int_0^d (d-x) f_S(x)\mathrm{d}x \qquad (5.49) \\
&= \int_d^\infty (1-F_S(x))\mathrm{d}x \qquad (5.50)
\end{aligned}
$$

特别地，当理赔 S 仅取非负整数值并且 d 也是整数时，有

$$
\begin{aligned}
E(I_d) &= \sum_{x=d+1}^{\infty} (x-d) f_S(x) \\
&= f_S(d+1) + 2f_S(d+2) + \cdots \qquad (5.51) \\
&= E(S) - d + \sum_{x=0}^{d-1} (d-x) f_S(x) \qquad (5.52) \\
&= \sum_{x=d}^{\infty} (1-F_S(x)) \qquad (5.53)
\end{aligned}
$$

【例 5-19】 设 $S=\begin{cases}0, & N=0\\ \sum\limits_{i=1}^{N} X_i, & N>0\end{cases}$，其中理赔次数 $N\sim\begin{pmatrix}0 & 1 & 2 & 3\\ 0.1 & 0.5 & 0.2 & 0.2\end{pmatrix}$，个别理赔额 $X\sim\begin{pmatrix}1 & 2 & 3\\ 0.4 & 0.5 & 0.1\end{pmatrix}$，试计算 $E(I_7)$。

【解】 因为 N 的最大值为 3，S 的最大值为 9，所以用式（5.51）计算 $E(I_7)$。

$$
\begin{aligned}
f_S(8) &= P\Big(\sum_{i=1}^{3} X_i = 8 \mid N=3\Big)P(N=3) \\
&= \binom{3}{2} P(X_1=3)P(X_2=3)P(X_3=2)P(N=3) \\
&= \frac{3\times 2}{2\times 1}\times 0.1^2 \times 0.5 \times 0.2 = 0.003
\end{aligned}
$$

$$
\begin{aligned}
f_S(9) &= P\Big(\sum_{i=1}^{3} X_i = 9 \mid N=3\Big)P(N=3) \\
&= P(X_1=3)P(X_2=3)P(X_3=3)P(N=3) \\
&= 0.1^3 \times 0.2 = 0.000\,2
\end{aligned}
$$

因此

$$
E(I_7) = f_S(8) + 2f_S(9) = 0.003\,4
$$

当 S 的取值为某个货币单位 h 的整数倍时，下面两个定理和推论给出了 $E(I_d)$ 的简便计算公式。

定理 5－5 固定 $h>0$，设 S 的分布是 h 的格点分布，即 $P(S=kh)=f_k\geqslant 0(k=0, 1, \cdots)$，且对于其他 x，$P(S=x)=0$，则对 $d=jh$，有

$$E(I_d)=h\sum_{m=0}^{\infty}(1-F_S((m+j)h)) \tag{5.54}$$

证明:
$$\begin{aligned}E(I_d)&=\sum_{x>d}(x-d)f_S(x)\\&=\sum_{k=j}^{\infty}(kh-jh)f_k\\&=h\sum_{k=j}^{\infty}\sum_{m=0}^{k-j-1}f_k\\&=h\sum_{m=0}^{\infty}\sum_{k=m+j+1}^{\infty}f_k\\&=h\sum_{m=0}^{\infty}(1-F_S((m+j)h))\end{aligned}$$

推论 假设定理 5－5 的条件满足，则对 $d=jh$ 可以按下面的算法递推计算：

$$E(I_{(j+1)h})=E(I_{jh})-h(1-F_S(jh)) \tag{5.55}$$
$$E(I_0)=E(S)$$

证明: 由定理 5－5 知

$$\begin{aligned}E(I_{(j+1)h})&=h\sum_{m=0}^{\infty}(1-F_S((m+j+1)h))\\&=h\sum_{m=1}^{\infty}(1-F_S((m+j)h))\\&=h\sum_{m=0}^{\infty}(1-F_S((m+j)h))-h(1-F_S(jh))\end{aligned}$$

若 S 不是 h 的整数倍，则按照下面的定理 5－6 计算 $E(I_d)$。

定理 5－6 设 $P(a<S<b)=0$，则对任意 $d\in[a, b]$，有

$$E(I_d)=\frac{b-d}{b-a}E(I_a)+\frac{d-a}{b-a}E(I_b) \tag{5.56}$$

证明: 根据假设，$F_S(x)=F_S(a)(a\leqslant x\leqslant b)$。因此对任意 $d\in[a, b]$，有

$$\begin{aligned}E(I_d)&=\int_d^{\infty}(1-F_S(x))\mathrm{d}x\\&=\int_a^{\infty}(1-F_S(x))\mathrm{d}x-\int_a^d(1-F_S(x))\mathrm{d}x\\&=E(I_a)-\int_a^d(1-F_S(a))\mathrm{d}x\\&=E(I_a)-(d-a)(1-F_S(a))\end{aligned} \tag{5.57}$$

不妨令 $d=b$，则

$$E(I_b)=E(I_a)-(b-a)(1-F_S(a))$$

从而

$$1-F_S(a)=\frac{E(I_a)-E(I_b)}{b-a} \tag{5.58}$$

由式（5.57）和式（5.58）得

$$E(I_d)=\frac{b-d}{b-a}E(I_a)+\frac{d-a}{b-a}E(I_b)$$

【例 5-20】 设理赔次数 N 服从几何分布，均值为 4，个别理赔额 X 恒等于 40。S 表示总理赔额，求 $E(I_{100}(S))$。

【解】 对于均值为 4 的几何分布，可得 $p=0.2$，从而

$$F_S(0)=P(N=0)=0.2$$
$$F_S(40)=P(N\leqslant 1)=0.36$$
$$F_S(80)=P(N\leqslant 2)=0.488$$
$$E(S)=4\times 40=160$$

因此 S 的分布是以 40 为格点的分布。由递推公式（5.55）得

$$E((S-40)_+)=E(S)-40(1-F_S(0))=128$$
$$E((S-80)_+)=E((S-40)_+)-40(1-F_S(40))=102.4$$
$$E((S-120)_+)=E((S-80)_+)-40(1-F_S(80))=81.92$$

于是

$$\begin{aligned}E(I_{100}(S))&=E((S-100)_+)\\&=\frac{120-100}{120-80}E((S-80)_+)+\frac{100-80}{120-80}E((S-120)_+)\\&=\frac{81.92+102.4}{2}=92.16\end{aligned}$$

【例 5-21】 某保险业务每年的理赔次数服从均值为 2 的泊松分布，个别理赔额为 1，2，3，4，其概率都为 0.25，理赔额互相独立，且与理赔次数独立。公司对该业务的年总理赔额购买了停止损失再保险，对年总理赔的自留额为 3，计算停止损失再保险保单的期望赔付额。

【解】 根据理赔额的分布得

$$E(X)=(1+2+3+4)\times 0.25=2.5$$

由 N 服从均值为 2 的泊松分布知

$$E(N)=2$$

故

$$E(S)=5$$

由复合分布的递推公式 $f_S(x)=\sum_{y=1}^{x\wedge r}\frac{\lambda}{x}yf_X(y)f_S(x-y)$，有

$$
\begin{aligned}
f_S(0)&=P(N=0)=\mathrm{e}^{-2}\\
f_S(1)&=P(N=1)P(X=1)=0.25\times 2\mathrm{e}^{-2}=0.5\mathrm{e}^{-2}\\
f_S(2)&=P(N=1)P(X=2)+P(N=2)P(X=1)P(X=1)\\
&=0.25\times 2\mathrm{e}^{-2}+\frac{2^2}{2}\mathrm{e}^{-2}\times 0.25\times 0.25\\
&=0.625\mathrm{e}^{-2}
\end{aligned}
$$

因此

$$
\begin{aligned}
F_S(0)&=\mathrm{e}^{-2}\\
F_S(1)&=0.25\times 2\mathrm{e}^{-2}+\mathrm{e}^{-2}=1.5\mathrm{e}^{-2}\\
F_S(2)&=1.5\mathrm{e}^{-2}+2\times 0.25\mathrm{e}^{-2}+2\mathrm{e}^{-2}\times 0.25^2=2.125\mathrm{e}^{-2}
\end{aligned}
$$

由递推公式（5.55）得

$$
\begin{aligned}
E(I_1)&=E(S)-(1-F_S(0))=4+\mathrm{e}^{-2}\\
E(I_2)&=E(I_1)-(1-F_S(1))=3+2.5\mathrm{e}^{-2}\\
E(I_3)&=E(I_2)-(1-F_S(2))=2+4.625\mathrm{e}^{-2}=2.626
\end{aligned}
$$

因此，该停止损失再保险保单的期望赔付额为 2.626。

5.5 本章上机指导

本章的上机指导主要介绍卷积法、递推法、傅立叶变换法和随机模拟法求总理赔额分布的代码，前面两种方法推荐调用 actuar 包中的函数 aggregateDist，该函数为使用者提供了多种方法可以求出集体风险 S 的分布，这些方法包括卷积法、递推法、随机模拟、正态近似法和正态幂近似法。

函数 aggregateDist 的基本语法为：

```
aggregateDist(method = c ( "recursive"," convolution"," normal"," npower"," simulation"), model. freq = NULL, model. sev = NULL, p0 = NULL, x. scale = 1, moments, nb. simul, … , tol, maxit = 500, echo = FALSE)
```

函数返回的是一个 aggregateDist 对象，可以对其进行输出结果、求均值、求 VaR、作图、求节点等操作。

1. 卷积法

使用卷积法时，频率分布可以是任何离散分布，理赔强度分布需要输入离散化后的分布。这种方法只能解决小额损失问题。当使用卷积法时，method＝"convolution"，model. freq 是一个向量，向量的每个元素依次是理赔次数 N 取 0，1，…时的概率，第一个元素必须是 N 取 0 的概率。model. sev 是一个向量，向量的每个元素依次是理赔额 X

取0，1，…时的概率。向量的第一个元素必须是 X 取0的概率，即无赔付的概率。如果 X 不能取某个值（比如2），那么向量的对应位置（这里是第三个元素）一定要写成0。由于 X 的取值离散，需先将连续分布进行离散化再调用，因此 model. sev 可以直接调用函数 discretize 的结果。x. scale 是对 X 离散化的步长，默认等于1。卷积法的效率相对较低，计算复杂度是 $O(n^3)$。

例如，理赔额 $X \sim pareto$ （$\alpha=2$，$\theta=5\,000$），理赔次数 $N \sim b$ （$n=10$，$p=0.5$），用卷积法求总理赔额 S 的分布，绘制分布曲线，求99%的VaR和TVaR的值。R代码如下：

```
Library(actuar)#加载 actuar
#参数设置
alpha<-2
theta<-5000
n<-10
p<-0.5
#生成损失额 X 的分布,并将其离散化
x<-seq(0,100000,5)
fx<-discretize(ppareto(x,shape=alpha,scale=theta),0,100000,5) #离散化以后 pareto 的概率分布
fx<-c(fx,1-ppareto(100000,shape=alpha,scale=theta)) #补足概率
fx<-c(fx,rep(0,5000))
#N的分布
pn<-dbinom(0:10,n,p)
#用函数 aggregateDist 卷积
Fs1<-aggregateDist("convolution",model.freq=pn,model.sev=fx,x.scale=5)
#算出 S 的密度函数
fs1<-rep(0,1000000)
fs1[1]<-Fs1(0)
for(i in 1:1000000){
  fs1[i+1]<-Fs1(i)-Fs1(i-1)
}
s<-seq(0,1000000)
cut1<-cut(s,breaks=seq(0,1000000,5000),include.lowest=TRUE)
df1<-data.frame(fs1,cut1)
#将数据分组
h<-tapply(df1[,1],df1[,2],sum)
#画出密度函数图和分布函数图
layout(matrix(1:2,1,2,byrow=T))
barplot(h[1:51],space=0,names.arg=seq(0,250000,5000),
      main="卷积法",xlab="S",ylab="密度")
plot(Fs1,xlim=c(0,250000),xlab="S",main="卷积法")
```

在 actuar 包中，函数 VaR 和 TVaR 用来计算这两个指标，输入对象必须是aggregateDist对

象。绘制的分布曲线见图 5－2.

```
#求总理赔额 S 的 90％,95％和 99％的 VaR 和 TVaR 值
VaR(Fs1, conf.level = c(0.9,0.95,0.99),names = TRUE)
##       90%      95%      99%
##       48190    65730    112700
TVaR(Fs1)
##       90%          95%          99%
##       74780.80     93943.12     129815.90
```

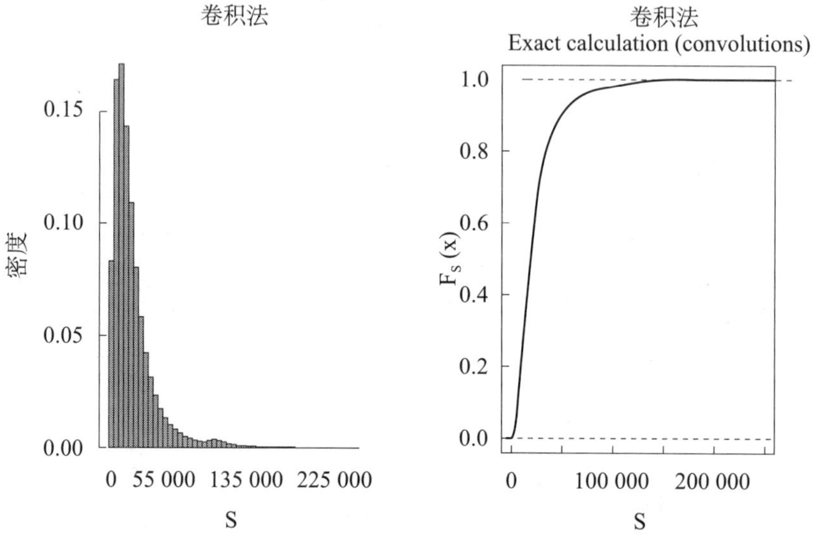

图 5－2　用卷积法绘制 S 的密度函数图和分布函数图

2. 递推法

在使用递推法时，需要注意的是索赔次数分布仅支持（a，b，0）分布族和（a，b，1）分布族，索赔强度分布需要输入离散化后的分布。对于函数 aggregateDist 的参数，method＝“recursive”，model.freq 必须是“binomial”“geometric”“negative binomial”“poisson”中的一种，或者是这些分布对应的（a，b，1）分布，加上前缀 zero-modified，或 zero-truncated。分布参数可以在省略号处指定，但是参数名称必须要与这四个分布规定的一致。例如，理赔额 $X \sim pareto(\alpha=2, \theta=5\ 000)$，理赔次数 $N \sim b$（$n=10$，$p=0.5$），用卷积法求总理赔额 S 的分布的代码如下：

```
Library(actuar)
Fs2<-aggregateDist("recursive",model.freq = "binomial",prob = p,
                    size = n,model.sev = fx,x.scale = 5,maxit = 100000)#索赔次数分布选择二项
分布
Fs2<-aggregateDist("recursive",model.freq = "zero - truncated binomial",prob = p,size = n,
model.sev = fx,x.scale = 5,maxit = 100000) #索赔次数分布选择零截断二项分布
fs2<-rep(0,1000000)
```

```
fs2[1]<-Fs2(0)
for(i in 1:1000000){
  fs2[i+1]=Fs2(i)-Fs2(i-1)
}
s<-seq(0,1000000)
cut2<-cut(s,breaks=seq(0,1000000,5000),include.lowest=TRUE)
df2<-data.frame(fs2,cut2)
h2<-tapply(df2[,1],df2[,2],sum)
```

3. 傅立叶变换法

傅立叶变换法利用了分布的特征函数与密度函数一一对应的性质，从损失额分布的特征函数得到 S 的分布的特征函数，再逆推得到结果。这种方法只需调用 R 中的 fft 函数，计算速度比较快而且不需要调用 R 包。

函数 fft 的基本语法为：

```
fft(z,inverse=FALSE)
```

其中，z 是离散化后 X 的分布，inverse 参数默认 FALSE，即快速傅立叶变换。

例如，索赔额 $X\sim pareto$（$\alpha=2$，$\theta=5\ 000$），索赔频率 $N\sim b$（$n=10$，$p=0.5$），用傅立叶变换法求总索赔额 S 分布的代码如下：

```
#调用R中fft函数来算出X的分布的特征函数
phi_x<-fft(fx)
#从X的分布的特征函数得到S分布的特征函数,N的分布不同,指令不同
phi_s<-(1+(1-p)*(phi_x-1))^n
#调用逆fft函数逆推得到S的密度函数
fs3<-Re(fft(phi_s,inverse=TRUE)/length(fx))
#S的分布
Fs3<-cumsum(fs3)
s3<-seq(0,(length(fs3)-1)*5,5)
cut3<-cut(s3,breaks=seq(0,max(s3),5000),include.lowest=TRUE)
df3<-data.frame(fs3,cut3)
h3<-tapply(df3[,1],df3[,2],sum)
```

4. 随机模拟法

随机模拟法就是通过大量的随机模拟求得 S 的经验分布函数。首先产生一个索赔次数的模拟值 n，然后产生 n 个索赔额的随机数，将 n 个索赔额随机数相加，即可以得到总索赔额 S 的一次模拟值。按照类似步骤进行 10 000 次随机模拟，将得到的 S 的随机数的经验分布函数作为 S 分布的近似。这种方法思路清晰，代码简单而且不需要调用 R 包，但计算耗时长。随机模拟法也可以调用函数 aggregateDist 的参数，method=“simulation”。

例如，索赔额 $X\sim pareto$（$\alpha=2$，$\theta=5\ 000$），索赔频率 $N\sim b$（$n=10$，$p=0.5$），用随机模拟法求总索赔额 S 分布的代码如下，所得的密度函数图和分布函数图见图 5-3。

```
size = 10000          #设置模拟次数
set.seed(1000)   #设置随机数种子
N<-rbinom(size,10,0.5) #生成索赔频率
S<-rep(0,size)
for(i in 1:size){
  #生成服从 U(0,1)的随机数
  uu<-runif(N[i])
  if(N[i]==0){
    S[i]<-0
  }else{
    X<-c()
    for(j in 1:N[i]){
      #根据 pareto 分布函数反变换得到损失额
      X[j]<-theta*((1-uu[j])^(-1/alpha)-1)
    }
    S[i]<-sum(X)
  }
}
##调用 aggregateDist 进行随机模拟计算
model.freq <- expression(data = rbinom(size,10,0.5))
model.sev <- expression(data = rpareto(n,2,5000))
Fs4<- aggregateDist("simulation",nb.simul = 1000,
                    model.freq,model.sev)
mean(Fs4)
VaR(Fs4,conf.level = c(0.95,0.99,0.99),names = TRUE)
plot(Fs4)
```

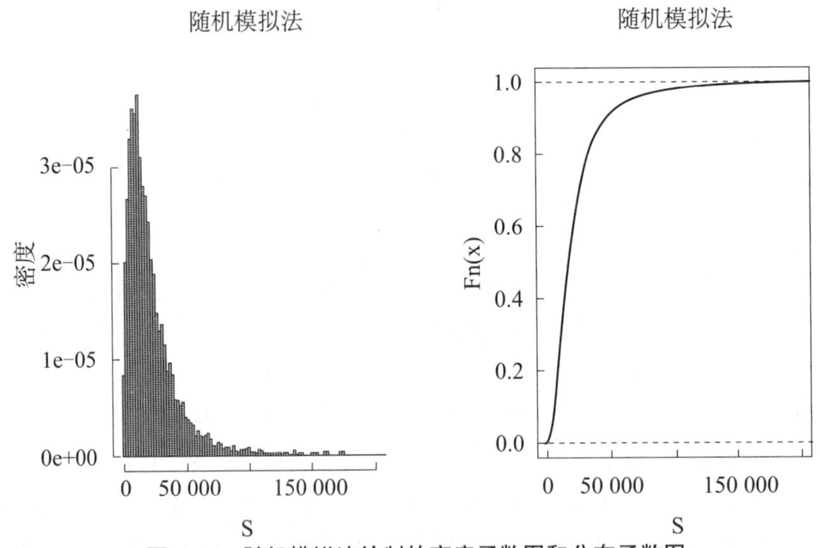

图 5-3　随机模拟法绘制的密度函数图和分布函数图

5. 部分例题的 R 代码

例 5-2 的 R 代码：

```
library(actuar)
fx = c(0,0.25,0.25,0.25,0.25)
pn = dgeom(0:3,0.2)
#卷积法计算总索赔额复合分布
Fs1 = aggregateDist("convolution",model.freq = pn,model.sev = fx)
#计算卷积方法下总索赔额不大于 3 的概率
Fs1(3)
##[1] 0.3456
```

对于这个例子，由于理赔次数是（a，b，0）分布，我们还可以用递推法来计算，具体代码如下：

```
#递推法计算总索赔额复合分布
Fs2 = aggregateDist("recursive", model.freq = "geometric", model.sev = fx, prob = 0.2)
#计算递推方法下总索赔额不大于 3 的概率
Fs2(3)
##[1] 0.345
```

例 5-10 的 R 代码：

```
library(actuar)
fx = c(0,0.1,0.2,0.3,0.4)
pn = dpois(0:4,lambda = 2)
#卷积法计算总索赔分布
Fs <- aggregateDist("convolution",model.freq = pn,model.sev = fx)
#计算总索赔额分别为 1,2,3,4 时概率
fs = NULL
for(i in 1:4){fs[i+1] = Fs(i) - Fs(i-1)}
fs[1] = Fs(0)
fs
##[1]0.13533528  0.02706706  0.05684082  0.09220844  0.13642699
```

例 5-11 的 R 代码：

```
library(actuar)
p = c(0.00149, 0.00142, 0.00128, 0.00122, 0.00123, 0.00353, 0.00394, 0.00484, 0.02182, 0.0005,
0.0005,0.00054,0.00103,0.00479)
#计算 lam 值
lam = sum(p)
#计算条件概率分布
```

```
d = p/lam
#建立一个 61 维的零向量
c = rep(0,61)
#建立单一保单索赔强度 X 的分布列
x = c(15,16,20,28,31,18,26,24,60,14,17,19,30,55) + 1
c[x] = d
#递推法计算总索赔额的复合分布 Fs
Fs = aggregateDist("recursive",model.freq = "poisson",model.sev = c,lambda = lam)
Fs(0:79)
```

习 题

1. 理赔额 X 的分布为 $f_X(1)=0.7$，$f_X(2)=0.3$。理赔次数 N 的分布为 $P(N=0)=0.6$，$P(N=1)=0.3$，$P(N=2)=0.1$。计算 $f_S(3)$。

2. 设某险种的总理赔额服从复合泊松分布，平均理赔次数为 0.2 次，在任何一次理赔中，有 80%的概率会损失 5 000 元，有 20%的概率会损失 10 000 元。计算保险人面临的总理赔额的分布。

3. 设总理赔额 S 服从复合泊松分布，已知个别理赔额取值 1，2，3。下表给出了停止损失再保险不同自留额对应的净再保费。

自留额	净再保费
4	0.2
5	0.1
6	0.04
7	0.02

求 $f_S(5)$ 和 $f_S(6)$。

4. 设总理赔额 S 服从复合泊松分布，已知个别理赔额的分布为 $f_X(1)=f_X(2)=f_X(4)=\frac{1}{3}$，$S$ 取某些数值的概率见下表：

S	$f_S(S)$
3	0.013 2
4	0.021 5
5	0.027 1
6	$f_S(6)$
7	0.041 0

求 $f_S(6)$。

5. 幸运的汤姆在上班的路上总能捡到硬币。已知他平均每分钟捡到硬币的次数服从泊松分布，参数 $\lambda=0.5$。硬币的面值服从以下分布：

(1) 60% 的硬币面值为 1 美元。

(2) 20% 的硬币面值为 5 美元。

(3) 20% 的硬币面值为 10 美元。

设 S 表示 1 小时内汤姆捡到的硬币总面值，求 S 的方差。

6. 现有一份由 3 名被保险人组成的保单组合。已知每位被保险人发生损失的事件相互独立，且损失额都服从如下分布：

损失额	概率
0	0.4
1	0.3
2	0.2
3	0.1

假设 S 表示该保单组合的总损失额，求 $E(I_1(S))$。

7. 设理赔次数 N 服从几何分布，均值为 4，个别理赔额 X 恒等于 40。S 表示总理赔额，求 $E(I_{100}(S))$。

8. 某保险公司为一家剧院提供因停电导致损失的保险。已知：

(1) 该剧院平均每年停电一次。

(2) 每次停电导致的损失额服从如下分布：

x（万元）	$P(X=x)$
10	0.4
20	0.3
30	0.2
50	0.1

(3) 停电次数与停电导致的损失相互独立。

(4) 若剧院因停电导致的年损失额超过 30 万元，保险公司将赔付年损失额超过 30 万元的部分。

求该保险公司一年内总理赔额的期望。

9. 假设个别理赔事件可分为两种类型，即类型Ⅰ和类型Ⅱ，P(类型Ⅰ)$=1-P$(类型Ⅱ)$=1/3$。类型Ⅰ的理赔额恒等于 10。理赔次数 N 服从泊松分布，满足 $\lambda=3\,000$，设 S，S_{I}，S_{II}分别为总理赔额、类型Ⅰ的理赔额、类型Ⅱ的理赔额。$\mathrm{Var}(S)=2\,100\,000$。求 $\mathrm{Var}(S_{\mathrm{II}})$。

10. 已知总损失额服从复合泊松分布，参数 $\lambda=5$，个别损失额服从两参数的帕累托分布，$f_X(x)=\dfrac{2.5\times 10^{2.5}}{(10+x)^{3.5}}$。若保险公司对每次损失事件只赔付超过免赔额 5 的部分，求总理赔额 S 的期望。

11. 某医疗保险保单组合的年损失次数服从负二项分布，均值为 300，方差为 800。个别损失额服从如下分布：

损失额（元）	概率
40	0.25
80	0.25
120	0.25
200	0.25

据估计，明年的个别损失额将提高50%而损失次数不发生变化。为降低成本，保险公司决定只赔偿超过免赔额100元的部分。求明年总理赔额的期望。

12. 总理赔额S服从复合泊松分布，已知泊松参数为3，个别理赔额的矩母函数为$M_X(t)=(1-2t)^{-9}(t<1/2)$，求$S$的期望和方差。

13. 设S服从复合泊松分布，参数为λ，个别理赔额分布为：

$$f(x)=\frac{c^x}{-\ln(1-c)x},\quad x=1,2,\cdots;0<c<1$$

证明：S服从负二项分布。

14. 假设总理赔额$S=\sum_{i=1}^{N}X_i$，其中X_1，X_2，…，X_N独立同分布，且都与N相互独立。Λ是一个随机变量，服从伽马分布，$f_\Lambda(\lambda)=(3^3/2)x^2e^{-3x}$。已知给定$\Lambda=\lambda$，$N$服从参数为$\lambda$的泊松分布。$X$的分布为$f(1)=f(2)=0.5$。计算$\mathrm{Var}(S)$。

15. 一个司机总体被分成两种类型。每名司机发生车祸的次数都服从几何分布。对于第一种类型的司机，几何分布的参数服从（0，1）上的均匀分布，有40%的司机属于该类型。第二种类型的司机平均发生车祸的次数为0.3次。从这个总体中随机抽取一名司机，求他正好发生两次车祸的概率。

16. 在给定$N=n$的条件下，假定M服从二项分布$B(n,\ p)(p=0.3)$，N服从参数$\lambda=4$的泊松分布。求$f_M(m)(m=0,\ 1,\ \cdots)$。

17. 一家灯泡公司的搬运工经常掉落装灯泡的箱子。每个箱子里的灯泡数各不相同，当箱子掉落时，箱子里的灯泡全部损坏。已知：

(1) 每个月平均掉落的箱子数为50个。

(2) 每个月掉落的箱子数的方差为100。

(3) 每个箱子里灯泡的价值的期望为200。

(4) 每个箱子里灯泡的价值的方差为400。

假如一个月内打碎的灯泡的价值少于8 000，搬运工将获得红利。用正态近似法计算下个月该公司付给搬运工红利的概率。

18. 假设个别理赔额服从区间［0，1 000］上的均匀分布，理赔次数服从泊松分布，均值为2，个别理赔额与理赔次数是相互独立的，请用正态近似法计算总理赔额S超过2 000的概率。

19. 某保险公司对3个人的保单组合投保停止损失再保险。已知3个人的损失额是相互独立的，具有相同的分布（见下表）。

X	$P(X=x)$
0	0.4
1	0.3
2	0.2
3	0.1

又已知停止损失纯再保费为 2.404，求自留额 d。

20. 设某险种保单的实际损失服从指数分布，其分布函数为 $F(x)=1-\mathrm{e}^{-\frac{x}{500}}$，损失次数服从负二项分布，$\beta=3$，$r=2$。保单规定每次损失的免赔额为 500。计算总理赔额的标准差。

21. 在某小镇，政府洪水保险项目会赔偿被保险人因洪灾引起的损失，最高赔偿限额为 100 000。单次损失额等于洪水消退后重建房屋所花费的费用，在这个地区重建费用服从参数 $\alpha=2$，$\theta=100\ 000$ 的帕累托分布。

(1) 假设今年该地区会有一次洪水，保单组合中的房屋损失数服从均值为 200 的泊松分布，计算政府在该地区今年将赔付数额的期望。

(2) 到明年，上述泊松分布的均值达到 210，并且个别损失额提高 3%，若最高赔偿限额保持不变，求政府预期赔付数额增加的百分比。

22. 一个保单组合的索赔次数服从均值为 3、方差为 8 的负二项分布，单次损失额的分布如下表所示：

$X=x$（元）	$P(X=x)$
50	0.3
100	0.3
150	0.2
200	0.1
500	0.05
1 000	0.05

下一年的通货膨胀率为 10%，但索赔次数不变，保险公司计划只赔偿超过 60 元的部分，计算下一年的总赔付额少于 100 元的概率。

23. 设某险种保单的实际损失额服从指数分布，均值为 2 000，一年内损失次数服从负二项分布，$r=3$，$\beta=2$。若保单规定只赔偿损失中超过 500 元的部分。

(1) 计算一年内投保人自行承担的平均损失额。

(2) 计算一年内保险人支付的赔付额的方差。

24. (R 编程) 假设某险种保单的实际损失额服从指数分布，均值为 2 000，一年内损失次数服从负二项分布，$r=3$，$\beta=2$。

(1) 分别用卷积法、递推法、快速傅立叶变换法和随机模拟法求总理赔额 S 的分布，绘制直方图、分布函数曲线图，计算 90%，95%，99% 的分位数。

(2) 若保单规定只赔偿损失中超过 500 元的部分。用随机模拟法计算一年内投保人自行承担的平均损失额，计算一年内保险人支付的理赔额的方差。并将结果与第 24 题的结果进行比较。

(3) 假设保险公司决定对保单赔付安排再保险，比较分析以下三种再保险安排下保险人和再保险人各自承担的赔付款的期望值。

- 50%的成数再保险；
- 超额损失再保险（超出5 000元以上的10 000元）；
- 停止损失再保险（自留额为20 000元，限额100 000元）。

第6章

经验模型

从本章开始，我们将研究如何建立一个合适的分布模型来拟合保险数据。建立分布模型有两种方法：经验模型法和参数模型法。经验模型法直接从数据出发获得数据的经验分布信息。当数据量足够大时，经验分布趋近真实的分布。由于经验模型法对分布不做任何假设，因此也称为非参数法。参数模型法首先假设样本服从某个参数分布，然后通过统计方法来估计参数，并比较各种目标值来选择合适的参数分布。尽管许多统计教材已详细讨论了非参数模型和参数模型的估计及假设检验，但仍有必要用两章来讨论模型的建立，因为保险数据多为非完整数据，而传统的数理统计方法估计的是完整数据的分布。

6.1 数据类型

根据数据完整程度的不同，精算实务中的数据可以分为完整个体数据、分组数据和非完整数据。

6.1.1 完整个体数据

如果能够对概率分布的任意点收集数据，并且能够记录每个观测值，那么这种数据称为完整数据（complete data）。理想的状况是得到的每个观测值都是精确值，这种数据称为完整个体数据（complete individual data）。例如，当免赔额和保单限额条款都不存在，保险人对保单损失全额赔付时，获得的保单理赔数据就是完整个体数据。例 6-1 和例 6-2 中的数据就是完整个体数据。

【例 6-1】 表 6-1 显示的是某机动车辆险保单的部分原始损失数据。

表 6-1 某机动车辆险保单的部分原始损失数据

45	82	120	126	567	789	1 243	2 940	1 340	3 384

【例 6-2】 表 6-2 是对某组癌症患者手术后的存活时间的部分观察记录。假设在观察期间，观察者对每个观察对象在每个足够小的时间单位内进行追踪观察，直至观察对象死亡，并且除死亡以外，观察对象不允许离开，则得到的生存数据就是完整个体数据。但是，这种获得完整数据的条件在现实中很难满足。

表 6-2 某组癌症患者手术后的存活时间（部分）

保单持有人编号	存活时间（年）
1	12.0
2	4.8
3	8.0
4	0.8
5	4.5
6	6.0
7	5.0
8	3.2
9	20.0
10	2.9

6.1.2 分组数据

当个体数据量过多时，可以考虑对观测值进行分组，只记录观测值所属的分组，这时得到的数据称为分组数据。

【例 6-3】 表 6-3 列出了某责任险的赔付额数据。

表 6-3 某责任险的赔付额数据

赔付额范围（元）	赔付笔数
0～7 500	99
7 501～17 500	42
17 501～32 500	29
32 501～67 500	28
67 501～125 000	17
125 001～299 999	9
300 000	3

在赔付次数的样本数据中，通常会遇到个体数据和分组数据并存的情况，如例 6-4 所示。

【例 6-4】 表 6-4 列出了 1997—2000 年 37 935 名驾驶员每人每年出现的交通事故的赔付数据。

表 6-4　交通事故赔付数据

赔付次数	赔付笔数
0	31 714
1	4 306
2	1 618
3	250
4	40
5 次以上	7
合计	37 935

6.1.3　非完整数据

实际的保险数据通常是非完整数据。例如，根据保单条款，保险公司对一起事故的赔付额不超过 10 万元，则依据赔付额数据本身将无法考察那些事故损失额超过 10 万元的保单的实际损失。另外，对于规定 500 元免赔额的车险保单，保险公司也不会记录损失额低于 500 元的汽车损失数据。在生命表构造中，通常的做法是在几年的时间内，跟踪观测一个由不同年龄段的人组成的人群的生存状况。但如果某个投保寿险的个体在保单期满前退保或保单期满时依然存活，那么保险公司将无法确定此人实际的身故年龄，只能确定身故年龄不会小于此人在退出该项目时的年龄。

若我们只对属于某一范围内的数据记录其精确值，而对超出该范围的数据只记录其所属的范围，则得到的数据称为删失数据（censored data）。删失数据有两类：左删失数据（left censored data），是指只知道观测值在某个给定值之下而不知道其具体值的数据；右删失数据（right censored data），是指只知道观测值在某个给定值之上而不知道其具体值的数据。例如，存在赔偿限额的非寿险保单的赔付数据是右删失数据，退保个体的身故年龄也是右删失数据。

若对超出该范围的数据不做记录，则得到的数据称为截断数据（truncated data）。左截断数据（left truncated data）是指对低于某个给定值的观测值不做记录的数据；右截断数据（right truncated data）是指对高于某个给定值的观测值不做记录的数据。例如，存在免赔额的非寿险保单赔付数据是左截断数据；当某人开始参与一项生存研究项目时，由于他必然处于生存状态，且其身故年龄至少不会低于他参加该项目时的年龄，因此身故年龄是左截断数据。

有些保单记录的数据同时存在删失和截断情形，如例 6-5 和例 6-6 所示。

【例 6-5】表 6-5 显示的是一组超额损失再保险保单的赔付数据。

表 6-5　某超额损失再保险保单的赔付数据　　单位：元

保单编号	免赔额	最高赔付额	赔付额	保单编号	免赔额	最高赔付额	赔付额
1	300 000	5 000 000	87 463	3	250 000	10 000 000	15 347
2	50 000	1 000 000	27 516	4	10 000 000	10 000 000	9 316 751

续表

保单编号	免赔额	最高赔付额	赔付额	保单编号	免赔额	最高赔付额	赔付额
5	100 000	5 000 000	220 995	8	70 000 000	15 000 000	1 098 710
6	15 000 000	10 000 000	10 000 000	9	350 000	5 000 000	95 736
7	1 500 000	5 000 000	1 410 989	10	45 000 000	33 000 000	1 335 735

在这个数据集中，保单编号为6的保单有免赔额和最高赔付额条款，由此可知损失金额高于免赔额15 000 000元。保单的赔付额已经达到10 000 000元，说明实际损失金额超出25 000 000元，但具体金额未知，因为保险公司已经支付了最高赔付额。因此，此保单的损失数据既是截断数据又是删失数据。此外，表6-5的数据存在不同截断点和删失点的情形。

【例6-6】 寿险保单终止有三种状态：死亡、期满和退保。表6-6显示了10张寿险保单存活状态的两次观测值(单位:年)。其中，第2列表示第一次观测的时间，若为0，则表示保单签订后马上进行记录；第3列表示第二次观测的时间；第4列表示第二次观测时保单持有人的状态，S表示退保，D表示死亡，E表示保单期满。

表6-6　寿险保单存活状态

保单号	第一次观测时间	第二次观测时间	保单持有人的状态
1	0	0.1	S
2	0	0.5	S
3	0	0.8	S
4	0	0.8	D
5	0.6	5.0	E
6	1.4	5.0	E
7	2.0	4.2	D
8	3.6	4.5	D
9	4.2	4.8	S
10	4.6	5.0	E

由表6-6可知各寿险保单持有人的状态，例如：

第4份保单，第一次观测的时间是签订保单后，第二次观测的时间是签订保单后0.8年，状态为死亡（D）。其存活时间为0.8。这是一个完整数据。

第5份保单，第一次观测的时间是签订保单后0.6年，第二次观测的时间是签订保单后5年，状态为保单期满（E）。其存活时间大于等于5.0。这是一个右删失数据。

第9份保单，第一次观测的时间是签订保单后4.2年，第二次观测的时间是签订保单后4.8年，状态为退保（S）。其存活时间未知，但大于4.8。这是一个左截断且右删失的数据。

由此可见，保险数据普遍存在截断或删失的情形，我们对这些数据统计建模时需考虑数据的这一特征。

6.2 完整个体数据的经验模型

6.2.1 经验分布函数与经验生存函数

对于完整个体数据，它的经验分布信息包括样本均值、样本方差、中位数、极大值和极小值，还包括经验分布函数、生存函数、累积危险率函数（cumulative hazard rate function）等。

经验分布函数就是累积频率，设 X_1，X_2，…，X_n 是观测样本，其定义式为：

$$F_n(x)=\frac{\sum_{i=1}^{n}I(X_i\leqslant x)}{n} \tag{6.1}$$

式中，n 是样本量；$I(\cdot)$ 是示性函数。当 X_1，X_2，…，X_n 是某总体 X 的独立同分布的样本时，经验分布 $F_n(x)$ 依概率收敛于总体分布 $F(x)$。

根据生存函数和分布函数的关系，经验生存函数的定义为：

$$S_n(x)=1-F_n(x)=\frac{\sum_{i=1}^{n}I(X_i>x)}{n} \tag{6.2}$$

根据样本的经验分布函数，我们可以得到经验均值、经验方差和有限期望函数：

$$\hat{\mu}_1=\frac{1}{n}\sum_{i=1}^{n}X_i,\quad \hat{\sigma}^2=\frac{1}{n}\sum_{i=1}^{n}(X_i-\overline{X})^2$$

$$\hat{E}((X\wedge u)^k)=\frac{1}{n}\Big(\sum_{x_i\leqslant u}x_i^k+u^k nS_n(u)\Big)$$

【例6-7】 下面是10个参加社会医疗保险的个体的医疗支出数据：121，16，46，40，567，234，317，1 500，100，578。计算经验分布函数。

【解】 $F_{10}(16)=\frac{1}{10}=0.1$，$F_{10}(40)=0.2$，…，$F_{10}(1\,500)=1$

若 n 个样本数据中有些样本取值重复，假设只有 k 个不同的取值，将这 k 个值按从小到大的顺序排列，记为 $y_1<y_2<\cdots<y_k$，令 s_j 表示等于 y_j 的数据的个数，$r_j=\sum_{i=j}^{k}s_i$ 表示大于等于 y_j 的个数，样本经验生存函数为：

$$S_n(t)=\frac{r_j}{n},\quad y_{j-1}\leqslant t<y_j \tag{6.3}$$

从而经验分布函数为：

$$F_n(x)=\begin{cases}0, & x<y_1\\ 1-r_j/n, & y_{j-1}\leqslant x<y_j;j=2,3,\cdots,k\\ 1, & x\geqslant y_k\end{cases}\tag{6.4}$$

如果用生存分析的观点解释，s_j 可以看作是年龄等于 y_j 的存活个体数，r_j 可以看作是年龄大于等于 y_j 的存活个体总数，这 r_j 个个体在年龄等于 y_j 时面临死亡风险，因此我们将这类个体的集合称为在 y_j 的风险集，r_j 称为风险集大小。

【例 6-8】 假设样本数据集包括 7，2，4，4，6，2，1，9，求 $S_8(4.5)$。

【解】 由题知

$$y_1=1,\ y_2=2,\ y_3=4,\ y_4=6,\ y_5=7,\ y_6=9$$
$$s_1=1,\ s_2=2,\ s_3=2,\ s_4=1,\ s_5=1,\ s_6=1$$

由 r_j 的定义知

$$r_1=8,\ r_2=7,\ r_3=5,\ r_4=3,\ r_5=2,\ r_6=1$$

由于 $y_3=4\leqslant 4.5\leqslant 6=y_4$，因此

$$S_8(4.5)=\frac{r_4}{n}=\frac{3}{8}$$

6.2.2 经验分位数

定义 6-1 假定 X 服从分布函数为 $F(x)$ 的分布，令 $0<p<1$，满足等式 $F(\pi_p)=P(X\leqslant\pi_p)=p$ 的 π_p 称为分布 $F(x)$ 的 p 分位数。当 $p=50\%$时，$\pi_{0.5}$称为中位数。

当 X 是连续分布时，p 分位数是唯一确定的。但是当 X 是离散分布时，p 分位点并不总是有明确的定义，不能唯一确定。例如，X 取值为 0 和 1 的概率均为 1/2，对于 $p=0.6$，无法确定分位数 $\pi_{0.6}$。当样本数据是完整个体数据时，其经验分布函数也是离散的，样本 p 分位点的确定也面临唯一性问题。比如，在例 6-1 的数据中，567～789 之间的任何一个数都满足有 5 个观测值大于它同时又有 5 个观测值小于它，因此都可以作为中位数，但习惯上我们使用 567 和 789 的平均值作为中位数。

对于其他 p 分位点，样本的经验分位数通常采用下面的插值方法获得。如果随机变量 X 有 n 个观测值 x_1，x_2，…，x_n，将这些观测值从小到大排列为 $x_{(1)}\leqslant x_{(2)}\leqslant\cdots\leqslant x_{(n)}$，对于 $0<p<1$，$g=((n+1)p)$ 表示不超过 $(n+1)p$ 的最大整数，此时认为分位数应该在 $x_{(g)}$ 和 x $(g+1)$ 之间。记 $h=(n+1)p-g$ 表示 $(n+1)p$ 的小数部分，则样本的 $100p\%$分位数定义如下。

定义 6-2 完整个体数据的 $100p\%$分位点的光滑经验估计为：

$$\hat{\pi}_p=(1-h)x_{(g)}+hx_{(g+1)}\tag{6.5}$$

当 $p=50\%$时，$\pi_{0.5}$称为样本中位数。当 n 为奇数时，记 $k=(n+1)/2$，样本中位数为 $x_{(k)}$；当 n 为偶数时，记 $k=n/2$，则样本中位数为$\frac{1}{2}x_{(k)}+\frac{1}{2}x_{(k+1)}$。中位数是位置平

均数，不受极大值和极小值的影响，主要用于测度顺序数据的集中趋势。

注意，当样本数据中没有重复的观测值时，定义 6－2 中任何两个分位点的值都不相同。另外，我们无法获得 $p<1/(n+1)$ 和 $p>n/(n+1)$ 情况下的值。这个结论也是合理的，因为对于小样本，我们不应期望能够得到较大或者较小的分位点。由分位点的定义可知

$$F(\hat{\pi}_{g_k} \mid \theta) = g_k, \quad k = 1,2,\cdots,p$$

对于分组数据，根据其经验分布函数的表达式，$100p\%$分位点 $\hat{\pi}_p$ 可定义为：

$$p = \hat{F}_n(\hat{\pi}_p)$$

即

$$\hat{\pi}_p = \frac{p - F_n(c_{j-1})}{F_n(c_j) - F_n(c_{j-1})} \times c_j + \frac{F_n(c_j) - p}{F_n(c_j) - F_n(c_{j-1})} \times c_{j-1}$$

或者

$$\hat{\pi}_p = c_{j-1} + (np - \sum_{i=1}^{j-1} n_i) \frac{c_j - c_{j-1}}{n_j}$$

式中，c_{j-1} 和 c_j 满足 $F_n(c_{j-1}) \leqslant p < F_n(c_j)$。

【例 6－9】 求表 6－7 保单组合中的理赔记录的 25%和 75%经验分位点。

表 6－7　保单组合中的理赔记录

0.1	0.5	2.2	3.9	28.1
0.2	0.7	2.5	5.9	30.0
0.2	1.1	2.9	6.2	59.0
0.3	1.3	3.0	12.1	65.0
0.4	1.8	3.3	13.65	120.0

【解】 由于 $0.25 \times 26 = 6.5$，因此，25%分位点为：

$$0.5 \times 0.5 + 0.5 \times 0.7 = 0.60$$

同理，$0.75 \times 26 = 19.5$，75%分位点为：

$$0.5 \times 12.1 + 0.5 \times 13.65 = 12.875$$

6.2.3　核密度估计

经验分布是一种离散分布，在每个观测点有点概率，在其余点的概率为 0。如果已知真实的分布是连续的，在小样本情形下经验分布就不能很好地近似真实分布。核密度估计法用一个连续的分布函数来近似离散的经验分布函数，从而为密度函数的估计提供了另一种思路。其基本思想是将每个观测点的点概率用一个连续型随机变量分布来代替，其概率密度函数称为核密度函数。观测值附近点的概率值受这个核密度函数的影响。设

$k_{y_j}(\cdot)$ 表示在样本点 y_j 的核函数，在任意点 x 处的核密度估计定义为：

$$\hat{f}(x)=\sum_{j=1}^{k}p(y_j)k_{y_j}(x) \tag{6.6}$$

式中，$p(y_j)$ 表示 y_j 的经验概率。

为保证 $\hat{f}(x)$ 作为概率密度函数的合理性，既要保证其值非负，又要保证积分的结果为 1，可通过要求核函数是概率密度函数得以保证，即

$$k_{y_j}(x)\geqslant 0,\quad \int_0^{\infty}k_{y_j}(x)\mathrm{d}x=1$$

定义 $K_{y_j}(x)$ 为核函数对应的分布函数，即 $K_{y_j}(x)=\int_{-\infty}^{x}k_{y_j}(x)\mathrm{d}x$，将 $\{K_{y_j}(x)\}$ 按照 $\{p(y_j)\}$ 进行概率加权求和，就可以得到分布函数的核估计，即

$$\hat{F}(x)=\sum_{j=1}^{k}p(y_j)K_{y_j}(x) \tag{6.7}$$

习惯上要求 $\int_{-\infty}^{\infty}xk_{y_j}(x)\mathrm{d}x=y_j$，但这并不是必须的，仅仅是为了让核估计与经验估计有相同的均值。

常见的核函数有以下几种。

1. 均匀核函数

$$k_y(x)=\begin{cases}0, & x<y-h\\ \dfrac{1}{2h}, & y-h\leqslant x\leqslant y+h\\ 0, & x>y+h\end{cases} \tag{6.8}$$

$$K_y(x)=\begin{cases}0, & x<y-h\\ \dfrac{x-y+h}{2h}, & y-h\leqslant x\leqslant y+h\\ 1, & x>y+h\end{cases} \tag{6.9}$$

式中，h 表示带宽。均匀核函数是在区间 $[y-h,\ y+h]$ 上服从均匀分布的随机变量的密度函数（见图 6-1）。

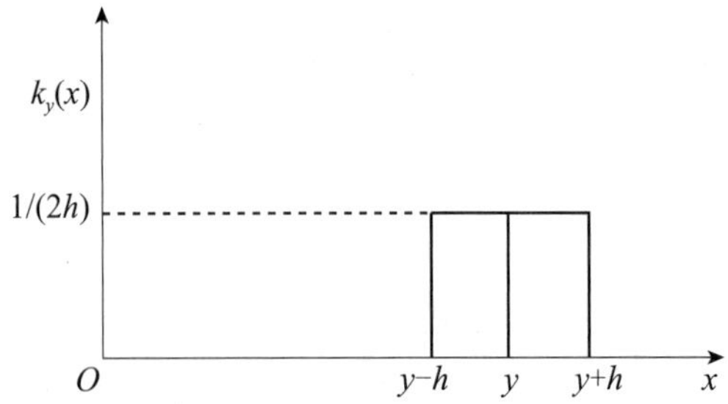

图 6-1　均匀核函数密度图

【例 6-10】 某总体的分布函数为 F，给定下列样本数据：2.0，3.3，3.3，4.0，4.0，4.7，4.7，4.7，使用带宽为 1.4 的均匀核函数计算 $F(4)$ 的核密度估计。

【解】若用 $K_y(x)$ 表示计算分布函数时 y 对 x 的贡献值，则

$$K_y(x)=\begin{cases}0, & x<y-1.4\\ \dfrac{x-y+1.4}{2.8}, & y-1.4\leqslant x\leqslant y+1.4\\ 1, & x>y+1.4\end{cases}$$

对 $x=4$ 而言，在带宽为 1.4 的情形下，观测点 2.0，3.3，4.0 和 4.7 的核函数对 $F(4)$ 的核估计值有影响。经计算有

$$K_2(4)=1,\quad K_{3.3}(4)=0.75,\quad K_4(4)=0.5,\quad K_{4.7}(4)=0.25$$

因此，核估计是上述值的加权平均，权重是各观测点的经验概率值：

$$\frac{1}{8}\times1+\frac{2}{8}\times0.75+\frac{2}{8}\times0.5+\frac{3}{8}\times0.25=0.531\,25$$

2. 三角核函数

$$k_y(x)=\begin{cases}0, & x<y-h\\ \dfrac{x-y+h}{h^2}, & y-h\leqslant x\leqslant y\\ \dfrac{y+h-x}{h^2}, & y<x\leqslant y+h\\ 0, & x>y+h\end{cases}\tag{6.10}$$

$$K_y(x)=\begin{cases}0, & x<y-h\\ \dfrac{(x-y+h)^2}{2h^2}, & y-h\leqslant x\leqslant y\\ 1-\dfrac{(y+h-x)^2}{2h^2}, & y<x\leqslant y+h\\ 1, & x>y+h\end{cases}\tag{6.11}$$

如图 6-2 所示，三角核函数密度图是底边以 y 为中心，底长为 $2h$，高为 $1/h$ 的三角形。

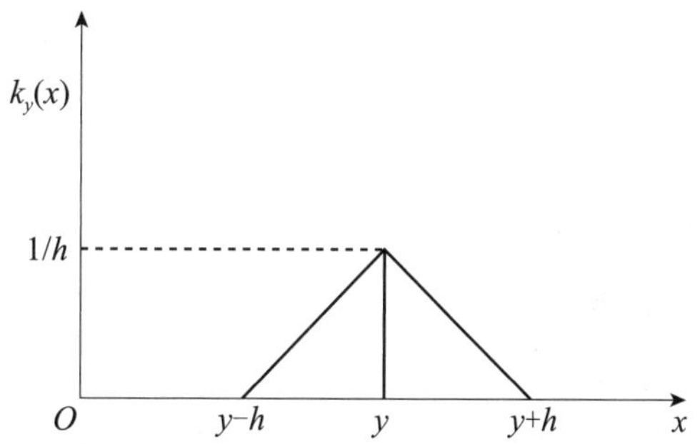

图 6-2　三角核函数密度图

【例 6-11】一组生存时间的样本数据为：2，3，3，3，7。使用三角核函数估计 $\hat{f}(2.5)$，其中带宽等于 2。

【解】$\hat{f}(2.5)$ 的核估计值受观测点 2 和观测点 3 的核密度的影响，有

$$k_2(2.5)=\frac{2+2-2.5}{4}=\frac{3}{8},\quad k_3(2.5)=\frac{2.5-3+2}{4}=\frac{3}{8}$$

因此，得

$$\hat{f}(2.5)=\frac{1}{5}\times\frac{15}{40}+\frac{3}{5}\times\frac{15}{40}=\frac{3}{10}$$

3. 伽马核函数

$$k_y(x)=\frac{x^{\alpha-1}e^{-x\alpha/y}}{(y/\alpha)^{\alpha}\Gamma(\alpha)}$$

此伽马核函数的均值 $\alpha(y/\alpha)=y$，方差 $\alpha(y/\alpha)^2=y^2/\alpha$。

【例 6-12】 已知一个抽取自某总体 X 的样本包含 12 个数据：7，12，15，19，26，27，29，29，30，33，38，53。用 α 的伽马核函数求 $\hat{f}(20)$ 和 $\hat{F}(20)$。

【解】由定义知，伽马核函数为 $k_y(x)=\dfrac{(\frac{\alpha x}{y})^{\alpha}e^{-\alpha x/y}}{x\Gamma(\alpha)}$，当 $\alpha=1$ 时，$k_y(x)=\dfrac{1}{y}e^{-x/y}$，则有

$$\begin{aligned}\hat{f}(20)&=\sum_{j=1}^{12}p(y_j)\cdot k_{y_j}(20)\\&=\frac{1}{12}\times\left(\frac{1}{7}\cdot e^{-20/7}\right)+\frac{1}{12}\times\left(\frac{1}{12}\cdot e^{-20/12}\right)+\cdots+\frac{1}{12}\times\left(\frac{1}{53}\cdot e^{-20/53}\right)\\&=0.0147\end{aligned}$$

另外，记 $K_y(x)=\int_0^x k_y(t)\mathrm{d}t=\int_0^x\frac{1}{y}e^{-t/y}\mathrm{d}t=1-e^{-x/y}$，则有

$$\begin{aligned}\hat{F}(20)&=\sum_{j=1}^{12}p(y_j)\cdot K_{y_j}(20)\\&=\frac{1}{12}\times(1-e^{-20/7})+\frac{1}{12}\times(1-e^{-20/12})+\cdots+\frac{1}{12}\times(1-e^{-20/53})\\&=0.572\end{aligned}$$

在进行核密度估计时，核函数的形式 $k(\cdot)$ 和带宽 h 都是事先给定的。实践证明，核函数的选取对估计的偏差影响不大，带宽 h 的变化却会使估计结果产生很大的波动。

【例 6-13】 对于经验数据 1.0，1.3，1.5，1.5，2.1，2.1，2.1，2.8，使用上述三种核函数估计其分布函数。

【解】这些数据的经验分布为：

$$\hat{P}(X=1.0)=\frac{1}{8},\quad \hat{P}(X=1.3)=\frac{1}{8},\quad \hat{P}(X=1.5)=\frac{2}{8}$$

$$\hat{P}(X=2.1)=\frac{3}{8},\quad \hat{P}(X=2.8)=\frac{1}{8}$$

分别取 0.1 和 1.0 为带宽，得到均匀核密度函数图分别如图 6-3 和图 6-4 所示。

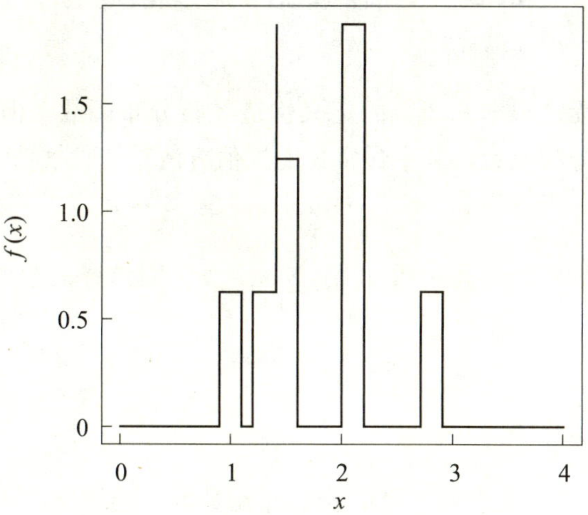

图 6-3　均匀核密度函数图 (h=0.1)

带宽为 0.1，例如在 1.0 这一点，矩形的高度为$\frac{1}{8}\times\frac{1}{2\times0.1}$=0.625。

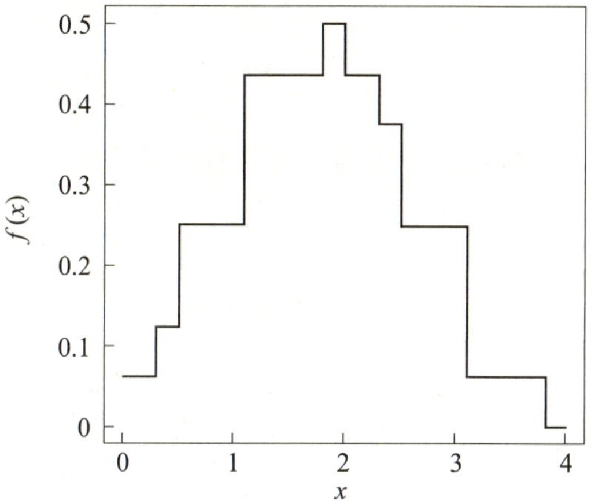

图 6-4　均匀核密度函数图 (h=1.0)

带宽为 1.0，例如在 1.0 这一点，矩形的高度为$\frac{1}{8}\times\frac{1}{2\times1}$=0.062 5。

对于三角核函数和伽马核函数，也可以得到类似的结论。大的带宽可以得到更加光滑的结果，小的带宽则能够反映局部的密度变化。对于相同的带宽，采用不同核函数估计的结果相差并不大。理论上，带宽造成的渐近偏差为 $O(h^2)$，而渐近方差为 $O\left(\frac{1}{nh}\right)$，因此使估计偏差最小的带宽为 $O(n^{-\frac{1}{5}})$，可见，样本量增大，应相应地选取较小的带宽。在实际应用中，带宽需要根据一定的规则选取。

6.3 分组数据的经验模型

对于分组数据，无法根据 6.2 节的定义构造经验分布函数，但是，仍然可以利用插值方法近似估计经验分布函数，其中最常见的插值方法是线性插值法。

假设分组数据的分界点为 c_0，c_1，…，$c_k(c_0<c_1<\cdots<c_k)$。通常取 $c_0=0$，$c_k=\infty$。记落在 c_{j-1} 与 c_j 之间的观测值有 n_j 个，则 $\sum_{j=1}^{k} n_j = n$。对这样的数据，经验分布函数在分界点处的值为：

$$F_n(c_j)=\sum_{i=1}^{j} n_i/n \tag{6.12}$$

注意：要使 $F_n(c_j)$ 成为分布函数，由分布函数的右连续性可知，应当保证分组数据包括左端点 c_{j-1}，而不包括右端点 c_j。这里并没有对落在区间分界点上的观察值做出任何规定。事实上，对此并没有一致公认的约定。

为了计算分布函数在任意观测处的取值，可以采用线性插值法，得到的估计值称为经验分布光滑曲线，简称卵形线（ogive），其计算公式如下：

$$F_n(x)=\frac{c_j-x}{c_j-c_{j-1}}F(c_{j-1})+\frac{x-c_{j-1}}{c_j-c_{j-1}}F(c_j),\quad c_{j-1}\leqslant x<c_j \tag{6.13}$$

该函数几乎处处可导，因此可以人为地将其密度函数定义为右连续的函数，得到的密度函数称为直方图（histogram），计算公式为：

$$f_n(x)=\frac{n_j}{n(c_j-c_{j-1})},\quad c_{j-1}\leqslant x<c_j \tag{6.14}$$

注意：这里定义的直方图的组距可以不同。很多计算机程序生成的直方图实际上只是柱状图，柱的高度等于 $p_i=n_i/n$。但是，当观测样本数不多时，特别是在高额损失观测值的数量很少的情况下，有可能出现一些分组区间没有观测值，导致经验分布不连续。这时可采用不等距分组。

当区间长度不同时，就必须使用式（6.14）进行计算。这种方法的优点是直方图确实代表密度函数，而且直方图的面积可以代表经验概率值。

【例 6-14】 某保险公司在 1970—1989 年发生的火灾保险原始损失记录如表 6-8 所示。

表 6-8 某保险公司 1970—1989 年火灾保险原始损失记录 单位：千元

990	1 700	750	1 995	4 000
1 020	2 700	2 980	3 900	150
3 300	750	4 950	2 300	1 300
210	970	100	2 600	1 200

5 200	350	125	200	1 050
2 000	3 800	1 100	555	2 900
2 000	500	1 100	2 500	3 965

试将数据进行分组，并画出经验分布光滑曲线图。

【解】将损失记录按从小到大的顺序排序（见表 6－9）。

表 6－9 火灾保险原始损失排序　　单位：千元

100	125	150	200	210
350	500	555	750	750
970	990	1 020	1 050	1 100
1 100	1 200	1 300	1 700	1 995
2 000	2 000	2 300	2 500	2 600
2 700	2 900	2 980	3 300	3 800
3 900	3 965	4 000	4 950	5 200

根据整理的数据记录可以确定标志值（见表 6－10）。

表 6－10 火灾保险原始损失的标志值　　单位：千元

最小损失	最大损失	平均损失	中位数
100	5 200	1 863.14	1 300

将数据按不同规模分组，每组中的记录次数称为频数，以 500，1 000 为组距分组所得数据如表 6－11 所示。

表 6－11 火灾保险原始损失分组图

序号	分组	频数	r_i
1	1～500	7	0.000 4
2	500～1 000	5	0.000 285 714
3	1 001～2 000	10	0.000 285 714
4	2 001～3 000	6	0.000 171 429
5	3 001～4 000	5	0.000 142 857
6	4 001～5 200	2	0.000 047 6
合计		35	

根据表 6－11 可画出如图 6－5 所示的频率直方图。在图 6－5 中，直方图的高度代表各组密度函数值，而且直方图的面积可以代表经验概率值，整个直方图面积和等于 1。

由频率直方图可以得到一条频率折线（见图 6－6）。它所代表的函数为 $f_n(x)$，可看作总体分布密度函数的近似。

根据式（6.14）可得经验分布光滑曲线如图 6－7 所示。

根据经验分布函数，可计算分组数据的经验 k 阶原点矩：

$$\hat{\mu} = \sum_{j=1}^{r} \frac{n_j(c_j + c_{j-1})}{2n} \tag{6.15}$$

$$\hat{\mu}_k = \sum_{j=1}^{r} \int_{c_{j-1}}^{c_j} x^k \frac{n_j}{n(c_j - c_{j-1})} \mathrm{d}x = \sum_{j=1}^{r} \frac{n_j(c_j^{k+1} - c_{j-1}^{k+1})}{n(c_j - c_{j-1})(k+1)} \tag{6.16}$$

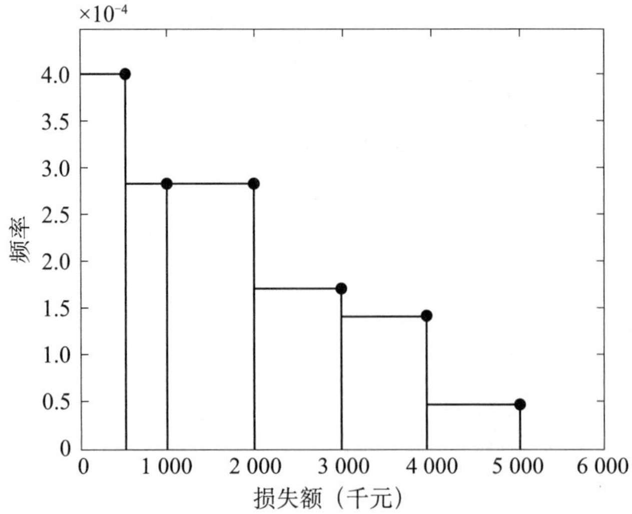

图 6-5　频率直方图

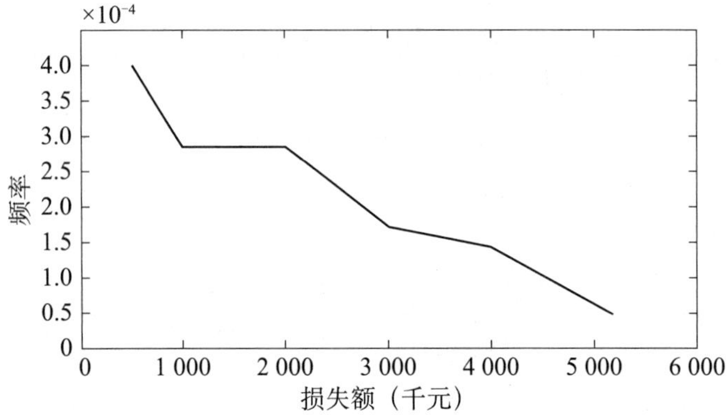

图 6-6　频率折线

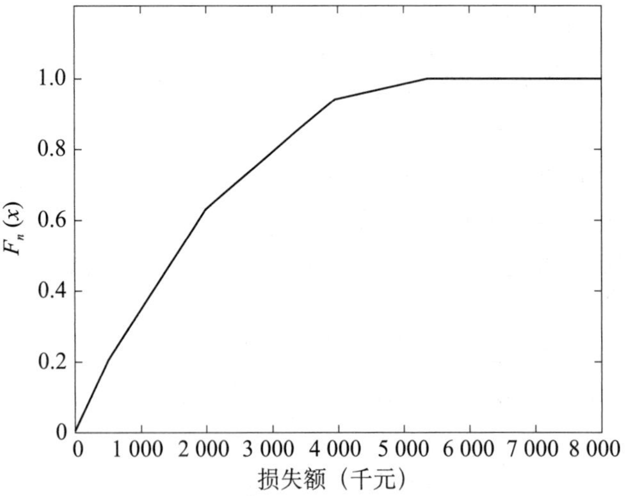

图 6-7　经验分布光滑曲线

也可以计算有限期望函数值，分两种情况考虑：

(1) $u=c_j$；$j=0, 1, \cdots, r$

$$\hat{E}(X\wedge u)=\sum_{i=1}^{j}\frac{n_i}{n}\frac{c_i+c_{i-1}}{2}+u\sum_{i=j+1}^{r}\frac{n_i}{n} \tag{6.17}$$

(2) $c_{j-1}\leqslant u<c_j$

$$\hat{E}(X\wedge u)=\sum_{i=1}^{j-1}\frac{n_i}{n}\frac{c_i+c_{i-1}}{2}+\frac{n_j}{n}\left(\frac{c_{j-1}+u}{2}\right)\left(\frac{u-c_{j-1}}{c_j-c_{j-1}}\right)$$
$$+u\frac{n_j}{n}\frac{c_j-u}{c_j-c_{j-1}}+u\sum_{i=j+1}^{r}\frac{n_i}{n} \tag{6.18}$$

【例 6-15】 80 个样本的分组数据的分布如表 6-12 所示。

表 6-12　80 个样本的分组数据的分布

分组	样本数目
(0，50]	4
(50，100]	7
(100，200]	9
(200，400]	16
(400，1 000]	29
(1 000，2 000]	12
(2 000，5 000]	3

已知第 2 至第 7 个区间的真实的样本均值分别为 72，160，310，750，1 600，4 500，同时，$E(X\wedge 1\,000)$ 的经验估计为 547.175，求包含 4 个样本的第一个区间的均值。

【解】 如果区间 $(c_{i-1}, c_i]$ 的样本均值是 a_i，$u=c_j$，那么 $E(X\wedge u)$ 的估计为 $\sum_{i=1}^{j}\frac{n_i a_i}{n}+c_j\sum_{i=j+1}^{r}\frac{n_i}{n}$。由题知，$u=1\,000=c_5$，因此

$$\begin{aligned}E(X\wedge 1\,000)&=\sum_{i=1}^{5}\frac{n_i a_i}{80}+1\,000\sum_{i=5+1}^{7}\frac{n_i}{80}\\&=\frac{1}{80}(4a_1+7\times 72+9\times 160+16\times 310+29\times 750)\\&\quad+1\,000\times\frac{1}{80}\times(12+3)\\&=547.175\end{aligned}$$

可得　$a_1=30$

分组数据的 $100p\%$ 样本分位点 $\hat{\pi}_p$ 可定义为：

$$p=\hat{F}_n(\hat{\pi}_p)$$

由于分组数据的经验分布函数曲线是一条折线，总能找到一个组的两个端点 c_{j-1} 和 c_j 满足

$$F_n(c_{j-1}) \leqslant p < F_n(c_j)$$

分组数据的 p 分位点示意图如图 6-8 所示。

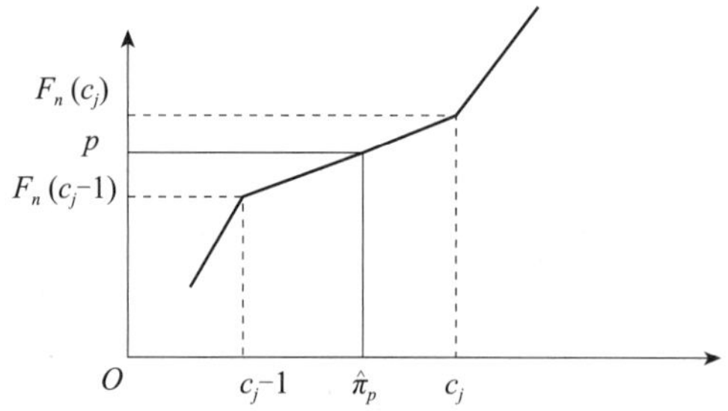

图 6-8　分组数据的 p 分位点示意图

于是可知

$$\hat{\pi}_p = \frac{p - F_n(c_{j-1})}{F_n(c_j) - F_n(c_{j-1})} \times c_j + \frac{F_n(c_j) - p}{F_n(c_j) - F_n(c_{j-1})} \times c_{j-1} \tag{6.19}$$

整理得到

$$\hat{\pi}_p = c_{j-1} + \left(np - \sum_{i=1}^{j-1} n_i\right)\frac{c_j - c_{j-1}}{n_j} \tag{6.20}$$

【例 6-16】 100 个赔付额观察值被分为 5 组，如表 6-13 所示。

表 6-13　100 个赔付额观察值的分组数据

赔付额	(0, 100)	(100, 200)	(200, 500)	(500, 1 000)	(1 000, 2 000)	合计
n_j	25	20	20	20	15	100

计算 40%分位点的经验分位数。

【解】 $F_n(c_1) = 0.25$，　$F_n(c_2) = 0.45$，　$0.25 < 0.4 < 0.45$

$$\hat{\pi}_{0.4} = \frac{0.4 - 0.25}{0.45 - 0.2} \times 200 + \frac{0.45 - 0.4}{0.45 - 0.25} \times 100 = 145$$

6.4　非完整数据的经验模型

6.4.1　非完整数据的经验分布函数估计

非完整数据的经验模型主要分为截断和删失两类。设 X 表示原始样本，如果只有当 X 的取值大于 d 时才被能观察并记录，那么这些被记录的 X 的观测值就是左截断的观测值，称 d 为左截断点。若用 Y 来表示 X 被左截断的观测变量，则

$$\text{左截断}: Y = \begin{cases} \text{未定义}, & X \leqslant d \\ X, & X > d \end{cases}$$

反之，如果只有当 X 小于 d 的数据才被记录，则称 X 被右截断，d 为右截断点。若用 Y 来表示 X 被左截断的观测变量，则

$$\text{右截断}: Y=\begin{cases} X, & X<d \\ \text{未定义}, & X\geqslant d \end{cases}$$

类似地，如果只能记录 X 大于 u 时的具体取值，而对 X 小于 u 的具体取值只记录为 u，则 X 在 u 点左删失，u 为左删失点。反之，如果只能记录 X 小于 u 时的具体取值，而对 X 大于 u 的具体取值只记录为 u，则 X 在 u 点右删失，u 为右删失点。用 Y 来表示 X 被删失的观测变量，则

$$\text{左删失}: Y=\begin{cases} u, & X\leqslant u \\ X, & X>u \end{cases};\quad \text{右删失}: Y=\begin{cases} X, & X<u \\ u, & X\geqslant u \end{cases}$$

在精算实践中经常存在数据删失或截断的现象。例如在生命表构造中，通常的做法是在几年的时间内，跟踪观测一个由不同年龄段的人组成的人群的生存状况。当某人开始参与一项生存研究项目时，由于他必然处于生存状态，且其身故年龄至少不会低于他参加该项目时的年龄，因此身故年龄是左截断数据。但如果某个被保险人在保单期满前退保，那么保险公司无法确定此人具体的身故年龄，只能确定身故年龄不会小于此人在退出该项目时的年龄。退保个体的身故年龄也是右删失数据。在非寿险定价中，由于免赔额的存在，保险公司只能获得损失高于免赔额的保单的损失数据，因此损失数据是截断数据。由于保单限额的存在，保险公司只能记录低于保单覆盖最大损失的具体损失数据，因此损失数据是右删失数据。无论是寿险中的生存时间数据还是非寿险中的保险损失数据，由于被保险人的不同行为，截断点和删失点都不一致，因此我们需要对观测值逐个进行分析，分别记录是否被截断及截断点和删失点等。对于非完整个体数据的第 j 个观测值，我们定义以下几个记号：

d_j：第 j 个观测值的截断点。若第 j 个观测值没有被截断，则令 $d_j=0$。在非寿险中一般认为截断点通常是免赔额 d。但是在寿险和生存分析中却不同，例如，某个被观察者，第一次观测的时间是签订保单后 0.3 年，其生存时间大于 0.3 年才被观察到，则 $d_j=0.3$。

x_j：第 j 个观测值的实际值。若该观测值被删失，则 x_j 未知，记 $x_j=—$。

u_j：第 j 个观测值被删失的点。若该观测值没有被删失，则记 $u_j=—$。在非寿险中，如果 X 表示保单持有人原损失，则删失点通常指保单覆盖的最大损失。而在生存分析中，删失点通常是退出观察时个体的年龄。例如某个被保险人，第一次观测的时间是签订保单后 2.1 年，第二次观测时间是签订保单后 3.9 年，状态是退保 S，其实际存活时间大于 3.9，但由于被删失，因此令 $x_j=—$，$u_j=3.9$。有时为了方便，也记为 $x_j=3.9+$。

实际上，对于每一个观测对象，都假定存在一个实际值 x_j 和删失值 u_j，但是能够被记录的只能是二者之一。因此，如果该数据是删失值，将它记为 u_j，否则记为 x_j。

与完整数据的情形类似，把未被删失的实际值 x_i 中包括的所有 k 个不同的数值记作 y_1，y_2，…，$y_k(y_1<y_2<\cdots<y_k)$，并且用 s_j 表示这些 y_j 出现的次数。与完整数据不同的是风险集 r_j 的计算。在生存模型中，风险集是由那些在指定年龄仍处于被观测状态的个体构成的。在时刻 y_j 的风险集包括：

（1）死亡时间在 y_j 或 y_j 以后的个体。

（2）删失时间在 y_j 或 y_j 以后的个体。

但是，对于那些在 y_j 以后才首次被观测到的个体，我们认为其在时刻 y_j 并没有处于被观测状态。我们用 r_j 表示风险集大小，也就是风险集中元素的个数，计算公式为：

$$r_j=\#\{x_i:x_i\geqslant y_j\}+\#\{u_i:u_i\geqslant y_j\}-\#\{d_i:d_i\geqslant y_i\} \tag{6.21}$$

式中，$\#\{\cdot\}$表示集合中元素的个数。如果样本都没有被删失和截断，则 $r_j=\#\{x_i:x_i\geqslant y_j\}=\sum_{i=j}^{k}s_i$。

另外，风险集大小 r_j 也可以看作在 y_j 以前被观测的个体总数，减去在 y_j 以前离开（死亡、退保）的个体总数，因此

$$r_j=\#\{d_i:d_i<y_j\}-\#\{x_i:x_i<y_j\}-\#\{u_i:u_i<y_j\} \tag{6.22}$$

根据式（6.22），可以递推计算 r_j 的值。

$$r_j=r_{j-1}+\#\{d_i:y_{j-1}\leqslant d_i<y_j\}-\#\{x_i:x_i=y_{j-1}\}-\#\{u_i:y_{j-1}\leqslant u_i<y_j\} \tag{6.23}$$

在损失模型中，如果观测值表示损失额，风险集是由提出理赔的保单构成的。观测值 y_j 的风险集包含损失观测值（实际金额或者由保单限额决定）大于或者等于 y_j 的保单，但要扣除那些免赔额大于或者等于 y_j 的保单。风险集大小即为风险集中的保单数目，计算公式同上。

【例 6-17】 用记号 $\{d_j,x_j,u_j\}$ 表示例 6-6 中的寿险保单观测值（单元：年），计算相应的风险集大小。

【解】 用记号 $\{d_j,x_j,u_j\}$ 表示例 6-6 中的寿险保单观测值，得到的结果如表 6-14 所示。

表 6-14 寿险保单信息记录表

保单号	第一次观测时间	第二次观测时间	保单持有人的状态	d_j	x_j	u_j
1	0	0.1	S	0	—	0.1
2	0	0.5	S	0	—	0.5
3	0	0.8	S	0	—	0.8
4	0	0.8	D	0	0.8	—
5	0.6	5.0	E	0.6	—	5
6	1.4	5.0	E	1.4	—	5
7	2.0	4.2	D	2.0	4.2	—
8	3.6	4.5	D	3.6	4.5	—
9	4.2	4.8	S	4.2	—	4.8
10	4.6	5.0	E	4.6	—	5

例如第 9 份保单，第一次观测的时间是签订保单后 4.2 年，第二次观测的时间是签订保单后 4.8 年，状态是退保 S，其实际存活时间大于 4.8，但由于被删失，因此令 x_j =—，$u_j=4.8$。

将 x_j 按从小到大的顺序排列为 0.8，4.2，4.5，记为 y_1，y_2，y_3。$y_1=0.8$ 的风险

集就是在0.8时刻面临死亡风险的被观察者的集合，其元素个数为：

$$r_1=(\#x_i;x_i\geqslant 0.8)+(\#u_i;u_i\geqslant 0.8)-(\#d_i;d_i\geqslant 0.8)=3+5-5=3$$

类似计算得到 y_2 和 y_3 对应的风险集的大小如表 6-15 所示。

表 6-15　y_2 和 y_3 对应的风险集

y_j	0.8	4.2	4.5
s_j	1	1	1
r_j	3	4	4

在风险集概念的基础上，我们可以对生存函数做进一步估计。最常用的方法是 Kaplan-Meier 乘积极限估计（Kaplan-Meier product-limit estimator）。下面用生存模型来说明 Kaplan-Meier 乘积极限估计方法：首先，把未被删失的观测值 x_i 中包括的所有 k 个不同的数值记作 y_1，y_2，…，$y_k(y_1<y_2<\cdots<y_k)$。其次，对于 $t<y_1$ 的值，因为在 y_1 之前没有人身故，所以认为 $S(t)=1$。然后，在 y_1 时刻的死亡事件发生以前，风险集为 r_1，表示可能会有 r_1 人面临死亡风险，而实际的死亡人数为 s_1。因此，活过时刻 y_1 的概率为$\frac{r_1-s_1}{r_1}$，这就是 $S(y_1)$ 的值。在 y_1 和 y_2 之间的时刻，没有新的死亡事件发生，因此在这个时间段内生存函数值保持不变。而在时刻 y_1 和 y_2 之间，风险集中共有 r_2 个被观察者面临死亡的风险，其中 s_2 个被观察者在时刻 y_2 死亡，另外 r_2-s_2 个被观察者还会继续存活。由相同方法知道活过这个时刻的条件概率为 $P\{T>y_2 \mid T>y_1\}=\frac{r_2-s_2}{r_2}$，而我们假设观察对象之间是相互独立的，因此 $S(y_2)=S(y_1)\frac{r_2-s_2}{r_2}$。继续以上推导，就可以得到 Kaplan-Meier 乘积极限公式：

$$S_n(t)=\begin{cases}1, & 0\leqslant t<y_1\\ \prod_{i=1}^{j-1}\left(\frac{r_i-s_i}{r_i}\right), & y_{j-1}\leqslant t<y_j;j=2,3,\cdots,k\\ \prod_{i=1}^{k}\left(\frac{r_i-s_i}{r_i}\right)\text{或 }0, & t\geqslant y_k\end{cases}\tag{6.24}$$

注意当 $t\geqslant y_k$ 时 $S_n(t)$ 的值。如果 $s_k=r_k$，则当 $t\geqslant y_k$ 时，该样本中的所有个体都在 y_k 之前身故，因此，$S_n(t)=0$。但是如果 y_k 是保单期满时刻，可能有个体在保单期满后仍生存，但具体存活年龄无法得知，因此在 y_k 以后的生存函数无法估计。对于这种情况，有三种处理方法。第一种方法是取最后得到的函数值 $\prod_{i=1}^{k}\left(\frac{r_i-s_i}{r_i}\right)$ 作为 $S(t)$ 的估计，这种方法得到的估计量是有偏的。因此，有时我们也采用第二种方法，即规定在 y_k 以后的所有取值都为0，这种方法得到的估计量也是有偏的，但是可以用于计算各阶矩。第三种方法是折中的办法，即选择一条按指数速度衰减的曲线去拟合 y_k 以后的生存函数。令 $w=\max\{y_k,u_1,u_2,\cdots,u_n\}$，对 $t>w$，规定 $S_n(t)=e^{\frac{t}{w}}\ln(s^*)=s^{*\frac{t}{w}}$，其中 $s^*=\prod_{i=1}^{k}\left(\frac{r_i-s_i}{r_i}\right)$。由指数函数的性质可知，此时的经验分布函数对各阶矩的积分都是收敛的。

还要注意，式（6.24）中的 $S_n(t)$ 和完整个体数据经验生存函数（6.3）中的符号是相同的。这并不会引起混淆，因为在完整数据的情况下，Kaplan-Meier 估计式（6.24）正好退化为经验生存函数（6.3）。在完整数据的情形下，所有观测值均为 x_i，并且 $d_i=0$。因此，$r_1=n$，$r_i=\sum_{j=i}^{k}s_j$，$r_i-s_i=\sum_{j=i}^{k}s_j-s_i=\sum_{j=i+1}^{k}s_j=r_{i+1}$。将这些关系式代入式（6.24），有

$$S_n(t)=\begin{cases}1, & 0\leqslant t<y_1\\ \prod_{i=1}^{j-1}\left(\frac{r_{i+1}}{r_i}\right)=\frac{r_j}{n}, & y_{j-1}\leqslant t<y_j;j\leqslant k\\ \frac{r_k}{n}\text{ 或 }0, & t\geqslant y_k\end{cases}$$

【例 6－18】 以下是 25 个个体的死亡时间数据：4，5，5，5+，6，6，6，6，6+，7+，8，8，9，9，9，9+，9+，10，11，12，14+，15，15，16，18（“+”表示数据是右删失的）。采用 Kaplan-Meier 乘积极限估计方法计算 $S_{25}(13)$。

【解】 由以上数据整理得到如表 6－16 所示的数据。

表 6－16　25 个个体的死亡时间数据

y	4	5	6	8	9	10	11	12	15	16	18
s	1	2	4	2	3	1	1	1	2	1	1
r	25	24	21	15	13	8	7	6	4	2	1

采用 Kaplan-Meier 乘积极限估计方法得

$$\begin{aligned}S_{25}(13)&=\prod_{i:y_i<13}\left(1-\frac{s_i}{r_i}\right)\\&=(1-1/25)(1-2/24)\cdots(1-1/6)\\&=0.296\,8\end{aligned}$$

【例 6－19】 来自 10 份保单的赔付额数据如下：2，3，3，5，5+，6，7，7+，9，11+（“+”表示损失额超过保单限额）。使用 Kaplan-Meier 乘积极限估计方法，计算保单损失额超过 6.5 的概率。

【解】 分别计算观测值的 r_j，s_j，结果如表 6－17 所示。

表 6－17　r_j，s_j 计算结果

y_j	r_j	s_j	$\hat{S}(t)$
2	10	1	(9/10) =0.9
3	9	2	0.9× (7/9) =0.7
5	7	1	0.7× (6/7) =0.6
6	5	1	0.6× (4/5) =0.48
7	4	1	0.48× (3/4) =0.36
9	2	1	0.36× (1/2) =0.18

因为 Kaplan-Meier 乘积极限估计在观测点之间是常数，故 $\hat{S}(6.5)=\hat{S}(6)=0.48$。

6.4.2　经验累积危险率函数的 Nelson-Åalen 估计

危险率函数是生存分析中的一个基本函数，它描述被观察个体在某时刻存活的条件下，在以后的单位时间内死亡的（条件）概率。危险率函数又称条件瞬时死亡率、死亡密度。在人口学中，它被称为死亡力，在可靠性研究中称为条件失效率。

危险率函数的定义为：

$$h(x)=\frac{f(x)}{S(x)} \tag{6.25}$$

显然，$h(x)$ 是在生存到时刻 x 的条件下的死亡密度。

我们注意到，$f(x)$ 和 $h(x)$ 都是对个体在 x 时刻死亡密度的瞬时度量，但 $f(x)$ 只需个体在初始时刻生存即可，而 $h(x)$ 需要个体在时刻 x 生存，这也是称 $f(x)$ 为时刻 x 死亡的无条件密度，而称 $h(x)$ 为条件密度的原因。

将 $f(x)=-\frac{\mathrm{d}S(x)}{\mathrm{d}x}$ 代入式（6.25），有

$$h(x)=-\frac{\mathrm{d}S(x)/S(x)}{\mathrm{d}x}=-\frac{\mathrm{d}\ln S(x)}{\mathrm{d}x} \tag{6.26}$$

对式（6.26）两边从 0 到 x 积分，得

$$\int_0^x h(y)\mathrm{d}y=-\ln S(x) \tag{6.27}$$

所以

$$S(x)=\mathrm{e}^{-\int_0^x h(y)\mathrm{d}y} \tag{6.28}$$

在实际应用中，还经常用到累积危险率函数，记为 $H(x)$，其定义为：

$$H(x)=\int_0^x h(y)\mathrm{d}y=-\ln S(x) \tag{6.29}$$

因此

$$S(x)=\mathrm{e}^{-H(x)} \tag{6.30}$$

从式（6.29）和式（6.30）可以看出，危险率函数和生存函数存在对应关系。与生存函数相比，危险率函数通常可以反映更为详细的死亡（失效）机制信息。因此，在概括性地描述生存数据时，危险率函数通常占据主导地位。

下面利用生存模型给出经验累积危险率函数 $H(t)$ 的直观推导。在任意时刻 t，令 $r(t)$ 是风险集，$h(t)$ 是危险率函数，$s(t)$ 表示在时刻 t 之前身故的个体数目的期望值，则

$$s(t)=\int_0^t r(u)h(u)\mathrm{d}u$$

两边求导，得

$$\mathrm{d}s(t)=r(t)h(t)\mathrm{d}t$$

于是得

$$\frac{\mathrm{d}s(t)}{r(t)}=h(t)\mathrm{d}t$$

两边积分，得

$$\int_0^t\frac{\mathrm{d}s(u)}{r(u)}=\int_0^t h(u)\mathrm{d}u=H(t)$$

将真实的期望值 $s(t)$ 用时刻 t 之前的身故个体数目的观测值 $\hat{s}(t)$ 代替。$\hat{s}(t)$ 是一个阶梯函数，在每一个身故事件发生的时刻增加 s_i，因此上式的左边变为 $\sum\limits_{t_i\leqslant t}\frac{s_i}{r_i}$。

这就给出了 $H(t)$ 的 Nelson-Åalen 估计：

$$\hat{H}(x)=\sum_{j:y_j\leqslant x}\frac{s_j}{r_j}=\begin{cases}0, & x<y_1\\ \sum\limits_{j=1}^{i-1}\frac{s_j}{r_j}, & y_{i-1}\leqslant x<y_i\\ \sum\limits_{j=1}^{k}\frac{s_j}{r_j}, & x\geqslant y_k\end{cases}\tag{6.31}$$

相应地，由式（6.30）可得生存函数的估计值：

$$\hat{S}(x)=\mathrm{e}^{-\hat{H}(x)}\tag{6.32}$$

由式（6.32）得到的估计值称为生存函数的 Nelson-Åalen 估计。

注意，在推导过程中我们没有假定数据的非完整性。无论对于完整数据还是非完整数据，Nelson-Åalen 估计都是相同的。

【例 6-20】 假设某数据集包含下面的数据：1.0，1.3，1.5，1.5，2.1，2.1，2.1，2.8，计算 $S_8(2)$ 的 Nelson-Åalen 估计。

【解】

$$\hat{H}(x)=\begin{cases}0, & x<1.0\\ \frac{1}{8}=0.125, & 1.0\leqslant x<1.3\\ 0.125+\frac{1}{7}=0.268, & 1.3\leqslant x<1.5\\ 0.268+\frac{2}{6}=0.601, & 1.5\leqslant x<2.1\\ 0.601+\frac{3}{4}=1.351, & 2.1\leqslant x<2.8\\ 1.351+\frac{1}{1}=2.351, & x\geqslant 2.8\end{cases}$$

对于 $1.5 \leqslant 2 < 2.1$，$S(2) = e^{-0.601} = 0.548$。

【例 6-21】 在索赔赔付次数的研究中，给定以下条件：

（1）数据没有删失或截断。

（2）一次索赔至多支付一次。

（3）第二次赔付后的瞬间，累积风险率的 Nelson-Åalen 估计是 17/72。

根据以上信息，求第四次赔付后的瞬间，累积风险率的 Nelson-Åalen 估计。

【解】 第二次赔付后

$$\hat{H}(t) = \frac{1}{n} + \frac{1}{n-1} = \frac{17}{72} \Leftrightarrow n = 9$$

第四次赔付后

$$\hat{H}(t) = \frac{1}{9} + \frac{1}{8} + \frac{1}{7} + \frac{1}{6} = 0.545\ 6$$

【例 6-22】 在对保单退保情况的研究中，给定下面 100 份保单的信息：

（1）每当有一份保单退保，就会有一份新保单加进来，即风险集 r_j 恒等于 100。

（2）退保只发生在保单年末。

（3）每个保单年末的退保数如下：第 1 年末 1 份，第 2 年末 2 份，第 3 年末 3 份，……，第 n 年末 n 份。

已知时刻 n 的累积分布函数的 Nelson-Åalen 估计为 $\hat{F}(n) = 0.597\ 5$，求 n。

【解】 由式（6.25）知，$0.597\ 5 = \hat{F}(n) = 1 - e^{-\hat{H}(n)}$，因此，$\hat{H}(n) = 0.91$。由题可知，在所有退保时刻 r 恒等于 100，而 s 依次为 1，2，…，则

$$0.91 = \frac{1}{100} + \frac{2}{100} + \cdots + \frac{n}{100} = \frac{n(n+1)}{200}$$

解得　　$n = 13$

6.5 本章上机指导

本章的上机内容主要是对不同类型的数据做描述性统计分析、可视化（绘制经验分布曲线、生存函数曲线、核密度图），计算经验矩与有限期望函数。

6.5.1 完整个体数据的经验分析

1. 做描述性统计：计算经验均值、样本方差和分位数

对于已有的样本数据，可以通过调用函数获得常用的几个统计量。例如：

```
test<-rnorm(1000,mean=100,sd=5)                    #生成 100 个正态分布随机数
mean(test)                                          #均值
## [1] 100.0189
var(test)                                           #方差
## [1] 25.63045
quantile(test,c(0.25,0.5,0.75,0.9))                 #分位数
##      25%      50%      75%      90%
##  96.4472 100.0762 103.1767 106.5166
```

2. 绘制核密度图

核密度曲线类似于概率密度曲线，对这个核密度曲线求积分的结果为 1，也就是其曲线下的面积为 1。核密度图实质上是一种对直方图的抽象。在 R 语言中，通常将 density () 函数和 plot () 函数结合起来绘制数据的密度图，如 plot (density (x))，其中 x 的实际值为横坐标，对应的密度为纵坐标。核函数包括高斯（gaussian）核函数、均匀（rectangular）核函数、三角数（triangular）核函数、Epanechnikov（epanechnikov）核函数等，默认核函数是高斯核函数。带宽为 1 和 10 的核密度图见图 6－9。

```
test_1<-rnorm(1000,mean=100,sd=5)  #生成 1000 个正态分布随机数
plot(density(test_1),main="核密度图(高斯核函数)")
##绘制核函数是均匀核函数,带宽等于 1、10 的核密度图
plot(density(test_1,kernel="rectangular",width=1),main="核密度图(均匀核函数),h=1")
plot(density(test_1,kernel="rectangular",width=10),main="核密度图(均匀核函数),h=10")
```

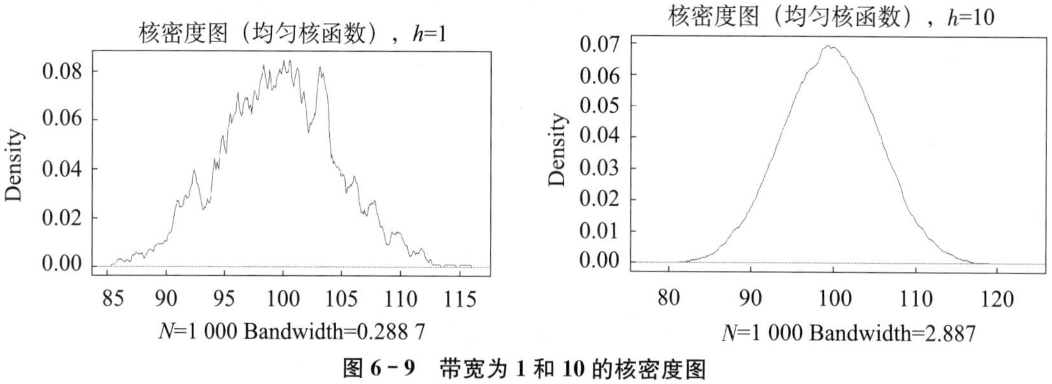

图 6－9　带宽为 1 和 10 的核密度图

可以看出，带宽越大，核密度图越接近真实分布图。

6.5.2　分组数据的经验分析

1. 构造分组数据对象

研究分组数据，需先构造分组数据对象。对于分组数据来说，需要知道每个组的数值范围及落在该组的观测频数，因此要构造一个完整的分组数据只需要提供上面两个信息即可。actuar 包提供了分组数据的构造函数 grouped. data，注意这个函数是构造一个

分组数据的结构，而非对现有个体数据进行分组，该函数返回一个分组数据的对象。函数 grouped. data 的语法为：

```
gouped.data(Group = c( … ),freq1 = c( … ),freq2 = c( … ), …,right = TRUE,row.names = NULL)
```

其中，参数 Group 定义的是分组的边界值，freq1 和 freq2（还可以定义 freq3 及更多）是每条分组数据的频数。Group，freq1 和 freq2 可以随意命名，比如可以将 Group 改为“分数档”，将 freq1，freq2 改为“类别 1”“类别 2”等，那么“类别 1”“类别 2”就是两条分组数据，有着共同的分组数据边界值。要注意，一定要把 Group 放在第一个参数的位置。Group 向量要比 freq 向量多出一个长度（边界数比组数多 1）。

另外，默认分组区间是左开右闭，如果想变为左闭右开，可以设 right＝FALSE。row. names 可以自定义行的名称。

对于多个数据集，如果已有不同区间的各自的分布频数，则可以直接构造出分组数据对象。例如，表 6－18 中给出了三个类别保单组合的赔付额。

表 6－18　三个类别保单组合的赔付额

区间	类别 1	类别 2	类别 2
[0，5)	1	3	2
[5，10)	2	5	5
[10，20)	4	6	6
[20，40)	7	7	12
[40，100)	8	10	15

用代码建立分组数据对象：

```
library(actuar)
##构建分组数据对象
testdata_1<-grouped.data(Group = c(0,5,10,20,40,100),
                         freq1 = c(1,2,4,7,8),
                         freq2 = c(3,5,6,7,10),
                         group1 = c(2,5,7,12,15),
                         right = F)
testdata_1
##        Group freq1 freq2 group1
## 1  [0,  5)    1    3    2
## 2  [5,  10)   2    5    5
## 3 [10,  20)   4    6    7
## 4 [20,  40)   7    7    12
## 5 [40,100)    8    10   15
```

对于个体数据，也可以使用 cut 函数对个体数据分组并统计数据落在每组中的频数。比如，对于生成的服从指数分布的 100 个随机数，先试用 cut 函数分组并统计频数，然后再使用 grouped. data 函数构造分组数据对象，代码如下：

```
test<-rexp(100,rate=0.2)
break.points=c(0,2,4,6,10,20,Inf)#设置各组边界
cut_test=table(cut(test,breaks=break.points));cut_test
##
##   (0,2]   (2,4]   (4,6]  (6,10]  (10,20]  (20,Inf]
##     36      22      15      13      12        2
#将 cut 函数的输出直接用于构造分组数据
grouped.data(Group=break.points,freq=as.matrix(cut_test))
##       Group        freq
## 1  (0,      2]      36
## 2  (2,      4]      22
## 3  (4,      6]      15
## 4  (6,     10]      13
## 5  (10,    20]      12
## 6  (20,Inf]          2
```

2. 绘制分组数据的分布图和直方图

首先展示如何绘制分组数据的直方图。绘图时需要指定频率所在的列，如果不指定，默认绘制第一组频率（数据框的第二列）。

```
layout(matrix(1:4,2,2,byrow=T))
hist(testdata_1[,-c(3,4)],main="Histogram of freq1")
hist(testdata_1[,-c(2,4)],main="Histogram of freq2")
hist(testdata_1[,-c(2,3)],main="Histogram of group1")
hist(testdata_1,main="Histogram for Unspecified Line")
```

接下来展示如何绘制分组数据的经验分布光滑曲线，也称为拱形图或者卵形图。需要用到函数 ogive。函数 ogive 输入的是分组数据对象 x，返回的是一个阶梯函数对象，也就是说实现了分组数据对象向阶梯函数对象的转换。如果给定函数的横坐标，就可以返回相对应的函数值。使用者可以通过 plot 绘制阶梯函数。

```
Fnt<-ogive(testdata_1)
knots(Fnt)          #返回临界点
## [1]  0  5  10  20  40  100
Fnt(knots(Fnt))     #返回临界点的累计频率值
## [1] 0.00000000 0.04545455 0.13636364 0.31818182 0.63636364 1.00000000
plot(Fnt)
```

3. 计算分组数据经验矩

分组数据的经验均值的定义为：

$$\frac{1}{n}\sum_{i=1}^{r}n_j\,\frac{c_{j-1}+c_j}{2}$$

其中，n 为总样本量；c_j 为边界值；r 为总分组数。对本小节中构造的 testdata _ 1 分组数据对象，可以使用最常用的函数 mean 计算分组数据的经验均值。

```
mean(testdata_1)
##   freq1    freq2    group1
## 38.52273 33.70968 37.98780
```

分组数据的 k 阶经验矩的定义为：

$$\frac{1}{n}\sum_{i=1}^{r} n_j \frac{c_j^k - c_{j-1}^k}{(k+1)\cdot(c_j - c_{j-1})}$$

对于高阶经验矩，mean 函数已经无能为力，需要用到函数 emm。函数 emm 的语法比较简单，参数 order 用于输入矩的阶数，可以是单个数字，也可以是向量。仍然对 testdata _ 1 分组数据对象使用 emm 函数，代码如下：

```
emm(testdata_1,order = c(1:3))
##              [,1]        [,2]        [,3]
## freq1     38.52273    2235.985    157907.7
## freq2     33.70968    1943.548    138546.4
## group1    37.98780    2222.967    158016.0
```

6.5.3 非完整数据的经验分析

1. Kaplan-Meier 乘积极限估计

方法 1：计算 Kaplan-Meier 乘积极限的公式较为简单，可自行编写代码。

下面给出完成本章例 6 - 17 和例 6 - 18Kaplan-Meier 乘积极限计算的 R 代码。

例 6 - 17 的 R 代码：

```
library(plyr)
#录入例题 6 - 17 的数据
#d 表示截断时间,x 表示死亡时间,u 表示删失时间
d <- c(0,0,0,0,0.6,1.4,2.0,3.6,4.2,4.6)
x <- c(NA,NA,NA,0.8,NA,NA,4.2,4.5,NA,NA)
u <- c(0.1,0.5,0.8,NA,5,5,NA,NA,4.8,5)
#整理为数据框
data <- cbind(d,x,u)
data <- as.data.frame(data)

ys <- count(x[complete.cases(x)])
#y 表示按顺序排列的死亡时点
y <- ys$x
#s 表示每个时点死亡的人数
```

```
s <- ys $ freq

#r 表示每个时点的风险集大小
r <- c()
for(i in 1:length(y)){
  r[i] <- length(which(x>y[i]|x = = y[i]))
        + length(which(u>y[i]|u = = y[i]))
        - ength(which(d>y[i]|d = = y[i]))
}
#计算生存函数
S <- c()
S[1] <- 1 - s[1]/r[1]
for(i in 2:length(y)){
  S[i] <- S[i-1] * (1 - s[i]/r[i])
}
#输出 KM 估计的结果
result <- cbind(y,s,r,S)
result
##        y s r    S
##[1,] 0.8 1 3 0.6666667
##[2,] 4.2 1 4 0.5000000
##[3,] 4.5 1 4 0.3750000
```

例 6-18 的 R 代码：

```
library(plyr)
#录入 25 个人的死亡时间数据
time <- c(4,5,5,5,6,6,6,6,6,7,8,8,9,9,9,9,9,10,11,12,14,15,15,16,18)
censor <- c(1,1,1,0,1,1,1,1,0,0,1,1,1,1,1,0,0,1,1,1,0,1,1,1,1) #将数据标记是否删失:0 为
删失状态
#整理为数据框
data <- cbind(time,censor)
data <- as.data.frame(data)
#对删失数据和未删失数据进行分类汇总
ys <- tapply(data $ time,data $ censor,count)
y <- ys $`1` $ x   #y 表示按顺序排列的死亡时点
s <- ys $`1` $ freq   #s 表示每个时点死亡的人数
#记录每个时点的风险集大小
r <- c()
r[1] <- length(time)
for(i in 2:length(y)){
```

```
  d <- length(which(time<y[i]))#删失数据在计算风险集时考虑
  r[i] <- r[1] - d
}
#计算生存函数
S <- c()
S[1] <- 1 - s[1]/r[1]
for(i in 2:length(y)){
  S[i] <- S[i-1] * (1 - s[i]/r[i])
}
#输出 KM 估计的结果
result <- cbind(y,s,r,S)
result
```

2. Nelson-Åalen 估计

下面的代码展示了对于一个随机生成的数据集如何计算生存函数的 Nelson-Åalen 估计。对于数据集：1.0，1.3，1.5，1.5，2.1，2.1，2.1，2.8，求出S_2(8) 的 Nelson-Åalen 估计。

```
data<-sort(c(1.0,1.3,1.5,1.5,2.1,2.1,2.1,2.8))
x<-2
break.points = c(0,unique(data),Inf)
cutdata<-table(cut(data,breaks = break.points,right = F))
a<-grouped.data(Group = break.points,freq = as.matrix(cutdata),right = F)
#记录 H 的值
H<-c(0)
n<-length(data)
for(i in 2:(nrow(a))){
  H[i]<-H[i-1] + a[i,2]/(n - sum(a[1:(i-1),2]))
}
a<-cbind(a,H);a
##     Group     freq      H
## 1  [0,1)        0   0.0000000
## 2  [1,1.3)      1   0.1250000
## 3  [1.3,1.5)    1   0.2678571
## 4  [1.5,2.1)    2   0.6011905
## 5  [2.1,2.8)    3   1.3511905
## 6  [2.8,Inf)    1   2.3511905
#找到 x 的位置
index<-0
for(i in 1:nrow(a)){
if(x<break.points[i]){
```

```
  index<-i-1
break
  }
}
H[index]
## [1] 0.6011905
S<-exp(-H[index]);S
## [1] 0.5481587
```

3. 采用 Survival 包实现 KM 估计和 NA 估计

非完整数据表示存在删失值的数据。对于非完整数据的处理，我们在风险集的基础上采用 Kaplan-Meier 乘积极限估计方法和 Nelson-Åalen 估计方法分别估计生存函数。对于这两个估计的 R 语言实现，先介绍 Survival 包中的两个基础函数：Surv() 函数和 Survfit() 函数。

```
Surv(time,time2,event,type=c('right','left','interval','counting','interval2','mstate'),origin
=0)
```

参数含义：

time：对于右删失数据，time 表示随访时间；对于区间数据，time 表示事件起始时间。

event：生存状态，多赋为删失状态的指示变量。

在 R 语言中，对于 1 个删失状态数据，event 变量为 0－1 变量，0 表示删失；对于多个终点数据，event 变量是一个因子变量，将第一个水平认为是删失的。

time2：区间的结束时间，可用于创建区间删失的生存对象，区间为左开右闭区间。或者用于创建计数过程的生存对象，此时 event 指标用来表示区间右端事件是否发生。

type：字符串变量，用来指定删失的类型，可能的取值有：right/left 表示右/左删失；counting 表示计数过程；interval/interval2 表示区间删失；mstate 表示多状态模型。

origin：适用于计数过程，用以给定风险函数的初值。

```
Survfit(formula,…)
```

参数含义：

formula：指做乘积极限估计使用的公式或其他生存模型。如果做乘积极限估计，formula=Surv()～1，这里～左侧为 Surv 函数构造的生存对象，～右侧为分组或者分层变量，没有分组或分层的情形下取值为 1。

conf. int：确定是否添加置信区间，TRUE 表示默认绘制 95% 置信区间。

conf. type：默认 log，不能使用缩写，要使用全称。包括以下四种：

plain：表示不给出置信区间；

log：表示基于 log(survival) 计算置信区间；

log-log：log 风险或 log(－log（survival)) 计算置信区间；

logit：log(survival/(1−survival)) 计算置信区间。

已知以下25个人的死亡时间数据：4，5，5，5+，6，6，6，6，6+，7+，8，8，9，9，9，9+，9+，10，11，12，14+，15，15，16，18。其中，"+"表示数据是右删失的。用Surv() 函数和 Survfit() 函数计算 Kaplan-Meier 乘积极限估计和 Nelson-Åalen 估计。

（1）整理数据结构。

```
#time 记录 25 个人的死亡时间数据
time <- c(4,5,5,5,6,6,6,6,6,7,8,8,9,9,9,9,9,10,11,12,14,15,15,16,18)
#censor 表示数据是否删失:0 为删失状态
censor <- c(1,1,1,0,1,1,1,1,0,0,1,1,1,1,1,0,0,1,1,1,0,1,1,1,1)
```

（2）Surv() 函数创建生存对象。

```
#加载 survival 包
library(survival)
#创建生存对象
Surv(time,censor)
## [1]  4  5  5  5+  6  6  6  6  6+  7+  8  8  9  9  9  9+  9+ 10  11  12
## [21] 14+ 15  15  16  18
```

（3）应用 survfit() 函数进行 Kaplan-Meier 乘积极限估计，KM 估计可视化见图 6-10。

```
#对存在删失状态的 time 的生存函数做乘积极限估计,置信区间的形式设为"log-log",误差形式为"greenwood"
KM <- survfit(Surv(time,censor) ~ 1,conf.type = "log-log",error = "greenwood")
#KM 估计的结果
summary(KM)
## Call: survfit(formula = Surv(time,censor) ~ 1,error = "greenwood",
    conf.type = "log-log")
## time n.risk n.event survival  std.err  lower 95% CI  upper 95% CI
##    4    25     1    0.9600   0.0392   0.74839       0.994
##    5    24     2    0.8800   0.0650   0.67256       0.960
##    6    21     4    0.7124   0.0919   0.48917       0.851
##    8    15     2    0.6174   0.1013   0.39087       0.781
##    9    13     3    0.4749   0.1062   0.26151       0.661
##   10     8     1    0.4156   0.1082   0.20793       0.612
##   11     7     1    0.3562   0.1078   0.15974       0.559
##   12     6     1    0.2968   0.1049   0.11662       0.503
##   15     4     2    0.1484   0.0909   0.02791       0.362
##   16     2     1    0.0742   0.0694   0.00518       0.277
##   18     1     1    0.0000   NaN      NA            NA
#KM 估计可视化形式
plot(KM)
```

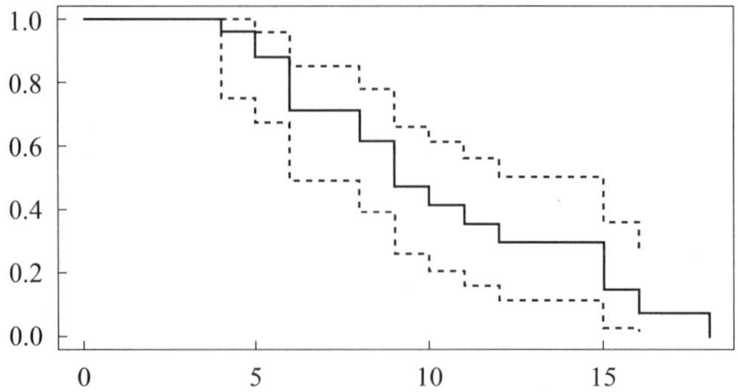

图 6-10　KM 估计可视化

（4）应用 survfit() 函数进行 Nelson-Åalen 估计，结果见图 6-11。

```
#Nelson-Åalen 估计也使用 survfit()函数计算,需要增设 type="fh"
FH <- survfit(Surv(time,censor)~1,conf.type="log-log",type="fh")
#NA 估计的结果
summary(FH)
## Call: survfit(formula=Surv(time,censor) ~ 1,conf.type="log-log",
   type="fh")
## time n.risk n.event survival std.err lower 95 % CI upper 95 % CI
##    4    25    1    0.9608  0.0384  0.75279     0.994
##    5    24    2    0.8824  0.0638  0.67823     0.960
##    6    21    4    0.7182  0.0904  0.49780     0.855
##    8    15    2    0.6256  0.0997  0.40136     0.786
##    9    13    3    0.4866  0.1050  0.27381     0.670
##   10     8    1    0.4295  0.1071  0.22164     0.622
##   11     7    1    0.3723  0.1070  0.17428     0.572
##   12     6    1    0.3151  0.1047  0.13143     0.518
##   15     4    2    0.1759  0.0937  0.04201     0.386
##   16     2    1    0.1067  0.0779  0.01435     0.307
##   18     1    1    0.0392  0.0486  0.00106     0.217
#NA 估计的可视化
plot(FH)
```

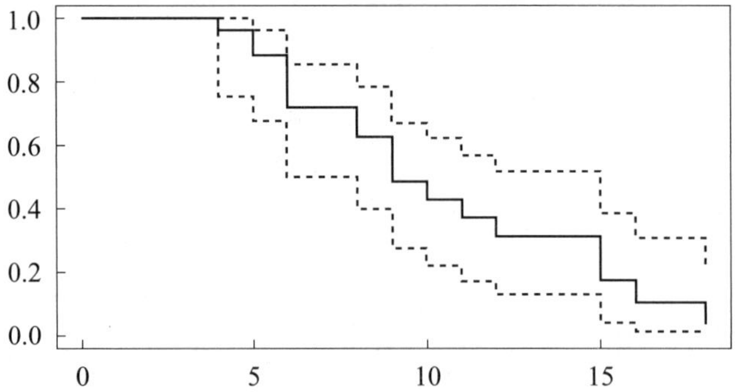

图 6-11　NA 估计的可视化

4. 部分例题代码示例

例6-6的R代码：

```
library(plyr)
#d表示截断时间,x表示死亡时间,u表示删失时间
d<-c(0,0,0,0,0.6,1.4,2.0,3.6,4.2,4.6)
x<-c(NA,NA,NA,0.8,NA,NA,4.2,4.5,NA,NA)
u<-c(0.1,0.5,0.8,NA,5,5,NA,NA,4.8,5)
#整理为数据框
data<-cbind(d,x,u)
data<-as.data.frame(data)

ys<-count(x[complete.cases(x)])
#y表示按顺序排列的死亡时点
y<-ys$x
#s表示每个时点死亡的人数
s<-ys$freq

#r表示每个时点的风险集大小
r<-c()
for(i in 1:length(y)){
  r[i]<-length(which(x>y[i]|x==y[i]))
       +length(which(u>y[i]|u==y[i]))
       -length(which(d>y[i]|d==y[i]))
}

#计算生存函数
S<-c()
S[1]<-1-s[1]/r[1]
for(i in 2:length(y)){
  S[i]<-S[i-1]*(1-s[i]/r[i])
}

#输出KM估计的结果
result<-cbind(y,s,r,S)
result
##        y  s  r      S
##[1,] 0.8  1  3  0.6666667
##[2,] 4.2  1  4  0.5000000
##[3,] 4.5  1  4  0.3750000
```

习 题

1. 已知一个抽取自某总体 X 的样本包含 12 个数据：7，12，15，19，26，27，29，29，30，33，38，53。用 $\alpha=1$ 的伽马核函数求 $\hat{f}(20)$ 和 $\hat{F}(20)$。

2. 已知一个抽取自某总体 X 的样本包含 80 个数据，并分为以下几组：

区间	数据个数
(0，50]	4
(50，100]	7
(100，200]	9
(200，400]	16
(400，1 000]	29
(1 000，2 000]	12
(2 000，5 000]	3

若限额为 $u=400$，求此时 $E(X\wedge u)$ 的经验估计。

3. 100 个观测值被分为以下 5 组：

区间	数据个数
(0，100]	15
(100，200]	22
(200，500]	33
(500，1 000]	17
(1 000，2 000]	13

求经验分布函数。

4. 以下是 25 个人的死亡时间数据：4，5，5，5+，6，6，6，6，6+，7+，8，8，9，9，9，9+，9+，10，11，12，14+，15，15，16，18（“+”表示数据是右删失的）。为估计生存函数在 13 时的数值，分别采用 Kaplan-Meier 法和 Nelson-Åalen 法，求两者的差值 $S_{25}(13)-\hat{S}(13)$。

5. 以下是 25 个人的死亡时间数据：4，5，5，5+，6，6，6，6，6+，7+，8，8，9，9，9，9+，9+，10，11，12，14+，15，15，16，18（“+”表示数据是右删失的），记 T 为剩余寿命。求条件概率 $P(T>10 \mid T>6)$ 的 Kaplan-Meier 乘积极限估计。

6. 一组 3 年的数据按年份被分为以下形式：

时间	0	1	2
新加数	1 300	100	250
死亡数	25	15	20
右删失数	10	15	15

求 $S(3)$ 的 Kaplan-Meier 乘积极限估计。

7. 某生存研究中包括 50 个个体，数据中没有删失，使用 Nelson-Åalen 估计计算如下接连 3 个死亡点处的累积风险率。已知在第三个死亡点 t_3 处的死亡数是 1。

死亡点 t_i	t_1	t_2	t_3
$\hat{H}(t_i)$	0.1	—	0.167 7

求在第二个死亡点处的死亡数。

8. 一项死亡率研究中包括 100 个没有删失的数据，前 4 年中，$t=1$ 时有 3 例死亡，$t=1.5$ 时有 7 例死亡，$t=3$ 时有 5 例死亡。累积风险率有两种估计方式：

(1) 基于 $S(3)$ 的 Kaplan-Meier 乘积极限估计。

(2) Nelson-Åalen 估计。

求两种估计的比值。

9. 某总体的分布函数是 F，给定下列样本数据：2.0，3.3，3.3，4.0，4.0，4.7，4.7，4.7。使用带宽为 1.4 的均匀核函数计算 $F(4)$ 的核密度估计。

10. 设选自某一总体的包含 10 个数据的样本为：1，2，3，3，3，3，3，3，3，3。$\hat{F}_1(x)$ 是使用带宽为 1 的均匀核函数的核密度得到的估计，$\hat{F}_2(x)$ 是使用带宽为 1 的三角核函数的核密度得到的估计。求在 $[0,4]$ 内满足 $\hat{F}_1(x)=\hat{F}_2(x)$ 的区间。

11. 有 5 位患者从发病到死亡的时间数据如下：2，3，3，7，8（单位：年）。用带宽为 1 的三角核函数估计时间为 2.5 年的密度函数。

12. 保险公司有一个险种，免赔额为 1 000，赔偿限额为 1 000。公司已有 8 组个体损失数据：1 200，1 400，1 600，1 600，1 800，1 800，2 100，2 500。求理赔额的经验标准差估计。

13. 已知损失随机变量 X 的样本信息：

(1) 经验期望估计为 420。

(2) 保单限额为 a 的理赔额的经验期望估计为 385。

(3) 免赔额为 a 的理赔额的经验期望估计为 84。

(4) 若 $Y=\begin{cases}0, & X\leqslant a\\ X, & X>a\end{cases}$，$Y$ 的经验期望估计为 222.5。

求 a。

14. 已知 10 个被观测个体的生存时间（单位：天）：25，30，35，35，37，39，45，47，49，55。用带宽为 10 的均匀核函数估计 $S_{10}(40)$。

15. 80 个样本的分组数据分布如下：

分组	样本数目
(0，50]	4
(50，100]	7
(100，200]	9
(200，400]	16
(400，1 000]	29
(1 000，2 000]	12
(2 000，5 000]	3

已知第 2 至第 7 个区间的真实的样本均值分别为 72，160，310，750，1 600，4 500，同时，$E(X\wedge 100)$ 的经验估计为 547.175，求包含 4 个样本的第一个区间的均值。

16. 某样本量为 2 000 的样本分组数据如下：

范围	样本数
0≤X≤6 000	1 700
6 000<X≤7 000	30
7 000<X	270

其中，$6\ 000<X\leqslant 7\ 000$ 区间里 30 个数据的总和为 200 000。经验分布估计的 $E(X\wedge 6\ 000)=1\ 810$，求 $E(X\wedge 7\ 000)$。

17. 200 个损失数据的分组为：(0，100]，(100，300]，(300，500]，(500，900]。经验均值估计为 212.5，$E(X\wedge 200)=125$，免赔额为 200 的理赔额均值的经验估计为 218.75。求经验标准差。

第 18～21 题均用到以下死亡时间的数据：2，3，3，3+，4，4，4，4，4+，5+，6，6，7，7，7，7+，7+，8，9，10，12+，13，13，14，16（“+”表示右删失）。

18. 求 $S_{25}(11)-S(11)$（Kaplan-Meier 乘积极限估计－Nelson-Åalen 估计）。

19. 用 Kaplan-Meier 乘积极限估计 $P(4\leqslant T\leqslant 8)$。

20. 用 Kaplan-Meier 乘积极限估计 $P(T>8\mid T>4)$。

21. 假设最后一个数据 16 是右删失数据，用指数衰减求 $S_{25}(20)$。

22. 一个样本量为 7 的样本，死亡或退保时间分别为：1，1+，3+，4，5，6+，8。求经验预期剩余寿命。

23. 损失样本取值为 50，100，200 或更高。已知：

(1) 用 Kaplan-Meier 乘积极限估计 $S(200)=0.75$。

(2) 用 Nelson-Åalen 估计 $H(50)=0.05$。

(3) 用 Nelson-Åalen 估计 $S(100)=0.879\ 020$。

用 Kaplan-Meier 乘积极限估计 $S(200\mid X>100)$。

24. (R 编程) 生成 1 000 个帕累托分布随机数（$\alpha=2$，$\theta=2\ 000$）并完成以下任务：

(1) 绘制经验分布函数和核密度函数，计算99%的VaR和TVaR值。

(2) 用cut函数对数据进行分组，以100为组距，绘制经验分布函数，计算$E(X\wedge 5\,000)$的经验值。

(3) 对每个随机数进行左截断和右删失，截断点等于500，删失点等于5 000，对截断后的数据计算99%的VaR和TVaR。

(4) 产生1 000个二元贝努利分布$B(1, 0.3)$的随机数I_i，如果产生的随机数是$I_i=1$，则新生成1 000个在区间[2 000，5 000]上均匀分布的随机数u_i，然后再以u_i对第i个随机数进行右删失；如果$I_i=0$，则记录第i个随机数的实际值。对这批有删失的1 000个数据，求Kaplan-Meier乘积极限估计和Nelson-Åalen估计。

第7章

参数模型

当统计数据足够多时，大多数问题可以通过分析观察数据的经验分布得到解决。但精算实务中，难以得到足够多的统计数据，关于高额赔付的数据更为有限。有时得到的数据并不完整，有可能是截断或删失的。这些都会导致经验模型存在偏差。因此，必须根据有限的统计数据建立统计模型去估计、拟合理赔额或理赔次数的理论分布，再由这些理赔分布的性质预测平均理赔额和平均理赔次数。这种方法称为参数模型法。在统计数据不足的条件下，参数模型法对于分析问题十分有用，原因在于：首先，理论分布有丰富的应用性质（如中心极限定理、独立同分布泊松随机变量的可加性），这些性质有助于对实际问题进行分析。其次，参数模型法完全可以由少数几个参数概括，如泊松分布、指数分布只有一个参数，正态分布、对数正态分布、伽马分布、帕累托分布和负二项分布也仅有两个参数，这使得精算师不必与众多的观察数据打交道。最后，参数模型法不仅可以给出各种相关量的点估计值，而且可以估计置信区间，进行误差分析。

具体来说，使用参数模型法对理赔额和理赔次数进行拟合估计，主要包括以下六个步骤：

（1）整理数据，获得损失分布的经验分布信息，例如样本均值、样本方差、分位点、经验分布图等。根据经验分布信息，选择一种概率分布作为损失的分布类型，如用伽马分布去描述损失额的分布，用负二项分布去描述理赔次数的分布等。

（2）用矩估计、极大似然估计或分位数估计等方法估计所选择分布中包含的未知参数。

（3）对分布进行拟合检验，以确定所选择的分布类型和参数估计是否恰当。

（4）考虑是否还有其他适合的分布，如果有，重复第（1）至第（3）步。

（5）在几种适合的分布中选取一个最优分布作为损失额的分布。选择的标准有多种，常用的方法是比较 χ^2 拟合优度检验统计量的值、最大似然函数的值和 p 值等。

（6）模型的修正。选择模型后，要注意随时对模型进行修正，以反映未来发生的情况，如通货膨胀、免赔额变化等。

本章将详细介绍参数模型法的流程。7.1 节介绍不同数据类型下的参数估计方法。7.2 节讨论参数的区间估计和极大似然估计的方差。7.3 节介绍对模型分布函数进行拟合优度检验的几种方法。7.4 节介绍模型的选择，包括被选模型与实际数据函数图形上的直观比较和筛选，利用主观判断法、评分法选择最优模型。

7.1 参数估计

7.1.1 矩估计

假设 n 个样本观测值（x_1，x_2，…，x_n）来自同一个总体。总体分布函数为 $F(x,\theta)$，其中参数 $\theta=(\theta_1,\theta_2,\cdots,\theta_p)^{\mathrm{T}}$，含有 p 个待估参数。进一步地，令 $\mu_k(\theta)=E(X^k\mid\theta)$ 表示 k 阶原点矩，$\mu_k'(\theta)=E((X-E(X))^k\mid\theta)$ 表示 k 阶中心矩。矩估计方法的基本思想是求解参数 θ，使得样本分布的前 p 阶原点矩等于经验估计的前 p 阶原点矩，即

$$\mu_k(\theta)=\hat{\mu}_k,\quad k=1,2,\cdots,p \tag{7.1}$$

有时也可以用中心矩来求参数 θ，即

$$\mu_k'(\theta)=\hat{\mu}_k',\quad k=1,2,\cdots,p \tag{7.2}$$

对于完整个体数据，矩估计方法和计算实例在数理统计教材中都有详细介绍，本章不再赘述。对于分组数据，由它的光滑经验分布曲线可计算出样本的 k 阶原点矩为：

$$\hat{\mu}_k=\sum_{j=1}^{r}\int_{c_{j-1}}^{c_j}x^k\frac{n_j}{n(c_j-c_{j-1})}\mathrm{d}x=\sum_{j=1}^{r}\frac{n_j(c_j^{k+1}-c_{j-1}^{k+1})}{n(c_j-c_{j-1})(k+1)} \tag{7.3}$$

【例 7-1】 假设某险种的随机理赔数据分布如表 7-1 所示。

表 7-1 某险种的随机理赔数据

理赔额范围	理赔数
0～50	4
50～100	7
100～200	9
200～400	16
400～1 000	29
1 000～2 000	12
2 000～5 000	3
合计	80

假设理赔额服从伽马分布，试用矩估计法估计参数 α 和 θ。

【解】 由光滑经验分布曲线计算样本原点矩为：

$$\hat{\mu}=\sum_{j=1}^{7}\frac{n_j(c_j^2-c_{j-1}^2)}{80\times(c_j-c_{j-1})\times 2}=\sum_{j=1}^{7}\frac{n_j(c_j+c_{j-1})}{80\times 2}$$

$$=\frac{4}{80}\times 25+\frac{7}{80}\times 75+\frac{9}{80}\times 150+\frac{16}{80}\times 300$$

$$+\frac{29}{80}\times 700+\frac{12}{80}\times 1\,500+\frac{3}{80}\times 3\,500$$

$$=694.69$$

$$\hat{\mu}_2=\sum_{j=1}^{7}\frac{n_j(c_j^3-c_{j-1}^3)}{3n(c_j-c_{j-1})}=\frac{1}{240}\left(\frac{4(50^3-0^3)}{50-0}+\cdots+\frac{3(5\,000^3-2\,000^3)}{5\,000-2\,000}\right)$$

$$=1\,047\,843.75$$

对于伽马分布，两个矩估计方程为：

$$E(X)=\alpha\theta=694.69$$

$$E(X^2)=\theta^2(\alpha+1)\alpha=1\,047\,843.75$$

解得　$\hat{\alpha}=0.853\,8$，　$\hat{\theta}=813.67$

对于非完整个体数据，当存在不同截断点和不同删失点时，矩估计没有确切的含义。只有当左截断点或者右删失点唯一时，才能使用矩估计。

【例7-2】 以下是对于限额为20的保单的10次赔付：3，5，6，8，9，13，16，20，20，20。假设损失均匀分布在 $[0,\theta]$ 上，运用矩估计方法估计 θ。

【解】 对于有限额的保单，由第2章式（2-10）得

$$E(X\wedge u)=\int_0^u(1-F_X(x))\mathrm{d}x=\int_0^u\left(1-\frac{x}{\theta}\right)\mathrm{d}x=u-\frac{u^2}{2\theta}$$

$$E(X\wedge 20)=20-\frac{20^2}{2\theta}$$

而经验期望值为：

$$\hat{\mu}=\frac{1}{10}(3+5+\cdots+20)=12$$

所以 $20-\dfrac{20^2}{2\theta}=12$，即 $\hat{\theta}=25$。

【例7-3】 对于10个免赔额为5的保单的赔付额如下：4，5，6，6，9，14，16，18，22，25。假设原始损失服从均匀分布，运用矩估计法求在 $[0,\theta]$ 上的均匀分布的参数 θ。

【解】 对于含有免赔额的均匀分布，期望赔付额为：

$$\frac{E(X)-E(X\wedge d)}{1-F(d)}=\frac{\int_d^\theta\left(1-\frac{x}{\theta}\right)\mathrm{d}x}{1-F(d)}=\frac{\theta-d}{2}=\frac{\theta-5}{2}$$

样本均值为：

$$\frac{1}{10}(4+5+\cdots+25)=12.5$$

由矩估计方程，得 $\hat{\theta}=30$。

7.1.2 分位数估计

矩估计的基本思想是求参数 θ，使分布的矩与样本的矩相匹配。分位数估计则是另一种匹配法，其基本思想是构造一个模型，使分布的 p 个分位点与实际样本的 p 个分位点相匹配。

$$\pi_{gk}(\theta)=\hat{\pi}_{g_k},\quad k=1,2,\cdots,p \tag{7.4}$$

式中，g_1，g_2，…，g_p 是 p 个百分位数。

完整个体数据的 $100p\%$ 分位点的光滑经验估计为：

$$\hat{\pi}_p=(1-h)x_{(g)}+hx_{(g+1)} \tag{7.5}$$

由分位点的定义可知，式（7.4）也可以写为：

$$F(\hat{\pi}_{g_k}\mid\theta)=g_k,\quad k=1,2,\cdots,p$$

对于分组数据，根据其经验分布函数的表达式，$100p\%$ 分位点 $\hat{\pi}_p$ 为：

$$\hat{\pi}_p=\frac{p-F_n(c_{j-1})}{F_n(c_j)-F_n(c_{j-1})}\times c_j+\frac{F_n(c_j)-p}{F_n(c_j)-F_n(c_{j-1})}\times c_{j-1}$$

或者

$$\hat{\pi}_p=c_{j-1}+(np-\sum_{i=1}^{j-1}n_i)\frac{c_j-c_{j-1}}{n_j}$$

式中，c_{j-1} 和 c_j 满足 $F_n(c_{j-1})\leqslant p<F_n(c_j)$。

【例 7-4】 某损失分布为布尔分布，已知参数 $\alpha=2$，且 θ，γ 未知。15 个随机样本的损失如表 7-2 所示。

表 7-2 15 个随机样本的损失

195	255	270	280	350	360	365	380	415	450	490	550	575	590	615

使用 30% 和 65% 分位点估计参数 θ，γ。

【解】 由 $16\times30\%=4.8$ 知样本的 30% 分位点为：

$$280\times0.2+350\times0.8=336$$

由 $16\times65\%=10.4$ 知，65% 分位点为：

$$450\times0.6+490\times0.4=466$$

布尔分布函数为：

$$F(X)=1-\left(\frac{1}{1+(x/\theta)^{\gamma}}\right)^{2}$$

求解分位数估计方程：

$$F(336)=1-\left(\frac{1}{1+(336/\theta)^{\gamma}}\right)^{2}=0.3$$

$$F(466)=1-\left(\frac{1}{1+(466/\theta)^{\gamma}}\right)^{2}=0.65$$

得 $\gamma\approx3.86$， $\theta\approx513$

【例 7－5】 某责任险保单规定了保单限额为 300 000 元，表 7－3 中给出了该险种 218 份保单的理赔情况。假设理赔额服从对数正态分布，请用 30％和 70％分位数来估计参数。

表 7－3 某责任险理赔情况

理赔额（元）	保单数	平均理赔额（元）
0～2 500	41	1 400
2 500～7 500	48	4 770
7 500～12 500	24	9 991
12 500～17 500	18	15 482
17 500～22 500	15	20 050
22 500～32 500	14	26 000
32 500～47 500	16	40 278
47 500～67 500	12	56 414
67 500～87 500	6	74 985
87 500～125 000	11	106 851
125 000～225 000	6	184 735
225 000～300 000	4	264 025
300 000	3	300 000

【解】 经验分布 30％和 70％的分位点分别为：

$$2\,500+(65.4-41)\times5\,000/48=5\,041.67$$

$$22\,500+(152.6-146)\times10\,000/14=27\,214.29$$

由于理赔额服从对数正态分布，因此 $\ln X\sim N(\mu,\sigma^2)$。令 5 041.67 和 27 214.29 为对数正态分布的分位点，即

$$0.3=\Phi((\ln5\,041.67-\mu)/\sigma)$$

$$0.7=\Phi((\ln27\,214.29-\mu)/\sigma)$$

解方程组得

$\hat{\sigma} = 1.2678$，$\hat{\mu} = 9.3684$

7.1.3 极大似然估计

虽然矩估计和分位数估计可以用来估计参数，而且通常来说比较容易操作，但是这些方法也有缺陷。首先，这些方法只用到数据的部分性质，没有充分利用全部数据。特别是当总体分布的右尾很厚时，能否尽可能充分利用数据的信息显得尤为重要。例如，对于正态分布的参数估计，样本均值和方差提供的信息能够完全代替原始数据。但是，在估计帕累托分布的参数时，为了正确估计参数 α，需要掌握所有的极值；而当数据存在删失情况时，这些数据的极值是无法获得的。其次，这些方法要求所有的观测值来自同一总体，否则很难确定如何用数据来描述总体的矩和分位点。例如，某车险产品提供不同的免赔额供投保人选择，假设有一半的投保人购买免赔额为 1 000 元的保单，而另一半购买免赔额为 2 000 元的保单，这时全部保单损失的样本均值是没有确切含义的。最后，这些方法允许人们任意选取矩的阶数和分位数。

极大似然估计可以避免上述问题出现，这种估计方法充分利用全部样本数据的信息。设数据集由 n 个独立事件 A_1，A_2，…，A_n 组成。如果数据集是个体数据，则 A_j 为第 j 个观测值，它是通过观测随机变量 X_j 得到的。如果是分组数据或删失数据，则 A_j 可能是一个区间，例如一个在 u 处删失的观测值，对应的事件是从 u 到正无穷的区间。似然函数的定义为：

$$L(\theta) = \prod_{j=1}^{n} P(X_j \in A_j \mid \theta) \tag{7.6}$$

θ 的极大似然估计量是使似然函数取最大值的向量。在这里不要求随机变量 X_1，X_2，…，X_n 具有相同的分布，但是要求其分布依赖同一个参数向量 θ，而且这些随机变量相互独立。

下面根据保险数据的类型分别讨论极大似然估计法。

1. 完整个体数据

当数据没有截断也没有删失，并且每一个点都被记录时，很容易写出似然函数和对数似然函数：

$$L(\theta) = \prod_{j=1}^{n} f_{X_j}(x_j \mid \theta), l(\theta) = \sum_{j=1}^{n} \ln f_{X_j}(x_j \mid \theta) \tag{7.7}$$

$$\hat{\theta} = \operatorname{argmax} L(\theta) = \operatorname{argmax} l(\theta)$$

求解极大似然估计值的方法有两种：(1) 在似然函数满足连续、可微的正则条件下，将似然函数或对数似然函数求导数，令方程 $L'(\theta)=0$ 或 $l'(\theta)=0$，解方程即可计算出 θ 的极大似然估计值。(2) 若似然函数满足连续可导的条件，利用高等数学中求多元函数极值的方法求解极大值，通常使用最优化数值算法求解。

对于完整个体数据的极大似然估计，在一般的统计教材中都有详细论述，在此不赘述。在非寿险精算中，理赔次数数据通常是完整个体数据。下面是两个计算实例。

【例 7－6】某医疗责任险的年理赔次数记录如表 7－4 所示。

表 7－4　理赔次数记录

年份	2012	2013	2014	2015	2016	2017	2018	2019	2020	2021
理赔次数	6	2	3	0	2	1	2	5	1	3

运用极大似然法估计下列分布的参数：(1) 泊松分布。(2) 负二项分布。

【解】(1) 首先按照理赔次数的值将表 7－4 转化为频数表，结果如表 7－5 所示。

表 7－5　理赔频数表

理赔次数 (k)	观测样本数目 (n_k)
0	1
1	2
2	3
3	2
4	0
5	1
6	1
7+	0

说明：n_k 是发生 k 次理赔的年数。

假设 N 服从泊松分布

$$p_k=\frac{e^{-\lambda}\lambda^k}{k!},\quad \ln p_k=-\lambda+k\ln\lambda-\ln k!$$

$$l=\ln L=\sum_{k=0}^{\infty}n_k(-\lambda+k\ln\lambda-\ln k!)$$

$$=-\lambda n+\sum_{k=0}^{\infty}kn_k\ln\lambda+\sum_{k=0}^{\infty}n_k\ln k!$$

$$\frac{dl}{d\lambda}=-n+\sum_{k=0}^{\infty}kn_k\frac{1}{\lambda}$$

式中，$n=\sum_{k=0}^{\infty}n_k$ 是样本量。令上式等于 0，推出

$$\hat{\lambda}=\frac{\sum_{k=0}^{\infty}kn_k}{n}=\bar{x}$$

代入本例数据得到 $\hat{\lambda}=2.5$。

注意，如果本例中 n_{7+} 的值不等于 0，则似然函数为：

$$L=p_0^{n_0}p_1^{n_1}p_2^{n_2}p_3^{n_3}p_4^{n_4}p_5^{n_5}p_6^{n_6}(1-p_0-p_1-p_2-p_3-p_4-p_5-p_6)^{n_{7+}}$$

这时求极大似然函数值较为困难，需采用数值算法来计算。

(2) 采用如下形式的负二项分布拟合表 7－5 中的数据。

$$p_k = P(N=k) = \binom{k+r-1}{k}\left(\frac{\beta}{1+\beta}\right)^k\left(\frac{1}{1+\beta}\right)^r, \quad r>0; k=0,1,\cdots$$

则对数似然函数可写为：

$$l = \sum_{k=0}^{\infty} n_k \ln p_k = \sum_{k=0}^{\infty} n_k \left(\ln\binom{r+k-1}{k} - r\ln(1+\beta) + k\ln\beta - k\ln(1+\beta)\right)$$

$$\frac{\partial l}{\partial \beta} = \sum_{k=0}^{\infty} n_k \left(\frac{k}{\beta} - \frac{r+k}{1+\beta}\right)$$

$$\begin{aligned}\frac{\partial l}{\partial r} &= -\sum_{k=0}^{\infty} n_k \ln(1+\beta) + \sum_{k=0}^{\infty} n_k \frac{\partial}{\partial r}\ln\frac{(r+k-1)\cdots r}{k!}\\ &= -n\ln(1+\beta) + \sum_{k=0}^{\infty} n_k \frac{\partial}{\partial r}\ln\sum_{m=0}^{k-1}(r+m)\\ &= -n\ln(1+\beta) + \sum_{k=0}^{\infty} n_k \frac{\partial}{\partial r}\sum_{m=0}^{k-1}\ln(r+m)\\ &= -n\ln(1+\beta) + \sum_{k=0}^{\infty} n_k \sum_{m=0}^{k-1}\frac{1}{r+m}\end{aligned} \tag{7.8}$$

令上述两个偏导数等于0，得到

$$\hat{\mu} = \hat{r}\hat{\beta} = \frac{\sum_{k=0}^{\infty} k n_k}{n} = \bar{x} \tag{7.9}$$

和

$$n\ln(1+\hat{\beta}) = \sum_{k=1}^{\infty} n_k \left(\sum_{m=0}^{k-1}\frac{1}{\hat{r}+m}\right) \tag{7.10}$$

从式（7.9）可看出，均值的极大似然估计值等于样本均值。将 $\hat{\beta} = \frac{\hat{\mu}}{\hat{r}}$ 代入式（7.10）得到方程

$$H(\hat{r}) = n\ln\left(1+\frac{\bar{x}}{\hat{r}}\right) - \sum_{k=1}^{\infty} n_k \left(\sum_{m=0}^{k-1}\frac{1}{\hat{r}+m}\right) = 0 \tag{7.11}$$

可采用 Newton-Raphson 法求解方程（7.11），迭代公式为：

$$r_k = r_{k-1} - \frac{H(r_{k-1})}{H'(r_{k-1})}$$

一般选取迭代初始值 r_0 等于 r 的矩估计值。使用本例的数据可得 $\hat{r}=10.965$，$\hat{\beta}=0.228$。

【例7-7】假设某保单组合中每风险单位一年内发生的理赔次数服从泊松分布，参数为 λ。表7-6给出了该保单组合关于理赔的历史数据。

表 7－6 保单组合中的风险单位数与理赔数

年份	风险单位数	理赔数
2006	2 145	207
2007	2 452	227
2008	3 112	341
2009	3 458	335
2010	3 698	362
2011	3 872	359

求参数 λ 的极大似然估计。

【解】 记第 k 年的风险单位数是 e_k，由泊松分布的可加性知，第 k 年保单组合的理赔次数服从参数为 λe_k 的泊松分布，似然函数为：

$$L=\prod_{k=1}^{6}\frac{\mathrm{e}^{-\lambda e_k}(\lambda e_k)^{n_k}}{n_k!}$$

取对数得

$$l=\ln L=\sum_{k=1}^{6}(-\lambda e_k+n_k\ln(\lambda e_k)-\ln(n_k!))$$

$$\frac{\partial l}{\partial\lambda}=\sum_{k=1}^{6}(-e_k+n_k\lambda^{-1})=0$$

$$\hat{\lambda}=\frac{\sum_{k=1}^{6}n_k}{\sum_{k=1}^{6}e_k}=\frac{1\,831}{18\,737}=0.097\,7$$

2. 分组数据

当数据是完全的并且是分组形式时，设 $c_0<c_1<\cdots<c_k$ 表示各组的端点，这里 c_0 是最小的可能观测值（可以为 0），c_k 是最大的可能观测值（可以为正无穷）。设 n_j 为落入区间 $(c_{j-1},c_j]$ 的观测数，这类数据的似然函数为：

$$L(\theta)=\prod_{j=1}^{k}(F(c_j\mid\theta)-F(c_{j-1}\mid\theta))^{n_j} \tag{7.12}$$

对数似然函数为：

$$l(\theta)=\sum_{j=1}^{k}n_j\ln(F(c_j\mid\theta)-F(c_{j-1}\mid\theta)) \tag{7.13}$$

【例 7－8】 一组分组数据如表 7－7 所示。

表 7－7 一组分组数据

(0, 5]	(5, 10]	(10, 20]	(20, ∞)
2	2	2	2

假设样本分布为指数分布，用极大似然法估计参数值。

【解】

$$L(\theta)=(1-e^{-5/\theta})^2(e^{-5/\theta}-e^{-10/\theta})^2(e^{-10/\theta}-e^{-20/\theta})^2(e^{-20/\theta})^2$$

$$\ln L(\theta)=-\frac{70}{\theta}+4\ln(1-e^{-5/\theta})+2\ln(1-e^{-10/\theta})$$

令 $\frac{d}{d\theta}\ln L(\theta)=0\Rightarrow\frac{d}{d\theta}\ln L(\theta)=\frac{70}{\theta^2}-\frac{20e^{-5/\theta}}{\theta^2(1-e^{-5/\theta})}-\frac{20e^{-10/\theta}}{\theta^2(1-e^{-10/\theta})}=0$

θ的极大似然估计值为$\hat{\theta}=14.72$。

在多数情况下，分组数据的极大似然估计值需采用最优化方法求解。我们看下面的例子。

【例7-9】责任险记录的理赔额分组数据如表7-8所示。

表7-8 理赔额分组数据

理赔额范围	理赔数
0～7 500	99
7 500～17 500	42
17 500～32 500	29
32 500～67 500	28
67 500～125 000	17
125 000～300 000	9
大于300 000	3

若假设理赔额服从指数分布，求参数的极大似然估计。

【解】理赔额服从指数分布，则对数似然函数为：

$$\begin{aligned}l(\theta)&=99\ln(F(7\,500)-F(0))+42\ln(F(17\,500)-F(7\,500))+\cdots\\&\quad+3\ln(1-F(300\,000))\\&=99\ln(1-e^{-\frac{7\,500}{\theta}})+42\ln(e^{-\frac{7\,500}{\theta}}-e^{-\frac{17\,500}{\theta}})+\cdots+3\ln e^{-300\,000/\theta}\end{aligned}$$

使用最优化数值算法得到极大似然估计为$\hat{\theta}=29\,721$，似然函数值为-406.03。

3. 非完整数据

(1) 只存在单个右删失点的数据。

设x_1，x_2，…，x_n是随机变量X的n个观测值，将它们从小到大排列为$x_{(1)}\leqslant x_{(2)}\leqslant\cdots\leqslant x_{(n)}$。假设样本数据在只在$x=u$处存在右删失，且存在$1\leqslant k<n$使得$x_{(k)}<u\leqslant x_{(k+1)}$，则样本数据将变为$x_{(1)}$，$x_{(2)}$，…，$x_{(k)}$，$u$，…，$u$。似然函数可以写为：

$$L(\theta)=\left(\prod_{i=1}^{k}f(x_{(i)};\theta)\right)S(u;\theta)^{n-k}\tag{7.14}$$

【例7-10】某类保单规定保单限额50。随机选取的12份保单的理赔额如表7-9所示。

表 7-9　12 份保单的理赔额

3	4	8	10	12	18	22	35	50	50	50	50

运用极大似然法估计如下理赔额分布的参数：(1) 指数分布的参数 θ。(2) 均匀分布 $[0,\theta]$ 的参数 θ。

【解】

$$(1)\ L(\theta)=\prod_{i=1}^{8}f(x_i,\theta)\cdot(P(x>50))^4=\frac{1}{\theta^8}\mathrm{e}^{-112/\theta}\cdot(\mathrm{e}^{-50/\theta})^4=\frac{1}{\theta^8}\mathrm{e}^{-312/\theta}$$

$$\ln L(\theta)=-8\ln(\theta)-\frac{312}{\theta}$$

令 $\frac{\mathrm{d}}{\mathrm{d}\theta}\ln L(\theta)=0\Rightarrow\hat{\theta}=39$

$$(2)\ L(\theta)=\prod_{i=1}^{8}f(x_i,\theta)\cdot(P(x>50))^4=\frac{1}{\theta^8}\left(\frac{\theta-50}{\theta}\right)^4=\frac{(\theta-50)^4}{\theta^{12}}$$

$$\ln L(\theta)=4\ln(\theta-50)-12\ln\theta$$

令 $\frac{\mathrm{d}}{\mathrm{d}\theta}\ln L(\theta)=0\Rightarrow\hat{\theta}=75$

(2) 只存在一个左截断点的数据。

当数据存在左截断时，截断点 d 以下的数据将不会被观测到。例如假设保单规定免赔额为 d，那么意味着小于 d 的实际损失额将不会被记录。设 X 表示原始观测值，被截断的数据有两种记录方式。第一种是只记录高于截断点 d 的观测值，即记录

$$Y=X\mid X>d \tag{7.15}$$

称 Y 为 d 点截断数据。这种情形在生存模型的估计中比较常见。若 X 表示存活年龄，则 Y 为高于 d 的存活年龄。

第二种是对高于截断点 d 的观测值记录超过截断点 d 的部分，即记录

$$W=(X-d)\mid X>d \tag{7.16}$$

称 W 为截断且被平移的数据。这种情形在非寿险模型中比较常见。若 d 表示免赔额，X 表示损失事件的实际损失额，则 W 就是每次理赔事件的理赔额。当实际损失小于免赔额 d 时，被保险人没有获得理赔，理赔额不存在，因而没有定义。

具体来说，x_1，x_2，…，x_n 为被截断前的观测值。假设样本数据在 $x=d$ 处存在左截断，且存在 $1\leqslant k<n$ 使得 $x_{(k)}\leqslant d<x_{(k+1)}$。如果记录的是 d 点截断数据，则截断后样本数据将变为 $x_{(k+1)}$，$x_{(k+2)}$，…，$x_{(n)}$，用 y_1，y_2，…，y_{n-k} 表示。如果记录的是截断且被平移的数据，则被记录的数据为 $x_{(k+1)}-d$，$x_{(k+2)}-d$，…，$x_{(n)}-d$，用 w_1，w_2，…，w_{n-k} 来表示。

设 X 的分布函数为 $F(x)$，由式 (7.15) 知 Y 的分布为：

$$F_Y(x)=\begin{cases}0, & x\leqslant d\\ P(X\leqslant x\mid X>d), & x>d\end{cases}$$

$$=\begin{cases}0, & x\leqslant d\\ \dfrac{F(x)-F(d)}{1-F(d)}, & x>d\end{cases} \tag{7.17}$$

若 X 是连续型随机变量，则 Y 的密度函数为：

$$f_Y(x)=\begin{cases}0, & x\leqslant d\\ \dfrac{f(x)}{1-F(d)}, & x>d\end{cases} \tag{7.18}$$

因此被截断后的观测值 y_1，y_2，…，y_{n-k}的似然函数值为：

$$\prod_{i=1}^{n-k}\frac{f(y_i;\theta)}{1-F(d;\theta)}$$

设 W 为截断且被平移后的值，类似地可推出 W 的分布为：

$$F_W(x)=\begin{cases}0, & x\leqslant 0\\ \dfrac{F(x+d)-F(d)}{1-F(d)}, & x>0\end{cases} \tag{7.19}$$

$$f_W(x)=\begin{cases}0, & x\leqslant 0\\ \dfrac{f(x+d)}{1-F(d)}, & x>0\end{cases} \tag{7.20}$$

因此，截断且被平移后的观测值 w_1，w_2，…，w_{n-k}的似然函数值为：

$$\prod_{i=1}^{n-k}\frac{f(w_i+d;\theta)}{1-F(d;\theta)}$$

【例 7－11】 一组免赔额为 5 的保单赔付样本为：6，7，7，9，11，17，21，34。假设初始损失为指数分布，求参数 θ 的极大似然估计。

【解】 当免赔额等于 5 时，上述保单的实际损失等于赔付额加 5，分别为 11，12，12，14，16，22，26，39。

似然函数为：

$$L(\theta)=\frac{\prod_{i=1}^{n}\left(\frac{1}{\theta}e^{-(x_i+5)/\theta}\right)}{(e^{-d/\theta})^n}=\frac{1}{\theta^8}e^{-112/\theta}$$

$$\ln L=-112/\theta-8\ln\theta$$

$$\hat{\theta}=14$$

【例 7－12】 100 个 x 岁年龄组的人群中，在区间 $(x,\ x+1]$ 上观察到有 95 人生存到 $(x+1)$ 岁，3 人在 $(x+0.2)$ 岁死亡，2 人在 $(x+0.6)$ 岁死亡，假设在区间 $(x,\ x+1]$ 上死亡力为常数，求 q_x 的极大似然估计值。

【解】 第 i 个死亡者的似然函数值由在 x 岁生存条件下在 x_i 处的死亡密度函数给出：

$$L_i = f(x_i \mid X > x) = \frac{f(x_i)}{S(x)} = \frac{S(x_i)h(x_i)}{S(x)} \tag{7.21}$$

如果令 $t_i = x_i - x$ 为在区间 $(x, x+1]$ 上第 i 个死亡者的生存时间，其中 $0 < t_i \leqslant 1$，则有

$$L_i = \frac{S(x+t_i)h(x+t_i)}{S(x)} = {}_{t_i}p_x \cdot \mu_{x+t_i} \tag{7.22}$$

式中，$\mu_{x+t_i} = h(x+t_i)$。将所有死亡者的似然函数相乘，得到

$$\prod_{i=1}^{d_x} {}_{t_i}p_x \cdot \mu_{x+t_i} \tag{7.23}$$

式中，d_x 为死亡人数。

通常将式（7.23）记为：

$$\prod_{D} {}_{t_i}p_x \cdot \mu_{x+t_i} \tag{7.24}$$

显然，对 $(n_x - d_x)$ 个生存者，他们的似然函数为 $(p_x)^{n_x - d_x} = (1 - q_x)^{n_x - d_x}$，这样，总的似然函数为：

$$L = (1 - q_x)^{n_x - d_x} \prod_{D} {}_{t_i}p_x \cdot \mu_{x+t_i} \tag{7.25}$$

假设生存时间服从指数分布，则危险率函数 $h(x)$ 为常数。因此不妨设在指数分布假设下，μ_{x+t} 为常数 μ，即 $\mu = -\ln p_x$，且

$$p_x = e^{-\mu}, \quad {}_{t_i}p_x = (p_x)^{t_i} = e^{-\mu t_i} \tag{7.26}$$

似然函数可以写为：

$$L = (p_x)^{n_x - d_x} \cdot \prod_{D} ((p_x)^{t_i} \cdot \mu) = \mu^{d_x} \cdot \exp(-\mu(n_x - d_x) - \mu \sum_{D} t_i)$$

$$\ln L = d_x \cdot \ln\mu - \mu((n_x - d_x) + \sum_{D} t_i)$$

令 $\frac{d\ln L}{d\mu} = \frac{d_x}{\mu} - ((n_x - d_x) + \sum_{D} t_i) = 0$，解得

$$\hat{\mu} = \frac{d_x}{(n_x - d_x) + \sum_{D} t_i}$$

所以，$\hat{\mu} = \frac{5}{95 + 0.2 \times 3 + 0.6 \times 2} = 0.051\ 653$ 是 μ 的极大似然估计值，从而得到 $\hat{q}_x = 1 - e^{-\hat{\mu}} = 0.050\ 342$。

（3）同时存在多个删失点和截断点的数据。

在大多数情况下，右删失和左截断是同时存在的。例如，个性化的保险条款设置不同的免赔额和赔偿限额。又如，在特定观察期内，对某组观察对象的观测会分很多种不同的情况：有的从期初开始观测，有的从期中开始观测；观察对象有的生存到观察期末，

有的在观察期内死亡。[①] 对于每个观测值对应的似然函数，需要分情况来考虑：

（1）如果观测值 x_i 没有被截断或删失，则似然函数值为 $f(x_i)$。

（2）如果观测值 x_i 在 d_i 被截断，则似然函数值为 $f(x_i)/(1-F(d_i))$。

（3）如果观测值 x_i 在 d_i 被截断且被平移，则似然函数值为 $f(x_i+d_i)/(1-F(d_i))$。

（4）如果观测值 x_i 在 u_i 被删失，则似然函数值为 $1-F(u_i)$。

（5）如果观测值 x_i 在 d_i 被截断且在 u_i 删失，则似然函数值为 $\dfrac{1-F(u_i)}{1-F(d_i)}$。

注意，$S(x)=1-F(x)$，$f(x)=h(x)S(x)$，$h(x)$ 是危险率函数，因此对于没有被平移的数据，可以用一个公式来表示似然函数：

$$L=\prod_{i=1}^{n}\frac{S(x_i)(h(x_i))^{\delta_i}}{S(d_i)},\quad \delta_i=\begin{cases}1, & \text{未删失}\\ 0, & \text{在 } x_i \text{ 被删失}\end{cases}\tag{7.27}$$

其中，若观测值 x_i 是在 u_i 被删失，则记 $x_i=u_{i+}$。

【例 7-13】 一组免赔额 $d=2$、保单限额为 $u=14$ 的保单，8 次的赔付额观测值为：1，2，6，8，10，14，14，14。假设初始损失额分布是参数为 θ 的指数分布，求 θ 的极大似然估计。

【解】 从免赔额可以看出，初始的损失额为：3，4，8，10，12，以及三组超过 16 的损失金额。总似然函数为：

$$\begin{aligned}L(\theta)&=\frac{f(3)f(4)f(8)f(10)f(12)(1-F(16))^3}{(1-F(2))^8}\\&=\frac{\frac{1}{\theta^5}e^{-(3+4+8+10+12)/\theta}(e^{-16/\theta})^3}{(e^{-2/\theta})^8}\\&=\frac{e^{-69/\theta}}{\theta^5}\end{aligned}$$

则对数似然函数 $\ln L=-\dfrac{69}{\theta}-5\ln\theta$，极大似然估计 $\hat{\theta}=13.8$。

【例 7-14】 已知观测到的 20 个损失额（原始值）如表 7-10 所示。

表 7-10　20 个损失额数据

损失额	观测数	免赔额	保单限额
750	3	200	∞
200	3	0	10 000
300	4	0	20 000
10 000+	6	0	10 000
400	4	300	∞

① 本章只考虑单风险环境下参数的估计，这时死亡是唯一的随机事件。在双风险环境中，死亡和退出都是随机事件。关于双风险环境下参数的估计，有兴趣的读者可参阅李晓林，孙佳美．生命表基础．北京：中国财政经济出版社，2006。

过去的经验显示，损失额服从参数为 α 和 θ 的帕累托分布，且已知参数 $\theta=10\ 000$，用极大似然法估计 α。

【解】 根据保单条款的免赔额和保单限额的定义，分别记录每张保单的截断点和删失点如下：

$d_1=200, u_1=—$； $d_2=0, u_2=—$； $d_3=0, u_3=—$； $d_4=0, u_4=10\ 000$； $d_5=300$，$u_5=—$

由帕累托分布的密度函数

$$f(x)=\frac{\alpha\theta^{\alpha}}{(\theta+x)^{\alpha+1}}$$

写出似然函数：

$$\begin{aligned}L&=\left(\frac{f(750)}{1-F(200)}\right)^3 f(200)^3 f(300)^4(1-F(10\ 000))^6\left(\frac{f(400)}{1-F(300)}\right)^4\\&=\left(\frac{\alpha\times10\ 200^{\alpha}}{10\ 750^{\alpha+1}}\right)^3\left(\frac{\alpha\times10\ 000^{\alpha}}{10\ 200^{\alpha+1}}\right)^3\left(\frac{\alpha\times10\ 000^{\alpha}}{10\ 300^{\alpha+1}}\right)^4\left(\frac{10\ 000^{\alpha}}{20\ 000^{\alpha}}\right)^6\left(\frac{\alpha\times10\ 300^{\alpha}}{10\ 400^{\alpha+1}}\right)^4\\&\propto\alpha^{14}10\ 000^{13\alpha}10\ 750^{-3\alpha}20\ 000^{-6\alpha}10\ 400^{-4\alpha}\end{aligned}$$

于是得到对数似然函数：

$$\begin{aligned}\ln L&=14\ln\alpha+13\alpha\ln(10\ 000)-3\alpha\ln(10\ 750)-6\alpha\ln(20\ 000)-4\alpha\ln(10\ 400)\\&=14\ln\alpha-4.532\ 7\alpha\end{aligned}$$

对 α 求导，并令导数等于零，解得 $\hat{\alpha}=3.089$。

【例 7－15】 考察 6 个接受人工心脏移植的心脏病人的样本（见表 7－11），其中 4 人在 2009 年 12 月 31 日之前死亡，观察期为 2008 年 1 月 1 日到 2009 年 12 月 31 日。假设接受人工心脏移植的心脏病人的存活时间服从指数分布，由所给样本数据估计指数分布参数。

表 7－11　接受人工心脏移植的心脏病人的生存情况

病人	移植时间	死亡时间
1	2007 年 1 月 1 日	2009 年 4 月 1 日
2	2007 年 4 月 1 日	2008 年 4 月 1 日
3	2007 年 7 月 1 日	—
4	2007 年 10 月 1 日	2009 年 7 月 1 日
5	2008 年 1 月 1 日	—
6	2008 年 4 月 1 日	2008 年 10 月 1 日

【解】 由于观察期从 2008 年开始，在此之前接受人工心脏移植手术的心脏病人在进入观察期时已经存活了一段时间，因此数据是截断数据。而观察期结束时还存活的病人，其死亡时间未知，因此是删失数据。根据上述分析，这 6 个样本的截断点和真实值（删失点）为：

$$d_1=1,\quad d_2=0.75,\quad d_3=0.5,\quad d_4=0.25,\quad d_5=0,\quad d_6=0$$
$$x_1=2.25,\quad x_2=1,\quad x_3=2.5+,\quad x_4=1.75,\quad x_5=2+,\quad x_6=0.5$$

式中，x_3，x_5 是删失点。由于

$$L=\prod_{i=1}^{6}\frac{\mathrm{e}^{-x_i/\theta}\left(\frac{1}{\theta}\right)^{\delta_i}}{\mathrm{e}^{-d_i/\theta}}$$

$$\ln L=\sum_{i=1}^{6}(-x_i/\theta+d_i/\theta+\delta_i\ln(1/\theta)) \tag{7.28}$$

令$\frac{\mathrm{d}\ln L}{\mathrm{d}\theta}=0$，得到

$$\hat{\theta}=\sum_{i=1}^{6}(x_i-d_i)\Big/\sum_{i=1}^{6}\delta_i=7.5/4=1.875$$

7.2 区间估计与方差

7.2.1 极大似然函数的方差

本小节介绍极大似然估计值的区间估计和方差，以及某些函数的方差。在一般情况下，确定像极大似然估计值这样复杂的估计值的方差非常不容易，但还是有可能得到其估计方差的近似值。其计算基础就是 Fisher 信息量。在这里，我们只陈述定理的结论而不加以证明。用 $L(\theta)$ 代表似然函数，$l(\theta)$ 代表对数似然函数。所有的结果都假设总体的分布是某个参数分布族的成员。

定理 7-1 设 X_1，X_2，…，X_n 是独立同分布的随机变量，其概率密度函数（在离散情况下为概率函数）为 $f(x;\theta)$，参数 $\theta\in\Omega$。若 $f(x;\theta)$ 满足以下条件（对于离散情况，下面的积分将换作求和）：

（1）参数空间 Ω 是一个开区间。

（2）集合 $A=\{x\mid f(x;\theta)>0\}$ 与参数 θ 的取值无关。

（3）对任意 $x\in A$，$f(x;\theta)$ 对 θ 三次可微，且二阶导数是 θ 的连续函数。

（4）积分 $\int f(x;\theta)\mathrm{d}x$ 在积分号下二次可微，即 $\int\frac{\partial}{\partial\theta}f(x;\theta)\mathrm{d}x=0$，$\int\frac{\partial^2}{\partial\theta^2}f(x;\theta)\mathrm{d}x=0$。

（5）$-\infty<\int f(x;\theta)\frac{\partial^2}{\partial\theta^2}\ln f(x;\theta)\mathrm{d}x<0$。

（6）存在函数 $H(x)$，使得对任意 $x\in A$，$\theta_0-c<\theta<\theta_0+c$，满足 $\int H(x)f(x;\theta_0)\mathrm{d}x<\infty$，并且 $\left|\frac{\partial^3}{\partial\theta^3}\ln f(x;\theta)\right|<H(x)$，则有如下结论成立：

（a）当 $n\to\infty$时，似然函数方程 $L'(\theta)=0$ 有解的概率趋于 1。

(b) 当 $n\to\infty$ 时，极大似然估计值 $\hat{\theta}_n$ 的分布收敛到正态分布，均值 θ、方差满足 $I(\theta)\mathrm{Var}(\hat{\theta}_n)\to 1$

其中 $$I(\theta)=-nE\left(\frac{\partial^2}{\partial\theta^2}\ln f(X;\theta)\right)=-n\int f(x;\theta)\frac{\partial^2}{\partial\theta^2}\ln f(x;\theta)\mathrm{d}x$$

$$=nE\left(\left(\frac{\partial}{\partial\theta}\ln f(X;\theta)\right)^2\right)=n\int f(x;\theta)\left(\frac{\partial}{\partial\theta}\ln f(x;\theta)\right)^2\mathrm{d}x$$

定理 7 - 1 的第二个结论表明，对于任意的 z，有

$$\lim_{n\to\infty}P\left(\frac{\hat{\theta}_n-\theta}{(I(\theta))^{-1/2}}<z\right)=\Phi(z) \tag{7.29}$$

根据定理 7 - 1，$(I(\theta))^{-1}$ 为 $\mathrm{Var}(\hat{\theta}_n)$ 的一个有意义的估计，称 $I(\theta)$ 为 Fisher 信息量。由定理 7 - 1 知，极大似然估计量是渐近无偏和相合的。Fisher 信息量同时构成了 Cramer-Rao 下限，也就是说在一般条件下，任何无偏估计量的方差都大于由信息量的倒数给出的方差。因此，至少在渐近意义上，没有哪个无偏估计比极大似然估计更准确。(1)～(6) 给出的条件称为一般正则性条件。这些条件难以验证，但对于我们常见的分布函数而言，都可以证明上述条件成立。①

对于非完整的保险数据，虽然每次观测都独立，且来自同一个总体，但由于截断或删失导致观测样本独立但分布不同。每个随机变量的分布参数值相同，此时 Fisher 信息量表示为：

$$I(\theta)=-E\left(\frac{\partial^2}{\partial\theta^2}l(\theta)\right)=E\left(\left(\frac{\partial}{\partial\theta}l(\theta)\right)^2\right) \tag{7.30}$$

在一般正则性条件下，定理 7 - 1 的结论同样成立。

如果有一个以上的参数，定理 7 - 1 的结论改为参数向量的极大似然估计服从渐近的多元正态分布。这个分布的协方差矩阵通过求一个 (r, s) 处的元素，由下式给出的矩阵的逆得到

$$I(\theta)_{rs}=-E\left(\frac{\partial^2}{\partial\theta_s\partial\theta_r}l(\theta)\right)=-nE\left(\frac{\partial^2}{\partial\theta_s\partial\theta_r}\ln f(X;\theta)\right)$$

$$=E\left(\frac{\partial}{\partial\theta_r}l(\theta)\frac{\partial}{\partial\theta_s}l(\theta)\right)=nE\left(\frac{\partial}{\partial\theta_r}\ln f(X;\theta)\frac{\partial}{\partial\theta_s}\ln f(X;\theta)\right)$$

其中，第一个和第三个表达式都是在一般情况下成立，第二个和第四个表达式假设似然函数是 n 个相同密度函数的乘积。这个矩阵通常称为信息阵。为保证 $I^{-1}(\theta)$ 存在，通常要求信息矩阵 $I(\theta)$ 是正定的。

【例 7 - 16】 假设 X 服从参数为 θ 的指数分布，12 个随机样本为：7，12，15，19，26，27，29，29，30，33，38，53。求 θ 的极大似然估计，并计算 $I(\theta)$。

【解】 极大似然函数为：

---

① 如果总体分布是自然指数型的，这些条件成立。参见陈希孺．高等数理统计学．合肥：中国科学技术大学出版社，1999。

$$L(\theta)=\prod_{i=1}^{n}\left(\frac{1}{\theta}e^{-x_i/\theta}\right)=\frac{1}{\theta^{12}}e^{-318/\theta}$$

对数似然函数为：

$$l(\theta)=-12\ln\theta-318/\theta$$

对 θ 求导并令其等于 0，即 $l'(\theta)=-12/\theta+318/\theta^2=0$。

$$\hat{\theta}=26.5$$

$$I(\theta)=-E\left(\frac{\partial^2}{\partial\theta^2}l(\theta)\right)=-E\left(\frac{\partial}{\partial\theta}(-12/\theta+\sum x_j/\theta^2)\right)$$

$$=-E\left[\frac{12}{\theta^2}-2\times\frac{\sum x_j}{\theta^3}\right]=-\frac{12}{\theta^2}+2\times\frac{12\theta}{\theta^3}=\frac{12}{\theta^2}$$

所以近似的方差为：

$$\frac{1}{I(\theta)}=\frac{\theta^2}{12}=58.5$$

【例 7-17】 假设例 7-16 样本的总体分布为对数正态分布，参数为 μ 和 σ，求极大似然估计量的协方差矩阵。

【解】 对数正态分布的似然函数和对数似然函数为：

$$L(\mu,\sigma)=\prod_{j=1}^{n}\frac{1}{x_j\sigma\sqrt{2\pi}}\exp\left(-\frac{(\ln x_j-\mu)^2}{2\sigma^2}\right)$$

$$l(\mu,\sigma)=\sum_{j=1}^{n}\left(-\ln x_j-\ln\sigma-\frac{1}{2}\ln(2\pi)-\frac{1}{2}\left(\frac{\ln x_j-\mu}{\sigma}\right)^2\right)$$

一阶导数为：

$$\frac{\partial l}{\partial\mu}=\sum_{j=1}^{n}\frac{\ln x_j-\mu}{\sigma^2}\text{ 和 }\frac{\partial l}{\partial\sigma}=-\frac{n}{\sigma}+\sum_{j=1}^{n}\frac{(\ln x_j-\mu)^2}{\sigma^3}$$

极大似然估计是下面两个方程的解：

$$\sum_{j=1}^{n}\frac{\ln x_j-\mu}{\sigma^2}=0\text{ 且 }-\frac{n}{\sigma}+\sum_{j=1}^{n}\frac{(\ln x_j-\mu)^2}{\sigma^3}=0$$

由第一个方程得到 $\hat{\mu}=(1/n)\sum_{j=1}^{n}\ln x_j$，由第二个方程得到 $\hat{\sigma}^2=(1/n)\sum_{j=1}^{n}(\ln x_j-\hat{\mu})^2$。

二阶导数为：

$$\frac{\partial^2 l}{\partial\mu^2}=-\frac{n}{\sigma^2}$$

$$\frac{\partial^2 l}{\partial\sigma\,\partial\mu}=-2\sum_{j=1}^{n}\frac{\ln x_j-\mu}{\sigma^3}$$

$$\frac{\partial^2 l}{\partial\sigma^2}=\frac{n}{\sigma^2}-3\sum_{j=1}^{n}\frac{(\ln x_j-\mu)^2}{\sigma^4}$$

由于 $\ln X_j$ 服从均值为 μ，标准差为 σ 的正态分布，因此

$$E\left(\frac{\partial^2 l}{\partial \mu^2}\right)=-\frac{n}{\sigma^2},\quad E\left(\frac{\partial^2 l}{\partial \mu\,\partial \sigma}\right)=0,\quad E\left(\frac{\partial^2 l}{\partial \sigma^2}\right)=-\frac{2n}{\sigma^2}$$

改变符号后求逆可得到协方差矩阵的估计：

$$\begin{bmatrix}\dfrac{\sigma^2}{n} & 0\\ 0 & \dfrac{\sigma^2}{2n}\end{bmatrix}$$

对于例 7－17 的数据，这些值分别为 $\hat{\mu}=3.156$ 和 $\hat{\sigma}^2=0.280$。协方差矩阵需要参数的真值，但能够做到的最好方法是使用估计值代替真值。于是得到参数 μ，σ 的极大似然估计值的方差估计值：

$$\mathrm{Var}(\hat{\mu},\hat{\sigma})=\begin{bmatrix}0.023 & 0\\ 0 & 0.012\end{bmatrix}$$

主对角线外的 0 说明这两个参数估计渐近不相关。在对数正态分布这种特殊情形下，这个结论对任何容量的样本都是成立的。因此，可以构造一个置信度为 95％的参数真值的置信区间，在估计值两边的 1.96 个标准差内有

$$\mu:\ 3.156\pm1.96(0.023)^{1/2}=3.156\pm0.297$$
$$\sigma:\ 0.5296\pm1.96(0.012)^{1/2}=0.5296\pm0.2118$$

为了得到信息阵，需要计算导数和期望值，这通常并不容易。避免这个问题的一种方法是不计算期望值，直接使用观测数据。这个结果称为已观测信息量。

【例 7－18】 使用已观测信息量估计例 7－17 的协方差矩阵。

【解】 将观测值代入二阶导数方程得到

$$\frac{\partial^2 l}{\partial \mu^2}=-\frac{n}{\sigma^2}=-\frac{12}{\sigma^2}$$
$$\frac{\partial^2 l}{\partial \sigma\,\partial \mu}=-2\sum_{j=1}^{n}\frac{\ln x_j-\mu}{\sigma^3}=-2\times\frac{37.87-12\mu}{\sigma^3}$$
$$\frac{\partial^2 l}{\partial \sigma^2}=\frac{n}{\sigma^2}-3\sum_{j=1}^{n}\frac{(\ln x_j-\mu)^2}{\sigma^4}=\frac{12}{\sigma^2}-3\times\frac{122.9-75.75\mu+12\mu^2}{\sigma^4}$$

代入参数的估计值，得到观测信息的负值项：

$$\frac{\partial^2 l}{\partial \mu^2}=-42.86,\quad \frac{\partial^2 l}{\partial \sigma\,\partial \mu}=0,\quad \frac{\partial^2 l}{\partial \sigma^2}=-85.6$$

改变符号求逆得到了和前面相同的结果，这是对数正态分布的特点，对于其他分布并不一定成立。

7.2.2 参数函数的方差

有时人们更关心总体分布的某些特征，如总体均值 $E_{\theta}(X)$、总体方差 $\mathrm{Var}_{\theta}(X)$、分

位点 $\pi_{\hat{\theta}}(X)$（例如90%分位点）。在保险定价中精算师还会关心有限期望函数 $E_{\hat{\theta}}(X\wedge d)$、损失消失率、增限因子的极大似然估计。这些总体特征的极大似然估计可以表示成参数估计值的函数形式 $g_{\hat{\theta}}(X)$。比如，伽马分布均值的极大似然估计就等于 $\hat{\alpha}\cdot\hat{\theta}$，其中 $\hat{\alpha}$ 和 $\hat{\theta}$ 采用了极大似然估计值。

信息阵提供了一种评价参数的极大似然估计质量的方法。估计参数函数方差，可以采用 Delta 方法。它的基本思想是：假设 X_n 是对 θ 的一致无偏估计，$E(X_n)=\theta$，若随机变量 $Y_n=g(X_n)$，其中 $g(\cdot)$ 是连续可微的函数，则在适当的正则性条件下

$$\begin{aligned}Y_n-EY_n&=g(X_n)-Eg(X_n)=g(X_n)-g(\theta)+g(\theta)-Eg(X_n)\\&=g'(\theta)(X_n-\theta)+o(X_n-\theta)\end{aligned}$$

因此，Y_n 的方差为：

$$\mathrm{Var}(Y_n)\approx[g'(X_n)]^2\mathrm{Var}(X_n)$$

下面的定理给出了对该方法的严格表述，其证明①超出本书的范围，故从略。

定理 7-2 令 $X_n=(X_{1n},X_{2n},\cdots,X_{kn})^{\mathrm{T}}$ 表示一个容量为 n 的 k 维多元随机变量样本。假设 X 服从渐近正态分布，均值为 θ，协方差矩阵为 Σ/n，其中 θ 和 Σ 都不依赖 n。g 是一个完全可微的 k 元函数，$G_n=g(X_{1n},X_{2n},\cdots,X_{kn})$，则 G_n 也服从均值为 $g(\theta)$，方差为 $(\partial g)^{\mathrm{T}}\sum(\partial g)/n$ 的渐近正态分布，其中 ∂g 为一阶导数向量且 $\partial g=(\partial g/\partial\theta_1,\cdots,\partial g/\partial\theta_k)^{\mathrm{T}}$，而且取值依赖于原随机变量参数的真值 θ。

对于单参数模型，设 $\hat{\theta}$ 为参数 θ 的极大似然估计量，由定理 7-1 和定理 7-2 知，$\hat{\theta}$ 服从均值为 θ，方差为 σ^2/n 的渐近正态分布，$g(\hat{\theta})$ 也服从渐近正态分布，均值为 $g(\theta)$，渐近方差为：

$$(g'(\theta))(\sigma^2/n)(g'(\theta))=(g'(\theta))^2\sigma^2/n \tag{7.31}$$

【例 7-19】 假设 X 服从参数为 θ 的指数分布，12 个随机样本为：7，12，15，19，26，27，29，29，30，33，38，53。计算 $P(X>10)$ 的置信度为 95%的置信区间。

【解】 运用极大似然估计法，$P(X>10)$ 的估计为：

$$P(X>10)=\mathrm{e}^{-10/\hat{\theta}}=0.685\ 7$$

令 $g(t)=\mathrm{e}^{-10/t}$，则

$$g'(t)=\mathrm{e}^{-10/t}\frac{10}{t^2}$$

$$\mathrm{Var}(g(\hat{\theta}))=(g'(\theta))^2\mathrm{Var}(\hat{\theta})=\left(\mathrm{e}^{-10/\hat{\theta}}\frac{10}{\hat{\theta}^2}\right)^2\frac{\hat{\theta}^2}{12}=\mathrm{e}^{-20/\hat{\theta}}\frac{100}{12\hat{\theta}^2}$$

因为 $\hat{\theta}=26.5$，所以

$$\mathrm{Var}(g(\hat{\theta}))=0.005\ 58$$

---

① 其证明参见 Rao C. Linear Statistical Inference and Its Applications. New York：Wiley，1965。

$P(X>10)$ 的置信度为 95%的置信区间为：

$$0.6857 \pm 1.96\sqrt{0.00558} = (0.539, 0.832)$$

【例 7-20】 总体 X 的 12 个样本点为：7，12，15，19，26，27，29，29，30，33，38，53。假设总体服从指数分布，求 $\mathrm{Var}(X)$ 的极大似然估计和 95%的置信区间。

【解】 指数分布的参数的极大似然估计为 $\hat{\theta}=\bar{X}$，则

$$\mathrm{Var}(\hat{\theta}) = \mathrm{Var}(\bar{X}) = \frac{\mathrm{Var}(X)}{n} = \frac{\theta^2}{n} = \frac{\bar{X}^2}{n} = \frac{26.5^2}{12} = 58.5$$

对于指数分布，$\mathrm{Var}(X)=\theta^2$，所以方差的极大似然估计值为 $\hat{\theta}^2=702.25$。

因为$\widehat{\mathrm{Var}}(g(\hat{\theta}))=(g'(\hat{\theta}))^2\mathrm{Var}(\hat{\theta})$，所以

$$\widehat{\mathrm{Var}}(\hat{\theta}^2) = (2\hat{\theta})^2\mathrm{Var}(\hat{\theta}) = 164\,327$$

置信度为 95%的置信区间为：

$$702.25 \pm 1.96\sqrt{164\,327} = (-92.28, 1\,496.78)$$

7.3 拟合优度检验

估计参数后，还需要对参数模型进行拟合优度检验。设有一组可观察的一维或多维的来自总体的 n 个随机变量 X，X_2，…，X_n，F^* 是一个已知分布的分布函数。在拟合优度检验中，我们先要设定原假设和备选假设：

H_0：数据来自某个给定分布 F^* 的总体
H_1：数据并非来自给定分布 F^* 的总体

拟合优度检验的一般原则是，设法确定一个检验统计量 $D(X_1, X_2, \cdots, X_n)$，它有某种理由可以作为样本 X_1，X_2，…，X_n 与 F 的偏离的度量。根据具体样本算出 D 的值，记为 D_0。然后在假设 H_0 成立的条件下计算

$$p(D_0) = P(D \geqslant D_0)$$

给定一个 α 值（如 0.01，0.05，0.1），如果 $p(D_0)<\alpha$，则拒绝原假设，否则接受原假设。

如果原假设中给出了已知分布模型（如均值为 0、方差为 1 的标准正态分布），检验临界值可以比较容易地得出；如果原假设仅仅指明了模型的分布类型，而模型中仍含有待定的参数且模型的参数是通过样本数据估计得出的，这时的检验统计量 D_0 比事先给定模型时的统计量要小。这是因为估计参数时，我们会尽量使得分布函数与实际数据更接近，这会导致假设检验变成近似。由于统计量较大时拒绝原假设，因此这种近似增加了犯第二类错误的概率，同时减少了犯第一类错误的概率。为避免这种近似情况出现，我

们可以采用将样本随机分组的方式。如将样本随机分为两部分，一部分进行参数估计，另一部分进行假设检验。当模型选定之后，又重新将所有数据用于参数估计。

接下来，我们以构造不同的检验统计量为主线介绍四种假设检验方法：χ^2 拟合优度检验、Kolmogorov-Smirnov 检验、Anderson-Darling 检验以及似然比检验。

7.3.1　χ^2 拟合优度检验

χ^2 拟合优度检验常用于离散分布的情况，如果是连续分布，则需要把数据适当地分成多个区间来考虑。χ^2 拟合优度检验的实施步骤如下：首先，选定任意 $k-1$ 个值使得 $t=c_0<c_1<c_2<c_3<c_4<\cdots<c_k=\infty$，其中 t 为左截断点（如果没有截断，则 $t=0$）。记 $\hat{p}_j=F^*(c_j)-F^*(c_{j-1})$ 为观测值落在 $(c_{j-1}, c_j]$ 区间中的概率，要注意每组包括组上限，即左端是开区间，右端是闭区间。类似地，记 $p_{nj}=F_n(c_j)-F_n(c_{j-1})$ 为由经验分布得到的观测值落在 $(c_{j-1}, c_j]$ 区间中的概率。其次，构造 χ^2 检验统计量为：

$$Q=\sum_{j=1}^{k}\frac{n(\hat{p}_j-\hat{p}_{nj})^2}{\hat{p}_j} \tag{7.32}$$

式中，n 为样本量。若令 $E_j=n\hat{p}_j$ 为区间中观测值个数的期望值，并令 $O_j=np_{nj}$ 为区间中的实际观测个数。此时有

$$Q=\sum_{j=1}^{k}\frac{(E_j-O_j)^2}{E_j} \tag{7.33}$$

当观测个数 n 的值充分大时，统计量 Q 的分布会收敛于自由度为 $k-1-m$ 的 χ^2 分布，m 为模型 F^* 中待估参数的个数。如果计算得到的 Q 大于临界值 $\chi^2_\alpha(k-1-m)$，则拒绝原假设，表明原假设中的分布不能拟合样本数据。否则，无法拒绝原假设。这里 α 通常取 0.05。

在进行 χ^2 拟合优度检验时，一般要满足样本量 n 足够大，以及 E_j 不太小这两个条件。为提高检验的精度，通常要求总体的样本数据不小于 50，E_j 的值不小于 5，否则需要将样本个数较少的组合并，以满足这个要求。经验表明，当 E_j 的值大致相等时，检验的效果最优。所以在对个体数据进行检验时，应该适当地分组，以使检验的效果尽可能好。

【例 7-21】某行业会出现三种类型的理赔，其历史出现概率和今年实际发生数如表 7-12 所示。

表 7-12　理赔出现的历史概率和今年实际发生数

类型	历史出现概率	今年实际发生数
A	0.294 4	135
B	0.312 4	150
C	0.393 2	145

原假设为今年各类型的实际发生概率与历史出现概率一致，求针对此原假设进行拟

合优度检验的 χ^2 统计量的大小。

【解】 共计 430 个观测值。A，B，C 三种类型的期望发生值分别为 $430\times0.2944=126.592$，$430\times0.3124=134.332$，$430\times0.3932=169.076$。则检验统计量为：

$$\chi^2=\frac{(135-126.592)^2}{126.592}+\frac{(150-134.332)^2}{134.332}+\frac{(145-169.076)^2}{169.076}=5.81$$

【例 7-22】 100 个观测值被分为 5 组（见表 7-13）。

表 7-13 观测值分组

区间	数据个数
(0，100]	25
(100，200]	20
(200，500]	20
(500，1 000]	20
(1 000，∞]	15

设原假设为数据服从参数为 $\hat{\theta}=800$，$\hat{\alpha}=2$ 的帕累托分布，对此原假设进行 χ^2 拟合优度检验。

【解】 要拟合的分布函数是 $F^*(x)=1-\left(\frac{800}{x+800}\right)^2$，则各区间期望个数应为：

$$\begin{aligned}E_1&=n(F^*(c_1)-F^*(c_2))=100(F^*(100)-F^*(0))\\&=100\left(1-\left(\frac{800}{100+800}\right)^2\right)=20.99\end{aligned}$$

类似地，有

$$E_2=100\left(\left(\frac{800}{100+800}\right)^2-\left(\frac{800}{200+800}\right)^2\right)=15.01$$

$$E_3=100\left(\left(\frac{800}{200+800}\right)^2-\left(\frac{800}{500+800}\right)^2\right)=26.13$$

$$E_4=100\left(\left(\frac{800}{500+800}\right)^2-\left(\frac{800}{1\,000+800}\right)^2\right)=18.12$$

$$E_5=100\left(\frac{800}{1\,000+800}\right)^2=19.75$$

χ^2 检验统计量为 $Q=\sum_{j=1}^{5}\frac{(n_j-E_j)^2}{E_j}=5.20$，自由度为 $5-2-1=2$。5%显著性水平下的临界值为 $\chi^2_{2,0.05}\approx6.0$，则在 5%的显著性水平下无法拒绝原假设。

7.3.2 Kolmogorov-Smirnov 检验

Kolmogorov-Smirnov 检验（简称 K-S 检验）用来检验单一样本是否来自某一特定分布，比如检验一组数据是否服从正态分布。这种检验的基本思想是：虽然 Y_1，Y_2，…，Y_n 的分布未知，但根据大样本理论，Y_1，Y_2，…，Y_n 的经验分布函数 $F_n(x)$ 在某种意义下收敛于其真实的分布，所以可以把 $F_n(x)$ 与所假设的分布函数 $F^*(x)$ 做比较，看它们是否吻合。如果它们不能很好地吻合，就拒绝 H_0，即未知的真实分布函数不是由 $F^*(x)$ 给定的。由于经验分布 $F_n(x)$ 和分布 $F^*(x)$ 都是 x 的函数，因此要比较两者的差异需要一个合适的度量。K-S 检验提出了一个最简单的度量，就是用 $F^*(x)$ 和 $F_n(x)$ 在垂直方向上的最大距离作为统计量，如图 7-1 所示。令 t 为左截断点（如果没有截断，则 $t=0$），u 为右删失点（如果没有删失，则 $u=\infty$）。这时检验统计量为：

$$D = \max_{t \leqslant x \leqslant u} | F_n(x) - F^*(x) | \tag{7.34}$$

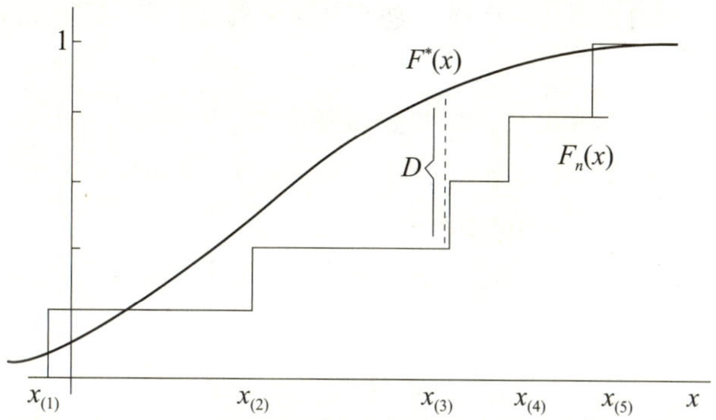

图 7-1 K-S 统计量

要注意的是，为确保 $F_n(x)$ 有定义，这个统计量只适用于个体数据，且要求 $F^*(x)$ 在对应区间上是连续的。由于经验分布函数 $F_n(x)$ 在每个数据点都有跳跃，因此需要将分布函数与跳跃前的值比较，同时与跳跃后的值比较。具体来说，如果已知一个样本观测值 x_1，x_2，…，x_n，则 $F^*(x)$ 与 $F_n(x)$ 差距的最大值 D_n 为：

$$D_n = \max_{i=1,2,\cdots,n} |F_n(x_{i-1}) - F^*(x_i,\hat{\theta})|, |F_n(x_i) - F^*(x_i,\hat{\theta})| \tag{7.35}$$

用 $Y=\sqrt{n}D_n$ 来表示被检验的实际偏差，其中 n 为样本数。

当 $n\to\infty$时，若 $F^*(x)$ 的函数形式完全给定，Y 的近似分布为：

$$P(Y > x) = 2\sum_{j=1}^{\infty}(-1)^{j+1}\mathrm{e}^{-2j^2x^2} \tag{7.36}$$

用这个定理，对于较大的 n 值（大于 35），近似地决定临界值。表 7-14 给出了在不同显著性水平下 Y 的近似临界值[①]。当 Y 大于临界值时，拒绝原假设 H_0，否则接受 H_0。

表 7-14 不同显著性水平下 Y 的近似临界值

显著性水平（α）	临界值
0.2	1.07
0.1	1.22
0.05	1.36
0.01	1.63

① 如果 $u<\infty$，临界值还应当取更小的值。

当 n 较小时，对若干 α 值，可以从有关的统计表中查到。

若 $F^*(x)$ 的形式已知，但参数由数据估计，则偏差度量 $Y=\sqrt{n}D_n$ 将取得与前面结果不同的概率值。在这种情况下需要对其进行修正。[①] 例如，假定 $F^*(x)$ 是一个指数模型，θ 由数据估计而得，则

$$Y^*=\left(D_n-\frac{0.2}{n}\right)\left(\sqrt{n}+0.26+\frac{0.5}{\sqrt{n}}\right) \tag{7.37}$$

这是一个比未修正的 $Y=\sqrt{n}D_n$ 更好的估计。

【例 7-23】 一个来自总体 X 的样本包含 12 个数据：7，12，15，19，26，27，29，29，30，33，38，53。

(1) 使用参数为 $\hat{\theta}=30$ 的指数分布拟合这组数据。

(2) 假设样本数据在 32 处被删失，使用参数为 $\hat{\theta}=25$ 的指数分布拟合这组数据。

求这两种情况对应的 K-S 检验统计量。

【解】 (1) 设 $F_1^*(x)=1-e^{-x/30}$，令 $D_1=\max\limits_{t\leqslant y\leqslant u}|F_n(y)-F_1^*(y)|$。表 7-15 第 5 列给出了 D_1 的计算过程。

表 7-15　D_1 的计算过程

x_j	$F_{12}(x_j^-)$	$F_{12}(x_j^+)$	$F^*(x)$	D_1
7	0	0.083 3	0.208 1	0.208 1
12	0.083 3	0.166 7	0.329 7	0.246 4
15	0.166 7	0.25	0.393 5	0.226 8
19	0.25	0.333 3	0.469 2	0.219 2
26	0.333 3	0.416 7	0.579 6	0.246 3
27	0.416 7	0.5	0.593 4	0.176 7
29	0.5	0.666 7	0.619 7	0.119 7
30	0.666 7	0.75	0.632 1	0.117 9
33	0.75	0.833 3	0.667 1	0.166 2
38	0.833 3	0.916 7	0.718 2	0.198 5
53	0.916 7	1.0	0.829 1	0.170 9

可得 $D_1=0.246\ 4$。

(2) 当数据在 32 处被删失，则原观测值 33，38，53 都被记录为 32。F_{12} 是有限额 32 的经验分布函数（即 $F_{12}(32+)=1$）。另将有限额的指数分布记为：

$$F_2^*(x)=\begin{cases}1-e^{-x/25}, & x\leqslant 32\\ 1, & x>32\end{cases}$$

令 $D_2=\max\limits_{t\leqslant y\leqslant u}|F_{12}(y)-F_2^*(y)|$。表 7-16 给出了计算过程。

① Stephens, M. Tests Based on EDF statistics//D'agostino, R. and Stephens, M. Goodness-of-Fit Techniques. New York: Marcel Dekker, 1986: 97-193.

表 7-16 D_2 的计算过程

x_j	$F_{12}(x_j^-)$	$F_{12}(x_j^+)$	$F^*(x)$	D_2
7	0	0.083 3	0.244 2	0.244 2
12	0.083 3	0.166 7	0.381 2	0.297 9
15	0.166 7	0.25	0.451 2	0.284 5
19	0.25	0.333 3	0.532 3	0.282 3
26	0.333 3	0.416 7	0.646 5	0.313 2
27	0.416 7	0.5	0.660 4	0.243 7
29	0.5	0.666 7	0.686 5	0.186 5
30	0.666 7	0.75	0.698 8	0.051 2
32	0.75	1.0	0.722	0.278

可得 $D_2=0.313\ 2$。

拟合优度检验与K-S检验都采用实际频数与期望频数之差进行检验。它们之间的不同在于，前者主要用于分组数据，而后者主要用于有计量单位的连续的定量数据。拟合优度检验虽然也可以用于定量数据，但是必须先将数据分成 r 组才能获得实际的观测频数，因此 χ^2 统计量依赖于 r 个区间的具体分法，包括 r 的选择和区间的位置。而K-S检验可以直接对原始数据的 n 个观测值进行检验，所以它对数据的利用较为充分。但是，对于分布 $F^*(x)$ 包含参数这种重要情况，χ^2 拟合优度检验在理论上和方法上都与 $F^*(x)$完全已知的情况相似，只是极限分布的自由度相应缩小一些而已。而K-S检验的情况则不然，对每个具体分布族（例如，检验真实分布属于正态分布族、指数分布族等），需要做特殊的处理，且难度较大。

7.3.3 Anderson-Darling 检验

K-S检验只是简单地建立在经验分布 $F_n(x)$ 和假设分布 $F^*(x)$ 之间的最大偏差的基础上，T. W. Anderson 和 D. A. Darling 提出的 Anderson-Darling 检验（简称 A-D 检验）给出了 $F_n(x)$ 和 $F^*(x)$ 之间偏差的更好度量。A-D统计量是 $F_n(x)$ 和 $F^*(x)$ 之间偏差的平方的加权期望值，权重是 $F_n(x)$ 方差的倒数，即

$$A^2 = n\int_t^u \frac{(F_n(x)-F^*(x))^2}{F^*(x)(1-F^*(x))} f^*(x)\mathrm{d}x \tag{7.38}$$

式中，t 和 u 的定义与K-S检验中的相同。注意：当 x 接近 t 或 u 时，分母很小，从而权重较大，因此这个统计量更加看重尾部的估计。这个积分很难计算，但是对于个体数据来说，将无重复的未被删失的数据点记为 $t=y_0<y_1<\cdots<y_{k+1}=u$，则积分变为如下求和形式：

$$A^2 = -nF^*(u) + n\sum_{j=0}^{k-1}(1-F_n(y_j))^2\ln(1-F^*(y_j))$$

$$-\ln(1-F^*(y_{j+1}))+n\sum_{j=1}^{k}F_n(y_j)^2(\ln F^*(y_{j+1})-\ln F^*(y_j)) \qquad (7.39)$$

若 $u=\infty$，则第一个求和项的最后一项等于 0。

显著性水平为 10%，5% 和 1% 的临界值分别是 1.933，2.492 和 3.857。如果 $u<\infty$，这些临界值还应当更小一些。

【例 7-24】 一个来自总体 X 的样本包含 12 个数据：7，12，15，19，26，27，29，29，30，33，38，53。使用参数为 $\hat{\theta}=30$ 的指数分布拟合这组数据。求对应的 A-D 检验统计量。

【解】 数据中没有删失或截断，则 A-D 统计量为：

$$A^2=-n+n\left(\sum_{j=0}^{k-1}(1-F_n(y_j))^2\ln\frac{1-F^*(y_j)}{1-F^*(y_{j+1})}+\sum_{j=1}^{k}F_n(y_j)^2\ln\frac{F^*(y_{j+1})}{F^*(y_j)}\right)$$

要拟合的模型是 $F^*(x)=1-e^{-x/30}$，共有 11 个不同的 x 值，记

$$c=(1-F_{12}(y_j))^2\ln\frac{1-F^*(y_j)}{1-F^*(y_{j+1})},\quad d=F_{12}(y_j)^2\ln\frac{F^*(y_{j+1})}{F^*(y_j)}$$

表 7-17 给出了计算过程。

表 7-17　A-D 统计量计算过程

y_j	$F_{12}(y_j)$	$F^*(y_j)$	c	d
0	0	0	0.233 3	0
7	0.083 3	0.208 1	0.140 1	0.003 2
12	0.166 7	0.329 7	0.069 5	0.004 9
15	0.25	0.393 5	0.075 0	0.011 0
19	0.333 3	0.469 2	0.103 6	0.023 5
26	0.416 7	0.579 6	0.011 4	0.004 1
27	0.5	0.593 4	0.016 7	0.010 8
29	0.666 7	0.619 7	0.003 7	0.008 8
30	0.75	0.632 1	0.006 2	0.030 3
33	0.833 3	0.667 1	0.004 6	0.051 3
38	0.916 7	0.718 2	0.003 5	0.120 7
53	1.0	0.829 1	0	0.187 4

统计量为：$-12+12(0.2333+\cdots+0.0035+0+0.0032+\cdots+0.1874)=1.483$。统计量 A^2 在 0.01 的显著性水平下对应的值为 3.857，$1.483<3.857$，因此可以用该指数分布进行拟合。

在使用这些拟合优度检验方法时，需要注意样本量对检验结果的影响。假设样本量加倍，但样本点的取值并没有太大变化（比如每个数据点都重复出现两次），在 K-S 检验中检验统计量不变，但临界值会变小；在 A-D 检验和 χ^2 拟合优度检验中，检验统计量会加倍，但临界值不会改变。这使得对于样本量较大的样本，原假设更容易被拒绝。这也很容易理解，因为原假设本身就是错误的（用由几个参数决定的某个分布函数完全解释

观测值表现的各种复杂现象的可能性极小)，只有在样本量足够大时，才会有令人信服的证据来说明这一点。

7.3.4　似然比检验

与前面三种检验不同的是，似然比检验考虑的是两个分布的比较。具体来说，假定总体分布的密度函数为 $f(x;\theta)$，其中 θ 为参数，且 $\theta\in\Theta$。似然比检验考虑如下假设检验问题：

$$H_0:\theta\in\Theta_0,\quad H_1:\theta\in\Theta_1=\Theta-\Theta_0$$

其中，Θ_0 为 Θ 的一个非空子集。

对于给定的样本 x_1，x_2，…，x_n，似然函数为 $L(\theta)=\prod_{i=1}^{n}f(x_i;\theta)$。定义统计量

$$LR=\frac{\sup\{L(\theta):\theta\in\Theta\}}{\sup\{L(\theta):\theta\in\Theta_0\}} \tag{7.40}$$

LR 称为似然比（likelihood ratio)。LR 的分子是参数没有被约束的似然函数最大值，分母是参数被约束时的似然函数最大值，显然有 $LR\geqslant1$。

根据极大似然估计的性质，θ 的极大似然估计 $\hat{\theta}$ 是 θ 的一致估计，即 $\hat{\theta}\to\theta$ 的真值（$n\to\infty$)，所以当假设 H_0 为真时，$\hat{\theta}$ 应以大的概率属于 Θ_0。这时，如果似然函数 $L(\theta)$ 具有连续性（大多数情形下都是如此)，LR 应接近 1；反之，LR 应远大于 1。Wilks (1938) 证明：在一定的正则性条件下，$Y_n=2\ln LR$ 在原假设为真的条件下以 χ^2 分布为极限分布，参数为 $k-r$，k 为没有被约束的参数个数，r 为被约束的参数个数。若 $\Theta_0=\theta_0$，θ_0 为已知参数，则 $r=0$。若 Y_n 大于显著性水平为 α 的临界值 $\chi_\alpha^2(k-r)$，则拒绝原假设，即认为 $\theta\in\Theta_1$。

【例 7-25】 给定一个来自指数分布总体的包含 6 个数据的样本：8.0，1.8，6.9，0.5，4.1，2.2。设原假设为指数分布的均值是 $\theta_0=2$。在 10%的显著性水平下，基于似然比检验，能否拒绝原假设？

【解】 对应的似然比统计量是 $Y_n=2\ln\dfrac{L_1}{L_0}=2(\ln L_1-\ln L_0)$。式中，$\ln L_1$ 是基于极大似然估计的对数似然函数值，$\ln L_0$ 是基于原假设的值。

指数分布的对数似然函数表达式是 $\ln L=-n\ln\theta-\dfrac{\sum x_i}{\theta}$。参数的极大似然估计是样本均值 $\hat{\theta}=\bar{x}=3.92$，代入可求得 $\ln L_1=-14.19$。

$\ln L_0=-15.9$，则 $Y_n=3.44$ 大于在 10%显著性水平下的自由度为 1 的 χ^2 分布的临界值 $\chi_{0.1}^2(1)=2.706$，因此拒绝原假设。

在使用似然比检验时，原假设的分布应是备选假设分布的特殊情形。当原假设为备选假设的极限情形（不是一种特殊情形）时，似然比检验仍然适用，此时检验统计量服从混合卡方分布。但是当备选假设分布仅比原假设分布具有更多的参数时，似然比检验

是不合适的。例如，两参数的对数正态模型原假设分布完全有可能比三参数的布尔模型的对数似然函数值大，这样就会产生负的检验统计量，进而无法使用卡方分布。

7.4 模型的选择

在对众多备选模型进行分布估计和相关的拟合优度检验之后，我们应该选择一个最优的分布作为样本数据的分布。在筛选时，需要注意节俭原则和相对最优原则。

节俭原则是指对于具备同样条件的模型，在没有充分的理由支持复杂模型时，简单模型是更好的选择。这是因为虽然复杂模型对已知数据拟合得很好，但是并不能保证对观测总体的拟合同样好。这与大多数假设检验方法是一致的：如果没有十分有力的证据，就不要拒绝原假设。

相对最优原则是指无论选择哪个模型，它都是对实际情况的一种近似，并不存在绝对最优的模型。模型选择的目标是找到一个能够足够好地解决问题的模型，而对“足够好”的定义将取决于具体的应用。即使尝试了足够多的模型，且所有尝试过的模型拟合效果都不是十分理想，也总会有一个模型是相对不错的，虽然这并不能提高我们对总体性质的认识。

因此，我们在选择模型时需要在简洁性与精确性之间做出权衡。只要可能，应尽量选择简单模型。另外，要根据实际情况来限制备选模型的范围。例如，选择便于计算的模型来厘定费率，或者选择厚尾分布来估计再保险损失，等等。建模者只有具有丰富的经验才能缩小备选模型的范围。

本节内容将介绍两类模型选择方法：第一类方法是主观判断法，根据经验和行业实际背景来确定备选模型；第二类方法是评分法，通过对数据的定量分析来得到备选模型。

7.4.1 主观判断法

主观判断法是指根据精算师的经验和行业实际背景来确定备选模型，筛选模型。主要从以下三个方面来考虑。

首先，可以根据各种图表工具（或者基于图形的表格）进行初步的模型选择。在进行分析时可以根据实际背景选取满足某些特征的分布。例如，精算师有时对分布的对称或偏斜程度比较关注，有时认为尾部概率的拟合非常重要，而有时众数的匹配更重要。即便采用评分法，也可以运用有说服力的图形来支持选定的模型。常用的图形比较方法有：（1）利用经验分布图（卵形图）、直方图、核密度图等，比较经验分布的对称性、偏斜程度以及分布的扁平程度与备选的分布函数是否一致。（2）用 p-p 图、q-q 图对经验分布和备选分布进行图形比较。（3）绘制经验平均超额函数来比较经验分布的尾部特征，如是否有很长的尾部，是否厚尾。如果经验平均超额函数图呈现上升的趋势，说明样本的损失分布是一个明显的厚尾分布；如果呈现下降的趋势，则说明样本的损失分布是轻尾分布。可根据这些尾部特征选择合适的分布来描述数据。

其次，根据行业背景和使用目的来选择模型。如果某个模型的拟合效果比其他模型要好很多，但是计算很复杂；而另一个模型的拟合效果稍微差些，但能使某些计算大为简化，这时人们倾向于选择后者。比如，1941 年监督官标准普通生命表（Commissioners Standard Ordinary (CSO) Mortality Table）在许多年龄段都采用了 Makeham 分布。在计算能力有限的年代，这种分布使得对联合生存相关值的计算大大简化。类似地，在一般责任保险和机动车第三责任险中，精算师普遍使用截断帕累托作为描述损失的分布，因为该分布具有某些良好的性质。在采用其他分布时，可能需要提供比通常情况更充分的证据。

最后，分布可能完全由具体情形决定。例如，某健康险合约为女性投保人提供每年至多两次乳腺癌和宫颈癌的筛查体检，而投保个体每年会有两次独立的选择，决定是否进行体检，如果每次决定体检的概率是 q，则体检次数必然服从 $m=2$ 的二项分布。

7.4.2 评分法

评分法是指依据某个标准为每个分布模型打分，得到最高分数的模型将被选择。常用的评分法及判断标准如表 7-18 所示。

表 7-18 常用的评分法及判断标准

评分法	评分依据	判断标准
似然函数法	极大似然函数值	越大越好
χ^2 拟合优度检验法	χ^2 统计量的值	越小越好
χ^2 拟合优度 p 值法	p 值：$p=P(\chi^2>Q)$	越大越好
K-S 检验法	K-S 检验统计量	越小越好
Anderson-Darling 检验法	Anderson-Darling 统计量	越小越好

在使用这几种判断标准时，需要考虑参数的个数对分值的影响。拟合程度可能随着模型复杂程度的增加而提高。以似然函数法为例，当比较指数模型和伽马模型对某样本的拟合程度时，由于指数分布是伽马分布的特殊情形，伽马模型的似然函数值不小于指数模型的似然函数值，因此得到伽马分布总会胜过指数分布的结论。这违背了节俭原则。对于以上五种方法，除了卡方拟合优度 p 值法不受模型复杂程度的影响外，其他方法都不符合节俭原则。原因是：随着模型复杂程度的提高，检验的自由度降低，所以复杂的模型也可能有较小的 p 值。因此，从节俭原则的角度出发，卡方拟合优度 p 值法是最优的评分方法。

如果用似然函数作为评分的标准，为了不违背节俭原则，有两种解决方法。一种解决方法是进行似然比检验，它适合一个模型是另一个模型的特例（例如伽马模型和变换伽马模型）或者一个模型是另一个模型的极限情形（例如布尔分布和威布尔分布）的情况。可首先从单参数的模型（有极大似然函数值的模型）开始，与两参数模型比较，如果两参数模型的对数极大似然函数值增加了至少 1.92（将这个增量加倍就得到临界值的增量 3.84），则采用两参数模型。再考虑三参数模型，如果与两参数模型比较，仍然需要 1.92 的增量，而如果第一步保留了单参数模型，则三参数模型必须有 3.00 的增量才能被采用（因为该检验的自由度是 2）。若要增加三个参数，则需要 3.91 的增量，增加四个参数需要 4.74 的增量，等等。似然比检验也可以在模型之间没有包含关系的情形下使用，但是这种情形下统计量不一定服从卡方分布。除特殊情形外，似然比检验也面临与其他假设检验相同的问题。当样本量加倍时，对数似然函数值也会加倍，使得参数个数更多的模型更容易被选择，这将导致违背节俭原则的结果出现。

另一种解决方法是在引入新的参数时设置一定的惩罚，可考虑 Schwarz Bayesian 准则（Schwarz Bayesian criterion，SBC）或赤池信息量准则（Akaike information criterion，AIC）之类的判定准则。SBC 准则在衡量模型时将对数似然函数值减 $(r/2)\ln n$，即 $SBC=\ln L-(r/2)\ln n$，式中，r 表示待估参数的个数，n 表示样本量。这样一来，只有对数似然函数增加 $0.5\ln n$ 才能增加一个参数，样本量越大，要求的似然函数增量就越大，但这个要求的增量并非随样本量按比例增加。AIC 准则也是权衡所估计模型的复杂程度和此模型拟合数据的优良性的一种标准。在一般情况下，AIC 值可以表示为 $AIC=2r-2\ln L$。在 AIC 准则下，通常应选择 AIC 值最小的模型。

一定要注意，虽然通过严格的计算来选择模型，但采用评分法得到的结果并不一定一致。这时就需要结合模型使用者的经验来选择最终的模型。

【例 7-26】 用几种分布对表 7-4 中的分组数据进行分布拟合，得到的结果如表 7-19 所示。

表 7-19 分布拟合的结果

分布类型	参数个数	负的对数似然值	χ^2	p 值
指数分布	1	548.72	81.02	<0.000 1
逆指数分布	1	520.27	49.06	<0.000 1
对数正态分布	2	498.29	4.51	0.874 4
逆高斯分布	2	502.26	12.95	0.164 8
帕累托分布	2	499.31	6.37	0.702 8
逆帕累托分布	2	500.09	7.52	0.583 1
Loglogistic 分布	2	499.93	7.51	0.584 7
伽马分布	2	507.84	16.38	0.037 2
逆伽马分布	2	509.80	26.77	0.008 0
威布尔分布	2	501.63	8.16	0.418 3
逆威布尔分布	2	506.72	20.27	0.016 3
Paralogistic 分布	2	499.79	7.30	0.605 5
逆 Paralogistic 分布	2	500.01	7.58	0.576 7
布尔分布	3	498.41	4.79	0.779 3
逆布尔分布	3	499.01	5.33	0.722 0
广义帕累托分布	3	498.62	5.00	0.758 0

利用评分法从中选择一个最合适的分布类型。

【解】 如果使用 p 值作为检验标准，显然对数正态分布是最合适的分布。若用对数似然值作为选择标准，在两参数分布中，对数正态分布的对数似然值最大，为 -498.29；

在三参数分布中，布尔分布的对数似然值最大，为−498.41。

因此，根据节俭原则和相对最优原则，对数正态分布应该是最合适的分布。

【例 7-27】 一个样本有 260 个观测值，用 5 个模型来拟合，拟合信息如表 7-20 所示。

表 7-20　拟合信息

模型	参数的个数	对数似然函数值
A	1	−414
B	2	−412
C	3	−411
D	4	−409
E	6	−409

用 SBC 准则来选择模型。

【解】 根据 SBC 准则计算 $l-\frac{r}{2}\ln n$，这个值越大越好。

A 模型：$-414-\frac{1}{2}\ln 260=-416.78$

B 模型：$-412-\frac{2}{2}\ln 260=-417.56$

C 模型：$-411-\frac{3}{2}\ln 260=-419.34$

D 模型：$-409-\frac{4}{2}\ln 260=-420.12$

E 模型：$-409-\frac{6}{2}\ln 260=-425.68$

A 模型的值最大，在 SBC 准则下是最优的。

【例 7-28】 表 7-21 列出了 67 856 张机动车事故保单的相关数据，试选择一个合适的分布描述该数据。

表 7-21　机动车事故保单数据

理赔次数	0	1	2	3	4
频数	63 232	4 333	271	18	2

【解】 由表 7-21 可以看出，理赔次数的分布比较集中，只包括 0，1，2，3，4 五种情况，并且理赔次数为 0 的保单数最多，占总保单数的 93.19%，而且理赔次数越多，保单数越少。再具体研究理赔次数的描述性统计量，如表 7-22 所示。

表 7-22　理赔次数的描述性统计量

最小值	最大值	均值	方差
0	4	0.072 757 01	0.077 397 37

从表 7-22 中可以看出，理赔次数的方差略大于均值，在常用的 $(a, b, 0)$ 分布族中，负二项分布具有这种性质，且具有两个参数，因此在拟合上比泊松分布更灵活。但

由于均值和方差的差距不是很大，不能排除是泊松分布的可能性。

通过理赔次数的频数可以看出，理赔次数为 0 的保单数最多，占总保单数的 93.19%，可能有零膨胀现象。可对零点的概率做适当的调整，使它正好等于一个特定值，同时调整其他非零点上的概率，使所有概率值之和等于 1。因此，零修正的泊松分布和零修正的负二项分布也作为备选分布。

表 7-23 对泊松分布、负二项分布、零修正的泊松分布、零修正的负二项分布做了综合比较。从表 7-23 中可以看出，从拟合优度检验的 p 值来看，负二项分布的效果最好。从对数似然值来看，零修正的负二项分布的似然值最大，效果最好。但是根据 SBC 准则，负二项分布是最优的选择。

表 7-23 四种不同分布的比较

理赔数	观测值	用于拟合的分布			
		泊松分布	负二项分布	零修正的泊松分布	零修正的负二项分布
0	63 232	63 094.323	62 333.100	63 230.000	63 230.000
1	4 333	4 590.544	4 321.293	4 321.707	4 330.303
2	271	166.998	276.273	286.220	270.228
3	18	4.050	17.209	12.637	18.945
4+	2	0.075	1.125	5.436	6.524
参数		λ=0.072 757	r=1.156 067 0 p=0.940 790 8	λ=0.132 457	r=0.459 414 7 p=0.914 480 7
χ^2		177.153 919	0.821 938 45	5.29	3.188 110 6
自由度		3	2	3	2
p 值		<0.01	0.663 0	0.152 0	0.363 5
对数似然值		−18 101.5	−18 049.68	−18 052.2	−18 049.47
SBC		−18 107.1	−18 060.8	−18 063.3	−18 066.2

【例 7-29】 表 7-24 列出了 178 张保单的损失额不超过 200 千元的索赔。

表 7-24 178 张保单的损失额记录

损失范围（千元）	保单数	损失范围（千元）	保单数
1～5	3	41～50	19
6～10	12	51～75	28
11～15	14	76～100	21
16～20	9	101～125	15
21～25	7	126～150	10
26～30	7	151～200	15
31～40	18		

另外还有 22 张保单损失超过 200 千元的索赔如下：206，219，230，235，241，272，283，286，312，319，385，427，434，555，562，584，700，711，869，980，999，1 506。请选择合适的分布拟合该数据。

【解】 直观选择分布模型。先画出这组数据的直方图（见图 7-2）。

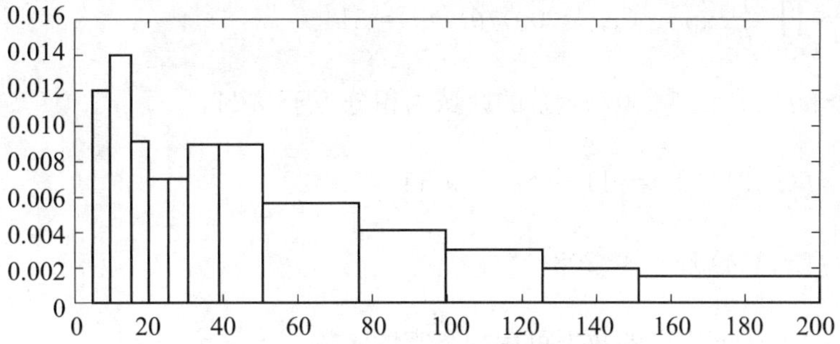

图7-2　损失记录的直方图

从直方图可看出，潜在的分布有一个非零的众数点。为了检查尾部的情况，我们计算了一些点的经验平均超额函数（见表7-25），经验平均超额函数接近常数，故可以用指数分布来拟合大额损失。

表7-25　经验平均超额函数

损失（千元）	经验平均超额函数
200	314
300	367
400	357
500	330
600	361
700	313
800	289
900	262

首先选择一个分两段的模型，损失额不超过200千元的用经验模型，损失额超过200千元的部分用指数模型。

$$f(x,\theta)=\begin{cases}F_{178}(x), & x\leqslant 200\\ af(x), & x>200\end{cases}$$

对于大额损失数据，至少有两种方法确定分段模型的参数θ和a。

方法1是令$a=1$，只估计指数分布参数θ，并使损失额超过200千元的概率为11%（=22/200），即

$$\int_{200}^{\infty}\frac{1}{\theta}\mathrm{e}^{-x/\theta}\mathrm{d}x=11\%$$

由指数分布的分布函数知$\mathrm{e}^{-200/\theta}=0.11$，从而$\theta=90.61$。因此，损失额在200千元以上的样本分布为：

$$f(x)=\frac{1}{90.61}\mathrm{e}^{-x/90.61},\qquad x>200$$

方法2是独立于11%的要求估计指数模型，然后乘以密度函数使其超过200千元的区域为0.11。注意这22个损失额超过200千元的数据是截断数据，利用极大似然估计，得

$$L=\prod_{i=1}^{22}\frac{1}{\theta}\exp(-(x_i-200)/\theta)\Rightarrow\theta=314$$

然后，令 $af(x)$ 在 $[200,\infty)$ 的区域内积分等于 0.11，

$$\int_{200}^{\infty}af(x;314)\mathrm{d}x=11\%\Rightarrow a=0.11$$

$$\int_{200}^{\infty}f(x;314)\mathrm{d}x=0.208$$

损失额在 200 千元以上的数据可用如下密度函数：

$$af(x)=0.208\times\frac{1}{314}\mathrm{e}^{-x/314}=0.000\ 662\ 344\mathrm{e}^{-x/314}$$

则两种方法确定的密度函数如图 7－3 所示。

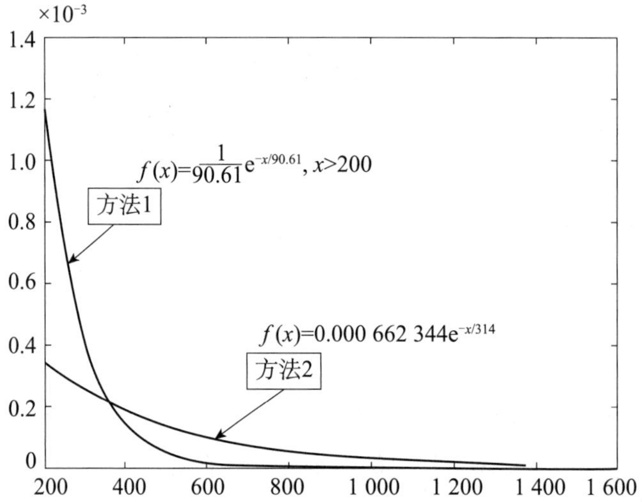

图 7－3　指数分布的密度函数

通过比较两种方法的分布函数与经验分布函数（见图 7－4 和图 7－5）可以看出，方法 2 的拟合效果较好，因此选择方法 2 所用的模型。

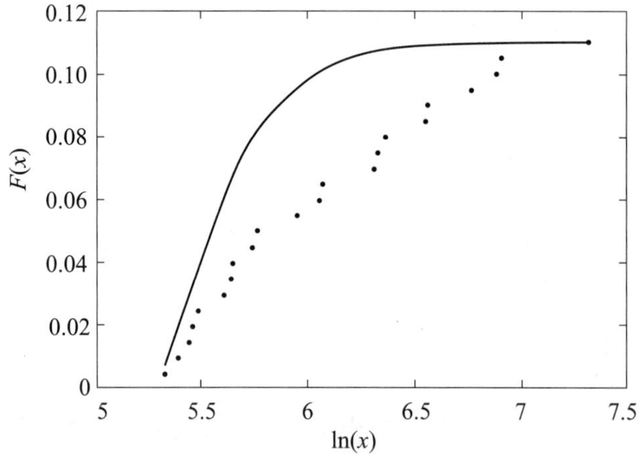

图 7－4　方法 1 的分布函数与经验分布函数

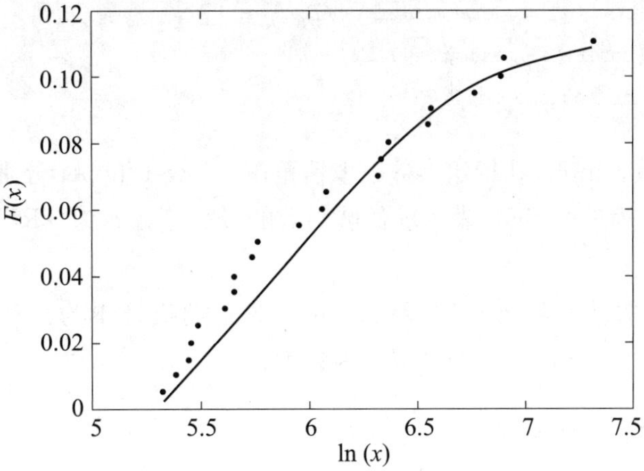

图 7-5 方法 2 的分布函数与经验分布函数

其次，选择拟合前面分组数据的参数模型。因为数据以 1 000 为单位，区间可以设为 0.5～5.5，5.5～10.5，等等。由直方图可知，初步考虑对数正态分布、威布尔分布、伽马分布和混合模型（包括指数分布）等。利用 SBC 准则，对数正态分布明显是最合适的，其参数 $\hat{\mu}=4.0626$，$\hat{\sigma}=1.1466$。χ^2 拟合优度检验（将超过 200 的观测值单放在一组）的统计量为 7.77，p 值为 0.73。图 7-6 将对数正态分布函数和经验分布函数进行了比较，说明对数正态分布拟合效果很好。

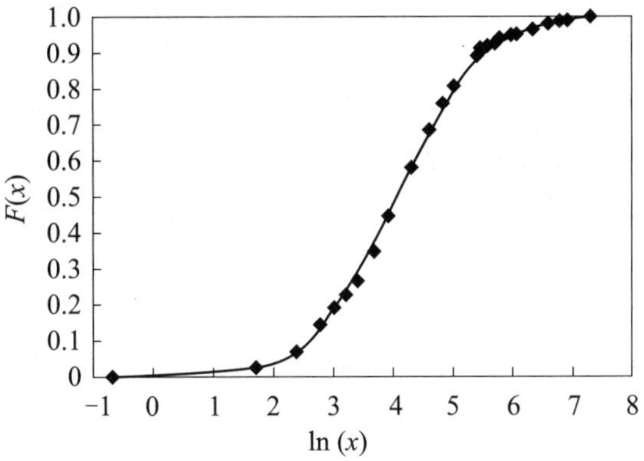

图 7-6 对数正态分布函数与经验分布函数

7.5 本章上机指导

7.5.1 极大似然估计的 R 代码实现

对于单参数的分布，可以使用 R 中的优化函数 optimize 求解参数的极大似然估计。optimize 函数语法为：

```
optimize(f = ,interval = ,...,lower = min(interval),
        upper = max(interval),maximum = FALSE,
        tol = .Machine$double.eps^0.25)
```

其中，f 是似然函数；interval 指定参数的取值范围；lower/upper 分别是参数的下限和上限；maximum 默认为 FALSE，表示求似然函数的极小值，若为 TRUE 则求极大值；tol 表示计算的精度。

例如，假设 X 服从参数为 θ 的指数分布，12 个随机样本为：7，12，15，19，26，27，29，29，30，33，38，53。极大似然函数为：

$$L(\theta)=\prod_{i=1}^{12}\frac{1}{\theta}\mathrm{e}^{-x_i/\theta}$$

可用以下代码实现 θ 的极大似然估计：

```
x<-c(7,12,15,19,26,27,29,29,30,33,38,53) #录入数据
#构建似然函数
L<-function(theta){
  l<-1
for(i in 1:length(x)){
    l<-l*((1/theta)*(exp(-x[i]/theta)))
  }
  return(l)
}
#使用 optimize 函数解决似然函数最优化问题
optimize(L,interval = c(0,100),maximum = T)
## $maximum
## [1] 26.5
## $objective
## [1] 5.122898e-23
```

输出结果中的 maximum 即为所求的 $\hat{\theta}$ 值，等于 26.5。

对于多参数的分布，可以使用 optim 函数进行最优化求解。optim 函数语法为：

```
optim(par,fn,gr = NULL,...,
    method = c("Nelder-Mead","BFGS","CG","L-BFGS-B","SANN","Brent"),
    lower = -Inf,upper = Inf,
    control = list(),hessian = FALSE)
```

要注意的是 optim 函数输出的是目标函数极小值，因此需要在似然函数前面加上负号以达到求极大值的目的。optim 函数的参数非常重要，其中参数 par 代表了表示各变量的初始值，以向量的形式输入。初始值对优化算法非常重要，因此在具体的优化问题中如果能找到最优解附近的初始值（例如矩估计值）代入优化函数，将大大提高优化的效

率。参数 fn 为目标函数，参数 gr 为目标函数的梯度函数。参数 method 为最优化的算法，提供了 6 种计算极值的方法：Nelder-Mead，BFGS，CG，L-BFGS-B，SANN，Brent①，默认为"Nelder-Mead"，无须输入梯度向量。最大迭代次数可以通过参数 control 中的 maxit 参数控制。其余的参数可以通过输入指令 help（optim）查看。

例如，对例 7-6 的数据用负二项分布拟合保单组合中历年发生的理赔次数。理赔次数记录见表 7-26。

表 7-26　理赔次数记录

年份	2012	2013	2014	2015	2016	2017	2018	2019	2020	2021
理赔次数	6	2	3	0	2	1	2	5	1	3

似然函数为 $L=p_0^{n_0}\times p_1^{n_1}\times p_2^{n_2}\times p_3^{n_3}\times p_4^{n_4}\times p_5^{n_5}\times p_6^{n_6}$，对数似然函数为：

$$l=\sum_{i=1}^{6}n_k\ln p_k=\sum_{i=1}^{6}n_k(\ln C_{r+k-1}^{k}-r\ln(1+\beta)+k\ln\beta-k\ln(1+\beta))$$

```
n<-c(1,2,3,2,0,1,1)
#构建似然函数
L<-function(x){
  r<-x[1]
  beta<-x[2]
  y<-0
for(k in 0:6){
    lnp_k = log(choose(r + k - 1,k)) - r * log(1 + beta) +
      k * log(beta) - k * log(1 + beta)
    y = y + n[k + 1] * lnp_k
  }
  return( - y)
}
optim(c(1,1),L)
## $par
## [1] 10.9586878  0.2281506
## $value
## [1] 19.01506
## $counts
## function gradient
##      113       NA
## $convergence
## [1] 0
## $message
## NULL
```

① Nelder-Mead 是单纯型法，BFGS 是变尺度法，CG 是共轭梯度法，L-BFGS-B 是对 BFGS 算法的一个优化，SANN 是一种模拟退火算法，Brent 是一维搜索算法。读者可以在 R 的帮助文档中查找具体参数和应用指导。

输出结果中的 par 即为 r 和 β 的极大似然估计，value 为极大似然函数值，counts 可以粗略地理解为迭代次数，convergence 是收敛的代码：0 表示成功完成了优化任务；1 表示达到了迭代上限而退出，其余代码含义同样可以通过在线帮助获得。

一些现成的 R 包也可以解决极大似然估计问题，如 maxLik、MASS、survival 和 fitdistrplus，在使用之前需要加载这些 R 包。对例 7.6 的数据，求负二项分布极大似然估计的代码如下：

```
Library(fitdistrplus)
claim<-c(0:6)
freq<-c(1,2,3,2,0,1,1)
num<-rep(claim,freq) #理赔次数
#直接调用 fitdist 函数对负二项分布进行极大似然估计
fit<-fitdist(num,"nbinom",method="mle");fit
## Fitting of the distribution ' nbinom ' by maximum likelihood
## Parameters:
##          estimate   Std. Error
## size   10.96929   27.4383961
## mu      2.49980    0.5540026
```

注意在 fitdistrplus 包的函数 fitdist 输出结果中，负二项分布参数 size 值等于 10.969 29，该参数与 r 等价，与上文中求得的结果非常接近；mu 表示的是分布期望，即为 $r\beta$。若使用优化函数 optim 求解得到的参数，相乘得到分布期望为 2.500 232，与 mu 同样非常接近。

```
par<-optim(c(1,1),L) $ par
#计算 rβ 的值
par[1]*par[2]
## [1] 2.500232
```

7.5.2 拟合优度检验

用 R 实现拟合优度检验比较简单，可以直接写出相应统计量的表达式，代入数据即可得到。下面用一些例子来展示代码。

1. 卡方拟合优度检验

假设理赔次数和对应的样本数目分别如表 7-27 所示。

表 7-27 理赔次数和对应的样本数目

理赔次数	样本数目
0	10
1	20
2	30

续表

理赔次数	样本数目
3	20
4	0
5	10
6	10
7+	0

原假设是理赔次数服从泊松分布。

卡方拟合优度检验的代码如下：

```
x = rep(c(0,1,1,2,2,2,3,3,5,6),10)
O = c(10,20,30,20,0,10,10,0)
#原始损失分布,假设服从泊松分布,通过极大似然估计得到 lambda 的估计
lambda = 2.5
E = c()
p = c()
Q = 0
for(k in 0:6){
  p[k+1]<- exp(-lambda) * lambda^k/factorial(k)
  E[k+1]<- length(x) * p[k+1]
  Q<- Q + (E[k+1] - O[k+1])^2/E[k+1]
}
E[8]<- (1 - sum(p)) * length(x)
Q<- Q + (E[8] - O[8])^2/E[8];Q
## [1] 36.36986
```

卡方检验量 $Q=36.369\,86$，自由度为 $8-1-1=6$，5%显著水平下的临界值 $\chi^2_{6,0.05}=12.59$，拒绝原假设，所以认为泊松分布不适合拟合这个数据。

2. K-S 检验

假设原始损失数据为：27，82，115，126，155，161，243，294，340，384，457，680，855，877，974，1 193，1 340，1 844，2 558，3 476；截断值为50。原假设是损失数据服从指数分布。K-S 检验的代码如下：

```
rm(list = ls())
truncated = 50                #截断值
x<- c(27,82,115,126,155,161,243,294,340,384,457,680,855,877,974,1193,1340,1844,2558,
3476) #原始损失数据
theta = 802.32                #根据极大似然估计得出,代码可参考参数模型估计
Fstar<- rep(NA,19)
for(i in 1:19){
  Fstar[i] = 1 - exp( - (x[i+1] - truncated)/theta)
```

```
}
Fstar = round(Fstar,4)
Fnx<-round(cumsum(rep(1/19,19)),4)
Fnx_<-c(0,Fnx[-19])
#存放 Maximum difference
maxd <- rep(NA,19)
for (i in 1:19){
  if(abs(Fstar[i]-Fnx_[i])>abs(Fstar[i]-Fnx[i])) {
   maxd[i] = abs(Fstar[i]-Fnx_[i])
  }else {
   maxd[i] = abs(Fstar[i]-Fnx[i])
  }
}
data1 = data.frame("x" = x[-1],"Fstar" = Fstar,"Fnx_" = Fnx_,"Fnx" = Fnx,"Maximum-difference"
 = maxd)
data1
#计算 K-S 的 D 统计量
max(maxd)
## [1] 0.134
```

D 统计量为 0.134，而样本量 $n=19$，5%的临界值为 $1.36/\sqrt{19}=0.3120>0.134$，故接受原假设，通过了 K-S 检验。

3. A-D 检验

假设原始损失数据为：27，82，115，126，155，161，243，294，340，384，457，680，855，877，974，1 193，1 340，1 844，2 558，3 476；截断值为 50。原假设是损失数据服从指数分布，参数 θ 极大似然估计等于 802.32。A-D 检验的实例代码如下：

```
rm(list = ls())
Yi<-c(50,82,115,126,155,161,243,294,340,384,457,680,855,877,974,1193,1340,1884,2558,
3476)
n<-length(Yi)
truncated = 50
x<-c(27,82,115,126,155,161,243,294,340,384,457,680,855,877,974,1193,1340,1844,2558,
3476)                   #原始损失数据
theta = 802.32          #根据极大似然估计得出
##
Fstar<-rep(0,n)
for(i in 2:n){
  Fstar[i] = 1-exp(-(Yi[i]-truncated)/theta)
}
```

```
Fstar = round(Fstar,4)
Fnx<-rep(0,n)
Fnx<-c(0,round(cumsum(rep(1/(n-1),n-1)),4))

#存放 Summand 值
Summand<-rep(NA,n)
for(i in 2:n-1){
  Summand[i] = (1-Fnx[i])^2 * (log(1-Fstar[i]) - log(1-Fstar[i+1])) + Fnx[i]^2 * (log(Fstar
[i+1]) - log(Fstar[i]))
}
s0 = (1-Fnx[1])^2 * (log(1-Fstar[1]) - log(1-Fstar[1+1]))
s1 = Fnx[20]^2 * (log(1) - log(Fstar[20]))
Summand[1] = s0
Summand[n] = s1
Summand = round(Summand, 4)
data1 = data.frame("j" = c(0:19),Fstar,Fnx,Summand)
data1
#计算 A-D 统计量
A_square<- -19 + 19 * sum(Summand);A_square
## [1] 0.4313
```

$A^2=0.4313$ 小于5%的临界值2.492，因此可以认为通过了A-D检验。

7.5.3 部分例题的R代码

例7-28的R代码：

```
library(MASS)
library(survival)
library(fitdistrplus)
library(gamlss.dist)
claim = c(0,1,2,3,4)
freq = c(63232,4333,271,18,2)
num = rep(claim,freq)
#用泊松分布拟合数据,应用极大似然法估计参数
fit1 = fitdist(num,"pois",method = "mle")
#查看 fit1 的参数及模型拟合度
summary(fit1)

##
Fitting of the distribution ' pois ' by maximum likelihood
```

```
Parameters :
        estimate    Std. Error
lambda  0.07275702  0.001035288
Loglikelihood:  -18101.5  AIC:  36205  BIC:  36214.13

#用负二项分布拟合数据,应用极大似然法估计参数
fit2 = fitdist(num,"nbinom",method = "mle")
#查看 fit2 的参数及模型拟合度
summary(fit2)

#其中 size 表示的是参数 r,mu 表示的是均值,即 rβ
Fitting of the distribution ' nbinom ' by maximum likelihood
Parameters :
        estimate    Std. Error
size    1.15881641  0.143342065
mu      0.07275935  0.001067318
Loglikelihood:  -18049.68  AIC:  36103.36  BIC:  36121.61
Correlation matrix:
            size            mu
size   1.000000e+00   -1.230828e-05
mu    -1.230828e-05    1.000000e+00

#用零修正泊松分布拟合数据,应用极大似然法估计参数
fit3 = fitdist(num,"ZAP",method = "mle",start = list(mu = 0.1,sigma = 0.9))
#查看 fit3 的参数及模型拟合度
summary(fit3)

#mu 为均值,在零调整泊松分布中与 λ 相等,sigma 表示为零点的概率大小
Fitting of the distribution ' ZAP ' by maximum likelihood
Parameters :
        estimate   Std. Error
mu      0.1323997  0.0074038604
sigma   0.9318645  0.0009670657
Loglikelihood: -18052.2  AIC:  36108.4  BIC:  36126.65
Correlation matrix:
            mu              sigma
mu     1.000000e+00   -6.511999e-12
sigma -6.511999e-12    1.000000e+00

#用零修正负二项分布拟合数据,应用极大似然法估计参数
```

```
fit4 = fitdist(num,"ZANBI",method = "mle",start = list(mu = 0.1,sigma = 0.1,nu = 0.9))
#查看 fit4 的参数及模型拟合度
summary(fit4)

#mu 为零调整负二项分布的均值,sigma 为其方差,nu 表示为零点的概率大小
Fitting of the distribution ' ZANBI ' by maximum likelihood
Parameters :
        Estimate   Std. Error
mu      0.04332845 0.0329219659
sigma   2.14631769 2.4220094599
nu      0.93185786 0.0009671525
   Loglikelihood:  -18049.46  AIC:  36104.93  BIC:  36132.3
Correlation matrix:
              mu            sigma             nu
mu      1.000000e+00  -9.969517e-01  -2.123954e-09
sigma  -9.969517e-01   1.000000e+00   2.130448e-09
nu     -2.123954e-09   2.130448e-09   1.000000e+00
```

例 7-29 的 R 代码:

```
library(fitdistrplus)
library(MASS)
library(survival)
library(actuar)

#录入小于 200 的删失保单的数据
x = c(rep(1,3),rep(6,12),rep(11,14),rep(16,9),rep(21,7),rep(26,7),rep(31,18),rep(41,19),
rep(51,28),rep(76,21),rep(101,15),rep(126,10),rep(151,15))
#使用 actuar 包里的 grouped.data 函数,将向量 x 按照自定义的区间端点进行归类
claim = grouped.data(x,breaks = c(1,5,10,15,20,25,30,40,50,75,100,125,150,200))

#绘制端点自定义的不等距直方图
hist(claim)

#进行单一模型的选择
#录入删失数据和具体数据,left 为左端点,right 为右端点
left = c(rep(1,3),rep(6,12),rep(11,14),rep(16,9),rep(21,7),rep(26,7),rep(31,18),rep(41,
19),rep(51,28),rep(76,21),rep(101,15),rep(126,10),rep(151,15),206,219,230,235,241,272,
283,286,312,319,385,427,434,555,562,584,700,711,869,980,999,1506)right = c(rep(5,3),rep
(10,12),rep(15,14),rep(20,9),rep(25,7),rep(30,7),rep(40,18),rep(50,19),rep(75,28),rep
(100,21),rep(125,15),rep(150,10),rep(200,15),206,219,230,235,241,272,283,286,312,319,
385,427,434,555,562,584,700,711,869,980,999,1506)
```

```
#将 left 和 right 向量合并成数据集 data1
data1 = data.frame(left,right)
#使用 fitdistrplus 包中的 mledist 函数,分别用对数正态分布、威布尔分布和伽马分布去拟合数据集 data1,由三个模型的 loglikehood 可以判断对数正态分布拟合较好
mledist(data1,"lnorm") $ loglik
##[1] -677.9834
mledist(data1,"weibull") $ loglik
##[1] -695.8474
mledist(data1,"gamma") $ loglik
##[1] -699.8303

#选定由对数正态分布来拟合分布,得到其最大似然的参数估计值
mledist(data1,"lnorm") $ loglik
## meanlog    sdlog
   4.062646  1.148227
#使用卡方拟合优度检验
boundary = c(0.5,5.5,10.5,15.5,20.5,25.5,30.5,40.5,50.5,75.5,100.5,125.5,150.5,200) #由于单位是千元,损失金额被四舍五入,因此这里将组上限和下限进行更改.
O = c(3,12,14,9,7,7,18,19,28,21,15,10,15,22)
n = sum(O)
meanlog = 4.062646
sdlog = 1.148227
P = c()
E = c()
Q = 0
for(i in 1:13){
  P[i] = plnorm(boundary[i+1],meanlog,sdlog) - plnorm(boundary[i],meanlog,sdlog)
  E[i] = P[i] * n
  Q = Q + (E[i] - O[i])^2/E[i]
}
P[14] = 1 - sum(P)
E[14] = P[14] * n
Q = Q + (E[14] - O[14])^2/E[14]
Q
## [1] 7.882872
1 - pchisq(Q,df = (14 - 2 - 1))
## [1] 0.723756
```

习　题

1. 10 只实验老鼠的生存时间（单位：天）为：3，4，5，7，7，8，10＋，10＋，

10+，12。其中“+”表示右删失，假设生存时间服从均值等于θ的指数分布，求参数θ的极大似然估计。

2. 对于10个免赔额为5的保单的赔付额为：4，5，6，6，9，14，16，18，22，25。运用矩估计法求解以下损失分布的参数θ。

(1) 在$[0, \theta]$上的均匀分布。

(2) 参数为θ的指数分布。

(3) 帕累托分布，参数为θ和$\alpha=2$。

3. 一组$n=8$的X的随机样本：3，4，8，10，12，18，22，35。X服从帕累托分布，参数$\theta=10$，求参数α的极大似然估计以及$P(X\leqslant 10)$的极大似然估计。

4. X服从威布尔分布，8个随机样本值为：3，4，8，10，12，18，22，35。参数$\tau=0.374$，求θ的极大似然估计以及$P(X\leqslant 10)$的极大似然估计。

5. 随机变量X有如下密度函数：

$$f(x)=0.5\frac{1}{\lambda_1}e^{-x/\lambda_1}+0.5\frac{1}{\lambda_2}e^{-x/\lambda_2}, \quad 0<x<\infty;0<\lambda_1<\lambda_2$$

从该分布中抽取的随机样本的样本均值为1，方差为K，已知K为3/2，求λ_2的矩估计。

6. 在一项动物疾病实验中，动物从被诊断出生病到死亡的时间如下：2，2，2，3，4，4，6，6，7，8，9，9，9，9，10，10，11，13，15，20。如果假设生存时间服从指数分布，均值矩估计为λ，又假设生存时间服从均匀分布$(0, \omega)$，求两个假设分布的方差，并思考估计值是否合理。

7. 一组样本数据有如下特征：均值为35 000，标准差为75 000，中位数为10 000，90%分位数为100 000，样本来自威布尔分布，估计参数γ。

8. 一组随机变量X的样本如下：3，4，8，10，12，18，22，35。运用极大似然法估计以下参数：

(1) 指数分布的参数θ。

(2) 均匀分布$[0, \theta]$的参数θ。

(3) 帕累托分布$\theta=1$，估计α。

9. 为测试灯的寿命，已知如下信息：

(1) 在时刻4，有5盏灯亮。

(2) 这5盏灯被观测了至少p小时。

(3) 有3盏灯分别在时刻5，9，13坏掉，其余2盏灯在$4+p$时刻仍然亮着。

(4) 灯坏掉所需时间的分布为均匀分布$[0, \omega]$。

(5) ω的极大似然估计为29。

根据以上信息估计p。

10. 样本数据X为：7，12，15，19，26，27，29，29，30，33，38，53。假设样本来自指数分布总体，用矩估计的方法估计$P(X>30)$。

11. 样本数据X为：7，12，15，19，26，27，29，29，30，33，38，53。假设样本来自对数正态分布总体，用25%分位数和75%分位数的方法估计$P(X>30)$。

12. 在一场足球比赛中，得分服从负二项分布 $NB(r, \beta)$，一个包括 20 场比赛的样本数据如下：

得分	0	1	2	3	4	5	6	7	8
频率	1	3	4	5	3	2	1	0	1

用矩估计方法估计参数 β。

13. 某 1 000 份保单的数据如下：

事故次数	0	1	2	3	4	5	6	7+
保单数	100	267	311	208	87	23	4	0

从以下分布中选择最适合拟合该样本总体的分布：(1) 二项分布。(2) 泊松分布。(3) 负二项分布。(4) 正态分布。(5) 伽马分布。

14. 100 个生存者年龄在 $(x, x+1]$，已知：

(1) 其中 70 人是从 x 岁开始被观察，有 16 人在年内死亡。

(2) 另外 30 人是从 $x+0.6$ 岁开始被观察，有 4 人在 $x+1$ 岁前死亡。

(3) 死亡时间服从均匀分布。

求 q_x 的极大似然估计。

15. 8 个样本的分组数据如下：

$$(0,5] \to n_1 = 2, (5,10] \to n_2 = 2, (15,20] \to n_3 = 2, (20,\infty] \to n_4 = 2$$

假设总体服从指数分布，求参数 θ 的最大似然估计。

16. X_1，X_2，…，X_n 来自均匀分布 $f(x)=\dfrac{1}{\theta}(2\theta \leqslant x \leqslant 3\theta)$，其中 $\theta>0$。求 θ 的极大似然函数。

17. 已知一年内的保单理赔数据如下：

理赔额	0	1	2	3	4	5+
保单数	157	66	19	4	2	0

当总体服从几何分布时，记 $p=P$（理赔额为 0）；当总体服从泊松分布时，记 $q=P$（理赔额为 0）；p，q 均用极大似然法估计，求 $|p-q|$。

18. 2015 年观测到 6 个损失值：100，300，300，400，700，1 000。2016 年观测到 3 个损失值：200，300，800。2015 年的损失值服从均值为 θ 的指数分布，假设 2015—2016 年有 10%的通货膨胀。

两位精算师用极大似然法来估计 θ。精算师 A 假设 2016 年的损失值服从均值为 1.1θ 的指数分布，把 2015 年和 2016 年的数据合并起来估计 θ，得到 $\hat{\theta}_A$。精算师 B 也假设 2016 年的损失值服从均值为 1.1θ 的指数分布，他把 2015 年的观测值乘以 1.1 后作为 2016 年的损失值，再与 2016 年的观测值合并起来估计 θ，得到 $\hat{\theta}_B$。求 $\hat{\theta}_A-\hat{\theta}_B$。

19. 样本数据 X 为：7，12，15，19，26，27，29，29，30，33，38，53。已知帕累托分布参数 $\theta=70$，用极大似然法估计参数 α 和均值。

20. 样本数据 X 为：7，12，15，19，26，27，29，29，30，33，38，53。已知单参数帕累托分布的参数 $\theta=2$，α 用极大似然法估计，求 $P(X\leqslant 28)$ 的极大似然估计。

21. 样本数据 X 为：7，12，15，19，26，27，29，29，30，33，38，53。已知威布尔分布的参数 $\gamma=2$，参数 θ 用极大似然法估计，求 $P(X>30)$ 的极大似然估计。

22. 已知随机变量 X 的密度函数为 $f(x)=\dfrac{1}{\lambda}e^{-\frac{x}{\lambda}}(0<x<\infty,\ \lambda>0)$，用基于 n 个样本的估计 $\tilde{\lambda}$ 来估计 λ；求当 $\tilde{\lambda}$ 是 λ 的极大似然估计时，随机变量 X 大于 1 的概率。

23. 随机变量 X 的 12 个样本为：7，12，15，19，26，27，29，29，30，33，38，53。假设总体为指数分布，求参数的极大似然估计 $\hat{\theta}$ 的方差。

24. 已知威布尔分布的两个参数的极大似然估计的协方差矩阵为 $[I(\theta,\gamma)]^{-1}=\begin{bmatrix}60 & 5\\ 5 & 0.4\end{bmatrix}$，且威布尔分布的众数为 $\theta\left(\dfrac{\gamma-1}{\gamma}\right)^{\frac{1}{\gamma}}$，求众数的极大似然估计的方差。

25. 给定：

(1) 某赔付样本：31，66，85，135，180。

(2) 假设赔付额服从指数分布。

(3) 指数分布的均值使用矩估计获得。

求对应的 K-S 检验统计量。

26. 给定以下 30 个汽车理赔额数据：54，140，230，560，600，1 100，1 500，1 800，1 920，2 000，2 450，2 500，2 580，2 910，3 800，3 800，3 810，3 870，4 000，4 800，7 200，7 390，11 750，12 000，15 000，25 000，30 000，32 300，35 000，55 000。

原假设为理赔额服从一个分位数如下表所示的连续分布 $F(x)$。

x	310	500	2 498	4 876	7 498	12 930
$F(x)$	0.16	0.27	0.55	0.81	0.90	0.95

检验时在保证每组至少有 5 个数据的前提下分成尽可能多的组，计算 χ^2 拟合优度检验统计量。

27. 一个来自指数分布总体 X 的样本包含 8 个数据：1.0，1.2，1.3，1.7，1.9，2.0，2.4，2.5。在 5%的显著性水平下进行如下似然比检验：

H_0：$\theta=2$

H_1：$\theta\neq 2$

28. 100 个观测值被分为 5 组：

区间	数据个数
(0，100]	25
(100，200]	20
(200，500]	20
(500，1 000]	20
(1 000，2 000]	15

设原假设为数据服从参数为 $\hat{\theta}=800$，$\hat{\alpha}=2$ 的两参数帕累托分布，对此原假设进行 χ^2 拟合优度检验。

29. 给定一个来自指数分布总体的包含 6 个数据的样本：8.0，1.8，6.9，0.5，4.1，2.2。设原假设为数据服从均值 $\theta_0=2$ 的指数分布。在 10%的显著性水平下，基于似然比检验，能否拒绝原假设？

30. （R 编程）对车险数据文件（car.csv）中索赔次数和索赔强度建立合适的分布模型，并使用 FFT 法给出总索赔额的分布。

31. （R 编程）用指数分布、对数正态分布、帕累托分布和广义帕累托分布对丹麦火灾保险损失数据进行分布拟合。(1) 选择合适的分布模型并说明理由。(2) 绘制经验平均超额函数曲线，选择合适的分布模型拟合大额火灾损失。

32. （案例分析①）我国是世界上地震灾害最为严重的国家之一。地震灾害严重威胁经济社会可持续发展，影响人民的生活。评估地震损失风险是防震减灾的重要工作之一。本书搜集了 1950—2008 年 59 年间全国 4 级以上成灾地震数据共 388 条，包括地震发生的时间、地点、震级、受灾人口及当时估计的直接经济损失，数据主要来自历年的《中国地震年鉴》《中国震例》《中国古今地震灾情总汇》。请运用参数模型方法对地震损失选择合适的分布模型。

① 教师可在中国人民大学出版社网站下载本案例的使用说明、数据和代码示例。

第8章

信度理论

在费率厘定中，精算师往往需要参考被保险人在过去一段时间内的损失数据来预测其未来的赔付成本，进行合理定价。在前面的章节中，我们分别学习了如何建立经验模型和参数模型来估计损失分布，制定保险费率。一方面，虽然参数模型法具有众多优点，但可能出现个体损失经验与选定模型不匹配，导致模型风险，因此个体的经验估计也是不可忽略的。另一方面，由于经验损失数据来自经验期内发生的保险事故，这些数据本身有很大的随机性，因此仅仅采用这些历史数据来估计未来的风险可能产生以下问题：在经验数据反映的被保险人的风险水平与风险子集平均水平的差别中，有多少是由于随机波动引起的，有多少是由于被保险人优于或劣于风险子集平均水平而引起的，如何分配两者的比重？换句话说，被保险人的自身损失经验的可信度是多少？

例如，据相关资料显示，近5年司机平均发生事故的频率为0.2次/年，某个司机发生事故的频率为0.6次/年，那么，该司机在下一年发生事故的频率是多少？

信度理论为这类保险定价问题提供了一个很好的分析工具。信度理论研究的是如何合理利用先验信息和个体损失经验来估计、预测及制定未来的保费。损失信度估计值可以用下面的公式表示：

$$信度估计值=z\times 经验值+(1-z)\times 先验值$$

式中，$z(0\leqslant z\leqslant 1)$ 称为信度因子，得到的估计值称为信度估计值。特别地，当 $z=1$ 时，称经验数据具有完全信度。相反，以往的数据越少，提供的信息越不充分，经验数据的可信度就越低，此时 z 的值接近0，保险人只能基于先验信息估计。当 $z=0$ 时，称经验数据没有信度；当 $0<z<1$ 时，称经验数据具有部分信度。只有正确地选择信度因子 z，才能保证调整后的保费水平接近真实的风险水平。信度理论主要用来估计索赔额、索赔次数、总索赔额、损失率、级别相对数等损失变量，进行经验费率厘定。

在本章中，我们将详细介绍信度理论中几种常见的模型：有限波动信度模型、贝叶斯信度模型和一致最精确信度模型。有限波动信度模型于 20 世纪早期提出，又称古典信度模型，此模型限制了经验数据中的随机波动对估计准确性的影响。有限波动信度模型强调估计结果的稳定性，但没有说明估计结果有多可靠。贝叶斯信度模型假设每个被保险人都有一个特定的风险参数 θ，参数 θ 的真实值未知，但可依据特定被保险人的索赔历史数据得到 θ 的后验分布，贝叶斯信度估计实际上是基于 θ 的后验分布对下次损失均值的估计。从理论上讲，贝叶斯信度估计是对未来损失最精确的估计，但是后验分布和后验均值很难计算。一致最精确信度模型实际上是对贝叶斯信度估计值的最佳线性逼近。

8.1 有限波动信度模型

在经验费率厘定中，精算师需要根据经验数据估计个体风险的索赔频率、索赔强度和纯保费。经验数据主要有两种数据类型。一种是横向数据，如 n 个风险特征相似的个体组成的保单组合（称为同质性保单组合）的经验数据。另一种是纵向数据，如同一个体风险在 n 个保单期的经验数据。由于我们通常假定个体风险在不同保单期内的风险特征相似，因此，纵向数据也可以看作是 n 个风险特征相似的保单组合数据。为了简化表述，本节所指的经验数据为由 n 个风险特征相似的保单组成的保单组合的损失经验数据，包括索赔次数、索赔金额。每张保单只包含一个风险单位。

有限波动信度模型试图限制经验损失数据中的随机波动对估计值的影响。在有限波动信度模型中，首先需要确定当经验数据达到多大规模时，才可以赋予其 100%的可信度，这个数据规模也称作完全可信标准。如果经验数据的规模达到或超过这个标准，则经验数据的信度因子 $z=1$；否则，其信度因子将小于 1。小于 1 的信度因子称作部分信度。例如，精算师要估计汽车保险索赔频率，假设获得 1 000 次出险次数的数据规模可以认为达到完全可信标准，那么如果实际观测到 2 000 次出险次数，则认为 2 000 次出险的经验数据是完全可信的。若假设 2 000 次的出险次数才达到完全可信标准，那么观测到 1 000 次出险的经验数据就具有部分信度。

下面分别介绍估计索赔频率、索赔强度和纯保费的完全可信标准，以及当数据规模较小时，部分信度的计算方法。

8.1.1 索赔频率的完全可信标准

索赔频率是指一个风险单位每年发生的索赔次数，等于同质性保单组合的索赔次数除以风险单位数。如果个体风险的索赔频率服从泊松分布，例如，假设其参数为 3，那么有 100 个风险单位的保单组合每年实际的索赔次数将在 300 附近变化。由于泊松分布的方差等于其均值，且当泊松分布的参数（均值）比较大时，可以用正态分布近似，因此对于本例的泊松分布，可以用均值为 300、方差为 300 的正态分布来近似。

正态近似可以用于估计实际观察到的索赔次数落在某个区间的可能性。例如，估计保单的索赔次数超过 330 的概率。由于 $\sqrt{300}=17.32$，因此 330 次出险次数意味着超出均值300的次数达到标准差的30/17.32＝1.73倍，$\Phi(1.73)=0.9582$，也就是说有4.18%的概率可以观察到出险次数超过330次。类似地，出险次数低于270的概率也为4.18%。换句话说，观测到保单组合的索赔次数落在300的10%以内（即［270，330］）的概率为91.64%，大于90%。这时我们认为在90%置信水平下索赔频率的估计达到了完全可信标准。

为了说明这一点，我们引入数学符号来表示索赔频率的完全可信标准。假设个体风险的索赔频率的均值为μ_f，标准差为σ_f，现用有n个风险单位的同质性保单组合的总索赔次数N来估计索赔频率。保单组合的期望索赔次数为$n\mu_f$。索赔频率观测值$\frac{N}{n}$落在区间［$\mu_f-r\mu_f$，$\mu_f+r\mu_f$］的概率为：

$$\begin{aligned} p &= P\left(\mu_f - r\mu_f \leqslant \frac{N}{n} \leqslant \mu_f + r\mu_f\right) \\ &= P\left(\frac{-r\mu_f}{\sigma_f/\sqrt{n}} \leqslant \frac{\frac{N}{n}-\mu_f}{\sigma_f/\sqrt{n}} \leqslant \frac{r\mu_f}{\sigma_f/\sqrt{n}}\right) \\ &= P\left(\frac{-r\mu_f}{\sigma_f/\sqrt{n}} \leqslant Z \leqslant \frac{r\mu_f}{\sigma_f/\sqrt{n}}\right) \end{aligned} \tag{8.1}$$

式中，$Z=\frac{N/n-\mu_f}{\sigma_f/\sqrt{n}}$。如果要求上述概率不小于$\alpha$（例如0.9），则应有

$$r\frac{\mu_f}{\sigma_f/\sqrt{n}} \geqslant y_\alpha \tag{8.2}$$

式中，y_α定义为：

$$y_\alpha = \inf_y\left\{P\left(\left|\frac{\overline{X}-\mu_f}{\sigma_f/\sqrt{n}}\right| \leqslant y\right) \geqslant \alpha\right\} \tag{8.3}$$

当n足够大时，$Z=\frac{N/n-\mu_f}{\sigma_f/\sqrt{n}}$近似服从标准正态分布，则可以确定$y_\alpha$和$n_0$的值。由式（8.1）和式（8.3）得

$$\alpha = P(|Z| \leqslant y_\alpha) = \Phi(y_\alpha) - \Phi(-y_\alpha) = 2\Phi(y_\alpha) - 1$$

因此，$y_\alpha=\Phi^{-1}((1+\alpha)/2)$。

如果假设个体风险的期望索赔次数服从参数为λ的泊松分布，n个同质性风险单位的保单组合期望索赔次数为$n\lambda$，则式（8.2）为：

$$r\frac{\lambda}{\sqrt{\lambda}/\sqrt{n}} \geqslant y_\alpha$$

整理可得

$$n\lambda \geqslant \left(\frac{y_\alpha}{r}\right)^2 \tag{8.4}$$

$$n \geqslant \frac{1}{\lambda}\left(\frac{y_\alpha}{r}\right)^2 \tag{8.5}$$

因此，如果假设个体风险的索赔频率服从参数为 λ 的泊松分布，且要求索赔频率的观察值落在区间 $[\lambda - r\lambda, \lambda + r\lambda]$ 的概率不小于 α，则同质性保单组合索赔次数的期望值应该满足式（8.4）给定的条件，或保单组合的风险单位数应满足式（8.5）的条件。这两个条件就是索赔次数的完全可信标准，它们说明当期望索赔次数足够多，或同质性保单组合的风险单位数目足够大时，个体风险的经验索赔频率就具有完全信度。由于保单不发生索赔的概率较大，有可能出现整个保单组合没有索赔发生，导致无法估计索赔频率，因此式（8.5）的条件较少用作完全可信标准。

表 8-1 是在给定 α 和 r 且假设索赔次数服从泊松分布的条件下，索赔次数的完全可信标准（表示为索赔次数的期望值）。

表 8-1　索赔次数的完全可信标准

$1-\alpha$	r						
	10%	7.5%	5%	4%	3%	2%	1%
20%	164	292	657	1 026	1 825	4 106	16 424
10%	271	481	1 082	1 691	3 006	6 764	27 055
5%	384	683	1 537	2 401	4 268	9 604	38 415
4%	422	750	1 687	2 636	4 687	10 545	42 179
3%	471	837	1 884	2 943	5 233	11 773	47 093
2%	541	962	2 165	3 382	6 013	13 530	54 119
1%	663	1 180	2 654	4 147	7 372	16 587	66 349

对应于 $\alpha=90\%$，$r=5\%$的期望索赔次数为 1 082，这是一个在实际中经常使用的完全可信标准。

可见，完全可信标准不是唯一的，它取决于 α 和 r 的取值。而 α 和 r 的选择依靠精算师的主观判断。尽管如此，这并没有妨碍完全可信标准在实际中的广泛应用。

如果个体风险的索赔次数并非服从泊松分布，而是服从贝努利分布、二项分布或负二项分布等其他分布，由式（8.2），类似地利用正态近似得到索赔次数的完全可信标准（表示为索赔次数的期望值）为：

$$n\mu_f \geqslant \left(\frac{y_\alpha}{r}\right)^2 \cdot \frac{\sigma_f^2}{\mu_f} = n_0 \frac{\sigma_f^2}{\mu_f} \tag{8.6}$$

式中，μ_f 和 σ_f 分别为索赔频率的均值和标准差，$n_0=(y_\alpha/r)^2$。注意式（8.6）与泊松分布情形下的完全可信标准即式（8.4）并不矛盾，因为泊松分布的均值和方差相等，因此上式的后一项为 1。

由式（8.6）知，对于二项分布，其均值大于方差，因此完全可信标准所要求的期望索赔次数和风险单位数较小；而对于负二项分布，其均值小于方差，因此完全可信标准所要求的期望索赔次数和风险单位数较大。例如，假设个体风险每年至多发生一次索赔，发生索赔的概率为0.3，有1 000个风险单位的保单组合的索赔次数服从二项分布，$m=1\ 000$，$p=0.3$，则保单组合期望索赔次数等于300，方差等于$1\ 000\times0.3\times0.7=210$。因此，观测到的索赔次数落在期望索赔次数±5%之内的概率为：

$$\begin{aligned}&\Phi\left(0.05\times\frac{300}{\sqrt{210}}\right)-\Phi\left(-0.05\times\frac{300}{\sqrt{210}}\right)\\\approx&\Phi(1.035)-\Phi(-1.035)\\\approx&69.9\%\end{aligned}$$

因此，对于$\alpha=70\%$，$r=5\%$，索赔频率的完全可信标准是300次期望索赔次数，或者是1 000个风险单位数。但是，若假设个体风险的索赔频率服从参数为0.3的泊松分布，则$\alpha=70\%$，$r=5\%$的完全可信标准是430次期望索赔次数，1 434个风险单位数。

【例8-1】 已知：(1) 个体风险索赔次数服从二项分布

$$p(x)=\binom{m}{x}q^x(1-q)^{m-x}$$

(2) 观察到的出险次数在期望次数1%以内波动的概率为0.95的完全可信标准为34 574。

求q的值。

【解】 二项分布的均值$\mu=mq$，方差$\sigma^2=mq(1-q)$。根据式(8.6)

$$n\mu_f\geqslant n_0\frac{\sigma_f^2}{\mu_f}$$

$$n_0=(y_{0.95}/r)^2=(1.96/0.01)^2=38\ 416$$

$$34\ 574=38\ 416\frac{mq(1-q)}{mq}$$

$$1-q=\frac{34\ 574}{38\ 416}=0.9$$

$$q=0.1$$

8.1.2 索赔强度的完全可信标准

个体风险的索赔强度是指一次理赔事件中的理赔额。X_1，X_2，…，X_n表示某个体风险发生的n次索赔的金额，其中X_j表示第j次索赔事件的索赔额。假设$E(X_j)=\mu_X$，$\text{Var}(X_j)=\sigma_X^2(j=1,2,\cdots,n)$，即认为每次索赔金额的期望和方差都是稳定的。平均索赔强度可以用样本均值$\bar{X}=n^{-1}(X_1+X_2+\cdots+X_n)$来估计。容易知道，$E(\bar{X})=\mu_X$，$\text{Var}(\bar{X})=\sigma_X^2/n$。

当平均索赔强度估计值$\bar{X}$位于真值μ_X的一个较小区间$100r\%$的概率很高($100p\%$)时，保险公司将对个体风险的索赔强度经验数据直接赋予完全可信性，即

$$P(-r\mu_X\leqslant\bar{X}-\mu_X\leqslant r\mu_X)\geqslant p,\quad r>0;0<p<1\tag{8.7}$$

由式（8.7），有

$$P\left(\left|\frac{\overline{X}-\mu_X}{\sigma_X/\sqrt{n}}\right|\leqslant\frac{r\mu_X\sqrt{n}}{\sigma_X}\right)\geqslant p \tag{8.8}$$

由中心极限定理知，当 n 充分大时，$z=\dfrac{\overline{X}-\mu_X}{\sigma_X/\sqrt{n}}\to N(0,\ 1)$，因此 $r\mu_X\sqrt{n}/\sigma_X\geqslant y_p$，整理可得索赔强度的完全可信标准

$$n\geqslant n_0\frac{\sigma_X^2}{\mu_X^2}=n_0CV_X^2 \tag{8.9}$$

式中，$n_0=(y_p/r)^2$，$y_p=\Phi^{-1}((1+p)/2)$，CV_X 是索赔强度的变异系数。式（8.9）表明：如果经验数据是完全可信的，则用于经验估计的保单组合发生的总索赔次数 n 应大于 $n_0CV_X^2$。在多数情况下，σ_X 和 μ_X 的真实值未知，这时可用样本标准差和样本均值来代替。

【例 8-2】 设 X 表示个体保单索赔强度，服从均值为 2 的指数分布，假定 $r=0.05$，$p=0.9$，求平均索赔强度的完全可信标准。

【解】 根据指数分布的性质，$\mu_X=2$，$\sigma_X^2=4$，设 n 表示观察到的总索赔次数，则由式（8.9）知

$$n\geqslant n_0\frac{\sigma_X^2}{\mu_X^2}=1\ 082.41\times\frac{4}{4}=1\ 082.41$$

因此，当观察到总索赔次数 n 大于 1 082 时，保单索赔额经验数据完全可信。

8.1.3 纯保费的完全可信标准

纯保费是指一个风险单位在单位时期内的期望总赔付款，等于保单组合总赔付款与风险单位数之比。例如，有 50 辆汽车的保单组合在一年内获得了 25 000 元的赔付款，则纯保费的观察值为每车每年 25 000/50=500 元。纯保费还可以表示为平均索赔频率与索赔强度的乘积。由于纯保费受到索赔次数和赔付额的共同影响，波动性较大。对于给定的个体风险，由于随机波动的影响所造成的纯保费的方差称作过程方差。

设 PP 表示单位时期内一个风险单位的纯保费，N 表示索赔频率，Y_i 表示第 i 次索赔额。假设每次索赔的索赔额 X_i 独立同分布，且都与索赔次数 N 独立，则个体风险纯保费为：

$$PP=X_1+X_2+\cdots+X_N$$

由第 5 章内容知

$$\mu_{PP}=\mu_f\mu_X$$
$$\sigma_{PP}^2=\mu_f\sigma_X^2+\mu_X^2\sigma_f^2$$

设 PP_1，PP_2，…，PP_n 表示 n 个风险单位同质性保单组合纯保费的经验数据，其样

本均值 $\overline{P}_n=\frac{1}{n}\sum_{i=1}^{n}PP_i$ 作为个体风险的纯保费观测值，落在期望纯保费 μ_{PP} 的一个较小区间 $100r\%$ 的概率为：

$$\begin{aligned} p &= P(\mu_{PP}-r\mu_{PP}\leqslant \overline{P}_n\leqslant \mu_{PP}+r\mu_{PP}) \\ &= P\left[-r\left(\frac{\mu_{PP}}{\sigma_{PP}/\sqrt{n}}\right)\leqslant \frac{\overline{P}_n-\mu_{PP}}{\sigma_{PP}/\sqrt{n}}\leqslant r\left(\frac{\mu_{PP}}{\sigma_{PP}/\sqrt{n}}\right)\right] \end{aligned}$$

第 5 章已经证明，当保单组合的索赔次数足够大时，$\frac{\overline{P}_n-\mu_{PP}}{\sigma_{PP}/\sqrt{n}}$ 可以用正态分布来近似。因此，纯保费观测值在期望纯保费 μ_{PP} 的 $100r\%$ 以内波动的概率为 α 的完全可信标准（表示为风险单位数）为：

$$n\geqslant n_0\left(\frac{\sigma_{PP}}{\mu_{PP}}\right)^2 \tag{8.10}$$

式中，$n_0=(y_\alpha/r)^2$，$y_\alpha=\Phi^{-1}((1+\alpha)/2)$。

如果进一步假设索赔频率服从参数为 λ 的泊松分布，则

$$\begin{aligned} \mu_{PP} &= \lambda\mu_X \\ \sigma_{PP}^2 &= \lambda(\mu_X^2+\sigma_X^2) \end{aligned}$$

将它们代入式（8.10），并进行适当整理，则有

$$n\lambda\geqslant n_0\left(1+\left(\frac{\sigma_X}{\mu_X}\right)^2\right)=n_0(1+CV_X^2) \tag{8.11}$$

$$n\geqslant \frac{n_0}{\lambda}(1+CV_X^2) \tag{8.12}$$

这就是在泊松情形下纯保费的完全可信标准（分别表示为期望索赔次数和风险单位数），其中式（8.11）右边的第一项是在泊松分布假设下索赔频率的完全可信标准，括号内的第二项是索赔额变异系数的平方。而索赔额变异系数的平方乘以索赔频率的完全可信标准，就是索赔强度的完全可信标准，因此，纯保费的完全可信标准等于索赔频率的完全可信标准加上索赔强度的完全可信标准。表 8－2 总结了当索赔频率服从泊松分布时，索赔频率、索赔强度和纯保费的完全可信标准。

表 8－2 索赔频率服从泊松分布时的完全可信标准

表示方式	完全可信标准		
	索赔频率	索赔强度	纯保费
风险单位数（保单期）	n_0/λ	$n_0\left(\frac{CV_X^2}{\lambda}\right)$	$\frac{n_0}{\lambda}(1+CV_X^2)$
期望索赔次数	n_0	$n_0CV_X^2$	$n_0(1+CV_X^2)$

如果索赔频率并不服从泊松分布，则纯保费的完全可信标准（表示为期望索赔次数和风险单位数）分别为：

$$n\mu_f \geqslant n_0\left(\frac{\sigma_f^2}{\mu_f}+\left(\frac{\sigma_X}{\mu_X}\right)^2\right) \tag{8.13}$$

$$n \geqslant n_0\left(\frac{\sigma_f^2}{\mu_f^2}+\frac{1}{\mu_f}\left(\frac{\sigma_X}{\mu_X}\right)^2\right) \tag{8.14}$$

在式（8.13）中，如果假设索赔频率服从泊松分布，则外层括号中的第一项等于 1。如果赔付额是一个常数，其方差为零，则式（8.14）就是索赔频率的完全可信标准。总之，式（8.13）和式（8.14）概括了前述所有的完全可信标准，它们可以看作是式（8.13）和式（8.14）的特殊形式。表 8-3 总结了当索赔频率服从非泊松分布时，索赔频率、索赔强度和纯保费的完全可信标准。

表 8-3　索赔频率服从非泊松分布时的完全可信标准

表示方式	完全可信标准		
	索赔频率	索赔强度	纯保费
风险单位数（保单期）	$n_0\left(\frac{\sigma_f^2}{\mu_f^2}\right)$	$n_0\left(\frac{\sigma_X^2}{\mu_X^2\mu_f}\right)$	$n_0\left(\frac{\sigma_f^2}{\mu_f^2}+\frac{\sigma_X^2}{\mu_X^2\mu_f}\right)$
期望索赔次数	$n_0\left(\frac{\sigma_f^2}{\mu_f}\right)$	$n_0 CV_X^2$	$n_0\left(\frac{\sigma_f^2}{\mu_f}+\frac{\sigma_X^2}{\mu_X^2}\right)$

【例 8-3】 已知某公司汽车险保单的索赔强度和索赔次数分布满足以下条件：

（1）对于每一个被保险人来说，索赔次数服从泊松分布，参数为 λ。

（2）索赔强度服从参数为 $\alpha=6$，$\theta=0.5$ 的帕累托分布。

（3）索赔强度和索赔次数是独立的。

（4）完全可信标准为在 0.02 倍均值范围内波动的概率为 0.9。

求达到纯保费完全可信标准的最小期望索赔次数。

【解】 在本例中，索赔次数服从泊松分布，$r=0.02$，$\alpha=0.9$，$y_p=\Phi^{-1}((1+p)/2)$，则

$$n_0=(y_p/r)^2=\left(\frac{1.645}{0.02}\right)^2$$

索赔强度服从参数为 $\alpha=6$，$\theta=0.5$ 的帕累托分布

$$\mu_X=0.5/5=0.1,\ \sigma_X^2=\frac{2\times 0.5^2}{5\times 4}-0.1^2=0.015$$

代入纯保费完全可信标准式（8.11）可知

$$\left(\frac{1.645}{0.02}\right)^2\left(1+\frac{0.015}{0.1^2}\right)=16\ 912.66$$

因此，为使总索赔额估计值完全可信，总索赔次数最低不能少于 16 913。

【例 8-4】 已知商业汽车责任险的以下信息：

（1）索赔频率服从均值为 λ 的泊松分布，λ 服从 $\alpha=1.5$，$\theta=0.2$ 的伽马分布。

（2）索赔强度相互独立且服从均值为 5 000 的指数分布。

(3) $r=0.05$，$p=0.9$。

求达到纯保费完全可信标准的期望总索赔次数。

【解】 设 PP 表示总索赔额，$PP=X_1+X_2+\cdots+X_N$，由于索赔频率服从均值为 λ 的泊松分布，λ 服从参数 $\alpha=1.5$，$\theta=0.2$ 的伽马分布，根据第 3 章的混合泊松分布的性质知，N 服从负二项分布，$r=\alpha=1.5$，$\beta=\theta=0.2$。

$$\mu_f = r\beta = 0.3,\quad \sigma_f^2 = r\beta(1+\beta) = 0.36$$

由于索赔强度独立同分布于均值为 5 000 的指数分布，故

$$\mu_X = 5\,000,\quad \sigma_X^2 = 25\,000\,000$$
$$E(PP) = 0.3\times 5\,000 = 1\,500$$
$$\text{Var}(PP) = 0.3\times 25\,000\,000 + 0.36\times 25\,000\,000 = 16\,500\,000$$

由式 (8.10) 可知达到完全可信标准所需的同质性风险单位数为：

$$n = (1.645/0.05)^2\times(16\,500\,000/1\,500^2) = 7\,937.67$$

再乘以 μ_f 得到完全可信标准所需的总索赔次数为：

$$n\mu_f = 0.3\times 7\,937.67 = 2\,381$$

在这个例子中，我们使用式 (8.10) 来计算，读者可利用式 (8.11) 计算，结果是一致的。

【例 8-5】 已知一个团体牙医保险计划，每个被保险人的看牙次数服从参数为 $(3, Q)$ 的二项分布，Q 的值随被保险人变化而变化，服从 $(0, 1)$ 上的均匀分布，索赔强度服从参数为 $\mu=1\,000$，$\theta=5$ 的逆高斯分布。求达到纯保费的完全可信标准 ($r=0.05$，$p=0.9$) 的期望索赔次数。

【解】 索赔频率服从混合泊松分布。首先利用条件期望和条件方差公式来计算索赔频率的期望和方差：

$$\begin{aligned}
\mu_f &= E(N) = E(E(N|Q)) = E(3Q) = 3\times 0.5 = 1.5\\
\sigma_f^2 &= E(\text{Var}(F|Q)) + \text{Var}(E(F|Q))\\
&= E(3Q(1-Q)) + \text{Var}(3Q)\\
&= 3\times 0.5\times(-3)\times\frac{1}{3} + 3^2\times\frac{1}{12}\\
&= 1.25
\end{aligned}$$

索赔强度服从参数为 $\mu=1\,000$，$\theta=5$ 的逆高斯分布，利用附录 3 列出的性质可知

$$\mu_X = 1\,000,\quad \sigma_X^2 = \frac{1\,000^3}{5},\quad CV_X^2 = \frac{1\,000^3/5}{1\,000^2} = 200$$

代入纯保费的完全可信标准（期望索赔次数）

$$n_F = 1\,082.41\left(\frac{\sigma_f^2}{\mu_f} + CV_X^2\right) = 1\,082.41\left(\frac{1.25}{1.5} + 200\right) = 217\,384$$

因此，当保单组合发生索赔次数超过 217 384 次时，才达到完全可信标准。

8.1.4 有限波动部分信度

若个体风险的经验数据规模没有达到完全可信标准，就可以赋予其部分信度。对于满足完全可信标准的数据，对索赔频率、索赔强度和纯保费的估计值直接等于相应的样本均值，而对于具有部分信度的数据，样本均值不具有完全信度，这时采用先验估计和样本均值的加权作为索赔频率、索赔强度和纯保费的估计值，即

$$z\overline{X}+(1-z)M \tag{8.15}$$

上述估计值称为信度估计值，z 称为信度因子，M 为投保人所在的风险子集的先验估计，称为信度补项。

下面以索赔频率为例说明如何得到信度因子的值。用 X_{full} 表示采用完全可信的经验数据得到的索赔频率估计值，X_{partial} 表示采用不完全可信的经验数据计算出的经验索赔频率。X_{partial} 和 X_{full} 的均值相等，不妨记作 μ。由于计算 X_{partial} 的样本量较小，所以，X_{partial} 的标准差要大于 X_{full} 的标准差。用 σ_{partial} 和 σ_{full} 分别表示 X_{partial} 和 X_{full} 的标准差。

有限波动信度法认为，无论是采用具有部分信度的数据对索赔频率进行估计，还是采用具有完全信度的数据对索赔频率进行估计，这两个估计值应该具有相同的波动性。因此，z 的选取应该使得

$$\begin{aligned} Pr(|X_{\text{full}}-\mu|\leqslant r\mu) &= Pr(|zX_{\text{partial}}+(1-z)M-(z\mu+(1-z)M)|\leqslant r\mu) \\ &= Pr(z\mu-r\mu\leqslant zX_{\text{partial}}\leqslant z\mu+r\mu) \end{aligned}$$

$$Pr\left(-\frac{r\mu}{\sigma_{\text{full}}}\leqslant\frac{(X_{\text{full}}-\mu)}{\sigma_{\text{full}}}\leqslant\frac{r\mu}{\sigma_{\text{full}}}\right)=Pr\left(-\frac{r\mu}{z\sigma_{\text{partial}}}\leqslant\frac{(zX_{\text{partial}}-z\mu)}{z\sigma_{\text{partial}}}\leqslant\frac{r\mu}{z\sigma_{\text{partial}}}\right)$$

利用正态近似，可得

$$\frac{r\mu}{\sigma_{\text{full}}}=\frac{r\mu}{z\sigma_{\text{partial}}},\quad z=\frac{\sigma_{\text{full}}}{\sigma_{\text{partial}}} \tag{8.16}$$

即信度因子等于基于完全可信数据的经验估计的标准差与部分可信数据的经验估计的标准差之比。下面分别用索赔频率、索赔强度和纯保费来说明 z 的具体取值。

1. 推导泊松情形下索赔频率的信度因子

假设要估计一个风险类别的索赔频率 μ，样本不满足完全可信标准，样本中只包含 m 个同质性风险单位，m 的值小于完全可信标准所需要的风险单位数。例如，一组同质性车险保单组合中有 m 个驾驶员，每个驾驶员的理赔次数都是独立同分布。我们要估计每个驾驶员的潜在出险次数，现在已经观察到第 i 个驾驶员的出险次数为 m_i，由样本数据计算得到的索赔频率的观测值为：

$$\mu_m=\sum_{i=1}^{m}m_i/m$$

观测值的方差为：

$$\sigma_m^2 = \mathrm{Var}(\sum_{i=1}^{m} m_i/m) = (1/m^2)\sum_{i=1}^{m}\mathrm{Var}(m_i)$$

如果经验数据未达到完全可信标准，σ_m^2 即为$\sigma_{\text{partial}}^2$。设每个驾驶员的索赔次数都是独立同分布，服从参数为 λ 的泊松分布，则

$$\sigma_m^2 = (1/m^2)\sum_{i=1}^{m}\lambda = m\lambda/m^2 = \lambda/m$$

对于这组有 m 个驾驶员的同质性保单组合，如果记该保单组合发生总理赔次数的期望值等于 n，则有 $\lambda m=n$，于是

$$m = n/\lambda$$

代入 σ_m^2 的公式可得

$$\sigma_m^2 = (1/m^2)\sum_{i=1}^{m}\lambda = m\lambda/m^2 = \lambda^2/n$$

如果经验数据达到完全可信标准，则 $\sigma_m=\sigma_{\text{full}}=\lambda/\sqrt{n_0}$，其中 n_0 为完全可信标准下的保单组合期望总理赔次数。将 σ_{full} 代入信度因子的表达式（8.16）

$$z = \frac{\sigma_{\text{full}}}{\sigma_{\text{partial}}} = \frac{\lambda/\sqrt{n_0}}{\lambda/\sqrt{n}} = \sqrt{\frac{n}{n_0}} \tag{8.17}$$

式（8.17）说明泊松分布的索赔频率的部分信度等于经验数据的（期望）索赔次数与完全信度所要求的最小索赔次数（完全可信标准）商的平方根，因此式（8.17）被称为平方根原则。在计算部分信度时，最好使用期望索赔次数。如果无法得到期望索赔次数，也可以用实际观察到的索赔次数近似。

2. 推导有限波动信度因子的一般公式

虽然在上述信度因子公式的推导中应用了泊松分布假设，但对于非泊松分布的索赔频率和索赔强度的部分信度，也可以利用式（8.16）推导出平方根原则。所不同的是，平方根原则中的分母是完全可信标准的风险单位数。下面推导部分信度因子的一般公式。

设个体风险的损失变量为 X。这里 X 可以表示为索赔频率、索赔强度和纯保费，记 X 的均值为 μ_X，标准差为 σ_X。假设用包含 m 个风险单位的同质性保单组合的部分可信样本 X_1，X_2，…，X_m来估计 μ_X。$X_{\text{partial}}=\overline{X}$ 是 μ_X的经验估计，具有部分信度，$\sigma_{\text{partial}}^2=\frac{\sigma_X^2}{m}$。要使 X_{partial}具有完全信度，根据式（8.6）、式（8.9）和式（8.10）可知，m 的值应不小于完全可信标准要求的最小风险单位数 $n_F=n_0(\sigma_X^2/\mu_X^2)$，采用完全可信数据得到的经验估计 X_{full}对应的方差为 $\sigma_{\text{full}}^2=\mu_X^2/n_0$。于是，由式（8.16）有

$$z = \frac{\sigma_{\text{full}}}{\sigma_{\text{partial}}} = \frac{\sqrt{\mu_X^2/n_0}}{\sqrt{\sigma_X^2/m}} == \sqrt{\frac{m}{n_0(\sigma_X^2/\mu_X^2)}} = \sqrt{\frac{m}{n_F}} \tag{8.18}$$

式中，$n_F=n_0(\sigma_X^2/\mu_X^2)$ 是非泊松分布的完全可信标准下的最小风险单位数。若计算出 z

大于 1，说明完全可信条件满足，直接令 $z=1$。因此，由有限波动信度法得到信度因子的公式为：

$$z=\min\left(\sqrt{\frac{m}{n_0(\sigma_X^2/\mu_X^2)}},1\right)=\min\left(\sqrt{\frac{m}{n_F}},1\right) \tag{8.19}$$

注意，在式（8.19）中，m 实际上是样本量的概念。在估计平均索赔强度时，经验数据 X_1，X_2，…，X_m 对应的是 m 次索赔事件中的索赔额，$n_0(\sigma_X^2/\mu_X^2)$ 就是完全可信条件中所要求的最小期望索赔次数。而在估计非泊松分布情形下平均索赔频率或纯保费时，经验数据 X_1，X_2，…，X_m 对应的是 m 个风险单位的索赔次数或总索赔额，或者对应 m 个保单期内的索赔次数或总索赔额。

【例 8-6】 假设总索赔额 X 服从复合泊松分布，索赔次数的参数为 λ，索赔强度的均值为 θ_Y，方差为 σ_Y^2，设 X_1，X_2，…，X_m 是 m 个时期内的总索赔额观察值，求其信度因子。

【解】 利用复合泊松分布的先验均值和方差公式计算得到

$$\mu_X=\lambda\theta_Y$$
$$\sigma_X^2=\lambda(\theta_Y^2+\sigma_Y^2)$$

由式（8.12）可知达到完全可信标准所需最小风险单位数

$$n_F=n_0(\sigma_X^2/\mu_X^2)=\frac{n_0}{\lambda}\left(1+\frac{\sigma_Y^2}{\mu_Y^2}\right)$$

代入式（8.19）得

$$z=\min\left(\sqrt{\frac{m}{n_0(\sigma_X^2/\mu_X^2)}},1\right)=\min\left(\sqrt{\frac{\lambda m/n_0}{1+\sigma_Y^2/\theta_Y^2}},1\right) \tag{8.20}$$

【例 8-7】 某一般责任险保单组合包含 2 500 个被保险人，已知下列信息：

(1) $X_i=\sum_{j=1}^{N_i}Y_{ij}$ 表示第 i 个被保险人在一年内发生的总索赔额。

(2) N_1，N_2，…，$N_{2\,500}$ 独立同分布，且服从负二项分布，$r=2$，$\beta=0.2$。

(3) Y_{i1}，Y_{i2}，…，Y_{iN_i} 独立同分布，且服从帕累托分布，参数 $\alpha=3.0$，$\theta=1\,000$。

(4) 完全可信标准是在 5% 的期望总索赔额范围内的概率为 90%。

运用有限波动信度法求这个保单组合年总索赔额的部分信度因子。

【解】 根据负二项分布的性质可知，$E(N)=r\beta=0.4$，$\mathrm{Var}(N)=r\beta(1+\beta)=0.48$。由于 Y 服从帕累托分布（$\alpha=3.0$，$\theta=1\,000$），$E(Y)=\theta/(\alpha-1)=500$，故

$$\mathrm{Var}(Y)=\theta^2\alpha/((\alpha-1)^2(\alpha-2))=750\,000$$

因此

$$E(X)=E(N)E(Y)=0.4\times 500=200$$
$$\mathrm{Var}(X)=E(N)\mathrm{Var}(Y)+\mathrm{Var}(N)E(Y)^2$$

$$= 0.4 \times 750\ 000 + 0.48 \times 500^2 = 420\ 000$$

由式（8.10）知，完全可信条件所需的最小风险单位数为：

$$n_F = n_0(\sigma_X^2/\mu_X^2), \quad n_0 = \left(\frac{1.645}{0.05}\right)^2$$

因此

$$n_F = \left(\frac{1.645}{0.05}\right)^2 \times \frac{420\ 000}{200^2} = 11\ 365$$

$$z = \sqrt{2\ 500/11\ 365} = 0.47$$

【例 8-8】 已知总索赔额 X 服从复合泊松分布，其中索赔强度变量服从指数分布。某投保团体过去 m 个时期的总索赔额为 x_1，x_2，…，x_m，假如每期总索赔额 $\{X_j\}$ 相互独立同分布于 X，索赔次数数据的信度因子为 0.8，求总索赔额数据 x_1，x_2，…，x_m 的信度因子。

【解】 假设索赔次数服从参数为 λ 的泊松分布，由泊松情形下索赔次数的信度公式（8.17）知

$$z = \sqrt{\lambda m / n_0} = 0.8$$

即 $\lambda m/n_0 = 0.64$。因为索赔强度服从指数分布，所以 $\sigma_Y = \theta_Y$。设 X_1，X_2，…，X_m 的信度因子为 z，则

$$z = \min\left(\sqrt{\frac{\lambda m / n_0}{1 + \frac{\sigma_Y^2}{\theta_Y^2}}}, 1\right) = \min\left(\sqrt{\frac{0.64}{1+1}}, 1\right) = 0.566$$

值得注意的是，虽然用有限波动方法可以得到解决问题的简明方案，但在理论上并不能自圆其说。首先，没有潜在的理论模型支持，无法明确证明对于信度因子式（8.15）的估计值为什么是恰当的且优于先验估计 M。其次，即使式（8.15）对特定模型而言是恰当的，对如何选择 r 和 p 的值也没有提出任何建议。最后，有限波动方法没有考虑均值 μ_X 和先验估计 M 之间的差别。在运用式（8.15）时，本质上认为 M 能够精确地代表在没有任何其他信息的条件下某被保险人的期望损失，然而，M 本身常常也是一个估计值，并不太可靠。因此，关于信度问题的正确提法应该是“与 M 相比，$\overline{X}$ 的可靠程度增加了多少”，而不是“$\overline{X}$ 有多可靠”。

8.2 贝叶斯信度模型

8.2.1 预测分布

正如我们在 8.1 节中提到的，虽然经验数据 $\overline{X}$ 和先验估计 M 的加权形式直观上有助

于提高估计的精度，然而并没有明确的理论证明这种形式是恰当的。1967年，Bühlmann提出了建立在贝叶斯理论基础上的一致最精确信度（又称Bühlmann信度）模型，给出了信度的理论基础。为了更好地理解Bühlmann信度，下面简要介绍贝叶斯理论在信度中的应用。

假设我们已知某个被保险人过去n年经验损失$\vec{X}=(X_1, X_2, \cdots, X_n)$的观察值$\vec{x}=(x_1, x_2, \cdots, x_n)$，希望预测未来一年的损失值$X_{n+1}$。这里$X$可以表示索赔频率、索赔强度和总索赔额。假设被保险人的风险水平可以通过一个参数θ来描述，但是θ的取值因被保险人不同而不同。通过θ的不同取值，我们可以区分不同被保险人的风险水平的差异。虽然在厘定级别费率时，我们已经考虑了被保险人的若干风险因子，然而这些风险因子无法完美刻画被保险人的风险。我们用θ描述那些剩余的、未被观察到的影响风险水平的因素。例如，在汽车险中，可以用不同的θ值表示车主的责任心、驾驶技术等风险特征。因此，我们通常假设θ存在，并进一步假设θ是不可观察的，永远不知道θ的真实值。

由于θ随被保险人而变化，因此，在风险子集内存在一个关于θ的概率分布$\pi(\theta)$。每个被保险人的具体风险参数θ的值都是未知的，我们视θ为随机变量Θ的观察值。如果θ是标量，则Θ的累积分布函数$\Pi(\theta)=P(\Theta\leqslant\theta)$可以看作是风险子集中风险水平小于或等于$\theta$的被保险人的比例。在本节中，我们假定$\pi(\theta)$是已知的，并称其为先验分布或结构分布。

记X_j关于θ的条件概率密度函数为$f_{X_j|\Theta}(x_j|\theta)(j=1, 2, \cdots, n)$；$\vec{X}$关于$\theta$的条件概率密度函数为$f_{\vec{X}|\Theta}(\vec{x}|\theta)$。这里用向量形式表示$n$个经验损失。经验损失与未来损失关于$\theta$的联合条件概率函数表示为$f_{\vec{X},X_{n+1}|\Theta}(\vec{x}, x_{n+1}|\theta)$。

假设已知先验分布$\pi(\theta)$及条件分布$f_{\vec{x}|\Theta}(\vec{x}|\theta)$，则$\Theta$和$\vec{x}$的联合分布为：

$$f_{\vec{X},\Theta}(\vec{x},\theta)=\pi(\theta)\times f_{\vec{X}|\Theta}(\vec{x}|\theta) \tag{8.21}$$

进而对Θ的所有可能取值积分，得到$\vec{X}$的边缘密度（如果Θ的先验分布是离散的，则求和）：

$$f_{\vec{X}}(\vec{x})=\int_{\Theta} f_{\vec{X}|\Theta}(\vec{x}|\theta)\times\pi(\theta)\mathrm{d}\theta \text{ 或 } f_{\vec{X}}(\vec{x})=\sum_{\Theta} f_{\vec{X}|\Theta}(\vec{x}|\theta)\times\pi(\theta) \tag{8.22}$$

同样，我们也可以求得$\vec{X}$与X_{n+1}的边缘密度函数：

$$f_{\vec{X},X_{n+1}}(\vec{x},x_{n+1})=\int_{\Theta} f_{\vec{X},X_{n+1}|\Theta}(\vec{x},x_{n+1}\mid\theta)\times\pi(\theta)\mathrm{d}\theta \tag{8.23}$$

进而可以求出X_{n+1}关于$\vec{X}$的条件分布（又称预测分布）：

$$f_{X_{n+1}|\vec{X}}(x_{n+1}|\vec{x})=\frac{f_{\vec{X},X_{n+1}}(\vec{x},x_{n+1})}{f_{\vec{X}}(\vec{x})} \tag{8.24}$$

注意，当$\vec{X}$与X_{n+1}关于Θ条件独立时，$\vec{X}$与X_{n+1}的联合密度函数可表示为：

$$f_{\vec{X},X_{n+1}}(\vec{x},x_{n+1})=\int_{\Theta} f_{\vec{X}|\Theta}(\vec{x}|\theta)\times f_{X_{n+1}|\Theta}(x_{n+1}|\theta)\times\pi(\theta)\mathrm{d}\theta$$

于是预测分布又可以写为：

$$f_{X_{n+1}|\vec{X}}(x_{n+1}|\vec{x}) = \frac{f_{X_{n+1},\vec{X}}(x_{n+1},\vec{x})}{f_{\vec{X}}(\vec{x})}$$
$$= \int_{\Theta} f_{X_{n+1}|\Theta}(x_{n+1}|\theta) \times \pi_{\Theta|\vec{X}}(\theta|\vec{x})\mathrm{d}\theta \tag{8.25}$$

式中

$$\pi_{\Theta|\vec{X}}(\theta|\vec{x}) = \frac{f_{\Theta,\vec{X}}(\theta,\vec{x})}{f_{\vec{X}}(\vec{x})} = \frac{f_{\vec{X}|\Theta}(\vec{x}|\theta) \times \pi(\theta)}{\int_{\Theta} f_{\vec{X}|\Theta}(\vec{x}|\theta) \times \pi(\theta)\mathrm{d}\theta} \tag{8.26}$$

这是风险参数Θ的后验分布，而预测分布是后验分布与条件分布的乘积的积分（或求和）。这一点很容易理解，因为式（8.25）就是以经验数据为条件的全概率公式。需注意上式成立的条件是被保险人的经验损失和预测损失关于风险参数Θ条件独立，这在实际中很常见。如果条件独立不能满足，我们不能直接应用式（8.25），而要根据情况由式（8.24）推导。

在式（8.26）中，后验分布$\pi_{\Theta|\vec{X}}(\theta|\vec{x})$是不依赖于$\theta$的，因此在计算后验分布的时候，分母$f_{\vec{X}}(\vec{x})$事实上是一个常数，只是起到保证后验分布是正常的概率分布的作用。所以也可以将贝叶斯公式写成

$$\pi_{\Theta|\vec{X}}(\theta|\vec{x}) \propto \prod_{j=1}^{n} f_{X_j|\Theta}(x_j|\theta)\pi(\theta)$$

其中，符号“$\propto$”表示“正比于”；$\prod_{j=1}^{n} f_{X_j|\Theta}(x_j|\theta)\pi(\theta)$ 称为分布核。通过这个分布核，我们可以判断后验分布是什么样的分布，同时因为略去了常数部分，也可以简化计算。

【例 8-9】某风险集由 A，B，C 三类被保险人组成，每一类被保险人在每年无理赔和有一次理赔的概率都为 0.5，理赔额为 1 或者 2，在给定理赔发生的条件下，三类被保险人理赔额 X 的分布如下：

$$P(X=x|\text{A 类}) = \begin{cases} 2/3, & x=1 \\ 1/3, & x=2 \end{cases}$$

$$P(X=x|\text{B 类}) = \begin{cases} 1/2, & x=1 \\ 1/2, & x=2 \end{cases}$$

$$P(X=x|\text{C 类}) = \begin{cases} 5/6, & x=1 \\ 1/6, & x=2 \end{cases}$$

现在从这个风险集里随机抽取了一个被保险人，并且已经有一次金额为 2 的理赔，求其为 A 类的概率。

【解】利用后验分布公式（8.26）计算后验概率。

$$P(A|X=2) = \frac{P(X=2|A)P(A)}{P(X=2)}$$

$$= \frac{P(X=2|A)P(A)}{P(X=2|A)P(A)+P(X=2|B)P(B)+P(X=2|C)P(C)}$$

$$= \frac{\left(0.5\times\frac{1}{3}\right)\times\frac{1}{3}}{\left(0.5\times\frac{1}{3}\right)\times\frac{1}{3}+\left(0.5\times\frac{1}{2}\right)\times\frac{1}{3}+\left(0.5\times\frac{1}{6}\right)\times\frac{1}{3}}$$

$$= \frac{1}{3}$$

【例 8-10】 已知某保单组合中的每个被保险人每年至多发生一次理赔，发生理赔的概率等于 q，q 的先验分布为：

$$\pi(q)=\frac{q^3}{0.07},\quad 0.6<q<0.8$$

随机抽取了一个被保险人，已知他在第 1 年发生一次理赔，在第 2 年没有发生理赔，求这个被保险人的 q 值位于 0.7 和 0.8 之间的后验概率。

【解】 利用式（8.26），q 的后验分布密度为：

$$\pi_{q|\vec{X}}(q|\vec{x})=\frac{f(\vec{x},q)}{f_{\vec{X}}(\vec{x})}=\frac{f(\vec{x}|q)\pi(q)}{f_{\vec{X}}(\vec{x})}$$

由于 $f_{\vec{X}}(\vec{x})$ 是与 q 无关的数，因此

$$\begin{aligned}\pi_{q|\vec{X}}(q|\vec{x}) &\propto f(\vec{x}|q)\pi(q)\\ &\propto f(1|q)f(0|q)\pi(q)\\ &\propto q(1-q)q^3\\ &\propto q^4-q^5\end{aligned}$$

式中，“$\propto$”表示“正比于”。为了得到后验分布的精确表达式，对上式求积分，有

$$\int_{0.6}^{0.8}(q^4-q^5)\mathrm{d}q=\frac{q^5}{5}-\frac{q^6}{6}\Big|_{0.6}^{0.8}=0.014\ 069$$

因此得

$$\pi_{q|\vec{X}}(q|1,0)=\frac{q^4-q^5}{0.014\ 069}$$

$$P(0.7<q<0.8|1,0)=\int_{0.7}^{0.8}\frac{q^4-q^5}{0.014\ 069}\mathrm{d}q=0.557\ 2$$

【例 8-11】 设 X 关于 Θ 的条件分布为二项分布 $B(m,\ \Theta)$，Θ 的先验分布 $\pi(\theta)$ 为两参数贝塔分布 $\beta(a,\ b)$，即 $\pi(\theta)=\frac{\Gamma(a+b)}{\Gamma(a)\Gamma(b)}\theta^{a-1}(1-\theta)^{b-1}(0<\theta<1)$。已知 m 次贝努利试验中成功了 x 次，求 Θ 的后验分布。

【解】 由 Θ 的先验分布

$$\pi(\theta)=\frac{\Gamma(a+b)}{\Gamma(a)\Gamma(b)}\theta^{a-1}(1-\theta)^{b-1},\quad 0<\theta<1$$

可知，$\frac{\Gamma(a+b)}{\Gamma(a)\Gamma(b)}$是与 θ 无关的常数，因此 $\pi(\theta)$ 可写为：

$$\pi(\theta) \propto \theta^{a-1}(1-\theta)^{b-1}, \quad 0<\theta<1$$

又由 $f_{X|\Theta}(x|\theta)=C_m^x\theta^x(1-\theta)^{m-x}(x=1, 2, \cdots, m)$ 知，X 和 Θ 的联合分布为：

$$f(x,\theta) \propto \theta^{a-1}(1-\theta)^{b-1}\theta^x(1-\theta)^{m-x} = \theta^{a+x-1}(1-\theta)^{m+b-x-1}$$

代入 Θ 的后验分布表达式（8.26），又由于 $f(x)$ 与 θ 无关，有

$$f(\theta|x) = \frac{f(\theta,x)}{f(x)} \propto \theta^{a+x-1}(1-\theta)^{m+b-x-}$$

这是一个贝塔分布核。因此 $f(\theta|x)$ 也是一个两参数贝塔分布 $\beta(a+x, m+b-x)$。

在例 8-11 中，参数 Θ 的后验分布与先验分布具有相同的形式，只是参数不同而已。在这种情况下，我们称此先验分布为给定模型的共轭先验分布。例 8-11 表明，当条件分布为二项分布时，$\beta(a, b)$ 是参数 Θ 的共轭先验分布。

关于共轭先验分布，可以证明下面的定理。

定理 8-1　设 $\{X_j, j=1, 2, \cdots, n\}$ 关于 Θ 条件独立，条件概率密度函数具有如下形式：

$$f_{X_j|\Theta}(x_j|\theta) = \frac{p(x_j)\,\mathrm{e}^{-\theta x_j}}{q(\theta)}$$

且当参数 θ 取有限实值时，其先验分布满足如下形式：

$$\pi(\theta) = \frac{(q(\theta))^{-k}\,\mathrm{e}^{-\theta\mu k}}{c(\mu,k)}$$

式中，μ，k 为分布的参数；$c(\mu, k)$ 是正则化函数。参数 θ 的后验分布与先验分布共轭。

表 8-4 显示的是一些常见的共轭分布，请读者自己验证。

表 8-4　常见的共轭分布

条件分布	共轭先验分布	后验分布
泊松分布 $P(\Theta)$	伽马分布 (α, λ)	伽马 $(\alpha+n\bar{x}, n+\lambda)$
二项分布 $B(n, \Theta)$（随机参数为 Θ）	贝塔分布 $\beta(a, b)$	贝塔 $\beta(a+x, n+b-x)$
均值为 Θ 的指数分布	伽马分布 (α, λ)	伽马 $(\alpha+n\bar{x}, n+\lambda)$
均值为 $1/\Theta$ 的指数分布	逆伽马分布 (α, λ)	逆伽马 $(\alpha+n\bar{x}, n+\lambda)$

8.2.2　贝叶斯信度估计

回到 8.2.1 小节提出的问题，已知个体过去 n 年经验损失 $\vec{X}=(X_1, X_2, \cdots, X_n)$ 的观察值 $\vec{x}=(x_1, x_2, \cdots, x_n)$，预测下一年的损失值 X_{n+1}。假设当风险参数 $\Theta=\theta$ 给定时，下一年损失的条件分布为 $f_{X_{n+1}|\Theta}(x_{n+1}|\theta)$，则最理想的情形是已知 θ 的真实值，下

一年的期望损失为条件期望 $\mu_{n+1}(\theta)=E(X_{n+1}|\Theta=\theta)$，这样得到的预测值称为个体估计值。然而对每个特定的被保险人而言，θ 是不可观察的。若我们对 θ 和经验数据一无所知，则认为下一年的期望损失为无条件期望，即 $E(X_{n+1})=E(E(X_{n+1}|\Theta))$，这样得到的预测值称为集体估计值或无条件估计值。在一般情况下，我们对 θ 是有一定先验认识的。假设我们已知 θ 的先验分布 $\pi(\theta)$，并假设该被保险人的过去经验损失条件独立，即给定 $\Theta=\theta$ 时，X_1，X_2，…，X_n 是独立的，我们可以利用过去的经验数据对该被保险人下一年的损失 X_{n+1} 进行估计，即使用预测分布的期望

$$E(X_{n+1}|\vec{X}=\vec{x})=\int_0^{\infty} x_{n+1}\times f_{X_{n+1}|\vec{X}}(x_{n+1}|\vec{x})\mathrm{d}x_{n+1}$$

所得到的估计值称为贝叶斯信度估计值。

进一步地，由式（8.25）可知，贝叶斯信度估计值可写为：

$$\begin{aligned}E(X_{n+1}|\vec{X}=\vec{x})&=\int_{X_{n+1}} x_{n+1}\times f_{X_{n+1}|\vec{X}}(x_{n+1}|\vec{x})\mathrm{d}x_{n+1}\\&=\frac{\int_{X_{n+1}} x_{n+1}\times f_{\vec{X},X_{n+1}}(\vec{x},x_{n+1})\mathrm{d}x_{n+1}}{f_{\vec{X}}(\vec{x})}\end{aligned}\tag{8.27}$$

也可以用预测分布写为：

$$\begin{aligned}E(X_{n+1}|\vec{X}=\vec{x})&=\int_{X_{n+1}} x_{n+1}\times f_{X_{n+1}|\vec{X}}(x_{n+1}|\vec{x})\mathrm{d}x_{n+1}\\&=\int_{X_{n+1}} x_{n+1}\times\int_{\Theta} f_{X_{n+1}|\Theta}(x_{n+1}|\theta)\times\pi_{\Theta|\vec{X}}(\theta|\vec{x})\mathrm{d}\theta\mathrm{d}x_{n+1}\\&=\int_{\Theta}\int_{X_{n+1}} x_{n+1}\times f_{X_{n+1}|\Theta}(x_{n+1}|\theta)\mathrm{d}x_{n+1}\times\pi_{\Theta|\vec{X}}(\theta|\vec{x})\mathrm{d}\theta\\&=\int_{\Theta}E(X_{n+1}|\theta)\times\pi_{\Theta|\vec{X}}(\theta|\vec{x})\mathrm{d}\theta\end{aligned}\tag{8.28}$$

当 Θ 服从离散分布时，有

$$E(X_{n+1}|\vec{X}=\vec{x})=\sum_{\Theta}E(X_{n+1}|\theta)\times\pi_{\Theta|\vec{X}}(\theta|\vec{x})$$

需要注意的是式（8.28）与式（8.27）建立在同样的假设上，即过去 n 期经验损失和 X_{n+1} 关于风险参数是条件独立的。

贝叶斯信度估计的做法是用经验数据的信息代替风险参数，求 $E(X_{n+1}|\vec{X}=\vec{x})$。从直观上，我们可以想象贝叶斯信度估计值优于无条件期望，因为它更加充分地利用了已知的信息。事实上，定理 8－2 表明贝叶斯信度估计值是所有利用经验数据估计 X_{n+1} 中误差最小的估计量。

定理 8－2 在所有利用 $\vec{X}$ 来估计 X_{n+1} 的估计量中，贝叶斯信度估计值的均方误差最小，即 $E\{[X_{n+1}-E(X_{n+1}|X)]^2\}$ 小于任何其他估计量的均方误差。

证明：用 $g(X)$ 表示利用 $\vec{X}$ 来估计 X_{n+1} 的估计量，均方误差可以表示为：

$$E\{[X_{n+1}-g(X)]^2\}=E\{[X_{n+1}-E(X_{n+1}|X)+E(X_{n+1}|X)-g(X)]^2\}$$

$$= E\{[X_{n+1} - E(X_{n+1}|X)]^2\}$$
$$+ E\{[E(X_{n+1}|X) - g(X)]^2\}$$
$$+ 2E\{[X_{n+1} - E(X_{n+1}|X)][E(X_{n+1}|X) - g(X)]\}$$

利用条件期望的性质，等式中的第三项可写为：

$$\begin{aligned} &2E\{[X_{n+1} - E(X_{n+1}|X)][E(X_{n+1}|X) - g(X)]\} \\ =& 2E(E\{[X_{n+1} - E(X_{n+1}|X)][E(X_{n+1}|X) - g(X)]X\}) \\ =& 2E\{[E(X_{n+1}|X) - E(X_{n+1}|X)][E(X_{n+1}|X) - g(X)]\} \\ =& 0 \end{aligned}$$

因此，当 $g(X)=E(X_{n+1}|X)$ 时，均方误差达到最小。

【例 8-12】 已知 A，B 两类风险集的被保险人的理赔次数和理赔额的分布见表 8-5。

表 8-5 理赔次数和理赔额的分布

理赔次数	0		1	2
A 类风险集发生概率	4/9		4/9	1/9
B 类风险集发生概率	1/9		4/9	4/9
理赔额	500	1 235	250	328
A 类风险集发生概率	1/3	2/3		
B 类风险集发生概率			2/3	1/3

已知 A 类或者 B 类风险集所占比例相同，每一类风险集中被保险人的理赔次数和理赔额都是独立的。现随机选择一个被保险人，观察到其一年的总索赔额是 500。针对该被保险人，试确定其下一年的总索赔额的贝叶斯信度估计。

【解】 根据题意，已知 $X_1=500$，下一年总索赔额贝叶斯估计可以写为 $E(X_2|X_1=500)$，先验概率 $P(A)=P(B)=0.5$，对于这两类风险，总索赔额都服从复合分布。

$$E(X_2|X_1=500)=E(X_2|A)P(A|X_1=500)+E(X_2|B)P(B|X_1=500)$$

A 类：

$$E(X_2|A)=\left(0\times\frac{4}{9}+1\times\frac{4}{9}+2\times\frac{1}{9}\right)\left(500\times\frac{1}{3}+1\,235\times\frac{2}{3}\right)=660$$

B 类：

$$E(X_2|B)=\left(0\times\frac{1}{9}+1\times\frac{4}{9}+2\times\frac{4}{9}\right)\left(250\times\frac{2}{3}+328\times\frac{1}{3}\right)=368$$

$$\begin{aligned} P(A|X_1=500) &= \frac{P(A\cap X_1=500)}{P(X_1=500)} \\ &= \frac{P(X_1=500|A)P(A)}{P(X_1=500|A)P(A)+P(X_1=500|B)P(B)} \end{aligned}$$

$$P(X_1=500|A)=P(1\text{次理赔})P(X=500)=\frac{4}{9}\times\frac{1}{3}=\frac{4}{27}$$

$$P(X_1=500\mid B)=P(2\text{ 次理赔})(P(X=250))^2=\frac{4}{9}\times\left(\frac{2}{3}\right)^2=\frac{16}{81}$$

所以得到

$$P(A\mid X_1=500)=\frac{3}{7},\quad P(B\mid X_1=500)=\frac{4}{7}$$

$$E(X_2\mid X_1=500)=660\times\frac{3}{7}+368\times\frac{4}{7}=493.1$$

【例 8-13】 已知被保险人在一年内发生理赔的次数服从二项分布：

$$f(x\mid q)=\binom{2}{x}q^x(1-q)^{2-x}$$

参数 q 的先验分布为 $\pi(q)=4q^3(0<q<1)$。已知某个被保险人在第 1 年和第 2 年各发生一次理赔，求他在第 3 年发生理赔次数的贝叶斯估计。

【解】 首先计算 q 的后验分布。

$$\begin{aligned}\pi(q\mid 1,1)&\propto f(1\mid q)f(1\mid q)\pi(q)\\&=2q(1-q)\times 2q(1-q)\times 4q^3\\&\propto q^5(1-q)^2\end{aligned}$$

由 $\int_0^1 q^5(1-q)^2\mathrm{d}q=1/168$，得

$$\pi(q\mid 1,1)=168q^5(1-q)^2$$

被保险人在一年内发生理赔的次数服从二项分布，则 $E(X\mid q)=2q$，于是第 3 年发生理赔次数的贝叶斯估计为：

$$E(X_3\mid 1,1)=\int_0^1 2q\times 168\times q^5(1-q)^2\mathrm{d}q=\frac{4}{3}$$

注意，若去掉风险参数 q 的随机性，直接对条件期望 $E(X_{n+1}\mid q)$ 再取期望，得到无条件期望 $E(X_{n+1})=E(E(X_{n+1}\mid q))=E(2q)=8/5$。另外，直接求经验数据的平均值，得到 $\overline{X}=1$。比较贝叶斯信度估计值、集体估计值和个体经验均值，可以发现贝叶斯信度估计值介于后两者之间。

【例 8-14】 某类团险保单组合在第 j 年有 m_j 个被保险人。假设每个被保险人的年索赔次数相互独立，且服从参数为 θ 的泊松分布。风险参数 Θ 服从伽马分布：

$$\pi(\theta)=\frac{\theta^{\alpha-1}\mathrm{e}^{-\theta/\beta}}{\Gamma(\alpha)\beta^\alpha},\quad \theta>0$$

设各年每次索赔额恒等于 1，人均纯保费等于该年保单组合人均总索赔额期望值。已知保单组合在第 $n+1$ 年有 m_{n+1} 个被保险人，求人均纯保费的贝叶斯信度估计值。

【解】 在第 j 年，保单组合的总索赔次数为 N_j，服从参数为 $m_j\theta$ 的泊松分布，即

$$P(N_j = n|\Theta = \theta) = \frac{(m_j\theta)^n e^{-m_j\theta}}{n!}, \quad n = 0,1,\cdots$$

设 X_j 表示该投保团体在第 j 年的人均年总索赔额，则

$$X_j = N_j/m_j, \quad j = 1,2,\cdots,n$$

因此，X_j 的条件分布为：

$$f_{X_j|\Theta}(x_j|\theta) = P(N_j = m_jx_j|\Theta = \theta) = \frac{(m_j\theta)^{m_jx_j} e^{-m_j\theta}}{(m_j x_j)!}$$

则（X_1，X_2，…，X_n，Θ）的联合概率密度为：

$$f_{\vec{X},\Theta}(\vec{x},\theta) = \left(\prod_{j=1}^{n} f_{X_j|\Theta}(x_j|\theta)\right)\pi(\theta)$$

Θ 的后验分布为：

$$\pi_{\Theta|\vec{X}}(\theta|\vec{x}) = \frac{f_{\vec{X},\Theta}(\vec{x},\theta)}{f_{\vec{X}}(\vec{x})} = \frac{\left(\prod_{j=1}^{n} (m_j\theta)^{m_jx_j} e^{-m_j\theta}\right)\theta^{\alpha-1}e^{-\theta/\beta}}{\prod_{j=1}^{n}(m_j x_j)! \times \Gamma(\alpha)\beta^{\alpha}\times f_{\vec{X}}(\vec{x})}$$

$$\propto \theta^{\alpha+\sum_{j=1}^{n}m_jx_j-1} e^{-\theta\left(\frac{1}{\beta}+\sum_{j=1}^{n}m_j\right)}$$

从后验分布的形式可以看出，$\pi_{\Theta|\vec{X}}(\theta|\vec{x})$ 是一个伽马分布，其参数为：

$$\alpha_* = \alpha + \sum_{j=1}^{n} m_jx_j, \quad \beta_* = \left(\frac{1}{\beta} + \sum_{j=1}^{n} m_j\right)^{-1}$$

另外，X_j 的条件期望为：

$$E(X_j|\Theta = \theta) = E\left(\frac{N_j}{m_j}|\Theta = \theta\right) = \theta$$

因此，$n+1$ 年的人均纯保费个体估计值 $\mu_{n+1}(\theta)=\theta$，人均纯保费无条件估计值 $\mu_{n+1}=E(\mu_{n+1}(\Theta))=\alpha\beta$。由式（8.27）计算人均纯保费贝叶斯信度估计值，得

$$\begin{aligned} E(X_{n+1}|\vec{X}=\vec{x}) &= \int_0^{\infty}\mu_{n+1}(\theta)\,\pi_{\Theta|\vec{X}}(\theta|\vec{x})\mathrm{d}\theta \\ &= E(\mu_{n+1}(\Theta)|\vec{X}=\vec{x}) \\ &= E(\Theta|\vec{X}=\vec{x}) \\ &= \alpha_*\beta_* \end{aligned}$$

事实上，若令 $m = \sum_{j=1}^{n} m_j$ 为 n 年内该团体的投保总人数，则经过简单的代数运算可以得到

$$E(X_{n+1}|\vec{X}=\vec{x}) = z\bar{x} + (1-z)\mu_{n+1}$$

式中，$z=m/(m+\beta^{-1})$，$\bar{x} = m^{-1}\sum_{j=1}^{n} m_jx_j$。若将 $\bar{x}$ 视为该团体在 n 年内的人均保费经验

估计值，则贝叶斯信度估计值可以看作是该团体的人均保费经验估计值与无条件估计值的加权平均，z 为信度因子。

8.3 一致最精确信度模型

8.3.1 基本思想

虽然贝叶斯信度估计值相对而言比较精确，但是它的计算比较复杂，计算过程中有时还需要多次用到积分，在实际应用中会遇到更加复杂的分布，用到数值积分的方法。为了得到较简便的结果，Bühlmann（1967）提出用 $\vec{X}$ 的线性函数$\widetilde{X}_{n+1}=\alpha_0+\sum_{j=1}^{n}\alpha_j X_j$来逼近 $\mu_{n+1}(\theta)$，式中，α_0，α_1，…，α_n为要确定的参数。

沿用 8.2 节的记号和假设。假设每一份保单对应一个风险参数，风险参数是一个随机变量 Θ，而且 Θ 的取值是无法观察的，但可以知道风险参数 Θ 的先验分布。损失 X 是一个随机变量，对于 Θ 的每一个具体值 θ，对应一个 X 的条件分布 $f_{X|\Theta}(x|\theta)$。对于一个给定的 θ，每次损失的 $X_i|\theta$ 是独立的。Bühlmann（1967）选择系数的原则是使线性估计的均方误差最小化，也就是使下式的值最小化。

$$Q=E\left(\mu_{n+1}(\Theta)-\left(\alpha_0+\sum_{j=1}^{n}\alpha_j X_j\right)\right)^2 \tag{8.29}$$

注意，Q 中的随机变量除了 $\vec{X}$ 外还包含 Θ，因此式（8.28）的期望是针对所有的 X_1，X_2，…，X_n和Θ。

为使式（8.29）的值最小化，我们可以通过对所有的待定参数 α_0，α_1，…，α_n求偏导，并令其等于 0，即

$$0=\frac{\partial Q}{\partial\hat{\alpha}_0}=-2E(\mu_{n+1}(\Theta))+2E\left(\hat{\alpha}_0+\sum_{j=1}^{n}\hat{\alpha}_j X_j\right) \tag{8.30}$$

$$0=\frac{\partial Q}{\partial\hat{\alpha}_i}=-2E\left(X_i\left(\mu_{n+1}(\Theta)-\hat{\alpha}_0-\sum_{j=1}^{n}\hat{\alpha}_j X_j\right)\right),\quad i,j=1,2,\cdots,n \tag{8.31}$$

在上式中，$E(\mu_{n+1}(\Theta))=E(E(X_{n+1}|\Theta))=E(X_{n+1})$。

根据式（8.30）可以得到

$$E(X_{n+1})=\hat{\alpha}_0+\sum_{j=1}^{n}\hat{\alpha}_j E(X_j) \tag{8.32}$$

式（8.32）表明 $\widetilde{X}_{n+1}$ 是 X_{n+1}的无偏估计，通常称为无偏方程。

将式（8.31）化简，得

$$E(\mu_{n+1}(\Theta)X_i)=\hat{\alpha}_0 E(X_i)+\sum_{j=1}^{n}\hat{\alpha}_j E(X_i X_j) \tag{8.33}$$

利用条件期望的性质，即设 X 和 Y 是任意两个随机变量，$g(\cdot)$ 是一个函数，则有

$$E(Xg(Y)|Y)=g(Y)E(X|Y)$$

因此

$$\begin{aligned}E(\mu_{n+1}(\Theta)X_i)&=E(E(X_i\mu_{n+1}(\Theta)|\Theta))=E(\mu_{n+1}(\Theta)E(X_i|\Theta))\\&=E(E(X_{n+1}|\Theta)E(X_i|\Theta))=E(E(X_{n+1}X_i|\Theta))\\&=E(X_{n+1}X_i)\end{aligned}\tag{8.34}$$

式中，第四个等号成立是由于给定 Θ，X_{n+1} 与 X_i 条件独立。

由式（8.33）、式（8.34）可得

$$E(X_iX_{n+1})=\hat{\alpha}_0E(X_i)+\sum_{j=1}^{n}\hat{\alpha}_jE(X_iX_j)\tag{8.35}$$

将式（8.32）两端同时乘以 $E(X_i)$，得

$$E(X_i)E(X_{n+1})=\hat{\alpha}_0E(X_i)+\sum_{j=1}^{n}\hat{\alpha}_jE(X_i)E(X_j)\tag{8.36}$$

将式（8.35）减去式（8.36），得

$$\mathrm{Cov}(X_i,X_{n+1})=\sum_{j=1}^{n}\hat{\alpha}_j\mathrm{Cov}(X_i,X_j),\quad i=1,2,\cdots,n\tag{8.37}$$

由上面的 n 个方程和无偏方程（8.32），我们可解出 $\hat{\alpha}_0$，$\hat{\alpha}_1$，…，$\hat{\alpha}_n$，此时 $\mu_{n+1}(\theta)$ 的估计值 $\hat{\alpha}_0+\sum_{j=1}^{n}\hat{\alpha}_jX_j$ 称为 X_{n+1} 的 Bühlmann 线性估计。

下面的两条定理将说明，Bühlmann 线性估计使 X_{n+1} 的线性估计中均方误差最小，也使 X_{n+1} 的贝叶斯信度估计值的线性估计中均方误差最小。

定理 8-3 Bühlmann 线性估计在所有用 $\vec{X}$ 对 X_{n+1} 的线性估计中均方误差最小。

证明： $\vec{X}$ 对 X_{n+1} 的任一线性估计为 $\alpha_0+\sum_{j=1}^{n}\alpha_jX_j$，其均方误差 $Q_1=E\left(\left(X_{n+1}-\left(\alpha_0+\sum_{j=1}^{n}\alpha_jX_j\right)\right)^2\right)$。对 α_0，α_1，…，α_n 求偏导，得

$$\frac{\partial Q_1}{\partial\alpha_0}=-2E(X_{n+1})+2E\left(\left(\alpha_0+\sum_{j=1}^{n}\alpha_jX_j\right)\right)$$

$$\begin{aligned}\frac{\partial Q_1}{\partial\alpha_i}&=-2E\left(X_i\left(X_{n+1}-\alpha_0-\sum_{j=1}^{n}\alpha_jX_j\right)\right)\\&=-2E(X_iX_{n+1})+2\left(\alpha_0E(X_i)+\sum_{j=1}^{n}\alpha_jE(X_iX_j)\right),\quad i=1,2,\cdots,n\end{aligned}$$

二阶偏导数矩阵显然是正定矩阵。从式（8.30）和式（8.31）可以看出，当 $\alpha_i=\hat{\alpha}_i(i=0，1，\cdots，n)$ 时，$\frac{\partial Q_1}{\partial\alpha_i}=0$。因此，Bühlmann 线性估计在所有用 $\vec{X}$ 对 X_{n+1} 的线性估计中均方误差最小。

定理 8－4 Bühlmann 线性估计在所有用 $\vec{X}$ 对 X_{n+1} 的贝叶斯信度估计值的线性估计中均方误差最小。

证明过程与定理 8－3 类似，请读者自行证明。

综上所述，以上得到的 Bühlmann 线性估计有很好的性质，它是对 $\mu_{n+1}(\Theta)$，X_{n+1} 和贝叶斯信度估计值最好的线性估计。因此，Bühlmann 信度估计也称为一致最精确信度或最大精度信度。

【例 8－15】 如果 $E(X_j)=\mu$，$\mathrm{Var}(X_j)=\sigma^2$（对任意 j 成立），且 $\mathrm{Cov}(X_i, X_j)=\rho\sigma^2$ $(i\neq j)$，其中 $-1<\rho<1$，求 X_{n+1} 的信度估计 $\hat{\alpha}_0+\sum_{j=1}^{n}\hat{\alpha}_j X_j$。

【解】 由式（8.32）得

$$\mu=\hat{\alpha}_0+\mu\sum_{j=1}^{n}\hat{\alpha}_j \tag{8.38}$$

或者

$$\sum_{j=1}^{n}\hat{\alpha}_j=1-\hat{\alpha}_0/\mu$$

式（8.37）的 n 个方程为：

$$\mathrm{Cov}(X_i,X_{n+1})=\sum_{j=1}^{n}\hat{\alpha}_j\mathrm{Cov}(X_i,X_j),\quad i=1,2,\cdots,n$$

可变为：

$$\rho=\sum_{\substack{j=1\\ j\neq i}}^{n}\hat{\alpha}_j\rho+\hat{\alpha}_i$$

或者

$$\rho=\sum_{j=1}^{n}\hat{\alpha}_j\rho+\hat{\alpha}_i(1-\rho),\quad i=1,2,\cdots,n$$

于是解得

$$\hat{\alpha}_i=\frac{\rho(1-\sum_{j=1}^{n}\hat{\alpha}_j)}{1-\rho}=\frac{\rho\hat{\alpha}_0}{\mu(1-\rho)},\ i=1,2,\cdots,n$$

将 i 从 1 到 n 相加，得

$$\sum_{i=1}^{n}\hat{\alpha}_i=\sum_{j=1}^{n}\hat{\alpha}_j=\frac{n\rho\hat{\alpha}_0}{\mu(1-\rho)}$$

结合式（8.38），得

$$1-\hat{\alpha}_0/\mu=\frac{n\rho\hat{\alpha}_0}{\mu(1-\rho)}$$

解出$\hat{\alpha}_0$，得

$$\hat{\alpha}_0 = \frac{(1-\rho)\mu}{1-\rho+n\rho}$$

从而得到

$$\hat{\alpha}_i = \frac{\rho\hat{\alpha}_0}{\mu(1-\rho)} = \frac{\rho}{1-\rho+n\rho},\ i=1,2,\cdots,n$$

因此，X_{n+1}的信度估计为：

$$\hat{\alpha}_0 + \sum_{j=1}^{n} \hat{\alpha}_j X_j = \frac{(1-\rho)\mu}{1-\rho+n\rho} + \sum_{j=1}^{n} \frac{\rho X_j}{1-\rho+n\rho} = (1-z)\mu + z\overline{X}$$

式中，$z=n\rho/(1-\rho+n\rho)$ 为信度因子；$\overline{X} = n^{-1}\sum_{j=1}^{n} X_j$ 为经验均值。

8.3.2 Bühlmann 模型

下面我们将在一些特殊的假定下推导出线性估计的具体形式。Bühlmann 信度是最早使用的也是最简单的一致最精确信度。它假设对于给定的风险参数 θ，损失 $\{X_i\}$ 的条件均值和条件方差均相同，用数学符号表示为：

$$\mu(\theta) = E(X_i|\Theta=\theta);\quad \nu(\theta) = \mathrm{Var}(X_i|\Theta=\theta)$$

式中，$\mu(\theta)$ 通常称为假设均值（hypothetical means）；$\nu(\theta)$ 称为过程方差（process variance）。

记

$$\begin{aligned}\mu &= E(\mu(\Theta)) = E(X) \quad (8.39)\\ \nu &= E(\nu(\Theta)) = E(\mathrm{Var}(X_i|\Theta))\\ a &= \mathrm{Var}(\mu(\Theta)) = \mathrm{Var}(E(X_i|\Theta))\end{aligned}$$

式中，μ 称为无条件均值；ν 是组间方差的期望，又称过程方差的期望（EPV），体现个体风险的波动性；a 称为组内均值的方差，又称假设均值的方差（VHM），体现个体风险之间的异质性大小。根据方差分解公式（2.8）知，X 的方差可以分为过程方差期望和假设均值的方差 VHM 两部分，即

$$\mathrm{Var}(X_i) = \mathrm{Var}(E(X_i|\Theta)) + E(\mathrm{Var}(X_i|\Theta)) = \mathrm{EPV} + \mathrm{VHM} = a + \nu \quad (8.40)$$

下面我们来推导 X_{n+1}的信度估计。为确定$\hat{\alpha}_0$，$\hat{\alpha}_1$，…，$\hat{\alpha}_n$，我们需要求解无偏方程（8.32）和方程（8.37）构成的方程组，即

$$E(\mu_{n+1}(\Theta)) = E(X_{n+1}) = \hat{\alpha}_0 + \sum_{i=1}^{n} \hat{\alpha}_i E(X_i)$$

$$\mathrm{Cov}(X_i, X_{n+1}) = \sum_{j=1}^{n} \hat{\alpha}_j \mathrm{Cov}(X_i, X_j),\quad i=1,2,\cdots,n$$

由式（8.39）和式（8.40）知，当 $i\neq j$ 时，有

$$\begin{aligned}\mathrm{Cov}(X_i,X_j) &= E(X_iX_j)-E(X_i)E(X_j) = E(E(X_iX_j|\Theta))-\mu^2\\ &= E((E(X_i|\Theta))(E(X_j|\Theta)))-(E(\mu(\Theta)))^2\\ &= E((\mu(\Theta))^2)-(E(\mu(\Theta)))^2\\ &= \mathrm{Var}(\mu(\Theta)) = a\end{aligned}$$

因此，Bühlmann 模型满足例 8 - 15 的条件，其中 $\sigma^2=\nu+a$，$\rho=a/(\nu+a)$，代入例 8 -15 中，$\hat{\alpha}_0$，$\hat{\alpha}_1$，…，$\hat{\alpha}_n$的表达式为：

$$\hat{\alpha}_0 = \frac{(1-\rho)\mu}{1-\rho+n\rho}$$

$$\hat{\alpha}_j = \frac{\rho}{1-\rho+n\rho}$$

化简得到

$$\hat{\alpha}_0 = \frac{(1-\rho)\mu}{1-\rho+n\rho} = \frac{\left(1-\frac{a}{\nu+a}\right)\mu}{1-\frac{a}{\nu+a}+n\left(\frac{a}{\nu+a}\right)} = \frac{\nu\mu}{\nu+na}$$

$$\hat{\alpha}_j = \frac{\rho}{1-\rho+n\rho} = \frac{\frac{a}{\nu+a}}{1-\frac{a}{\nu+a}+n\frac{a}{\nu+a}} = \frac{a}{\nu+na}$$

即

$$\begin{cases}\hat{\alpha}_0 = \dfrac{\nu}{\nu+na}\mu\\ \hat{\alpha}_j = \dfrac{a}{\nu+na}, \quad j=1,2,\cdots,n\end{cases}$$

X_{n+1}的信度估计为：

$$\begin{aligned}\hat{\alpha}_0+\sum_{j=1}^{n}\hat{\alpha}_jX_j &= \frac{\nu}{\nu+na}\mu+\sum_{j=1}^{n}\frac{a}{\nu+na}X_j\\ &= (1-z)\mu+z\overline{X}\end{aligned} \tag{8.41}$$

式中

$$z = \frac{na}{\nu+na} = \frac{n}{n+k}$$

$$k = \frac{\nu}{a} = \frac{\mathrm{EPV}}{\mathrm{VHM}}$$

z 称为 Bühlmann 信度因子。

从式（8.41）可以看出，在 X_i关于 θ 条件独立同分布的假定下，Bühlmann 信度估计可以写为经验估计和先验估计的信度加权形式。Bühlmann 信度估计体现了有限波动信度的特点。当 n 趋于无穷时，z 等于 1，说明当经验数据规模足够大时，经验估计具有完

全信度。由于 X 的方差可以分为过程方差的期望 ν 和假设均值的方差 a 两部分，因此，若保单组合相对于风险参数 Θ 来说具有风险同质性，则 $\mu(\Theta)=E(X_j|\Theta)$ 的波动性较小，也就是说，各组间的均值比较接近而各组的经验数据波动较大，这时 a 的值相对于 ν 来说偏小，$k=\nu/a$ 偏大，z 接近 0，我们将更加依赖先验估计 μ 来厘定保费。若保单组合具有风险异质性，或 $\mu(\Theta)=E(X_j|\Theta)$ 的波动性较大，也就是说，各组间的均值差异较大而各组内的经验数据波动较小，即 a 的值相对于 ν 来说较大，则 k 的值较小，z 接近 1，这时我们将主要依赖样本均值 $\overline{X}$ 来厘定保费。Bühlmann 信度估计还继承了贝叶斯信度估计最小偏差的优良性质，而且所需的参数都容易根据模型分布和先验分布求一阶矩和二阶矩而得到，所以它的应用非常广泛。

【例 8-16】假设被保险人至多只能发生一次理赔，发生理赔的类型有两种（见表 8-6）。

表 8-6　理赔的类型

q	0	1
类型 D_1	2/3	1/3
类型 D_2	1/2	1/2

若发生理赔，理赔额的分布也分为两类（见表 8-7）。

表 8-7　理赔额的分布

理赔额	5	10
类型 S_1	0.6	0.4
类型 S_2	0.2	0.8

已知某被保险人上一次的理赔额 $X_1=5$，求下次理赔的 Bühlmann 信度估计和贝叶斯信度估计。

【解】设每个被保险人的风险可以分为 4 个等级：

$$\theta_{11}=(D_1,S_1),\quad \theta_{12}=(D_1,S_2),\quad \theta_{21}=(D_2,S_1),\quad \theta_{22}=(D_2,S_2)$$
$$\pi(\theta_{ij})=1/4,\quad i=1,2;j=1,2$$

经计算得到

$$\mu_{n+1}(\theta_{11})=\frac{7}{3},\quad \mu_{n+1}(\theta_{12})=3,\quad \mu_{n+1}(\theta_{21})=\frac{7}{2},\quad \mu_{n+1}(\theta_{22})=\frac{9}{2}$$

可以计算到 $\mu=10/3$。由于

$$\begin{aligned} a=\operatorname{Var}(\mu(\Theta))=E((\mu(\Theta))^2)-\mu^2&=\sum_{i=1}^{2}\sum_{j=1}^{2}\mu(\theta_{ij})^2\pi(\theta_{ij})-(10/3)^2\\ &=\frac{1}{4}\left(\left(\frac{7}{3}\right)^2+3^2+\left(\frac{7}{2}\right)^2+\left(\frac{9}{2}\right)^2\right)-\left(\frac{10}{3}\right)^2\\ &=\frac{5}{8}\end{aligned}$$

类似地，也可以计算得到

$$\nu(\theta_{11}) = \operatorname{Var}(X_j \mid \Theta = \theta_{11}) = E(X_j^2 \mid \Theta = \theta_{11}) - (\mu(\theta_{11}))^2$$
$$= 0^2 \times \frac{10}{15} + 5^2 \times \frac{3}{15} + 10^2 \times \frac{2}{15} - \left(\frac{7}{3}\right)^2 = \frac{116}{9}$$

$$\nu(\theta_{12}) = 0^2 \times \frac{10}{15} + 5^2 \times \frac{1}{15} + 10^2 \times \frac{4}{15} - 3^2 = \frac{58}{3}$$

$$\nu(\theta_{21}) = \frac{61}{4}$$

$$\nu(\theta_{22}) = \frac{89}{4}$$

于是，有

$$\nu = E(\nu(\Theta)) = \sum_{i=1}^{2}\sum_{j=1}^{2}\nu(\theta_{ij})\pi(\theta_{ij})$$
$$= \frac{1}{4}\left(\frac{116}{9} + \frac{58}{3} + \frac{61}{4} + \frac{89}{4}\right) = \frac{1\,255}{72}$$

因此，$k = \frac{\nu}{a} = \frac{251}{9}$，信度因子为：

$$z = \frac{n}{n + \frac{251}{9}}$$

X_2的 Bühlmann 信度估计为：

$$zX_1 + (1 - z)\mu = \frac{9}{260}X_1 + \frac{251}{260} \times \frac{10}{3}$$

当 $X_1 = 5$ 时，计算得到 X_2的信度估计为：

$$\frac{9}{260} \times 5 + \frac{251}{260} \times \frac{10}{3} = \frac{529}{156} = 3.39$$

X_2的贝叶斯信度估计为：

$$E(X_2 \mid X_1 = 5) = \frac{7}{3} \times \frac{6}{20} + 3 \times \frac{2}{20} + \frac{7}{2} \times \frac{9}{20} + \frac{9}{2} \times \frac{3}{20} = \frac{13}{4} = 3.25$$

【例 8-17】 设 $\{X_j \mid \Theta;\ j = 1, 2, \cdots, n\}$ 是独立同分布的泊松随机变量，参数为 Θ，而 Θ 服从伽马分布，即

$$\pi(\theta) = \frac{\theta^{\alpha-1}\mathrm{e}^{-\theta/\beta}}{\Gamma(\alpha)\beta^{\alpha}}, \quad \theta > 0$$

求 X_{n+1} 的 Bühlmann 信度估计。

【解】 由于 $\{X_j \mid \Theta;\ j = 1, 2, \cdots, n\}$ 服从泊松分布，则

$$\mu(\theta) = E(X_j \mid \Theta = \theta) = \theta, \quad \nu(\theta) = \operatorname{Var}(X_j \mid \Theta = \theta) = \theta$$

因此

$$\mu=E(\mu(\Theta))=E(\Theta)=\alpha\beta,\quad \nu=E(\nu(\Theta))=E(\Theta)=\alpha\beta$$
$$a=\mathrm{Var}(\mu(\Theta))=\mathrm{Var}(\Theta)=\alpha\beta^2$$

于是

$$k=\frac{\nu}{a}=\frac{\alpha\beta}{\alpha\beta^2}=\frac{1}{\beta}$$
$$z=\frac{n}{n+k}=\frac{n}{n+1/\beta}=\frac{n\beta}{n\beta+1}$$

X_{n+1}的 Bühlmann 信度估计为：

$$z\overline{X}+(1-z)\mu=\frac{n\beta}{n\beta+1}\overline{X}+\frac{1}{n\beta+1}\alpha\beta$$

与例 8-14 进行对比可以看出，在例 8-14 中，当 $m_j=1$ 时，贝叶斯信度估计值为：

$$E(X_{n+1}\,|\,\vec{X})=\alpha_*\beta_*=\frac{\alpha+n\overline{X}}{1/\beta+n}=\frac{n\beta}{n\beta+1}\overline{X}+\frac{1}{n\beta+1}\alpha\beta$$

这与本例中的结果是一致的。当 Bühlmann 信度估计值与贝叶斯信度估计值完全相等时，我们称 Bühlmann 信度为精确信度。也就是说，贝叶斯信度估计值自身为经验数据的线性组合时，达到精确信度。事实上，若 $\{X_j,\ j=1,\ 2,\ \cdots,\ n\}$ 的条件分布和先验分布满足共轭分布的条件，则可以证明 Bühlmann 信度达到精确信度。此时

$$f_{X_j\,|\,\Theta}(x_j\,|\,\theta)=\frac{p(x_j)\,\mathrm{e}^{-\theta x_j}}{q(\theta)},\quad \pi(\theta)=\frac{(q(\theta))^{-k}\,\mathrm{e}^{-\theta\mu k}}{c(\mu,k)}$$

式中，θ 取有限实值；μ，k 是信度保费模型中的参数。读者可自行验证上述结论。

8.3.3 Bühlmann-Straub 模型

Bühlmann 模型假设单个被保险人的风险水平在各年无差异，均值和方差相等，适合对单个个体的损失进行预测，但不适合团体保险。在对团体保险建模时，一般假设团体内个体的风险是同质的，具有相同的风险参数，因此只需对团体的人均损失进行建模，然后乘以团体中的个体数目就可以得到团体的总损失。由于团体中的个体数目每年都在变化，导致团体中人均损失的均值相同，方差却不同，因此不满足 Bühlmann 模型的假定。本小节用 Bühlmann-Straub 模型来解决团体保险中组合总损失预测问题。

假设 $\{X_j\,|\,\Theta;\ j=1,\ 2,\ \cdots,\ n\}$ 为团体内 n 期的人均损失，表示为索赔频率、索赔强度和总索赔额。假设团体内每个被保险人的风险参数 θ 是相同的，不同团体的风险参数 θ 随团体而变化，同样也是不可观测的。在给定 $\Theta=\theta$ 条件下，X_1，X_2，$\cdots$，X_n 是相互独立的，则 $\{X_j\,|\,\Theta;\ j=1,\ 2,\ \cdots,\ n\}$ 条件均值不变。

$$\mu(\theta)=E(X_j\,|\,\Theta=\theta) \tag{8.42}$$

但条件方差不相同，即

$$\mathrm{Var}(X_j|\Theta=\theta)=\nu(\theta)/m_j \tag{8.43}$$

式中，m_j是一个已知的常数。

下面我们来解释式（8.42）和式（8.43）。事实上，若令

$$X_j=\frac{1}{m_j}\sum_{i=1}^{m_j}Y_i^{(j)}$$

对固定的 j，假设$Y_1^{(j)}$，$Y_2^{(j)}$，…，$Y_i^{(j)}$ 条件独立同分布，$E(Y_i^{(j)}|\Theta=\theta)=\mu(\theta)$，$\mathrm{Var}(Y_i^{(j)}|\Theta=\theta)=\nu(\theta)$，则

$$E(X_j|\Theta=\theta)=\mu(\theta)$$
$$\mathrm{Var}(X_j|\Theta=\theta)=\nu(\theta)/m_j$$

在精算实践中，由于损失变量有不同的含义，对 Bühlmann-Straub 模型中 m_j也有不同的解释。若 X_j 表示某同质性保单组合在第 j 年的索赔频率或人均纯保费，则 m_j 可以看作该保单组合在第 j 年的风险单位数或者被保险人数。若 X_j 表示某保单组合第 j 年的案均赔付额，那么 m_j表示该保单组合在第 j 年发生的总索赔次数。若 X_j 表示保单组合第 j 年的赔付率，那么 m_j表示保单组合在第 j 年的保费收入。

下面计算 X_{n+1}的信度估计。记 $\mu=E(\mu(\Theta))$，$\nu=E(\nu(\Theta))$，$a=\mathrm{Var}(\mu(\Theta))$，求解方程组式（8.32）和式（8.37），即

$$E(\mu_{n+1}(\Theta))=E(X_{n+1})=\hat{\alpha}_0+\sum_{i=1}^{n}\hat{\alpha}_iE(X_i)$$

$$\mathrm{Cov}(X_i,X_{n+1})=\sum_{j=1}^{n}\hat{\alpha}_j\mathrm{Cov}(X_i,X_j),\quad i=1,2,\cdots,n$$

因为 $E(X_j)=\mu$，由式（8.39）将式（8.32）变为：

$$\mu=\hat{\alpha}_0+\sum_{j=1}^{n}\hat{\alpha}_j\mu$$

于是得到

$$\sum_{j=1}^{n}\hat{\alpha}_j=1-\hat{\alpha}_0/\mu \tag{8.44}$$

由式（8.39）、式（8.40）、式（8.42）和式（8.43），可以得到

$$\mathrm{Cov}(X_i,X_j)=a$$
$$\begin{aligned}\mathrm{Var}(X_j)&=E(\mathrm{Var}(X_j|\Theta))+\mathrm{Var}(E(X_j|\Theta))\\&=E(\nu(\Theta)/m_j)+\mathrm{Var}(\mu(\Theta))=\nu/m_j+a\end{aligned} \tag{8.45}$$

对于 $i=1$，2，…，n，式（8.37）变为：

$$a=\sum_{\substack{j=1\\j\neq i}}^{n}\hat{\alpha}_ja+\hat{\alpha}_i(a+\nu/m_i)=\sum_{j=1}^{n}\hat{\alpha}_ja+\nu\hat{\alpha}_i/m_i$$

利用式（8.44），可将上式改写为如下形式：

$$\hat{\alpha}_i = \frac{a}{\nu}m_i(1-\sum_{j=1}^{n}\hat{\alpha}_j) = \frac{a}{\nu}\frac{\hat{\alpha}_0}{\mu}m_i, \quad i=1,2,\cdots,n \tag{8.46}$$

利用式（8.44）和式（8.46）得到

$$1-\frac{\hat{\alpha}_0}{\mu} = \sum_{j=1}^{n}\hat{\alpha}_j = \sum_{i=1}^{n}\hat{\alpha}_i = \frac{a}{\nu}\frac{\hat{\alpha}_0}{\mu}\sum_{i=1}^{n}m_i = \frac{a}{\nu}\frac{\hat{\alpha}_0}{\mu}m$$

式中，$m=m_1+m_2+\cdots+m_n$。由此解得

$$\hat{\alpha}_0 = \frac{\mu}{1+\dfrac{am}{\nu}} = \frac{\nu/a}{m+\nu/a}\mu, \quad \hat{\alpha}_j = \frac{a\hat{\alpha}_0}{\mu\nu}\cdot m_j = \frac{m_j}{m+\nu/a}$$

X_{n+1}的Bühlmann-Straub信度估计可以写为：

$$\begin{aligned}\hat{\alpha}_0+\sum_{j=1}^{n}\hat{\alpha}_jX_j &= \frac{\nu/a}{m+\nu/a}\mu+\sum_{j=1}^{n}\frac{m_j}{m+\nu/a}X_j \\ &= z\bar{X}+(1-z)\mu\end{aligned} \tag{8.47}$$

式中

$$z=\frac{m}{m+k}, \quad \nu/a=k, \quad \bar{X}=\sum_{j=1}^{m}\frac{m_j}{m}X_j$$

式（8.47）和式（8.41）在形式上非常相似。事实上，m_jX_j 可以看作保单组合在第 j 年的总损失，m 为 n 年内的总个体数，因此 $\bar{X}$ 实际上是这个保单组合在 n 年内的人均个体损失。从这个意义上说，Bühlmann-Straub信度估计与Bühlmann信度估计在本质上是一样的。

【例8-18】 假设（1）同一风险子集的任意投保人在一年内的索赔次数服从二项分布 $B(3, \Theta)$；（2）参数 Θ 是一个随机变量，随风险子集而变化，密度函数为 $\pi(\theta)=6\theta(1-\theta)$，$0<\theta<1$。

随机抽取一个风险子集，已知2017年有10个投保人，2018年有12个投保人，2019年有15个投保人。这三年的总索赔次数为18（2017年）、20（2018年）和27（2019年）。假设2020年该风险子集共有20个投保人，使用Bühlmann-Straub模型求2020年保单组合的总索赔次数的信度估计。

【解】 设 W 表示保单组合在一年内人均索赔次数，则

$$\begin{aligned}\mu(\theta) &= E(W|\Theta=\theta) = 3\theta \\ \nu(\theta) &= \mathrm{Var}(W|\Theta=\theta) = 3\theta(1-\theta)\end{aligned}$$

又由 Θ 的先验分布，可以计算出

$$\mu = E(X) = E(\mu(\Theta)) = \int_0^1 3\theta\cdot 6\theta(1-\theta)\mathrm{d}\theta = \frac{3}{2}$$

$$\nu = E(v(\Theta)) = E(3\Theta(1-\Theta)) = \int_0^1 3\theta(1-\theta)6\theta(1-\theta)\mathrm{d}\theta = \frac{3}{5}$$

$$a = \mathrm{Var}(\mu(\Theta)) = \mathrm{Var}(3(\Theta)) = 9\mathrm{Var}(\Theta) = 9(E(\Theta^2)) - (E(\Theta))^2$$
$$= 9\left(\int_0^1 \theta^2 6\theta(1-\theta)\mathrm{d}\theta - \left(\frac{1}{2}\right)^2\right) = \frac{9}{20}$$

$k=\dfrac{\nu}{a}=4/3$，Bühlmann-Straub 模型信度因子为：

$$z = \frac{m}{m+k} = \frac{10+12+15}{10+12+15+\frac{4}{3}} = 0.965$$

下面计算经验损失。2017 年，该风险子集有 10 个投保人，人均索赔次数为：

$$X_1 = \frac{W_{1,1} + \cdots + W_{1,10}}{10} = \frac{18}{10}, \quad m_1 = 10$$

类似地，在 2018 年和 2019 年有

$$X_2 = \frac{20}{12}, \quad m_2 = 12,$$

$$X_3 = \frac{27}{15}, \quad m_3 = 15$$

$$\overline{X} = \sum_{i=1}^{n} \frac{m_i}{m} X_i = \frac{10}{37} \times \frac{18}{10} + \frac{12}{37} \times \frac{20}{12} + \frac{15}{37} \times \frac{27}{15} = 1.757$$

2020 年，保单组合人均索赔次数的 Bühlmann-Straub 信度估计为：

$$z\overline{X} + (1-z)\mu = 0.965 \times 1.757 + 0.035 \times 1.5 = 1.748$$

保单组合的信度保费为 20×1.748=34.96。

【例 8-19】假设被保险人可分为三类风险集，各占 1/3。这三类被保险人发生理赔的次数分布如表 8-8 所示。

表 8-8　三类被保险人发生理赔的次数分布

类别	理赔次数		
	0	1	2
1	0.9	0.0	0.1
2	0.8	0.1	0.1
3	0.7	0.2	0.1

随机抽取一类风险集的保单组合，得到这类保单组合近两年的总理赔次数数据如表 8-9 所示。

表 8-9　近两年的总理赔次数

年	被保险人数	总理赔次数
1	20	7
2	30	10

已知在第 3 年该保单组合的被保险人数为 35，求第 3 年该保单组合总理赔次数的 Bühlmann-Straub 信度估计。

【解】设 X 表示一个投保人理赔数，θ_1，θ_2，θ_3 分别表示三种类型被保险人的风险，则由题意知

$$\mu(\theta_1) = 0.9\times 0 + 0.0\times 1 + 0.1\times 2 = 0.2$$

$$\mu(\theta_2) = 0.8\times 0 + 0.1\times 1 + 0.1\times 2 = 0.3$$

$$\mu(\theta_3) = 0.7\times 0 + 0.2\times 1 + 0.1\times 2 = 0.4$$

$$\mu = \frac{1}{3}(0.2 + 0.3 + 0.4) = 0.3$$

$$\nu(\theta_1) = 0.9\times 0 + 0.0\times 1 + 0.1\times 4 - 0.2^2 = 0.36$$

$$\nu(\theta_2) = 0.8\times 0 + 0.1\times 1 + 0.1\times 4 - 0.3^2 = 0.41$$

$$\nu(\theta_3) = 0.7\times 0 + 0.2\times 1 + 0.1\times 4 - 0.4^2 = 0.44$$

$$\nu = (1/3)(0.36 + 0.41 + 0.44) = 0.403$$

$$a = (1/3)(0.2^2 + 0.3^2 + 0.4^2) - 0.3^2 = 0.006\,7$$

$$k = 0.403/0.006\,7 = 60.15$$

$$m = m_1 + m_2 = 50$$

$$z = \frac{m}{m+k} = \frac{50}{50 + 60.15} = 0.454$$

在第 3 年保单组合人均理赔数的 Bühlmann-Straub 信度估计为：

$$0.454\times(17/50) + 0.548\times 0.3 = 0.319$$

35 个被保险人的保单组合总理赔次数的 Bühlmann-Straub 信度估计为：

$$35\times 0.319 = 11.16$$

8.4　经验贝叶斯估计

8.4.1　记号和假设

前面介绍的信度模型都需要先假设先验分布和条件分布函数已知，然后计算 $\mu=E(E(X_{ij}|\Theta_i))$，$\nu=E(\mathrm{Var}(X_{ij}|\Theta_i))$ 和 $a=\mathrm{Var}(E(X_{ij}|\Theta_i))$，进而得到信度估计值。然而在实际中，比如设计新的保险产品时，经验信息并不充足，我们通常不知道参数先验分布和损失分布的形式，或者只能合理假设损失分布的形式，而不知道分布的具体参数。这时需要根据经验数据和先验知识对 a，ν 和 μ 进行估计，用这种方法得到信度估计就叫作经验贝叶斯估计。

根据已知信息的多少，经验贝叶斯估计可以分为非参数估计、半参数估计和参数估

计。如果对 $\pi(\theta)$ 和 $f_{X|\Theta}(x|\theta)$ 的分布形式均没有任何先验知识，则属于非参数情形；如果不知道 $\pi(\theta)$ 的分布形式但可以对 $f_{X|\Theta}(x|\theta)$ 做出某种参数形式分布的假设，则属于半参数情形；如果对 $\pi(\theta)$ 和 $f_{X|\Theta}(x|\theta)$ 均能做出具有参数形式的假设，需要估计未知参数，则属于参数情形。

先引入一些记号和假设：

（1）损失。假设有 $r(r\geqslant 1)$ 个保单组合，其中保单组合 i 有 n_i 期经验损失 $X_i=(X_{i1}, X_{i2}, \cdots, X_{in_i})^{\mathrm{T}}$，其中 X_{ij} 表示保单组合 i 在第 j 期的 m_{ij} 个被保险人（风险单位）的平均损失。由于存在数据缺失的可能性，n_i 的值可能不同。假设不同保单组合的经验数据相互独立，因此随机向量 $\{X_i, i=1, 2, \cdots, r\}$ 在统计上认为是相互独立的。表 8－10 给出了 Bühlmann-Straub 模型的数据形式。如果风险子集只包含一个被保险人（风险单位），即 $m_{ij}=1$，且经验期都是相同，即 $n_1=n_2=\cdots n_r=n$，则退化为 Bühlmann 模型的数据形式，如表 8－11 所示。

表 8－10　Bühlmann-Straub 模型的数据形式

风险子集	经验期						风险参数
1	X_{11}	X_{12}	$\cdots$	X_{1n_1}	—	—	Θ_1
	m_{11}	m_{12}	$\cdots$	m_{1n_1}	—	—	
2	X_{21}	X_{22}	$\cdots$	$\cdots$	$\cdots$	X_{2n_2}	Θ_2
	m_{21}	m_{22}	$\cdots$	$\cdots$	$\cdots$	m_{2n_2}	
$\vdots$	$\vdots$	$\vdots$	$\vdots$	$\vdots$	$\vdots$	$\vdots$	$\vdots$
r	—	X_{r1}	X_{r2}	$\cdots$	$\cdots$	X_{rn_r}	Θ_r
	—	m_{r1}	m_{r2}	$\cdots$	$\cdots$	$m_{rn\,r}$	

说明：“—”表示数据缺失。

表 8－11　Bühlmann 模型数据形式

风险集	经验期				风险参数
	1	2	$\cdots$	n	
1	X_{11}	X_{12}	$\cdots$	X_{1n}	Θ_1
2	X_{21}	X_{22}	$\cdots$	X_{2n}	Θ_2
$\vdots$	$\vdots$	$\vdots$	$\vdots$	$\vdots$	$\vdots$
r	X_{r1}	X_{r2}	$\cdots$	X_{rn}	Θ_r

（2）风险参数。保单组合 i 中每个被保险人（风险单位）是风险同质的，它们具有共同的风险参数 Θ_i，具有结构密度 $\pi(\theta_i)$。对固定的 i，假设条件随机变量 $X_{ij}|\Theta_i$ 相互独立，概率密度为 $f_{X_{ij}|\Theta}(x_{ij}|\theta)$（$j=1, 2, \cdots, n_i$）。

（3）风险单位数。保单组合 i 的被保险人（风险单位数）向量记为 $m_i=(m_{i1}, m_{i2}, \cdots, m_{in_i})^{\mathrm{T}}$，$\sum_{j=1}^{n_i} m_{ij}$ 表示保单组合 i 过去的总风险单位数。为了表达上的方便，记

$$m_i = \sum_{j=1}^{n_i} m_{ij}, \quad m = \sum_{i=1}^{r} m_i$$

有两种常见的情形可以产生上述数据形式。第一种情形是分类费率厘定，下标 i 表示类别或团体，共有 r 个团体；n_i 表示团体 i 的被保险人数，j 表示其中的第 j 个体。第二种情形与之类似，下标 i 仍指代类别或团体，n_i 表示团体 i 的风险期间长度，m_{ij} 表示团体 i 在第 j 年的人数（风险单位数），X_{ij} 表示第 j 年的人均损失。

将保单组合 i 的人均（每风险单位）损失记为：

$$\overline{X}_i = \frac{1}{m_i} \sum_{j=1}^{n_i} m_{ij} X_{ij}$$

另外，所有保单组合中人均（每风险单位）损失为：

$$\overline{X} = \frac{1}{m} \sum_{i=1}^{r} m_i \overline{X}_i = \frac{1}{m} \sum_{i=1}^{r} \sum_{j=1}^{n_i} m_{ij} X_{ij}$$

对于保单组合 i，在给定风险参数 $\Theta_i = \theta_i$ 的情况下，$X_{i1} | \theta_i$，$X_{i2} | \theta_i$，…，$X_{in_i} | \theta_i$ 是独立的。此时人均（每风险单位）的条件期望和条件方差为：

$$E(X_{ij} | \Theta_i = \theta_i) = \mu(\theta_i), \quad \mathrm{Var}(X_{ij} | \Theta_i = \theta_i) = \frac{\nu(\theta_i)}{m_{ij}}$$

如果 m_{ij} 等于 1，则 $E(X_{ij} | \Theta_i = \theta_i) = \mu(\theta_i)$，$\mathrm{Var}(X_{ij} | \Theta_i = \theta_i) = \nu(\theta_i)$。

为简单起见，假定 Θ_i（$i=1$，2，…，r）独立同分布，记 $\mu = E(\mu(\Theta_i))$，$\nu = E(\nu(\Theta_i))$，$a = \mathrm{Var}(\mu(\Theta_i))$。

在得到了信度模型参数 μ，ν 和 a 的无偏估计值后，可以计算出被保险人的信度因子 z_i 和 X_{in+1} 信度估计。经验贝叶斯方法可以应用于 Bühlmann 模型和 Bühlmann-Straub 模型。需要注意的是，即使我们得到结构参数 μ，ν 和 a 的无偏估计，也不能代表进一步估计得到的信度因子 z 和信度估计就是无偏的。比如，即使 $E(\hat{\nu}) = \nu$，$E(\hat{a}) = a$，也不一定意味着 $\hat{k} = \frac{\hat{\nu}}{\hat{a}}$ 就是 $k = \frac{\nu}{a}$ 的无偏估计。

8.4.2　非参数估计

在非参数情形下，我们对 $\pi(\theta)$ 和 $f_{X|\Theta}(x|\theta)$ 的分布均无法做出关于具体函数形式的假设。此时，为了得到下一年损失的信度估计，我们需要利用经验数据，得到未知参数 μ，ν 和 a 的估计值 $\hat{\mu}$，$\hat{\nu}$ 和 $\hat{a}$。则被保险人下一年损失的信度估计值为：

$$\hat{z}_i \overline{X}_i + (1 - \hat{z}_i)\hat{\mu}, \quad i = 1,2,\cdots,r \tag{8.48}$$

式中

$$\hat{z}_i = \frac{m_i}{m_i + \hat{k}}, \quad \hat{k} = \frac{\hat{\nu}}{\hat{a}}$$

下面分别介绍非参数经验贝叶斯估计应用于 Bühlmann 模型和 Bühlmann-Straub 模型的情形。

1. Bühlmann 模型

在 Bühlmann 模型中，每个保单组合只有 1 个被保险人，且风险期间的长度是相同的，即 $n_1=n_2=\cdots=n_r=n$；每个风险期间的风险单位数为 1，即 $m_{ij}=1(i=1, 2, \cdots, r; j=1, 2, \cdots, n)$。也就是说，对 r 个被保险人，每人都有 n 年的观察数据，且每年只观察 1 次。

考虑第 i 个被保险人的年平均损失：

$$\overline{X}_i=\frac{1}{n}\sum_{j=1}^{n}X_{ij} \tag{8.49}$$

所有被保险人的均值为：

$$\overline{X}=\frac{1}{r}\sum_{i=1}^{r}\overline{X}_i=\frac{1}{rn}\sum_{i=1}^{r}\sum_{j=1}^{n}X_{ij} \tag{8.50}$$

下面我们介绍结构参数 μ，ν 和 a 的估计。对于 μ，考虑估计量 $\hat{\mu}=\overline{X}$。由式（8.50）有

$$\begin{aligned}E(\overline{X})&=(rn)^{-1}\sum_{i=1}^{r}\sum_{j=1}^{n}E(X_{ij})=(rn)^{-1}\sum_{i=1}^{r}\sum_{j=1}^{n}E(E(X_{ij}|\Theta_i))\\&=(rn)^{-1}\sum_{i=1}^{r}\sum_{j=1}^{n}E(\mu(\Theta_i))=(rn)^{-1}\sum_{i=1}^{r}\sum_{j=1}^{n}\mu=\mu\end{aligned}$$

因此，$\hat{\mu}=\overline{X}$ 为 μ 的一个无偏估计。

对于 ν，首先考虑

$$\hat{\nu}_i=\frac{1}{n-1}\sum_{j=1}^{n}(X_{ij}-\overline{X}_i)^2$$

由于给定 $\Theta_i=\theta_i$，$X_{ij}(j=1, 2, \cdots, n)$ 是相互独立的，因此给定 $\Theta_i=\theta_i$，$\hat{\nu}_i$ 是 $\nu(\theta_i)$ 的无偏估计，且

$$E(\hat{\nu}_i)=E(E(\hat{\nu}_i|\Theta_i))=E(\nu(\Theta_i))=\nu \tag{8.51}$$

即 $\hat{\nu}_i$ 是 ν 的无偏估计。于是统计量

$$\hat{\nu}=\frac{1}{r}\sum_{i=1}^{r}\hat{\nu}_i=\frac{1}{r(n-1)}\sum_{i=1}^{r}\sum_{j=1}^{n}(X_{ij}-\overline{X}_i)^2 \tag{8.52}$$

也是 ν 的无偏估计。

接下来估计参数 a。由于

$$\operatorname{Var}(\overline{X}_i|\Theta_i=\theta_i)=\frac{\nu(\theta_i)}{n} \tag{8.53}$$

$$\operatorname{Var}(\overline{X}_i)=E(\operatorname{Var}(\overline{X}_i|\Theta_i))+\operatorname{Var}(E(\overline{X}_i|\Theta_i))=\frac{\nu}{n}+a \tag{8.54}$$

因此，$\overline{X}_1$，$\overline{X}_2$，…，$\overline{X}_r$ 相互独立，且有相同的期望 μ 和方差 $a+\nu/n$。考虑估计量

$$\hat{a}=\frac{1}{r-1}\sum_{i=1}^{r}(\overline{X}_i-\overline{X})^2-\frac{\hat{\nu}}{n} \tag{8.55}$$

由式（8.54）得

$$\begin{aligned}E(\hat{a})&=\frac{1}{r-1}E\Big(\sum_{i=1}^{r}(\overline{X}_i-\overline{X})^2\Big)-E\Big(\frac{\hat{\nu}}{n}\Big)\\&=\frac{1}{r-1}E\Big(\sum_{i=1}^{r}(\overline{X}_i-\mu)^2-r(\mu-\overline{X})^2\Big)-\frac{\nu}{n}\\&=\frac{\sum_{i=1}^{r}\mathrm{Var}(\overline{X}_i)-r\mathrm{Var}(\overline{X})}{r-1}-\frac{\nu}{n}\\&=\frac{r-1}{r-1}\Big(\frac{\nu}{n}+a\Big)-\frac{\nu}{n}=a\end{aligned} \tag{8.56}$$

因此，$\hat{a}=\frac{1}{r-1}\sum_{i=1}^{r}(\overline{X}_i-\overline{X})^2-\frac{\nu}{n}$ 是 a 的一个无偏估计。

式（8.55）可以用单因素方差分析来解释。事实上，我们可以把 r 个拥有不同风险参数的被保险人看成方差分析中 r 种不同的处理方式，把同一被保险人的 n 个损失数据看成对同一处理方式的 n 个观察值，那么 ν 考察的就是同一种处理方式的不同数据之间差距的平均水平。a 则考察不同处理方式的平均水平之间的差距。$\hat{\nu}$ 为组内误差，而 $\hat{a}$ 的前一项等于组间方差除以 $r-1$，这一项不能完全反映组间差异，但由于它包含了样本的一部分随机性，因此减去 $\hat{a}$ 中的后一项，可以得到组间差距的无偏估计。当组间平方和相对于组内平方和比较小时，也就是 $\hat{a}$ 相对于 $\hat{\nu}$ 比较小时，接受所有处理方法有相同均值的原假设。这也意味着 $\hat{z}$ 接近 0，即给予每个 $\overline{X}_i$ 很小的信度，这在所有被保险人风险同质的情形下是一个很自然的结论。

由于估计值中存在减号，因此可能会出现 $\hat{a}<0$ 的情况，这表明组间差距非常小，此时我们令 $\hat{z}=0$。这种情形等价于在方差分析中 F 统计量小于 1，此时无法拒绝均值相等的原假设。

【例 8-20】 假设有两个投保人，他们在 3 年内的理赔额分别为 $\vec{x}_1=(3,\ 5,\ 7)^{\mathrm{T}}$，$\vec{x}_2=(6,\ 12,\ 9)^{\mathrm{T}}$，求他们各自的 Bühlmann 信度估计。

【解】

$$\begin{aligned}&\overline{X}_1=(3+5+7)/3=5\\&\overline{X}_2=(6+12+9)/3=9\\&\overline{X}=(5+9)/2=7\\&\hat{\nu}_1=((3-5)^2+(5-5)^2+(7-5)^2)/2=4\\&\hat{\nu}_2=((6-9)^2+(12-9)^2+(9-9)^2)/2=9\\&\hat{\nu}=(4+9)/2=13/2\\&\hat{a}=\frac{1}{r-1}\sum_{i=1}^{r}(\overline{X}_i-\overline{X})^2-\frac{\hat{\nu}}{n}=((5-7)^2+(9-7)^2)-\frac{1}{3}\times\frac{13}{2}=\frac{35}{6}\end{aligned}$$

$$\hat{k}=\frac{\hat{\nu}}{\hat{a}}=\frac{39}{35},\quad \hat{z}=\frac{3}{3+\hat{k}}=\frac{35}{48}$$

投保人1的信度估计为：

$$\hat{z}\overline{X}_1+(1-\hat{z})\hat{\mu}=\frac{35}{48}\times 5+\frac{13}{48}\times 7=\frac{133}{24}$$

投保人2的信度估计为：

$$\hat{z}\overline{X}_2+(1-\hat{z})\hat{\mu}=\frac{35}{48}\times 9+\frac{13}{48}\times 7=\frac{203}{24}$$

【例8-21】假设某保险公司设计了一种新的保险产品，售出了10张保单。最初，由于没有任何理赔经验数据，只能先验地假定投保人都具有相似的风险水平。然后假定每张保单每年至多引发一次理赔，且理赔额为1。根据同行业的损失水平，估计这一产品的人均损失为0.2，因此收取每张保单0.2的纯保费。为了收集足够的理赔数据验证保费是否合理，保险公司连续追踪10年，采集的全部数据如表8-12所示。结合表中的数据，说明保费收取是否合理，应用经验贝叶斯估计分别计算这10张保单的信度保费。

表8-12　10张保单的理赔经验

年次	保单									
	1	2	3	4	5	6	7	8	9	10
1									1	
2	1	1							1	
3	1		1						1	
4			1						1	
5					1	1			1	
6		1							1	
7	1	1		1	1					
8	1			1						
9	1								1	
10	1									
$\overline{X}_i$	0.6	0.3	0.2	0.2	0.2	0.1	0	0	0.7	0
$\overline{X}$	0.23									

【解】由于整体平均理赔额为23/100=0.23，与最初收取的保费0.2比较接近，因此从整体看，纯保费收取合理。但是如果考虑个体差异性，对每张保单都收取0.2的保费不合理。例如被保险人9和被保险人1的理赔记录明显偏高，0.7与0.6的比例足以认为这两人的风险水平要高于集体的风险水平，应该对这两位被保险人收取较高的保费。而被保险人7、被保险人8和被保险人10无理赔记录，表明他们的风险水平又低于集体的风险水平，应收取较低的保费。

为了对每个被保险人收取与其风险水平一致的保费，我们采用非参数的Bühlmann

模型估计未来一年的理赔额。根据式（8.49）、式（8.51）和式（8.53）分别计算得到

$$\hat{\mu}=\overline{X}=0.23$$

$$\hat{\nu}=\frac{1}{r}\sum_{i=1}^{r}\hat{\nu}_i=\frac{1}{10}(0.24+0.21+0.16+0.21+0.16+0.09+0.210)=0.128$$

$$\begin{aligned}\hat{a}&=\frac{1}{r-1}\sum_{i=1}^{r}(\overline{X}_i-\overline{X})^2-\frac{\hat{\nu}}{n}\\&=\frac{1}{9}\left((0.6-0.23)^2+(0.3-0.23)^2+\cdots+(0-0.23)^2-\frac{0.128}{10}\right)\\&=0.0544-0.0128=0.0416\end{aligned}$$

$$z=\frac{10}{10+\frac{\nu}{a}}=0.7647$$

在第 11 年，对第 i 份保单应收取的信度保费是 $z\overline{X}_i+(1-z)\times0.23$。表 8－13 给出了计算结果。

表 8－13　信度保费计算结果

保单	1	2	3	4	5	6	7	8	9	10
信度保费	0.513	0.284	0.207	0.284	0.207	0.131	0.054	0.054	0.589	0.054

2. Bühlmann-Straub 模型

Bühlmann-Straub 模型考虑了不同投保团体中个体数或者观测年数不同的情况。假设有 r 个保单组合，其中保单组合 i 有 n_i 个观察值 $X_i=(X_{i1},X_{i2},\cdots,X_{in_i})^{\mathrm{T}}$，$X_{ij}$ 表示 m_{ij} 个被保险人（风险单位）的平均损失。本部分的主要目标是求 a，ν 和 μ 的无偏估计。表 8－14 给出了这 r 个团体保单组合的经验期数、总风险单位数、样本均值、样本方差等信息。

表 8－14　r 个保单组合的样本信息

保单组合	经验期数	总风险单位数	样本均值	样本方差
1	n_1	$m_1=\sum_{t=1}^{n_1}m_{1t}$	$\overline{X}_1=\frac{1}{m_1}\sum_{t=1}^{n_1}m_{1t}X_{1t}$	$\hat{\nu}_1^2=\frac{1}{(n_1-1)}\sum_{t=1}^{n_1}m_{1t}(X_{1t}-\overline{X}_1)^2$
2	n_2	$m_2=\sum_{t=1}^{n_2}m_{2t}$	$\overline{X}_2=\frac{1}{m_2}\sum_{t=1}^{n_2}m_{2t}X_{2t}$	$\hat{\nu}_2^2=\frac{1}{(n_2-1)}\sum_{t=1}^{n_2}m_{2t}(X_{2t}-\overline{X}_2)^2$
⋮	⋮	⋮	⋮	⋮
r	n_r	$m_r=\sum_{t=1}^{n_r}m_{rt}$	$\overline{X}_r=\frac{1}{m_r}\sum_{t=1}^{n_1}m_{rt}X_{rt}$	$\hat{\nu}_r^2=\frac{1}{m_r}\sum_{t=1}^{n_r}m_{rt}(X_{rt}-\overline{X}_r)^2$
合计		$m=\sum_{i=1}^{r}m_i$	$\overline{X}=\frac{1}{m}\sum_{i=1}^{r}m_i\overline{X}_i$	$\hat{\nu}=\sum_{i=1}^{r}(n_i-1)\hat{\nu}_i^2/\left(\sum_{i=1}^{r}(n_i-1)\right)$

（1）首先估计参数 μ。由于同一个团体内每个被保险人（风险单位）是风险同质的，它们具有共同的风险参数 Θ_i，具有结构密度 $\pi(\theta_i)$。对固定的 i，假设条件随机变量 $X_{ij}\mid\Theta_i$ 相互独立，并且假定 $\Theta_i(i=1,2,\cdots,r)$ 是独立同分布的，则有 $E(X_{ij})=E(E(X_{ij}\mid$

$\Theta_i))=E(\mu(\Theta_i))=\mu$。

由于 X_{i1}，X_{i2}，…，X_{in_i} 关于 Θ_i 条件独立，且 $\Theta_i(i=1,2,\cdots,r)$ 是独立同分布的，因此

$$E(\overline{X}_i|\Theta_i)=\frac{1}{m_i}\sum_{j=1}^{n_i}m_{ij}E(X_{ij}|\Theta_i)=\mu(\Theta_i)$$

$$E(\overline{X}_i)=\mu \tag{8.57}$$

令 $\hat{\mu}=\overline{X}$，则有

$$E(\hat{\mu})=\frac{1}{m}\sum_{i=1}^{r}m_i\overline{X}_i=\mu \tag{8.58}$$

根据式（8.58），μ 的一个无偏估计是 $\hat{\mu}=\overline{X}$。

（2）ν 的无偏估计。由于 $\nu=E(\nu(\Theta_i))$，$a=\mathrm{Var}(\mu(\Theta_i))$，利用方差分解公式，可推出

$$\mathrm{Var}(X_{ij})=\mathrm{Var}(E(X_{ij}\mid\Theta_i))+E(\mathrm{Var}(X_{ij}\mid\Theta_i))=a+\frac{\nu}{m_{ij}}$$

保单组合 i 的人均损失的条件方差为：

$$\mathrm{Var}(\overline{X}_i|\Theta_i)=\mathrm{Var}\left(\frac{1}{m_i}\sum_{j=1}^{n_i}m_{ij}X_{ij}\right)$$

$$=\frac{1}{m_i^2}\sum_{j=1}^{n_i}m_{ij}^2\mathrm{Var}(X_{ij}|\Theta_i)=\frac{1}{m_i^2}\sum_{j=1}^{n_i}m_{ij}\nu(\Theta_i)=\frac{\nu(\Theta_i)}{m_i}$$

$$\mathrm{Var}(\overline{X}_i)=E(\mathrm{Var}(\overline{X}_i|\Theta_i))+\mathrm{Var}(E(\overline{X}_i|\Theta_i))=\frac{\nu}{m_i}+a \tag{8.59}$$

若记

$$\hat{\nu}_i=\frac{\sum_{j=1}^{n_i}m_{ij}(X_{ij}-\overline{X}_i)^2}{n_i-1}$$

则

$$E(\hat{\nu}_i)=\frac{E\left(\sum_{j=1}^{n_i}m_{ij}(X_{ij}-\overline{X}_i)^2\right)}{n_i-1}$$

$$=\frac{1}{n_i-1}E\left(\sum_{j=1}^{n_i}m_{ij}(X_{ij}-\mu+\mu-\overline{X}_i)^2\right)$$

$$=\frac{1}{n_i-1}E\left(\sum_{j=1}^{n_i}m_{ij}((X_{ij}-\mu)^2+2(X_{ij}-\mu)(\mu-\overline{X}_i)+(\mu-\overline{X}_i)^2)\right)$$

$$=\frac{1}{n_i-1}E\left(\sum_{j=1}^{n_i}m_{ij}((X_{ij}-\mu)^2-(\mu-\overline{X}_i)^2)\right)$$

$$= \frac{1}{n_i - 1} \sum_{j=1}^{n_i} m_{ij} (\text{Var}(X_{ij}) - \text{Var}(\overline{X}_i))$$

$$= \frac{1}{n_i - 1} \sum_{j=1}^{n_i} m_{ij} \left(\frac{\nu}{m_{ij}} - \frac{\nu}{m_i} \right) = \nu \tag{8.60}$$

因此，$\hat{\nu}_i(i=1，2，\cdots，r)$ 都是 ν 的无偏估计。这些无偏估计量的任意加权平均也是 ν 的无偏估计。我们选择权重与 n_i-1 成比例，就是让原始的 X_{ij} 的权重与 m_{ij} 成比例，即取 $w_i=(n_i-1)/\sum_{i=1}^{r}(n_i-1)$，可以得到 ν 的一个无偏估计量：

$$\hat{\nu} = \frac{\sum_{i=1}^{r} \sum_{j=1}^{n_i} m_{ij} (X_{ij} - \overline{X}_i)^2}{\sum_{i=1}^{r} (n_i - 1)} \tag{8.61}$$

（3）a 的无偏估计。由于 $\overline{X}_1，\overline{X}_2，\cdots，\overline{X}_r$ 是独立的，因此

$$\text{Var}(\overline{X}) = \frac{1}{m^2} \sum_{i=1}^{r} m_i^2 \text{Var}(\overline{X}_i) = \frac{\nu}{m} + \frac{\sum_{i=1}^{r} m_i^2}{m^2} a \tag{8.62}$$

根据式（8.59），类似于式（8.60）的推导，可得

$$E\left(\sum_{i=1}^{r} m_i (\overline{X}_i - \overline{X})^2\right) = E\left(\sum_{i=1}^{r} m_i (\overline{X}_i - \mu)^2\right) - E(m(\mu - \overline{X})^2)$$

$$= \sum_{i=1}^{r} m_i \text{Var}(\overline{X}_i) - m\text{Var}(\overline{X})$$

$$= \sum_{i=1}^{r} m_i \left(\frac{\nu}{m_i} + a \right) - m \left(\frac{\nu}{m} + \frac{\sum_{i=1}^{r} m_i^2}{m^2} a \right)$$

$$= (r-1)\nu + \left(m - \frac{\sum_{i=1}^{r} m_i^2}{m} \right) a$$

因此考虑估计量

$$\hat{a} = \left(\sum_{i=1}^{r} m_i (\overline{X}_i - \overline{X})^2 - \hat{\nu}(r-1) \right) \Bigg/ \left(m - \frac{\sum_{i=1}^{r} m_i^2}{m} \right) \tag{8.63}$$

对式（8.63）两边求期望，可得

$$E(\hat{a}) = \left(E\left(\sum_{i=1}^{r} m_i (\overline{X}_i - \overline{X})^2\right) - (r-1)E(\hat{\nu}) \right) \Bigg/ \left(m - \frac{\sum_{i=1}^{r} m_i^2}{m} \right)$$

$$= \left(m - \frac{\sum_{i=1}^{r} m_i^2}{m} \right) a \Bigg/ \left(m - \frac{\sum_{i=1}^{r} m_i^2}{m} \right)$$
$$= a \tag{8.64}$$

可见，$\hat{a} = \left(\sum_{i=1}^{r} m_i (\overline{X}_i - \overline{X})^2 - \hat{v}(r-1)\right) \Bigg/ \left(m - \frac{\sum_{i=1}^{r} m_i^2}{m} \right)$ 为 a 的一个无偏估计。

与 Bühlmann 模型相似，可能会出现 $\hat{a}<0$ 的情况，此时经验数据表明不同的被保险人之间损失的差距很小，先验知识值得相信，取 $\hat{z}=0$。

值得注意的是，虽然所有参数的估计值都是无偏的，但并不一定说明由此得到的总损失的信度估计值也是无偏的，即总损失的信度估计值应等于经验总损失。事实上，记所有被保险人的经验总损失 $TL = \sum_{i=1}^{r} m_i \overline{X}_i$，记总损失的信度估计值为 TP。根据被保险人的信度估计公式可得

$$\begin{aligned} TP &= \sum_{i=1}^{r} m_i (\hat{z}_i \overline{X}_i + (1-\hat{z}_i)\hat{\mu}) \\ &= \sum_{i=1}^{r} m_i \overline{X}_i - \sum_{i=1}^{r} m_i ((1-\hat{z}_i) \overline{X}_i - (1-\hat{z}_i)\hat{\mu}) \\ &= TL - \sum_{i=1}^{r} \frac{m_i \hat{k}}{m_i + \hat{k}} (\overline{X}_i - \hat{\mu}) \end{aligned}$$

理想的情况是 TL 等于 TP。因为在费率厘定中，任何增加保费的行为要想得到监管机构的同意，必须以过去总的损失水平为依据。如果同时能够保持总保费收入与总损失相匹配会更好，信度估计就有理论和现实意义。这时 $\hat{\mu}$ 的取值应该使得

$$\sum_{i=1}^{r} \frac{m_i \hat{k}}{m_i + \hat{k}} (\overline{X}_i - \hat{\mu}) = 0$$

即 $\sum_{i=1}^{r} \hat{z}_i (\overline{X}_i - \hat{\mu}) = 0$，因此可得

$$\hat{\mu} = \frac{\sum_{i=1}^{r} \hat{z}_i \overline{X}_i}{\sum_{i=1}^{r} \hat{z}_i} \tag{8.65}$$

式（8.65）中 μ 的估计是个体样本均值的信度的加权平均，而非直接按风险量加权平均。它的优势在于估计先验均值时考虑了每个个体样本的可信度，使得信度估计的总和等于经验损失的总和。

【例 8－22】 已知商业机动车辆险的赔付额数据如表 8－15 所示。

表 8-15 商业机动车辆的赔付额数据

团体		第 1 年	第 2 年	第 3 年
1	总赔付额	50 000	50 000	—
	机动车辆数	100	200	—
2	总赔付额	—	150 000	150 000
	机动车辆数	—	500	300
3	总赔付额	150 000	—	150 000
	机动车辆数	50	—	150

说明："—"表示该年数据缺失。

求 3 个团体在第 4 年的贝叶斯经验信度估计。

【解】 根据数据，可以看出 $r=3$，$n_1=n_2=n_3=2$。根据表 8-15 中的数据，计算可得

$$x_{11}=\frac{50\ 000}{100}=500,\quad x_{12}=\frac{50\ 000}{200}=250$$

$$x_{21}=\frac{150\ 000}{500}=300,\quad x_{22}=\frac{150\ 000}{300}=500$$

$$x_{31}=\frac{150\ 000}{50}=3\ 000,\quad x_{32}=\frac{150\ 000}{150}=1\ 000$$

3 个团体的总风险单位数分别为 $m_1=300$，$m_2=800$，$m_3=200$，每风险单位的平均损失分别为：

$$\overline{X}_1=\frac{100\ 000}{300}=333.3,\quad \overline{X}_2=\frac{300\ 000}{800}=375,\quad \overline{X}_3=\frac{300\ 000}{200}=1\ 500$$

总体的平均损失为：

$$\overline{X}=\frac{700\ 000}{1\ 300}=538.46$$

代入 $\hat{v}=\dfrac{\sum\limits_{i=1}^{r}\sum\limits_{j=1}^{n_i}m_{ij}(X_{ij}-\overline{X}_i)^2}{\sum\limits_{i=1}^{r}(n_i-1)}$，得

$$\hat{v}=\frac{\begin{array}{c}100(500-333.33)^2+200(250-333.33)^2+500(300-375)^2\\+300(500-375)^2+50(3\ 000-1\ 500)^2+150(1\ 000-1\ 500)^2\end{array}}{(2-1)+(2-1)+(2-1)}$$

$$=53\ 888\ 888.89$$

代入 $\hat{a}=\left(m-m^{-1}\sum\limits_{i=1}^{r}m_i^2\right)^{-1}\left(\sum\limits_{i=1}^{r}m_i(\overline{X}_i-\overline{X})^2-\hat{v}(r-1)\right)$，得

$$\hat{a}=\frac{\begin{array}{c}300(333.33-538.46)^2+800(375-538.46)^2\\+200(1\,500-538.46)^2-53\,888\,888.89(3-1)\end{array}}{1\,300-\dfrac{300^2+800^2+200^2}{1\,300}}$$

$$=157\,035.60$$

因此 $k=\dfrac{53\,888\,888.89}{157\,035.60}=343.163\,5$

根据 $z_i=\dfrac{m_i}{m_i+k}$，计算得到 3 个团体的信度因子为 0.466 4，0.699 8，0.368 2。

团体 1 在第 4 年的每风险单位的平均损失的经验贝叶斯估计为：

$$z_1\overline{X}_i+(1-z_1)\mu=0.466\,4\times 333.3+(1-0.466\,4)\times 538.46=442.77$$

类似地，可计算得到团体 2 和团体 3 在第 4 年的每风险单位的平均损失的经验贝叶斯估计分别为 427.07 和 892.50。

8.4.3 半参数估计

在某些情况下，我们不能准确地得到风险参数 Θ 的具体分布形式，但是可以假设给定 $\Theta=\theta$ 时 X 的条件分布类型，并且有理由确认此条件分布类型是合理的。这时可运用半参数方法估计 μ，a 和 ν。具体做法是：首先根据给定 $\Theta=\theta$ 时 X 的分布性质得到 $\mu(\Theta)=E(X|\Theta)$ 与 $\nu(\Theta)=\mathrm{Var}(X|\Theta)$ 之间的关系，然后利用 $\mathrm{Var}(X)=\nu+a$ 求出信度参数 μ，ν 和 a 的估计值，最后求出信度估计。

例如，对于保险公司而言，客户因发生损失而提出索赔的人数类似于等待服务现象，因此特定个体的理赔次数可用泊松分布来表示。假设给定 $\Theta_i=\theta_i$，被保险人 i 的理赔次数 X_{ij} 服从参数为 θ_i 的泊松分布，则

$$E(X_{ij}|\Theta_i)=\mathrm{Var}(X_{ij}|\Theta_i)=\Theta_i$$
$$\mu(\Theta_i)=\nu(\Theta_i)=\Theta_i$$
$$\mu=\nu$$

因此，也可以用 $\hat{\mu}=\overline{X}$ 去估计 ν。

又由于

$$\begin{aligned}\mathrm{Var}(X_{ij})&=\mathrm{Var}(E(X_{ij}|\Theta_i))+E(\mathrm{Var}(X_{ij}\mid\Theta_i))\\&=\mathrm{Var}(\mu(\Theta_i))+E(\nu(\Theta_i))=a+\nu\end{aligned}$$

因此，$a+\nu$ 的无偏估计量是样本方差，于是得到 a 的无偏估计

$$\hat{a}=\frac{1}{n-1}\sum_{i=1}^{n}(X_i-\overline{X})^2-\hat{\nu}=\frac{1}{n-1}\sum_{i=1}^{n}(X_i-\overline{X})^2-\overline{X}$$

【例 8-23】某汽车险的一个被保险人的理赔次数服从泊松分布，参数为 θ，θ 随被保险人变化而变化。得到去年的理赔记录如表 8-16 所示。

表 8-16 去年的理赔记录

理赔次数	被保险人数
0	2 000
1	600
2	300
3	80
4	20
合计	3 000

对每个被保险人，求理赔次数的半参数经验贝叶斯信度因子。

【解】 $r=3\,000$，$n_i=1$，$m_{ij}=1$，对投保人 $i(i=1,2,\cdots,3\,000)$，$X_{i1}\mid\Theta_i=\theta_i$服从泊松分布，均值为 θ_i，有

$$\hat{\mu}=\hat{\nu}=\frac{1}{3\,000}\left(\sum_{i=1}^{3\,000}X_{i1}\right)$$
$$=\frac{0\times(2\,000)+1\times 600+2\times 300+3\times 80+4\times 20}{3\,000}=0.506\,7$$

由于

$$\begin{aligned}\mathrm{Var}(X_{i1})&=\mathrm{Var}(E(X_{i1}\mid\Theta_i))+E(\mathrm{Var}(X_{i1}\mid\Theta_i))\\&=\mathrm{Var}(\mu(\Theta_i))+E(\nu(\Theta_i))=a+\nu=a+\mu\end{aligned}$$

$a+\nu$ 的无偏估计是样本方差：

$$\frac{\sum_{i=1}^{3\,000}(X_{i1}-\bar{X})^2}{2\,999}=\frac{2\,000\,(0-0.506\,7)^2+600\,(1-0.506\,7)^2+\cdots+20\,(4-0.506\,7)^2}{2\,999}$$
$$=0.690\,2$$

因此得到

$$a=0.690\,2-0.506\,7=0.183\,5$$
$$k=0.506\,7/0.183\,5=2.761\,3$$
$$z=1/(1+2.761\,3)=0.265\,9$$

在团体保险中，假设给定$\Theta_i=\theta_i$，第 i 类保单组合有m_{it}个风险单位，在第 t 年的保单组合的总理赔次数 $m_{it}X_{ij}$ 服从泊松分布，参数为 $m_{it}\theta_i$，则

$$\begin{aligned}m_{it}\,\theta_i&=E(m_{it}\,X_{it}\mid\Theta_i=\theta_i)=\mathrm{Var}(m_{it}\,X_{it}\mid\Theta_i=\theta_i)\\&=m_{it}^2\,\mathrm{Var}(X_{it}\mid\Theta_i=\theta_i)\end{aligned}$$

两边除以 m_{it}，可推出

$$E_{X\mid\Theta}[X_{it}\mid\Theta_i]=m_{it},\quad \mathrm{Var}_{X\mid\Theta}[X_{it}\mid\Theta_i]=\Theta_i$$

由于

$$E_{X|\Theta}[X_{it} \mid \Theta_i] = \mu(\Theta_i)$$
$$m_{it}\operatorname{Var}_{X|\Theta}[X_{it} \mid \Theta_i] = \sigma^2(\Theta_i)$$

可得

$$\mu = E(\mu(\Theta_i)) = E(\sigma^2(\Theta_i)) = \nu$$

因此，我们可以用 $\hat{\mu}=\overline{X}$ 去估计 ν。

【例 8-24】 两个货运公司 A 和 B 投保了货运车辆团体保险，下面是这两家公司四年的理赔记录（如表 8-17 所示）。

表 8-17 四年的理赔记录

		经验期			
被保险团体		1	2	3	4
A	索赔次数	3	2	2	0
	车辆数	2	2	2	1
B	索赔次数	2	1	0	
	车辆数	4	3	2	

求两个团体在下一年的经验贝叶斯信度估计。

【解】 设 m_{ij} 表示风险单位数，即车辆数，$m_A=2+2+2+1=7$，$m_B=4+3+2=9$，总风险单位数 $m=7+9=16$。

X_{ij} 表示索赔频率，等于索赔次数除以风险单位数，因此有

$$\overline{x}_A = \frac{3+2+2+0}{7} = 1$$
$$\overline{x}_B = \frac{2+1+0}{9} = \frac{1}{3}$$

由于一辆货车不可能在瞬间发生两次车祸，所以假设货车发生车祸的次数服从泊松分布。应用半参数经验贝叶斯估计可得

$$\hat{\mu} = \hat{\nu} = \overline{x} = \frac{7(1)+9\left(\frac{1}{3}\right)}{16} = 5/8$$

代入 $\hat{a} = \left(m - m^{-1}\sum_{i=1}^{r} m_i^2\right)^{-1}\left(\sum_{i=1}^{r} m_i\ (\overline{X}_i - \overline{X})^2 - \hat{\nu}(r-1)\right)$

$$a = \frac{7\left(1-\frac{5}{8}\right)^2 + 9\left(\frac{1}{3}-\frac{5}{8}\right)^2}{16-\frac{1}{16}(7^2+9^2)} = 0.142\ 9$$

$$k = \frac{\hat{\nu}}{\hat{a}} = \frac{5/8}{0.142\ 9} = 4.373\ 7$$

信度因子为：

$$z_A=\frac{m_A}{m_A+k}=\frac{7}{7+4.3737}=0.6155,\quad z_B=\frac{9}{9+4.3737}=0.6730$$

两个团体的经验信度估计分别为：

$$\hat{\mu}_A=0.6155(1)+(1-0.6155)\left(\frac{5}{8}\right)=0.8558$$

$$\hat{\mu}_B=0.6730\left(\frac{1}{3}\right)+(1-0.6730)\left(\frac{5}{8}\right)=0.4287$$

【例 8-25】 考虑某团体保险的个体发生理赔的概率。设 θ_i 表示保单持有人（团体）i 的理赔发生概率。X_{ij} 表示理赔是否发生，即 $X_{ij}=\begin{cases}1, & 理赔发生\\ 0, & 理赔不发生\end{cases}$；$m_{ij}$ 表示保单持有人（团体）i 在第 j 年的个体数，则 $m_{ij}X_{ij}$ 表示保单持有人（团体）i 在第 j 年发生的理赔总数，建立信度模型。

【解】 $m_{ij}X_{ij}$ 显然服从参数为 m_{ij}，θ_i 的二项分布，因此

$$E(m_{ij}X_{ij}\mid\Theta_i)=m_{ij}\Theta_i$$
$$\mathrm{Var}(m_{ij}X_{ij}\mid\Theta_i)=m_{ij}\Theta_i(1-\Theta_i)$$

得

$$\mu(\Theta_i)=\Theta_i,\quad \nu(\Theta_i)=\Theta_i(1-\Theta_i)$$

于是有

$$\mu=E(\Theta_i)$$
$$\nu=\mu-E(\Theta_i)^2$$
$$a=\mathrm{Var}(\Theta_i)=E(\Theta_i)^2-\mu^2=\mu-\nu-\mu^2$$

在上述例子中做出了参数形式的假设，使得参数 μ，ν 和 a 之间存在某种函数关系，从而使得对它们的估计更容易。

8.4.4 参数估计

当可以假设给定 $\Theta=\theta$ 时 X 的条件分布的参数形式，并且有理由确认假设合理时，应该使用参数估计方法，极大似然估计是最常用的参数估计方法。

对于经验数据 $\vec{X}_i=(X_{i1}, X_{i2}, \cdots, X_{in_i})$ 和风险参数 Θ_i，假设 $X_{i1}\mid\Theta_i$，$X_{i2}\mid\Theta_i$，…，$X_{in_i}\mid\Theta_i$ 独立同分布，并且已知其密度函数 $f_{X_{ij}\mid\Theta_i}(x_{ij}\mid\theta_i)(i=1, 2, \cdots, r;\ j=1, 2, \cdots, n_i)$ 以及 Θ_1，Θ_2，…，Θ_r 独立同分布，密度函数为 $\pi(\theta_i)(i=1, 2, \cdots, r)$。可以写出 $\vec{X}_i=(X_{i1}, X_{i2}, \cdots, X_{in_i})$ 的联合密度函数：

$$f_{\vec{X}_i}(\vec{x}_i)=\int_{\Theta_i}\left(\prod_{j=1}^{n_i}f_{X_{ij}\mid\Theta_i}(x_{ij}\mid\theta_i)\right)\pi(\theta_i)\mathrm{d}\theta_i \tag{8.66}$$

由于不同被保险人的损失是独立的，可以写出似然函数：

$$L=\prod_{i=1}^{r}f_{\vec{X}_i}(\vec{x}_i)$$

也可以写出对数似然函数：

$$l=\ln L=\sum_{i=1}^{r}\ln f_{\vec{X}_i}(\vec{x}_i)$$

极大似然方法就是通过最大化 L 或 l 得到结构参数的估计值。下面通过一个例子进行介绍。

【例 8-26】 已知经验数据符合 Bühlmann 模型的模式，即 $n_1=n_2=\cdots=n_r=n$，且 $m_{ij}=1(i=1, 2, \cdots, r; j=1, 2, \cdots, n)$。假设 $X_{ij}|\Theta_i\sim N(\Theta_i, \nu)$，$\Theta_i\sim N(\mu, a)$，即

$$f_{X_{ij}|\Theta_i}(x_{ij}\mid\theta_i)=(2\pi\nu)^{-1/2}\times\exp\left(-\frac{1}{2\nu}(x_{ij}-\theta_i)^2\right),\quad -\infty<x_{ij}<\infty$$

$$\pi(\theta_i)=(2\pi a)^{-1/2}\times\exp\left(-\frac{1}{2a}(\theta_i-\mu)^2\right),\quad -\infty<\theta_i<\infty$$

求参数 μ，ν 和 a 的极大似然估计。

【解】 根据式（8.65），求得

$$\begin{aligned}f_{\vec{X}_i}(\vec{x}_i)&=\int_{\Theta_i}\left(\prod_{j=1}^{n}f_{X_{ij}|\Theta_i}(x_{ij}\mid\theta_i)\right)\pi(\theta_i)\mathrm{d}\theta_i\\&=\int_{\Theta_i}\left(\prod_{j=1}^{n}\left((2\pi\nu)^{-1/2}\times\exp\left(-\frac{1}{2\nu}(x_{ij}-\theta_i)^2\right)\right)\right)\times(2\pi a)^{-1/2}\\&\quad\times\exp\left(-\frac{1}{2a}(\theta_i-\mu)^2\right)\mathrm{d}\theta_i\end{aligned}$$

化简并忽略那些不含 μ，ν 和 a 的项，得

$$f_{\vec{X}_i}(\vec{x}_i)\propto\nu^{-n/2}a^{-1/2}\int_{\Theta_i}\exp\left(-\frac{1}{2\nu}\sum_{j=1}^{n}(x_{ij}-\theta_i)^2-\frac{1}{2a}(\theta_i-\mu)^2\right)\mathrm{d}\theta_i\tag{8.67}$$

此时若直接计算，运算量较大，我们考虑 $\overline{X}_i$ 的密度函数，根据式（8.66）可以求得

$$\begin{aligned}f(\overline{x}_i)&=\int_{\Theta_i}f_{\overline{X}_i|\Theta_i}(\overline{x}_i|\theta_i)\pi(\theta_i)\mathrm{d}\theta_i\\&=\int_{\Theta i}(4\pi^2a\nu/n)^{-1/2}\exp\left(-\frac{n}{2\nu}(\overline{x}_i-\theta_i)^2-\frac{1}{2a}(\theta_i-\mu)^2\right)\mathrm{d}\theta_i\end{aligned}$$

现在比较 $f(\vec{x}_i)$ 与 $f(\overline{x}_i)$，由于

$$\begin{aligned}\sum_{j=1}^{n}(x_{ij}-\theta_i)^2&=\sum_{j=1}^{n}(x_{ij}-\overline{x}_i+\overline{x}_i-\theta_i)^2\\&=\sum_{j=1}^{n}(x_{ij}-\overline{x}_i)^2+n(\overline{x}_i-\theta_i)^2\end{aligned}$$

因此得到

$$f_{\vec{X}_i}(\vec{x}_i) \propto \nu^{-(n-1)/2} \times \exp\left(-\frac{1}{2\nu}\sum_{j=1}^{n}(x_{ij}-\overline{x}_i)^2\right)f(\overline{x}_i) \tag{8.68}$$

进而得到

$$L = \prod_{i=1}^{r} f_{\vec{X}_i}(\vec{x}_i)$$

$$\propto \nu^{-r(n-1)/2} \times \exp\left(-\frac{1}{2\nu}\sum_{i=1}^{r}\sum_{j=1}^{n}(x_{ij}-\overline{x}_i)^2\right)\prod_{i=1}^{r} f(\overline{x}_i)$$

接下来求 $f(\overline{x}_i)$，由于 $X_{ij}|\Theta_i \sim N(\Theta_i, \nu)$，可得$\overline{X}_i|\Theta_i \sim N(\Theta_i, \nu/n)$，又由于 $\Theta_i \sim N(\mu, a)$，可以求出 $\overline{X}_i \sim N(\mu, a+\nu/n)$，即

$$f(\overline{x}_i) = (2\pi\omega)^{-1/2}\exp\left(-\frac{1}{2\omega}(\overline{x}_i-\mu)^2\right), \quad \omega = a+\nu/n$$

也就是说

$$L \propto \nu^{-r(n-1)/2}\omega^{-r/2} \times \exp\left(-\frac{1}{2\nu}\sum_{i=1}^{r}\sum_{j=1}^{n}(x_{ij}-\overline{x}_i)^2 - \frac{1}{2\omega}\sum_{i=1}^{r}(\overline{x}_i-\mu)^2\right)$$

现在估计 μ，ν 和 ω，得到 $L \propto L_1(\nu)L_2(\mu, \omega)$，即 $l=l_1+l_2$。
式中

$$L_1(\nu) = \nu^{-r(n-1)/2} \times \exp\left(-\frac{1}{2\nu}\sum_{i=1}^{r}\sum_{j=1}^{n}(x_{ij}-\overline{x}_i)^2\right)$$

$$L_2(\mu,\omega) = \omega^{-r/2} \times \exp\left(-\frac{1}{2\omega}\sum_{i=1}^{r}(\overline{x}_i-\mu)^2\right)$$

$$l_1 = \ln L_1(\nu) = \frac{-r(n-1)}{2}\ln\nu - \frac{1}{2\nu}\sum_{i=1}^{r}\sum_{j=1}^{n}(x_{ij}-\overline{x}_i)^2$$

$$l_2 = \ln L_2(\mu,\omega) = -\frac{r}{2}\ln\omega - \frac{1}{2\omega}\sum_{i=1}^{r}(\overline{x}_i-\mu)^2$$

对 μ，ν，ω 分别求偏导，得

$$\begin{cases} \dfrac{\partial l}{\partial \mu} = \dfrac{1}{\omega}\displaystyle\sum_{i=1}^{r}(\overline{x}_i-\mu) \\ \dfrac{\partial l}{\partial \nu} = \dfrac{-r(n-1)}{2}\dfrac{1}{\nu} + \dfrac{1}{2\nu^2}\displaystyle\sum_{i=1}^{r}\sum_{j=1}^{n}(x_{ij}-\overline{x}_i)^2 \\ \dfrac{\partial l}{\partial \omega} = -\dfrac{r}{2}\dfrac{1}{\omega} + \dfrac{1}{2\omega^2}\displaystyle\sum_{i=1}^{r}(\overline{x}_i-\mu)^2 \end{cases}$$

为最大化 l，令上述偏导为零，得到估计值：

$$\hat{\mu} = \frac{\sum_{i=1}^{r}\overline{x}_i}{r} = \overline{X}$$

$$\hat{\nu}=\frac{\sum_{i=1}^{r}\sum_{j=1}^{n}(x_{ij}-\overline{x}_i)^2}{r(n-1)}$$

$$\hat{\omega}=\frac{\sum_{i=1}^{r}(\overline{x}_i-\overline{X})^2}{r}.$$

根据 $\omega=a+\nu/n$ 求得

$$\hat{a}=\hat{\omega}-\hat{\nu}/n=\frac{\sum_{i=1}^{r}(\overline{x}_i-\overline{X})^2}{r}-\frac{\sum_{i=1}^{r}\sum_{j=1}^{n}(x_{ij}-\overline{x}_i)^2}{rn(n-1)}$$

这几个估计值似曾相识，本例中得到的 $\hat{\mu}$ 和 $\hat{\nu}$ 与在 Bühlmann 模型的非参数估计中得到的估计值一致，而 $\hat{a}$ 的差异也只是第一项的分母有所不同。

8.5 本章上机指导

本章涉及上机实现的内容是经验贝叶斯估计。根据式（8.58）、式（8.61）和式（8.63），自行编写函数 NonparametricBayesian 实现 Bühlmann-Straub 模型的信度估计。下面以例 8-22 为例说明。

例 8-22 的代码：

```
#录入数据
X = data.frame(c(50000/100,50000/200,0),c(0,150000/500,150000/300),c(150000/50,0,150000/
150)) #平均损失值
M = data.frame(c(100,200,0),c(0,500,300),c(50,0,150)) #索赔频率

NonparametricBayesian = function(X,M){
  r = ncol(X)
  X_bar_i = c()
  m_i = c()
  n_i = c()
for(i in 1:r){
    X_bar_i[i] = sum(X[,i] * M[,i])/sum(M[,i])
    m_i[i] = sum(M[,i])
    n_i[i] = length(which(M[,i]! = 0))
  }
  X_bar = sum(X_bar_i * m_i)/sum(m_i)
temp = 0
for(i in 1:r){
  for(j in 1:nrow(X)){
```

```
    if(M[j,i]! = 0){
        temp = temp + M[j,i] * ((X[j,i] - X_bar_i[i]))^2
      }else{
next
      }
    }
  }
  v = temp/sum(n_i - 1)
  a = (sum(m_i * (X_bar_i - X_bar)^2) - v * (r - 1))/(sum(m_i) - sum(m_i^2)/sum(m_i))
  k = v/a
  z = c()
  BS = c()
for(i in 1:r){
    z[i] = m_i[i]/(m_i[i] + k)
    BS[i] = z[i] * X_bar_i[i] + (1 - z[i]) * X_bar
  }
  result = data.frame(z,BS)
  colnames(result) = c("CreditFactor","BayesianEstimates")
  rownames(result) = c(1:r)
return(result)
}
NonparametricBayesian(X,M)
## CreditFactor BayesianEstimates
## 1 0.4664435 442.7808
## 2 0.6998116 424.0693
## 3 0.3682124 892.5119
```

函数的输出结果是各个风险子集的非参贝叶斯信度因子和信度估计值，因此第三个团体的信度因子为 0.368 212 4，信度估计是 892.511 9。

习 题

1. 单位时期内的总理赔额服从复合泊松分布。在此期间内，基于理赔次数的完全可信标准为 1 500。但是，发现所用的理赔额分布 Y 的变异系数有错误，修正前的值为 0.621 1，修正后的值为 0.520 0。求修正后基于理赔次数的完全可信标准。

2. 假设一个星期内的聚合损失 S 服从复合负二项分布，损失强度服从指数分布。当 $r=0.05$，$p=0.9$ 时，期望理赔次数的完全可信标准为 5 412。假设在保证复合分布不变的情况下，理赔次数分布的均值和方差都增加 20%。求在条件改变的情况下，理赔次数的完全可信标准。

3. 一个复合分布 S，损失次数 N 服从参数为 λ 的泊松分布，损失 Y 服从 $[0, \theta]$ 上的均匀分布，$r=0.05$，$p=0.9$。为估计总损失 S 的期望值，求基于期望损失次数的完全可信标准。

4. 每周理赔发生次数 N 服从泊松分布，均值未知。$r=0.05$，$p=0.9$。20 周内发生 400 次理赔的有限波动信度估计为 P。30 周内发生 500 次理赔的有限波动信度估计为 $P-1.91$。若已知 35 周内发生 550 次理赔，求有限波动信度估计。假设手册费率恒定。

5. 一个投资组合满足以下条件：

(1) 对于每一个被保险人来说，理赔次数服从泊松分布。

(2) 每一个被保险人的平均理赔次数不同，且服从伽马分布。

(3) 随机抽取 1 000 个被保险人，理赔次数有如下分布：

理赔次数（n）	0	1	2	3	4	5
参保人数（f_n）	512	307	123	41	11	6

且 $\sum nf_n=750$，$\sum n^2f_n=1\,494$。

(4) 理赔额服从均值为 1 500、方差为 6 750 000 的帕累托分布。

(5) 理赔额和理赔次数是独立的。

(6) 完全可信标准为在 0.05 倍均值范围内波动的概率为 0.95。

求达到完全可信标准的最少被保险人数。

6. 设 X 表示理赔额，服从均值为 5 的指数分布，假定 $r=0.05$，$p=0.9$，求理赔额期望估计值 $\overline{X}$ 的完全可信标准。

7. 设 N 表示单位时间内的理赔次数，N 服从泊松分布，N_1，N_2，…，N_n 为过去 n 个时间内发生的理赔次数，$p=0.9$，$r=0.05$，$n_0=1\,082.41$。过去至少有多少理赔事件发生时，才能使理赔次数期望估计值完全可信？

8. 假设个体风险的索赔次数服从泊松分布，每次索赔额的变异系数为 2，$\alpha=0.1$，$r=0.05$。当个体风险的索赔次数为多少时，用样本赔付额数据估计索赔强度的可信度为 100%？

9. 已知某医疗保险中每个投保人的年度医疗花费平均为 175，标准差为 140。现有一个团体医疗保险，在第一年有 100 人投保，在第二年有 110 人投保，两年内获赔的平均金额为 150 元。这个团体经验数据是完全可信的还是部分可信的？明年如果有 125 人投保，他们的总信度费用是多少（$r=0.05$，$p=0.9$）？

10. 一年内的理赔数服从均值为 θ 的泊松分布，其先验密度为 $\pi(\theta)=\dfrac{e^{-\theta}}{1-e^{-k}}(0<\theta<k)$，每年零索赔的非条件概率为 0.575，试确定 k 的值。

11. 在一个保单组合中，每个投保人每年最多只能理赔一次，其发生概率为 q，先验密度为 $\pi(q)=\dfrac{q^3}{0.07}(0.6<q<0.8)$。一个随机抽取的投保人在第一年理赔一次，在第二年无理赔，对于该投保人，试确定其后验概率 $P(0.7<q<0.8|1,0)$。

12. 对于某一特定风险，一年之内的理赔数服从均值为 p 的贝努利分布，p 的先验概

率分布为 [0，1] 上的均匀分布，计算得到的贝叶斯保费是观察理赔额的 1/5，则理赔额为 0 的年份有多少个？

13. 已知参数 λ 服从逆伽马分布，其密度函数为 $g(\lambda)=500\lambda^{-4}e^{-10/\lambda}(\lambda>0)$，理赔强度服从指数分布，$f(x|\Lambda=\lambda)=\lambda^{-1}e^{-x/\lambda}(x>0,\ \lambda>0)$。现在有一个独立的被保险人，被观察到两次理赔的总额为 50，对于同一被保险人，计算下一次理赔额的期望值。

14. 一个风险集由三个大小均等的个体构成，分为 A，B，C 三类，每一类在下一年无理赔和有一次理赔的概率都为 0.5，理赔额为 1 或者 2。在给定理赔发生的条件下，三类理赔额的分布如下：

$$P(\text{理赔额 } x|\text{A 类})=\begin{cases}2/3, & x=1\\ 1/3, & x=2\end{cases}$$

$$P(\text{理赔额 } x|\text{B 类})=\begin{cases}1/2, & x=1\\ 1/2, & x=2\end{cases}$$

$$P(\text{理赔额 } x|\text{C 类})=\begin{cases}5/6, & x=1\\ 1/6, & x=2\end{cases}$$

现在从这个风险集里随机抽取了一个被保险人，他已经有一次额度为 2 的理赔，求其为 A 类的概率。

15. 完全可信标准由原来的要求 $\overline{X}$ 误差小于 $0.05E(\overline{X})$ 的概率大于 0.9，变为要求 $\overline{X}$ 误差小于 $kE(\overline{X})$ 的概率大于 0.95。如果两种情况下满足完全可信的风险集数目不变，求 k。

16. 随机变量 X 有 100 个观测值，有限波动部分信度因子 $z=0.4$，如果希望 z 至少为 0.507，还需要 X 有多少个观测值？

17. 已知：

(1) 每一个时期的理赔次数的分布是参数为 m，q 的二项分布。

(2) 理赔次数估计误差为期望理赔次数的 1%的概率为 0.95。

(3) 满足完全可信标准的总期望理赔次数为 34 574。

求 q。

18. 对一个有 50 个观测的损失额的样本运用有限波动部分信度，假设损失服从 $[0,\theta]$ 上的均匀分布。完全可信标准要求期望损失的估计相对误差为 0.05 的概率为 0.9，此时的信度因子为 z。如果另外增加 25 个观测，损失分布修改为服从 $[0,1.2\theta]$ 上的均匀分布，此时的信度因子为 z'，求 $\dfrac{z'}{z}$。

19. 已知：

(1) 四个射手向以下区域射击：

R S T

U V W

X Y Z

(2) 射手 A 以等概率射向 R，S，U，V。

(3) 射手 B 以等概率射向 S，T，V，W。

（4）射手C以等概率射向X，Y，U，V。

（5）射手D以等概率射向V，W，Y，Z。

从上面四个射手中随机选出两个射手，各进行一次射击，求这两个射手射中同一个区域的概率。

20. 已知：

（1）一个保险组合有75个债务保单，25个财务保单。

（2）每份保单理赔次数有相同的分布。

（3）债务保单的损失分布是$\theta=300$，$\alpha=4$的帕累托分布。

（4）财务保单的损失分布是$\theta=1\,000$，$\alpha=3$的帕累托分布。

根据以上信息完成下面两题：

（a）求该保险组合中一份保单的损失的方差。

（b）现观察到一份保单的损失为k，当k趋于零时，这份保单是债务保单的概率是多少？

21. 一类保单的年总损失服从复合泊松分布，损失Y的分布为$P(Y=1)=P(Y=2)=0.5$。一个保险人承保了一组该类保单，每份保单的理赔次数参数λ都不同。在该组合中随机选取一份保单，λ服从均值为1的指数分布。在给定λ的条件下，损失和理赔次数是相互独立的。现在随机抽取一份保单，S表示一年的总损失。

（1）求$E(S)$。

（2）已知今年的总损失为1，求明年保费的贝叶斯估计。

22. 一个投保人每年发生事故的次数服从均值为λ的泊松分布。λ的先验分布为以下两个分布的混合，一个是常数1，另一个是均值为3的指数分布，权数都是0.5。该投保人今年没有发生事故，求明年发生事故的次数的贝叶斯估计。

23. 随机变量的条件分布$X_i|\Lambda=\lambda(i=1,2)$是均值为$\lambda$的泊松分布，$\Lambda$的先验分布是参数为$\alpha$和$\theta$的伽马分布。已知$X_1$，$X_2$在$\Lambda=\lambda$的条件下独立，求在$X_1+X_2=Y$条件下$\Lambda$的后验分布。

24. 已知个体保险的理赔次数服从均值为λ的泊松分布，而对于不同个体λ服从均值为μ的泊松分布，求Bühlmann模型的k值。

25. 损失X的密度函数为$f(x|\theta)=\theta^2 x\mathrm{e}^{-\theta x}(x>0)$，其中$\theta$的密度函数为$\pi(\theta)=\frac{1}{2}\theta^2\mathrm{e}^{-\theta}(\theta>0)$。

（1）求X的条件方差$\mathrm{Var}(X|\theta)$。

（2）求$\mathrm{Cov}(X_i, X_j)$ $(i\neq j)$。

（3）假设已知n年的损失数据，求Bühlmann信度估计的系数$\tilde{\alpha}_0$。

（4）假设已知n年的损失数据，求信度因子z。

26. 已知某个体保险年损失量X服从$(0,\theta)$上的均匀分布，其中θ是一个随机变量，但分布形式未知。已知100个个体保险的年损失数据：$\sum_{i=1}^{100}X_i=200$，$\sum_{i=1}^{100}X_i^2=600$。现有一份个体保险保单，3年的总损失量是4，用半参数信度估计方法求该保单第4年的损失。

27. 在观察到任何理赔以前，你相信理赔额的大小服从参数为 $\theta=10$，$\alpha=1$，2，3 的帕累托分布，且这三种情况等概率出现。现在观察到一个随机抽取的样本理赔额为 20，试确定该样本点下次理赔额大于 30 的后验概率。

28. 已知 A 类风险的理赔次数和理赔额有如下分布：

理赔次数	概率
0	4/9
1	4/9
2	1/9
理赔额	概率
500	1/3
1 235	2/3

B 类风险的理赔次数和理赔额有如下分布：

理赔次数	概率
0	1/9
1	4/9
2	4/9
理赔额	概率
250	2/3
328	1/3

等概率地发生 A 类或者 B 类风险，在每一类风险中，理赔次数和理赔额都是独立的，总损失的方差为 296 962。现随机选择一个风险个案，观察到其一年的总损失是 500。针对同一个风险个案，试确定其下一年保费的贝叶斯估计。

29. 一个保单组合包含两类不同的保险。来自Ⅰ类的保单，每月理赔次数服从均值为 2 的泊松分布；来自Ⅱ类的保单，每月理赔次数服从均值为 4 的泊松分布。其中，Ⅰ类保单占整个保单组合的 2/3。假设从保单组合中抽出一份保单，发现该保单当月有 1 次理赔，求该保单下月发生 1 次理赔的概率。

30. 参数 λ 的先验分布密度为 $\pi(\lambda)=2\lambda(0<\lambda<1)$。对于给定的 λ，X 服从 $(0, \lambda)$ 上的均匀分布。求 $E(X_2 \mid X_1=x)$，$E(X_3 \mid X_1=0.25, X_2=0.5)$。

31. 从总体 X 中抽取一组样本点：3，4，8，10，12，18，22，35。假设 X 服从指数分布，$f(x \mid \theta)=\dfrac{1}{\theta}e^{-x/\theta}$，$\theta$ 的先验分布为 $[10, 20]$ 上的均匀分布。求 X 的均值和方差。

32. 一个风险集包含 3 组不同风险等级的个体，各组包含的个体数相同。对于任意个体，下一年没有理赔的概率为 0.5，有 1 次理赔的概率也为 0.5，每次理赔额为 1 或 2。具体分布如下：

理赔额	概率		
	风险等级 1	风险等级 2	风险等级 3
1	2/3	1/2	5/6
2	1/3	1/2	1/6

假设抽取一个体，发现有 1 次理赔，理赔额为 2，求其下一年的信度纯保费。

33. 对于风险集中的某一个体，每月发生的理赔次数服从泊松分布，均值为 θ。对于这个风险集，θ 服从指数分布，$\pi(\theta)=10e^{-10\theta}$。观察到该风险集中的一个体，在 2010 年的最后 6 个月内发生了 1 次理赔，在 2011 年中发生了 1 次理赔。求该个体在 2012 年的前 3 个月发生理赔次数的 Bühlmann-Straub 信度估计。

34. 某保险公司有两个保单组合，两个保单组合的投保人人数相同。具体情况如下表所示：

保单组合	总理赔额			
	第 1 年	第 2 年	第 3 年	第 4 年
1	4	10	8	6
2	12	14	13	13

求两个保单组合在第 5 年的理赔额（Bühlmann 模型）。

35. 根据以下信息计算缺失的总理赔额（Bühlmann-Straub 模型）。

保单组合		保单年数			
		第 1 年	第 2 年	第 3 年	第 4 年
1	总理赔额	8 000	11 000	15 000	?
	保单数	40	50	70	75
2	总理赔额	20 000	24 000	19 000	?
	保单数	100	120	115	95

36. 500 个投保人在一年内发生了 290 次理赔，具体情况如下：

理赔次数	投保数
0	300
1	120
2	70
3	10

对于投保人，理赔次数服从泊松分布。假设其中一个投保人在一年内有 2 次理赔，求下一年该投保人的理赔次数。

37.（R 编程）自行编写 R 代码实现例 8-21。

第9章

随机模拟

9.1 均匀分布随机数与伪随机数

服从均匀分布 $U(0, 1)$ 的随机数是一切随机模拟的基础，但由于计算机所能表示的数的个数始终是有限的，不能生成连续分布的随机数，因此将机器产生的随机数称为伪随机数。在实际应用中，只要满足一定的精度要求，伪随机数就可视为连续分布的随机数。下面介绍两种产生均匀分布伪随机数的方法。

9.1.1 乘同余法

给定初值 x_0，x_0 为自然数，取正整数 a 和 m，按下面的公式递推求出 x_{n+1}。

$$x_{n+1} = ax_n (\mathrm{mod}\ m), \quad n \geqslant 0 \tag{9.1}$$

这个方程的含义是 x_{n+1} 的值等于 ax_n 除以 m 的余数，所以 x_{n+1} 的取值空间为 $\{0, 1, \cdots, m-1\}$。这样的 $\{x_n; n\geqslant 0\}$ 称为 $(0, m)$ 上均匀分布的伪随机数，而 $\left\{\frac{x_n}{m}; n\geqslant 0\right\}$ 称为 $(0,1)$ 上均匀分布的伪随机数。由于 x_{n+1} 的取值范围是有限的，因此当运算量很大时，数列 x_{n+1} 必然发生循环。通常，选择适当的 a 和 m 可以使伪随机数满足应用时的精度要求。

9.1.2 混合同余法

给定初值 x_0，x_0 为自然数，取正整数 a，c 和 m，按下面的公式递推求出 x_{n+1}。

$$x_{n+1}=(ax_n+c)(\mathrm{mod}\ m),\quad n\geqslant 0 \tag{9.2}$$

这个方程的含义是 x_{n+1} 的值等于（ax_n+c）除以 m 的余数，所以 x_{n+1} 的取值空间还是 $\{0, 1, \cdots, m-1\}$。

随机数设计中比较困难的是独立性和多维的分布。可以考虑把两个或若干个发生器组合利用，可以比单个发生器有更长的周期和更好的随机性。例如 Wichmann & Hill (1982) 设计了如下线性组合发生器，利用三个 16 位运算的素数模乘同余发生器

$$U_n=171\,U_{n-1}\quad (\mathrm{mod}\ 30\,269)$$

$$V_n=172\,V_{n-1}\quad (\mathrm{mod}\ 30\,307)$$

$$W_n=170\,W_{n-1}\quad (\mathrm{mod}\ 30\,323)$$

线性组合求余：

$$R_n=\left(\frac{U_n}{30\,269}+\frac{V_n}{30\,307}+\frac{W_n}{30\,323}\right)\quad (\mathrm{mod}\ 1)$$

这个组合发生器的周期约为 7×10^{12}。

在实际应用中，常见的统计软件都可以生成很好的均匀分布伪随机数，它们能够很好地近似真实的均匀分布随机数，所以可以认为有一个“黑箱”能产生任意所需的均匀分布随机数。本书稍后提到的随机模拟都以此为基础。

9.2 用逆变换法产生一般分布的随机数

基于 $U(0, 1)$ 随机数产生某个特定分布的随机数的基本方法有很多，最常用的方法是逆变换法，尽管采用逆变换法所需的运算时间可能较长，但是从理论上讲，任意随机变量都可以通过它产生相应的随机数。

设随机变量 X 的分布函数为 $F(x)$，定义 F 的广义逆变换

$$F^{\leftarrow}(u)=\inf\{x\in R: F(x)\geqslant u\},\quad 0\leqslant u\leqslant 1 \tag{9.3}$$

当分布函数 $F(x)$ 连续，则广义逆变换是一一映射，即为反函数 $F^{-1}(x)$。

命题 9-1（概率变换原理） 随机变量 X 的分布函数是 $F(x)$，如果 $F(x)$ 连续，则 $F(X)\sim U(0, 1)$。

证明： 对于任意 $u\in[0, 1]$

$$\begin{aligned}P(F(X)\leqslant u)&=P(F^{-1}(F(X))\leqslant F^{-1}(u))\\&=P(X\leqslant F^{-1}(u))\\&=F(F^{-1}(u))\\&=u\end{aligned}$$

命题 9-2（逆变换原理） 令 U 是 $(0, 1)$ 上均匀分布随机变量，对任意分布函数 $F(x)$，定义随机变量 $X=F^{\leftarrow}(U)$，则 X 的分布函数是 $F(x)$。

证明：由于分布函数 F 是递增的，$F^{\leftarrow}(u)$ 也满足递增性，因此

$$\{U < F(x)\} \subseteq \{F^{\leftarrow}(U) \leqslant x\} \subseteq \{U \leqslant F(x)\}$$

因此，由于 U 是连续随机变量，$P(U=F(x))=0$。

$$\begin{aligned} P(X \leqslant x) &= P(F^{\leftarrow}(U) \leqslant x) = P(F(F^{\leftarrow}(U)) \leqslant F(x)) = P(U \leqslant F(x)) \\ &= F(x), \quad x \in R \end{aligned}$$

这两个命题说明可以构造概率变换将任意分布的随机数转换成均匀分布随机数。构造任意分布函数 F 的广义逆变换，从而将均匀分布随机数转换成分布函数为 $F(x)$ 的随机数。

因此，产生随机变量 X 的随机数的具体步骤为：

(1) 由 $U(0，1)$ 抽取 u。

(2) 计算 $x=F^{\leftarrow}(U)$，其中 $F^{\leftarrow}(U)$ 如式 (9.3) 定义。

以上步骤的含义是，若已知分布函数 $F(x)$，只要产生一个均匀分布随机数 u，对应地取分布 $F(x)$ 的 u 分位点即可。形象地说就是，由均匀分布随机数 u 确定了纵坐标，然后根据分布 F 找对应的原象（横坐标）。下面分几种情况讨论。

(1) 如果 $F(x)$ 是连续且严格单调的，则 $F^{-1}(u)$ 为 F 的随机数。

【例 9-1】 指数分布的模拟。

【解】 假设指数分布的分布函数为 $F(x)=1-\exp\left(-\frac{x}{\theta}\right)$ $(x>0，\theta>0)$，则其反函数为：

$$F^{-1}(y)=-\theta\ln(1-y)$$

所以，只要将 (0，1) 均匀分布的随机数 u 代入 $F^{-1}(y)$ 中，即可得到指数分布的随机数 $x=-\theta\ln(1-u)$。

若 U 服从 (0，1) 均匀分布，则 $1-U$ 仍然服从 (0，1) 均匀分布，所以 $1-u$ 仍然是 (0，1) 均匀分布的随机数。又由于分布函数是单调递增的，小的数值对应的分位点也要小，所以对于较小的均匀分布的随机数 u，如果取 u 对应的分位点，则意味着小的随机数产生小的模拟数；如果取 $1-u$ 对应的分位点，则意味着小的随机数产生大的模拟数，如在例 9-1 中可得到另一个指数分布的随机数 $x'=-\theta\ln(1-(1-u))=-\theta\ln u$。

【例 9-2】 已知分布函数为 $F(0)=0$，$F(1)=0.4$，$F(2)=1.0$，$F(x)$ 在 [0，1] 和 [1，2] 上是线性函数，使用来自 (0，1) 均匀分布的随机数 0.2，0.4，0.7，用逆变换法生成上面分布的三个模拟数，并计算三个模拟数的均值。

【解】 由题意知分布函数为：

$$F(x)=\begin{cases} 0, & x<0 \\ 0.4x, & 0 \leqslant x \leqslant 1 \\ 0.6x-0.2, & 1<x \leqslant 2 \\ 1, & x>2 \end{cases}$$

如果 $0<u\leqslant 0.4$，$F(x)=0.4x$；如果 $0.4<u\leqslant 1$，$F(x)=0.6x-0.2$。

因为模拟数为方程 $u=F(x)$ 的解，所以

由 $0.2=u_1=F(x_1)=0.4x_1$，得 $x_1=0.5$；

由 $0.4=u_2=F(x_2)=0.4x_2$，得 $x_2=1$；

由 $0.7=u_3=F(x_3)=0.6x_3-0.2$，得 $x_3=1.5$。

所以模拟值的样本均值为$\frac{0.5+1+1.5}{3}=1$。

（2）如果纵坐标 u 有多个原象（多个横坐标的函数值相等），由式（9.3），我们约定取数值最大的原象 x_0（横坐标）为对应的随机数（见图 9－1）。

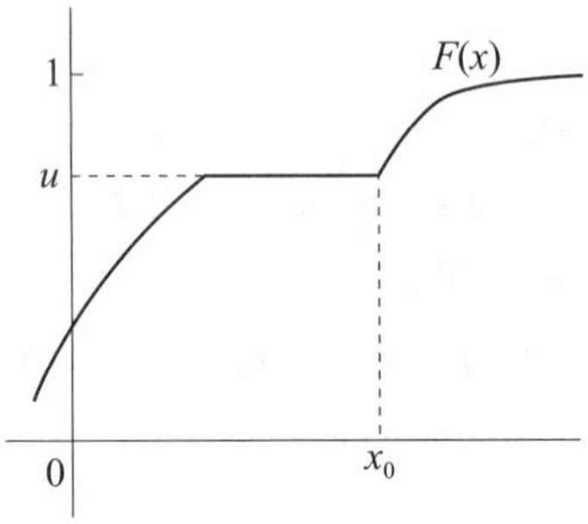

图 9－1　一种特殊情况下分位点的取法

【例 9－3】 假设 X 的分布函数为：

$$F_X(x)=\begin{cases}0.5x, & 0\leqslant x<1\\ 0.5, & 1\leqslant x<2\\ 0.5x-0.5, & 2\leqslant x<3\end{cases}$$

使用来自（0，1）均匀分布的随机数 0.3，0.5，0.9，用逆变换法生成上面分布的三个模拟数。

【解】 当 $u=0.3$ 时，由 $0.3=0.5x$ 得到第一个随机数为 0.6。

当 $u=0.5$ 时，取最大值 $x=2$ 作为第二个随机数。

当 $u=0.9$ 时，由 $0.9=0.5x-0.5$，得到第三个随机数为 2.8。

（3）如果纵坐标 u 没有对应的原象（u 不在分布函数的值域中），则取值域中大于 u 且最接近 u 的纵坐标 ν 的原象 x_1，即跳跃发生时的横坐标为对应的随机数（见图 9－2）。

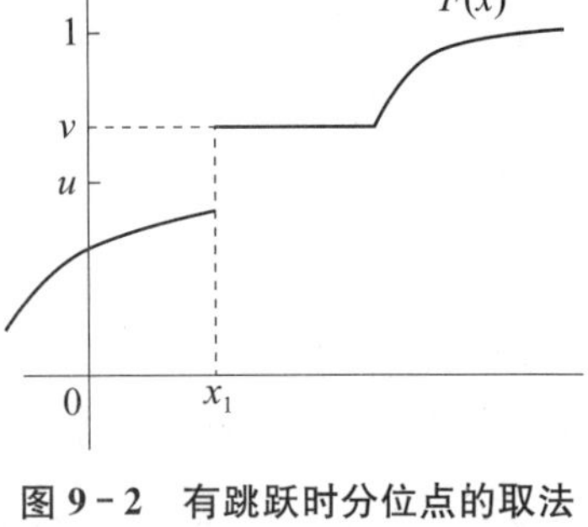

图 9－2　有跳跃时分位点的取法

【例9-4】假设 X 的分布函数为：

$$F_X(x)=\begin{cases}0.5x, & 0\leqslant x<1\\ 0.5+0.25x, & 1\leqslant x\leqslant 2\end{cases}$$

使用来自（0，1）均匀分布的随机数0.3，0.6，0.9，用逆变换法生成上面分布的三个模拟数。

【解】绘制 X 的分布函数图，如图9-3所示，0.3，0.6和0.9对应的随机数为0.6，1和1.6。

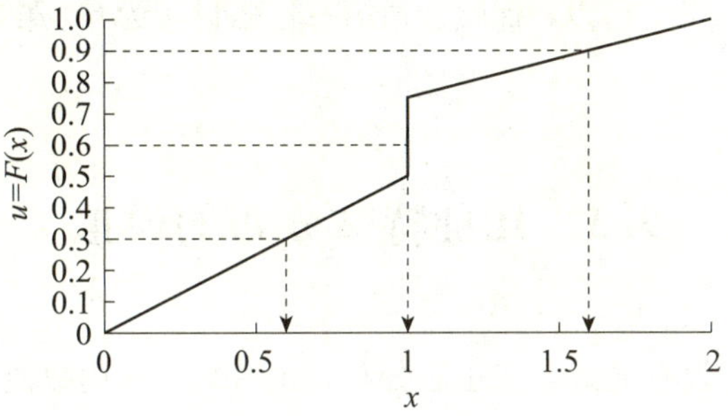

图9-3 X的分布函数图

(4) 离散型随机变量的模拟。离散型随机变量的分布函数是阶梯函数，针对这种特殊情形，把逆变换法具体改述如下：设随机变量 X 有概率分布 $P(X=x_j)=p_j(j=0,1,2,\cdots)$，其中，$p_0+p_1+p_2+\cdots=1$。对均匀分布随机数 u，只需找整数 j，满足 $\sum_{i=0}^{j-1}p_i\leqslant u<\sum_{i=0}^{j}p_i$，则 X 的模拟值取 x_j。例如，若 $u<p_0$，则 X 的模拟值取 x_0。若 $p_0\leqslant u<p_0+p_1$，则 X 的模拟值取 x_1。依此类推。

【例9-5】假设一个医疗保险合约涉及3个独立的被保险人，他们一年中总的看病次数服从 $n=3$，$p=0.9$ 的二项分布。设每次看病的医疗费用为 X，X 服从以下分布：

$$P(X=100)=0.9,\quad P(x=10\ 000)=0.1$$

3人每年的总医疗费用超过5 000元的部分由保险公司支付。

假设0.01，0.20为（0，1）均匀分布的随机数，用这两个数分别产生第一年和第二年的总看病次数。利用下列（0，1）均匀分布的随机数来产生每次看病的费用：0.80，0.95，0.70，0.96，0.54，0.01。请计算这两年内保险公司赔付额的总数的一个模拟结果。

【解】由题意知

$$p_0=P(N=0)=0.1^3=0.001,\quad p_1=P(N=1)=3\times 0.9\times 0.1^2=0.027$$

$$p_2=P(N=2)=3\times 0.9^2\times 0.1=0.243,\quad p_3=P(N=3)=0.9^3=0.729$$

$$p_0+p_1=0.028,\quad p_0+p_1+p_2=0.271$$

由于0.01满足 $p_0=0.001\leqslant 0.01<0.028=p_0+p_1$，因此，第一年总看病次数的模拟数是1，而0.2满足 $p_0+p_1=0.028\leqslant 0.2<0.271=p_0+p_1+p_2$，因此，第二年总看病次

数的模拟数是 2。

由于每次看病的医疗费用的分布函数为 $F_X(100)=0.9$，$F_X(10\ 000)=1$，根据离散型随机变量的逆变换法，由 $0.8<F_X(100)$知（0，1）均匀分布的随机数 0.8 对应的医疗费用的模拟数是 100。如果用 0.95 来生成费用的随机数，则由 $F_X(100)=0.9\leqslant0.95<1=F_X(10\ 000)$ 知模拟数取 10 000。同理，$0.7\leqslant0.9=F_X(100)$，所以 0.7 对应的模拟费用为 100。

根据每年总看病次数的模拟结果，第一年只需要一个费用模拟数，第二年需要两个费用模拟数，因此可以认为：在第一年，总看病次数为 1，费用为 100；在第二年，总看病次数为 2，费用为 10100。所以，保险公司第一年赔付额为 0，第二年赔付额为 10 100－5 000＝5 100。

9.3 几种特殊分布的模拟

有些分布的反函数没有显式，如正态分布，这时只能采用数值计算或其他方法。

9.3.1 离散混合分布随机变量

设 X_1，X_2，…，X_k的分布函数为F_{X_1}，F_{X_2}，…，F_{X_k}，随机变量 Y 等于 X_i的概率为 a_i，则 Y 的分布函数可写为：

$$F_Y(y)=a_1F_{X_1}(y)+a_2F_{X_2}(y)+\cdots+a_kF_{X_k}(y) \tag{9.4}$$

形如式（9.4）的分布函数称为离散混合分布函数。即使各分布函数F_{X_i}的逆变换容易求得，F_Y的逆变换也不容易求得。这时可采用两步法来生成 Y 的随机数。

第一步：用一个均匀分布随机数模拟产生离散随机变量 $J(P(J=j)=a_j)$的随机数 j。

第二步：用另一个均匀分布随机数，通过适当的方法（通常采用逆变换法）产生分布函数为$F_{X_j}(y)$的随机数，即为 Y 的随机数。

【例 9-6】 使用均匀分布随机数 0.45 和 0.76 产生下面的分布函数的随机数。

$$F(x)=0.3(1-e^{-0.02x})+0.5(1-e^{-0.04x})+0.2(1-e^{-0.05x})$$

【解】 首先，用一个均匀分布随机数模拟产生离散随机变量 $J(P(J=j)=a_j)$的随机数 j。如果 $0\leqslant u<0.3$，则产生随机数 1；如果 $0.3\leqslant u<0.8$，则产生随机数 2；如果 $0.8\leqslant u<1$，则产生随机数 3。在本例中，0.45 产生随机数 2。

其次，由 $0.76=1-e^{-0.04x}$产生 $x=-\ln(1-0.76)/0.04=35.68$。

9.3.2 正态分布的模拟

1. 标准正态分布随机数

正态分布函数的反函数不易求得解析表达式，因此不宜采用反函数法。鉴于正态分布在统计理论中具有重要地位，在数理统计理论和实践中常常将标准正态分布的分布函数做成表格。利用标准正态分布表和均匀分布随机数表就可得到标准正态分布的随机数。具体步骤为：首先得到［0，1］均匀分布的随机数 u，然后在标准正态分布函数表中找到使 $\Phi(z)=u$ 成立的 z 值，则此 z 是标准正态分布函数的一个随机数。这种方法也可在计算机上使用，但产生的随机数不能很好地拟合正态分布的尾部。

此外，Box-Muller 法和极方法都可以直接用于产生正态分布随机数。Box-Muller 法首先生成两个伪随机数 u_1 和 u_2，然后令

$$x_1=\sqrt{-2\ln(u_1)}\cos(2\pi u_2),\quad x_2=\sqrt{-2\ln(u_1)}\sin(2\pi u_2) \tag{9.5}$$

则 x_1 和 x_2 是两个独立的、服从标准正态分布的随机数。

Box-Muller 法的原理是，由式（9.5）可以推出以下关系式：

$$u_1=e^{-\frac{1}{2}(x_1^2+x_2^2)},\quad u_2=\frac{1}{2\pi}\arctan\left(\frac{x_2}{x_1}\right)$$

则

$$\frac{\partial u_1}{\partial x_1}=-x_1e^{-\frac{1}{2}(x_1^2+x_2^2)},\quad \frac{\partial u_1}{\partial x_2}=-x_2e^{-\frac{1}{2}(x_1^2+x_2^2)}$$

$$\frac{\partial u_2}{\partial x_1}=\frac{1}{2\pi}\frac{1}{1+\left(\frac{x_2}{x_1}\right)^2}\left(-\frac{x_2}{x_1^2}\right),\quad \frac{\partial u_2}{\partial x_2}=\frac{1}{2\pi}\frac{1}{1+\left(\frac{x_2}{x_1}\right)^2}\left(\frac{1}{x_1}\right)$$

这时变换的 Jacobi 行列式为：

$$\left(\frac{\partial u_1}{\partial x_1}\frac{\partial u_2}{\partial x_2}-\frac{\partial u_1}{\partial x_2}\frac{\partial u_2}{\partial x_1}\right)=-\frac{1}{2\pi}e^{-\frac{1}{2}(x_1^2+x_2^2)}$$

由于 U_1，U_2 服从［0，1］上独立的均匀分布，可知 X_1，X_2 的联合概率密度为：

$$\frac{1}{2\pi}e^{-\frac{1}{2}(x_1^2+x_2^2)}=\frac{1}{\sqrt{2\pi}}e^{-\frac{x_1^2}{2}}\frac{1}{\sqrt{2\pi}}e^{-\frac{x_2^2}{2}}$$

即 X_1，X_2 是相互独立的 $N(0,1)$ 随机变量。

极方法实际上是 Box-Muller 法的特例。首先生成在［0，1］区间上均匀分布的随机数 u_1 和 u_2，令 $x_i=2u_i-1(i=1,2)$，$w=x_1^2+x_2^2$。若 $w>1$，重新产生 u_1 和 u_2，否则，令 $y=\sqrt{-2\ln(w)/w}$：

$$z_1=x_1y,\quad z_2=x_2y \tag{9.6}$$

则 z_1，z_2 是相互独立、服从 $N(0,1)$ 的随机数。

虽然极方法涉及更多的计算，但极方法优于 Box-Muller 法和查表法。

若要生成均值为 μ，方差为 σ^2 的正态分布随机数，可先得到标准正态分布的随机数，然后将该数字乘以 σ 并加上 μ，即可得到 $N(\mu,\sigma^2)$ 随机变量的随机数。

【例 9-7】 设 $u_1=0.35$ 和 $u_2=0.62$，使用查表法、Box-Muller 法和极方法模拟标准正态分布的随机数。

【解】(1) 查正态分布表可得 $z_1=-0.385$，$z_2=0.305$。

(2) $z_1=\sqrt{-2\ln(0.35)}\cos(2\pi\times 0.62)=-1.056$

$z_2=\sqrt{-2\ln(0.35)}\sin(2\pi\times 0.62)=-0.992$

(3) $x_1=2\times 0.35-1=-0.3$，$x_2=2\times 0.62-1=0.24$

$w=(-0.3)^2+(0.24)^2=0.1476$，$y=\sqrt{-2\ln(0.1476)/0.1476}=5.092$

$z_1=-0.3\times 5.092=-1.528$，$z_2=0.24\times 5.092=1.222$

2. 多元正态分布随机数

设 $X=(X_1, X_2, \cdots, X_n)^{\mathrm{T}}$ 是 n 元正态随机向量，即 X 服从分布 $N(\mu, \Sigma)$，其中，μ 为均值向量，Σ 为协方差矩阵。设 $Z=(Z_1, Z_2, \cdots, Z_n)^{\mathrm{T}}$ 是 n 元标准正态随机向量，服从分布 $N(0, I)$，其中，I 为单位矩阵，即 Z 的 n 个分量独立同分布于 $N(0, 1)$。

由于任意随机向量的协方差矩阵都是非负定矩阵，如果假设 Σ 为满秩矩阵，则 Σ 为正定矩阵，根据线性代数中的 Cholesky 分解知，存在下三角矩阵 L，使得 $\Sigma=LL^{\mathrm{T}}$。

由于正态随机变量的线性组合仍是正态随机变量，且根据 $E(LZ+\mu)=LE(Z)+\mu$，$\mathrm{Var}(LZ+\mu)=L\mathrm{Var}(Z)L^{\mathrm{T}}=LL^{\mathrm{T}}$可知 $W=LZ+\mu$ 服从分布 $N(\mu,\Sigma)$。

产生 $N(\mu, \Sigma)$随机向量的算法如下：

(1) 产生 n 个独立同分布的标准正态随机变量。

(2) 将协方差矩阵 Σ 进行 Cholesky 分解，得到下三角矩阵 L，满足 $\Sigma=LL^{\mathrm{T}}$。

(3) 令 $X=LZ+\mu$。

Cholesky 分解有固定的公式，但在二元情况下可以用下面的构造法得到。

【例 9-8】二元正态分布的模拟：设 $X=(X_1, X_2)^{\mathrm{T}}$服从二元正态分布 $N(\mu, \Sigma)$，其中，$\mu=(\mu_1, \mu_2)^{\mathrm{T}}$，$\Sigma=\begin{bmatrix}\sigma_{11} & \sigma_{12}\\ \sigma_{21} & \sigma_{22}\end{bmatrix}$，$\sigma_{12}=\sigma_{21}$，$Z=(Z_1, Z_2)^{\mathrm{T}}$是二元标准正态随机向量，试将 X 表示为 Z_1，Z_2的线性函数。

【解】假设 $X_1=\sqrt{\sigma_{11}}Z_1+\mu_1$，则 $E(X_1)=\mu_1$，$\mathrm{Var}(X_1)=\sigma_{11}$。令 $X_2=aZ_1+bZ_2+\mu_2$，则 $\mathrm{Cov}(X_1, X_2)=a\sqrt{\sigma_{11}}\sigma_{11}=\sigma_{12}$，$\mathrm{Var}(X_2)=a^2+b^2=\sigma_2^2$。

由此可得，$a=\sigma_{12}\sigma_{11}^{-\frac{3}{2}}$，$b=(\sigma_2^2-\sigma_{12}^2\sigma_{11}^{-3})^{\frac{1}{2}}$。

Cholesky 分解在常用的软件中可以自动完成，但二元情况下的构造法实际上是在考察多元正态分布的一阶矩和二阶矩的性质。

9.3.3 利用函数变换生成分布随机数

在第 2 章的学习中，我们已经知道，通过对随机变量 X 经过数乘、幂变换、指数变换得到新的随机变量 Y。因此我们通过对 X 的随机数进行函数变换产生 Y 的随机数。

定理 9-1 设随机变量 X 有密度函数 $p(x)$，$Y=g(X)$ 是 X 的函数，函数 $g(\cdot)$ 有反函数 $x=g^{-1}(y)=h(y)$，$h(y)$ 有一阶连续导数，则 Y 的密度函数为：

$$f(y)=p(h(y))\cdot|h'(y)|$$

定理 9-2 设随机变量 (X, Y) 具有联合密度函数 $p(x, y)$，令

$$\begin{cases} u=g_1(x,y) \\ v=g_2(x,y) \end{cases}$$

设 $(u, v)=(g_1(x, y), g_2(x, y))$ 的逆变换存在唯一，记为

$$\begin{cases} x=h_1(u,v) \\ y=h_2(u,v) \end{cases}$$

设 h_1，h_2 的一阶偏导数存在，逆变换的 Jacobi 行列式

$$J=\begin{vmatrix} \dfrac{\partial x}{\partial u} & \dfrac{\partial x}{\partial v} \\ \dfrac{\partial y}{\partial u} & \dfrac{\partial y}{\partial v} \end{vmatrix} \neq 0$$

则随机向量 (U, V) 的联合密度为：

$$f(u,v)=p(h_1(u,v),h_2(u,v)) \cdot |J|$$

根据这两个定理，如果我们已知有些分布之间的关系，可以利用这些关系产生随机数。以下是几个常见例子：

(1) 二项分布 $B(n, p)$ 是 n 个贝努利分布 $b(1, p)$ 之和，可以产生 n 个贝努利 $b(1, p)$ 随机数，然后求和得到二项分布随机数。

(2) 如果 U 是服从标准均匀分布 $U(0, 1)$ 的随机数，则 $X=a+(b-a)U$ 是服从 $U(a, b)$ 分布的随机数；如果 Z 是服从标准正态分布的随机数，则可以用 $X=\mu+\sigma Z$ 产生服从 $N(\mu, \sigma^2)$ 分布的随机数。

(3) n 个独立的均值为 θ 的指数分布随机变量的和服从伽马分布，设 U_1，U_2，…，U_n 为独立 $U(0, 1)$ 随机变量，令 $X=-\theta\sum\ln(1-U_i)$，则 X 服从参数为 n，θ 的伽马分布。

(4) 随机变量 X 服从参数为 1 的指数分布的随机数，令 $Y_1=X^{-1}$，$Y=\theta X^{-1}$，则根据数乘变换，$F_Y(y)=P(\theta X^{-1}\leqslant y)=P\left(X^{-1}\leqslant\dfrac{y}{\theta}\right)=1-\mathrm{e}^{-\frac{\theta}{y}}$，$Y$ 是参数为 θ 的逆指数分布随机数。用类似的方法，可以生成逆伽马分布、逆高斯分布的随机数。

(5) 如果 Z 是服从 $N(\mu, \sigma^2)$ 分布的随机数，$\exp(Z)$ 是服从对数正态分布的随机数。

(6) 如果 Z_1，Z_2，…，Z_n 是独立同标准正态分布的随机数，则 $X=Z_1^2+Z_2^2+\cdots+Z_n^2$ 是服从 $\chi^2(n)$ 分布的随机数。若 $Y\sim N(0, 1)$，$Z\sim\chi^2(n)$，且 Y 与 Z 相互独立，则 $X=Y/\sqrt{Z}$ 服从 $t(n)$ 分布。若 $Y\sim\chi^2(n_1)$，$Z\sim\chi^2(n_2)$，且 Y 与 Z 相互独立，则 $X=\dfrac{\dfrac{Y}{n_1}}{\dfrac{Z}{n_2}}$ 服从 $F(n_1, n_2)$ 分布。

【例 9-9】 试生成参数为 $\mu=3.0$，$\sigma^2=4.0$ 的对数正态分布的 4 个随机观察值。

【解】先生成标准正态分布随机数，然后经过参数变换生成相关正态分布随机数，最后对结果进行指数变换就可得到对数正态分布随机数。

表 9-1 给出了生成 4 个对数正态分布随机数的上述各步骤的中间结果。

表 9-1 对数正态分布随机数的生成

随机数	标准正态分布随机数	正态分布随机数	对数正态分布随机数
0.215 1	−0.789	1.423	4.15
0.073 8	−1.448	0.103	1.11
0.375 6	−0.317	2.366	10.65
0.420 1	−0.202	2.597	13.42

9.4 模拟样本的容量问题

模拟的次数取决于问题的精度要求，一般而言，精度要求越高，模拟次数就越多。如抛硬币的古典试验，试验次数越多，频率越接近真实的概率分布。

通常的基本要求是模拟得到的样本均值至少能在精度要求内接近总体均值，这时就需要知道样本均值的分布或近似分布，而样本均值的分布并不容易计算，因此往往利用它的近似分布。如果总体的均值或方差存在且样本是独立同分布的，则由中心极限定理知，样本均值的分布函数是收敛于正态分布的，即当样本数 n 很大时，有 $\sqrt{n}\left(\frac{\overline{X}-\mu}{\sigma}\right)$ 的分布近似于 $N(0,1)$，其中，$\overline{X}=\sum_{i=1}^{n}X_i/n$，$\mu$ 为总体均值，σ^2 为总体方差。

【例 9-10】假设随机变量 X 的均值为 μ，方差为 σ^2。如果想通过模拟来估计 μ，要求估计与真值的相对误差小于 5%的概率为 0.9。求所需的模拟次数。

【解】根据题意知，模拟次数应当满足 $P(|\overline{X}-\mu|\leqslant 0.05\mu)=0.9$。

由 $P(|\overline{X}-\mu|\leqslant 0.05\mu)=P\left(\left|\sqrt{n}\left(\frac{\overline{X}-\mu}{\sigma}\right)\right|\leqslant 0.05\frac{\mu}{\sigma}\sqrt{n}\right)$可得

$$P\left(\sqrt{n}\left(\frac{\overline{X}-\mu}{\sigma}\right)\leqslant 0.05\frac{\mu}{\sigma}\sqrt{n}\right)=0.95$$

$$0.05\frac{\mu}{\sigma}\sqrt{n}=\Phi^{-1}(0.95)=1.645$$

其中，$\Phi^{-1}(0.95)$ 为 $N(0,1)$ 的 0.95 分位点。所以可得

$$n=\left(\frac{1.645}{0.05}\right)^2\left(\frac{\sigma}{\mu}\right)^2$$

例 9-10 的条件可以改为：估计值与真值的绝对误差小于 5%的概率为 0.9，即 $P(|\overline{X}-\mu|\leqslant 0.05)=0.9$；或者相对误差小于 1%的概率为 0.9，即 $P(|\overline{X}-\mu|\leqslant 0.01\mu)=$

0.9，则 $n=\left(\frac{1.645}{0.01}\right)^2\left(\frac{\sigma}{\mu}\right)^2$；或者相对误差小于 5% 的概率为 0.95，即 $P(|\overline{X}-\mu|\leqslant 0.05\mu)=0.95$，则 $n=\left(\frac{1.96}{0.05}\right)^2\left(\frac{\sigma}{\mu}\right)^2$，1.96 是标准正态分布的 0.975 分位点。

【例 9-11】一所学校有 100 名住校生，每人去图书馆自习的概率都为 80%。如果要保证 99%去图书馆上自习的同学都有座位，则图书馆至少应设多少个座位？

【解】令 $X_i=\begin{cases}1, & \text{第 } i \text{ 名同学去图书馆}\\0, & \text{第 } i \text{ 名同学没有去图书馆}\end{cases}$，则 $E(X_i)=0.8$，$\mathrm{Var}(X_i)=0.2\times 0.8=0.16$。令 $\overline{X}=\sum\limits_{i=1}^{100}X_i/100$，则 $10\left(\frac{\overline{X}-0.8}{\sqrt{0.16}}\right)$的分布近似于 $N(0, 1)$。

若要满足 $P(\sum\limits_{i=1}^{100}X_i\leqslant n)\geqslant 0.99$，则有

$$P(\sum_{i=1}^{100}X_i\leqslant n)=P\left(\frac{\sum\limits_{i=1}^{100}X_i-100\times 0.8}{\sqrt{100\times 0.8\times 0.2}}\leqslant\frac{n-100\times 0.8}{\sqrt{100\times 0.8\times 0.2}}\right)$$
$$\approx\Phi\left(\frac{n-100\times 0.8}{\sqrt{100\times 0.8\times 0.2}}\right)\geqslant 0.99$$

查表得$\frac{n-80}{4}\geqslant 2.33$，$n\geqslant 89.32$，所以图书馆至少应设 90 个座位。

【例 9-12】设 X 服从帕累托分布，$\alpha=3$，$\theta=1\ 000$，使用随机模拟法估计均值、$F_X(1\ 000)$ 以及 $\pi_{0.9}$，若要保证估计值与真值的相对误差小于1%的概率为 0.95，至少需要模拟多少次？

【解】根据帕累托分布的性质可知在上述参数下

$$\mu=500,\quad F_X(1\ 000)=0.875,\quad \pi_{0.9}=1.154\ 43$$

假设我们并不知道这些真实值，只能通过模拟产生近似值。

(1) μ 的无偏估计量是$\overline{X}$，精度要求 $P(|\overline{X}-\mu|\leqslant 0.01\mu)=0.95$，由中心极限定理可得

$$P\left(\sqrt{n}\left|\frac{\overline{X}-\mu}{\sigma}\right|\leqslant 0.01\frac{\mu}{\sigma}\sqrt{n}\right)=0.95$$

因此，$0.01\frac{\mu}{\sigma}\sqrt{n}=1.96$，推出 $n\geqslant 38\ 416(\sigma/\mu)^2$。

假设我们不知道 σ，μ 的具体值，只能通过随机模拟产生，则样本量为：

$$n\geqslant\frac{38\ 416\ s^2}{\bar{x}^2}$$

式中，s^2 是样本方差。

(2) 对于 $F_X(1\ 000)$，它的经验估计为 P_n/n，P_n是小于等于 1 000 的观测值个数。由中心极限定理知，P_n/n 近似服从均值为 $F_X(1\ 000)$，方差为 $F_X(1\ 000)(1-F_X$

$(1\ 000))/n$ 的正态分布。因此用 P_n/n 估计 $F_X(1\ 000)$ 的样本量为：

$$n \geqslant 38\ 416\ \frac{(P_n/n)(1-P_n/n)/n}{(P_n/n)^2}=38\ 416\ \frac{1-P_n/n}{P_n}$$

(3) 设 Y_1，Y_2，…，Y_n ($Y_1 \leqslant Y_2 \leqslant \cdots \leqslant Y_n$) 是 n 个模拟值从小到大排列的次序统计量，对于 $\pi_{0.9}$，它的经验估计为 $Y_{[0.9n+0.5]}$。要保证估计值与真值的相对误差小于 1%的概率为 0.95，则

$$0.95=P(Y_a \leqslant \pi_{0.9} \leqslant Y_b)$$

a 是满足小于等于 $0.9n+0.5-1.96\sqrt{0.9\times 0.1/n}$ 的最大整数，b 是满足大于等于 $0.9n+0.5+1.96\sqrt{0.9\times 0.1/n}$ 的最小整数。当条件 $\pi_{0.9}-Y_a \leqslant 0.01\pi_{0.9}$，$Y_b-\pi_{0.9} \leqslant 0.01\pi_{0.9}$ 满足时，达到模拟的精度。

9.5 模拟在精算模型中的应用举例

本节以例题的方式给出一些模拟在精算模型中的应用，这些内容只是在前面模拟的基本方法中加入了保险的背景。

【例 9-13】 保险公司对于一个剧院因供电故障造成的损失提供 4 个月的保险服务。

(1) 每月有 1 000 元的免赔额。

(2) 保险公司假设这个剧院每月的损失相互独立，且服从均值为 1 500、标准差为 200 的正态分布。

(3) 为了模拟这 4 个月的保险赔付费用，保险公司运用逆变换方法（小的随机数对应低的赔付费用）。

(4) 从 (0，1) 中随机抽取的 4 个数分别为：0.543 8，0.113 1，0.001 3，0.791 0。计算保险公司模拟支付的赔付费用。

【解】 根据逆变换方法，由 (0，1) 均匀分布的随机数 u，通过查表可以得到模拟的标准正态分布 Z 的值 z，这里 $P(Z<z)=u$。所以从已知的 4 个随机数，可以得到 4 个标准正态分布的模拟随机数，见表 9-2。

表 9-2 标准正态分布的模拟随机数

U	0.543 8	0.113 1	0.001 3	0.791 0
Z	0.11	−1.21	−3.01	0.81

由于损失 X 服从均值为 1 500、标准差为 200 的正态分布，因此，若令 $X=200Z+1\ 500$，可得到模拟的损失随机数：1 522，1 258，898，1 662。

扣除免赔额，保险公司的最终赔付额（单位：元）为：522，258，0，662。

于是，这 4 个月的总赔付额为 1 442 元。

【例 9-14】 对复合总索赔额 S 进行模拟，首先进行索赔次数的模拟，然后进行索赔

额的模拟。逆变换法用于索赔次数和索赔额的模拟（小的模拟值对应少的索赔次数和低的索赔额）。索赔次数服从 $m=5$，$p=0.5$ 的二项分布。索赔额服从均值为 2 000、方差为 20 000 000 的帕累托分布。均匀随机数 0.3 用于对索赔次数的模拟，使用 0.1，0.7，0.5，0.3 中尽可能多的数进行索赔额的模拟。求 S 的模拟值。

【解】 索赔次数服从 $m=5$，$p=0.5$ 的二项分布，如表 9-3 所示。

表 9-3 索赔次数 $m=5$，$p=0.5$ 的二项分布

K	0	1	2	3	4	5
$f(k)$	0.031 25	0.156 25	0.312 50	0.312 50	0.156 25	0.031 25
$F(k)$	0.031 25	0.187 50	0.500 00	0.812 50	0.968 75	1.000 00

若用随机数 0.3 进行模拟，由于 $F(1)=0.187\ 5\leqslant 0.3<F(2)=0.500$，根据离散分布的模拟数产生原理可得索赔次数的模拟值为 2，因此要模拟两个索赔额。

由附录 3 知参数为 α 和 θ 的帕累托分布的均值为 $E(X)=\dfrac{\theta}{\alpha-1}$，二阶矩为 $E(X^2)=\dfrac{2\theta^2}{(\alpha-1)(\alpha-2)}$，所以方差为：

$$\begin{aligned}\operatorname{Var}(X)&=E(X^2)-(E(X))^2=\frac{2\theta^2}{(\alpha-1)(\alpha-2)}-\left(\frac{\theta}{\alpha-1}\right)^2\\&=\frac{\alpha\theta^2}{(\alpha-1)^2(\alpha-2)}\end{aligned}$$

根据题意知

$$E(X)=\frac{\theta}{\alpha-1}=2\ 000,\quad \operatorname{Var}(X)=\frac{\alpha\theta^2}{(\alpha-1)^2(\alpha-2)}=20\ 000\ 000$$

解得 $\alpha=2.5$，$\theta=3\ 000$。

因此，帕累托分布的分布函数为：

$$F(x)=1-\left(\frac{\theta}{x+\theta}\right)^{2.5}=1-\left(\frac{3\ 000}{x+3\ 000}\right)^{2.5}$$

对于给定的均匀随机数 u，索赔额的模拟值为 x，并且有 $u=F(x)$。

对于 $u=0.1$，有 $0.1=1-\left(\dfrac{3\ 000}{x_1+3\ 000}\right)^{2.5}$，得 $x_1=129$。

对于 $u=0.7$，有 $0.7=1-\left(\dfrac{3\ 000}{x_2+3\ 000}\right)^{2.5}$，得 $x_2=1\ 856$。

所以，总索赔额 S 的模拟值为 $129+1\ 856=1\ 985$。

【例 9-15】 模拟一个连续盈余过程。假设保险事故的发生服从频率为 2 的泊松分布，理赔额 Y 服从帕累托分布，帕累托分布的参数 $\alpha=2$，$\theta=1\ 000$。初始盈余为 1 000，安全附加为 0.2。保费的收取是连续的，当盈余为负时过程终止。

假设有 (0，1) 均匀分布的随机数：0.83，0.54，0.48，0.14。请用逆变换方法模拟理赔的时间间隔（小的随机数对应较短的时间间隔）。

假设另有（0，1）均匀分布的随机数：0.89，0.36，0.70，0.61。请用逆变换方法模拟理赔强度（小的随机数对应较少的理赔额），根据模拟结果计算在时刻 1 的盈余。

【解】 由泊松分布的性质知，保险事故发生的时间间隔服从均值为 1/2 的指数分布。

设模拟得到的时间间隔为 t_i，则有

$$u_i=F(t_i)=1-e^{-2t_i}, \quad t_i=-\frac{1}{2}\ln(1-u_i)$$

因此得到

$$t_1=-\frac{1}{2}\ln(1-u_1)=0.89, \quad t_2=-\frac{1}{2}\ln(1-u_2)=0.39$$

这样，第二次理赔发生在时刻 1 之后，所以只需考虑第一次理赔即可。

设模拟得到的理赔强度为 x，则

$$u=F(x)=1-\left(\frac{\theta}{\theta+x}\right)^{\alpha}=1-\left(\frac{1\,000}{1\,000+x}\right)^{2}$$

$$x=1\,000\sqrt{\frac{1}{1-u}}-1\,000=1\,000\sqrt{\frac{1}{1-0.89}}-1\,000=2\,015$$

由于期望保费为 $\lambda E(Y)$，其中，$\lambda=2$，$E(Y)=1\,000$，则期望保费为 $2\times1\,000=2\,000$。由于安全附加为 0.2，费率为 $1.2\times2\,000=2\,400$。又由于初始盈余为 1 000，因此时刻 1 的盈余为 $1\,000+2\,400-2\,015=1\,385$。

【例 9-16】 模拟一个复合分布的赔付。

（1）索赔次数 N 服从二项分布 $P(N=k)=\binom{3}{k}p^k(1-p)^{3-k}$，均值为 1.8。

（2）赔付额均匀分布于{1，2，3，4，5，6，7，8}。

（3）赔付额相互独立，且与索赔次数相互独立。

（4）模拟索赔次数 N，以及各次赔付的赔付额 X_1，X_2，…，X_N。然后再模拟另一个 N，以及赔付额……直至得到满意的模拟数量。

（5）当模拟的索赔次数达到 9 后，不再模拟赔付额。

（6）所有模拟运用逆变换法，小的随机数对应较小的值。

（7）得到（0，1）均匀分布的随机数为：0.5，0.1，0.7，0.3，0.4，0.7，0.5，0.9，0.3，0.1。计算第三次模拟 N 得到的总的赔付额。

【解】 根据题意，因为 $1.8=3p$，所以 $P(N=k)=\binom{3}{k}(0.6)^k(0.4)^{3-k}$，由此可知 N 的分布如表 9-4 所示。

表 9-4 N 的分布

N	0	1	2	3
P	0.064	0.288	0.432	0.216
F	0.064	0.352	0.784	1.0

第一个 N 对应的随机数为 0.5，$0.352<0.5<0.784$，所以对应 2 次理赔，得到模拟赔付额 0.1 和 0.7。

第二个 N 对应的随机数为 0.3，$0.064<0.3<0.352$，所以对应 1 次理赔，得到模拟赔付额 0.4。

第三个 N 对应的随机数为 0.7，$0.352<0.7<0.784$，所以对应 2 次理赔，得到模拟赔付额 0.5 和 0.9。

又因为赔付额的分布为 $F(x)=\frac{x}{8}$，$p(x)=\frac{1}{8}$，所以有 $0.5=\frac{4}{8}$，即第一次赔付额为 5；同理，有 $\frac{7}{8}<0.9<1$，即第二次赔付额为 8；于是，第三次模拟的 N 对应的总赔付额为 13。

9.6 随机模拟在统计分析中的应用

9.6.1 在假设检验中的应用

一般来说，对于一个假设检验问题，首先是根据实际问题的要求提出统计假设 H_0，然后推断所提出的统计假设 H_0 是否正确。为了判断是接受还是拒绝假设 H_0，需要构造一个适用于检验假设 H_0 的统计量，记为 W。这个统计量是随机变量，如果有一个样本数据，则可以得到统计量 W 的一个观测值 w。

此外，由于只能在接受和拒绝中做出一个较为合理的判断，因此要给定一个检验临界值 c，根据问题需要由 $w>c$，$w<-c$，$c\geqslant w\geqslant -c$ 三种不同情况来决定接受还是拒绝假设 H_0。除了设定检验临界值的方式，还可以通过一个概率值 p 来判断是接受还是拒绝假设 H_0。如果给定检验显著性水平 α，当 $p<\alpha$ 时就拒绝假设 H_0。

可用以下常见情形简要说明这两种方式之间的关系。如果给定一个检验临界值 c，当 $w>c$ 时就拒绝假设 H_0，这时概率值 p 与检验临界值 c 的关系是：如果假设 H_0 为真，检验统计量 W 有一个分布，则 $p=P_{H_0}(W\geqslant w)$，$\alpha=P_{H_0}(W\geqslant c)$。

若假设 H_0 为真，在计算概率值 p 时需要知道检验统计量 W 的分布，但是在很多情况下，W 的分布是无法从理论上推导的。所以可以用两种方式来近似计算概率值 p：一种是求 W 分布的一个近似分布 F，如果这个近似分布有显式表达，则可以用 $1-F(w)$ 代替概率值 p；另一种则是用模拟的方法，通过直接产生与 W 同分布的随机数计算 p 值。显然，如果得到近似分布，则余下的工作容易处理，但是推导合适的近似分布很困难，而且近似的精度也不好控制。模拟的方法能弥补近似分布法的缺点，但算法可移植性差，H_0 稍有变化就要重新计算。下面主要讨论在拟合优度检验中，当统计量 W 的精确分布难以推导时，如何计算 p 值。

考虑以下假设检验问题：

$$H_0: F(x)=F_0(x), \quad H_1: F(x) \neq F_0(x) \tag{9.7}$$

在第 7 章中，我们已知对于假设检验问题（9.7）有两种常用的检验统计量可用来判断是接受还是拒绝原假设 H_0。

1. χ^2拟合优度检验

χ^2拟合优度检验统计量为：

$$W=\sum_{i=1}^{k} \frac{(N_i-n p_i)^2}{n p_i} \tag{9.8}$$

当假设 H_0为真时，可证明统计量 W 的分布会收敛于自由度为 $k-1$ 的 χ^2分布，所以可以将这个 χ^2分布作为 W 的分布的近似。当检验显著性水平 α 取 0.05 时，通过查表可知自由度为 $k-1$ 的 χ^2分布的 0.95 分位点的精确取值，这个值就是检验临界值 c 的近似。对于给定的 n 个数据，每个 N_i对应一个观测值，最后可以得到统计量 W 的一个观测值 w，从理论上讲，当 $w>c$ 时就拒绝假设 H_0，所以近似的 $w>\chi^2_{0.05}(k-1)$ 时就拒绝假设 H_0。这种方法就是近似分布法，对于不同的 k 和 α，可以通过查表很快地得到近似检验临界值$\chi^2_\alpha(k-1)$。

但是当观测值 w 很接近临界值 c 时，近似误差可能造成误判，所以有时需要精度更高的近似。模拟方法可以给出概率值 $p=P_{H_0}(W\geqslant w)$ 的更好的近似，具体步骤如下：

（1）生成 n 个与 X 独立同分布的随机数，令$N_i^{(1)}$表示 n 个随机数中取值为 i 的个数，其中上标（1）表示第一次模拟。

（2）计算 $W^{(1)}=\sum_{i=1}^{k} \frac{(N_i^{(1)}-n p_i)^2}{n p_i}$。

（3）重复步骤（1）和步骤（2）r 次，可得 $W^{(1)}$，$W^{(2)}$，…，$W^{(r)}$。

所以，$p=P_{H_0}(W\geqslant w) \approx \frac{\#\{j: W^{(j)}>w, j=1, 2, \cdots, r\}}{r}$。

从本质上讲，若来自原分布的随机数足够多，则可以反映分布的所有信息，所以 r 越大，近似精度也就越高。步骤（1）相当于生成离散分布的随机数（见 9.2 节）。由模拟步骤可知，若假设 H_0已知，即待检验的总体分布已知，则在构造好合理的检验统计量的情况下，随机模拟方法与 χ^2分布无关。

原则上，给定检验显著性水平 α，无论是模拟产生与 X 同分布的随机数来确定检验临界值 c，还是确定概率值 $p=P_{H_0}(W\geqslant w)$，没有太大区别。

2. K-S 检验

K-S 检验统计量为：

$$D=\max_{i=1,2,\cdots,n}\{|F_n(y_{i-1})-F_0(y_i)|, |F_n(y_i)-F_0(y_i)|\} \tag{9.9}$$

式中，$F_n(x)$ 是经验分布函数。H_0为真时，Y_1，Y_2，…，Y_n独立同分布于 $F_0(x)$，虽然统计量 D 的分布无法显式表达，但如果连续分布 $F_0(x)$ 已知，那么从 $F_0(x)$ 中产生模拟随机数是可行的，因此采用随机模拟的方法计算出当假设 H_0 为真时的概率值 $p=P_{F_0}(D\geqslant d)$，其中，d 是原始样本观测值。y_1，y_2，…，y_n代入式（9.9）得到的统计量 D 的样本观测值。

具体来说，当 H_0 为真时，将这些模拟观测值 $y_1^{(i)}$，$y_2^{(i)}$，…，$y_n^{(i)}$（i 表示第 i 次模拟）代入式（9.9），可以得到统计量 D 的模拟观测值 $D^{(i)}$，最后可得 $p=P_{F_0}(D\geqslant d)\approx\frac{\#\{j:D^{(j)}>d,j=1,2,\cdots,r\}}{r}$（$r$ 表示共模拟 r 次）。

如果假设检验问题（9.7）中的 F_0 中含有未知参数，则模拟步骤中无法产生与 F_0 同分布的随机数。可采用下列常用的方法：

（1）根据原始的样本观测值估计未知参数，得到一个已知的分布 F_1。

（2）将原始的样本观测值和已知的分布 F_1 代入检验统计量中，计算出一个样本观测值 w。

（3）生成 n 个独立同分布于 F_1 的随机数，用它们重新估计未知参数，得到一个已知的分布 F_2，将模拟观测值和分布 F_2 代入检验统计量中，计算出一个模拟观测值 $W^{(1)}$。例如，生成的 n 个独立同分布于 F_1 的随机数为 $y_1^{(1)}$，$y_2^{(1)}$，…，$y_n^{(1)}$，估计的分布为 F_2，K-S 检验统计量的值为 $D=\max\limits_{i=1,2,\cdots,n}\{|F_n(y_{i-1}^{(1)})-F_2(y_i^{(1)})|,|F_n(y_i^{(1)})-F_2(y_i^{(1)})|\}$。

（4）重复步骤（3）r 次，可得 $W^{(1)}$，$W^{(2)}$，…，$W^{(r)}$。

最后得到近似 p 值，$p\approx\frac{\#\{j:W^{(j)}>w,j=1,2,\cdots,r\}}{r}$。

有两点需要说明：一是这种替代方法在统计中很常用，但证明算法的性能很困难，主要看应用效果。二是含有未知参数时，近似分布法仍然有效，即当未知参数个数为 m 时，相应的 χ^2 分布自由度取 $k-m-1$。

本小节的内容看似复杂，但如果去除假设检验的背景知识，仅从模拟的角度来看，只相当于这样一个问题：假设已知随机变量 X_1，X_2，…，X_n 独立同分布于 $F(x)$，且已知函数 $g(x_1,x_2,\cdots,x_n)$，但随机变量 $Y=g(X_1,X_2,\cdots,X_n)$ 的分布未知，若给定一个常数 w，求 $P(Y>w)$。

通过模拟得到服从 $F(x)$ 的随机数，代入函数 g 中可得到与 Y 同分布的随机数，再计算频率就可以近似得到概率值 $P(Y>w)$。

9.6.2 自助法计算 MSE

我们先来看如下两个问题：

（1）假设随机变量 X_1，X_2，…，X_n 独立同分布于 $F(x)$，且已知函数 $g(x_1,x_2,\cdots,x_n)$ 和函数 $F(x)$ 的具体形式，但随机变量 $Y=g(X_1,X_2,\cdots,X_n)$ 的分布未知，计算 $\mathrm{Var}(g(X_1,X_2,\cdots,X_n))$。

（2）假设随机变量 X_1，X_2，…，X_n 独立同分布于 $F(x)$，且已知一个样本观测值 x_1，x_2，…，x_n 和函数 $g(x_1,x_2,\cdots,x_n)$，但是函数 $F(x)$ 的具体形式未知，$Y=g(X_1,X_2,\cdots,X_n)$ 的分布未知，计算 $\mathrm{Var}(g(X_1,X_2,\cdots,X_n))$。

对于问题（1），只要能产生服从分布 $F(x)$ 的足够多的随机数，将这些模拟数代入函数 g 中，就可得到与 Y 同分布的足够多的随机数，则理论上就能得到 Y 的分布 $F_Y(y)$ 的所有信息。

但是对于问题（2），由于分布 $F(x)$ 未知，不能采用以上方法，因此需要找一个 $F(x)$ 的替代。而大样本理论告诉我们，依赖于样本观测值 x_1，x_2，…，x_n 的经验分布可以作为 $F(x)$ 的替代。所以只要在经验分布中模拟足够多的随机数，就可以得到 $\mathrm{Var}(g(X_1, X_2, \cdots, X_n))$ 的近似估计值。这是自助法的主要思想。下面用几个例子说明。

【例 9－17】 要计算 $s^2=\frac{1}{n-1}\sum_{i=1}^{n}(X_i-\overline{X})^2$ 的方差 $\mathrm{Var}(s^2)$，其中，$\{X_i\}$ 是独立同分布于 $F(x)$ 的随机变量，可做 k 组模拟，每组模拟产生 n 个服从 $F(x)$ 的随机数，每组模拟数可以计算得一个 s^2 的观测值，记为 $s^2(i)(i=1, 2, \cdots, k)$，可得到这 k 个 s^2 的观测值的方差为 $\mathrm{Var}(s^2)=\frac{1}{k}\sum_{i=1}^{k}(s^2(i)-\frac{1}{k}\sum_{i=1}^{k}s^2(i))^2$。当 k 和 n 足够大时，$\mathrm{Var}(s^2)$ 可以非常接近统计量 s^2 的理论方差。

【解】 如果有来自原总体的一个样本观测值 x_1，x_2，…，x_n，将原总体的 n 个观测值作为新的有限总体，相当于一个有 n 面的正多面体，根据需要给这个离散总体一个概率分布，如假设为等概率分布（正多面体均匀），记为 $F_n(x)$，这时就很容易对已知分布的新总体进行任意次的随机模拟。假设 $\widetilde{X}$ 服从这个有限离散分布 $F_n(x)$，令 $\tilde{s}^2=\frac{1}{n-1}\sum_{i=1}^{n}(\widetilde{X}_i-\widetilde{X})^2$，按照类似的方法，用新总体的模拟数可计算得到一个 $\mathrm{Var}(\tilde{s}^2)$，当模拟组数足够多时，$\mathrm{Var}(\tilde{s}^2)$ 可以作为 $\mathrm{Var}(s^2)$ 的一个估计。

又因为根据经验分布的大样本理论，当观测值的数量 n 足够大时，新总体的分布 $F_n(x)$ 在某种意义下收敛于原总体的分布 $F(x)$，所以与新总体有关的统计量的理论方差可以近似于与原总体有关的统计量的理论方差，即可用 $\mathrm{Var}(\tilde{s}^2)$ 近似 $\mathrm{Var}(s^2)$。

综上所述，自助法的基本思想包括：(1) 因为经验分布渐近原分布，所以来自经验分布的统计量可以近似来自原分布的统计量。(2) 只要能从分布中生成足够多的模拟数，随机模拟就可以充分描述分布的所有信息。(3) 经验分布是有限总体的离散分布，容易进行随机模拟。自助法包含了两步近似：一是随机模拟近似经验分布的概率性质；二是经验分布渐近原分布。

自助法需要对原始观测值做有放回的随机试验，用试验出的多组数据估计想要的方差或其他量。每次试验的结果称为一个自助样本，根据要求做多次试验，可以得到多个自助样本。如将 n 面的正多面体投掷 n 次称为一次试验，k 个自助样本相当于投掷 kn 次，所以同一个观测值可以多次出现。每次试验的投掷次数总是和原始观测值个数相等。自助法依赖于原始观测值，原始观测值不同，相当于正多面体不同。

【例 9－18】 假设随机变量 X_1，X_2，X_3 独立同分布于 $F(x)$，$F(x)$ 的 0.5 分位数为 $\theta=\inf\{x: F(x)\geqslant 0.5\}$，如果用样本中位数作为 θ 的估计，即 $\hat{\theta}=\mathrm{median}(X_1, X_2, X_3)$。假设有一个样本原始观测值为 1.3，2.5，3.1，则样本中位数的观测值为 2.5。

【解】 如果需要评价对统计量 $\hat{\theta}$ 的估计，在没有其他信息时是无法进行的，但自助法可以给出一个数值估计。

如果对3面的正多面体做4组试验，每组投掷3次，假设结果为{3.1，2.5，3.1}，{3.1，1.3，2.5}，{1.3，1.3，1.3}，{2.5，3.1，3.1}，其对应的中位数为：3.1，2.5，1.3，3.1，所以这4个数可以得到一个均值：(3.1+2.5+1.3+3.1)/4=2.5，相应的波动为：

$$((3.1-2.5)^2+(2.5-2.5)^2+(1.3-2.5)^2+(3.1-2.5)^2)/4=0.34$$

这个结果可以作为θ的估计量$\hat{\theta}$的波动性能指标值，即均方误差（mean square error，MSE）的自助法近似值。

估计均方误差是自助法的一个主要应用，其思想和例9-18是一样的。

假设随机变量X_1，X_2，…，X_n独立同分布于$F(x)$，$\theta(F)$是分布$F(x)$的参数，$\theta(F)$的一个估计量为$g(X_1, X_2, \cdots, X_n)$。为了判断估计量的好坏，采用均方误差作为判断标准，即

$$\begin{aligned} MSE(F) &= E_F((g(X_1,X_2,\cdots,X_n)-\theta(F))^2) \\ &= \mathrm{Var}_F(g(X_1,X_2,\cdots,X_n))+(\mathrm{Bias}(g(X_1,X_2,\cdots,X_n)))^2 \end{aligned}$$

式中，$\mathrm{Bias}(g(X_1, X_2, \cdots, X_n))=\theta(F)-E_F(g(X_1, X_2, \cdots, X_n))$；$E_F$表示期望依赖于分布$F(x)$。

如果$g(X_1, X_2, \cdots, X_n)$是$\theta(F)$的无偏估计，则$MSE(F)=\mathrm{Var}_F(g(X_1, X_2, \cdots, X_n))$。

当$F(x)$未知或者很复杂时，从理论上讲，无法得到$MSE(F)$。如果有一个样本观测值x_1，x_2，…，x_n，则可以得到一个经验分布函数，定义为$F_e(x)=\dfrac{\#\{i: X_i\leqslant x\}}{n}$，其中，#表示集合所有元素的个数。如果$n=3$，$x_1=x_2=1$，$x_3=2$，则$F_e$对应一个随机变量，记为$X_e$，有$P(X_e=1)=2/3$，$P(X_e=2)=1/3$。由Glivenko-Cantelli定理可知，当观测值数量n足够大时，经验分布函数F_e在某种意义上收敛于$F(x)$。所以在一定意义上，有

$$MSE(F_e)=E_{F_e}((g(X_1,X_2,\cdots,X_n)-\theta(F_e))^2) \tag{9.10}$$

该式可以作为$MSE(F)$的近似，其中X_i应独立同分布于F_e。$MSE(F_e)$称为均方误差$MSE(F)$的自助法近似值。

【例9-19】假设原总体λ的分布为$F(x)$，$F(x)$的形式未知，参数$\theta(F)=E(X)$，将$\hat{\theta}_1=\overline{X}$作为$\theta(F)$的估计。如果现有原总体的$n$个观测值$x_1$，$x_2$，…，$x_n$，计算均方误差$MSE(F)$和$MSE(F_e)$。

【解】根据题意知，$MSE(F)=E_F((\overline{X}-\theta)^2)=\sigma^2/n$，其中$\sigma^2=\mathrm{Var}(x)$。

由于经验分布函数F_e对应一个等概率n点离散分布，即$P(X=x_i)=1/n$（$i=1, 2, \cdots, n$），因此$\theta(F_e)=E_{F_e}(X)=\sum\limits_{i=1}^{n}x_i/n$，记为$\overline{X}$。

$$MSE(F_e)=E_{F_e}\left(\left(\sum_{i=1}^{n}\frac{X_i}{n}-\bar{x}\right)^2\right)$$

其中，X_1，X_2，…，X_n独立同分布于F_e。

又因为

$$E_{F_e}\left(\sum_{i=1}^{n}\frac{X_i}{n}\right)=E_{F_e}(X)=\bar{x}$$

所以　$$MSE(F_e)=\mathrm{Var}_{F_e}\left(\sum_{i=1}^{n}\frac{X_i}{n}\right)=\frac{\mathrm{Var}_{F_e}(X)}{n}$$

因为

$$\begin{aligned}\mathrm{Var}_{F_e}(X)&=E_{F_e}(X-E_{F_e}(X))^2=E_{F_e}(X-\bar{x})^2\\&=\sum_{i=1}^{n}(x_i-\bar{x})^2P(X=x_i)=\frac{1}{n}\sum_{i=1}^{n}(x_i-\bar{x})^2\end{aligned}$$

所以　$$MSE(F_e)=\frac{1}{n^2}\sum_{i=1}^{n}(x_i-\bar{x})^2$$

如果原总体的分布 $F(x)$ 的方差未知，通常用方差的无偏估计 $S^2=\frac{1}{n-1}\sum_{i=1}^{n}(X_i-\bar{X})^2$ 来替换 σ^2，则根据观测值 x_1，x_2，…，x_n可得

$$MSE(F)\approx\frac{1}{n(n-1)}\sum_{i=1}^{n}(x_i-\bar{x})^2$$

由此可见，用经验分布得到的近似值精度很高。

对于一个等概率 n 点离散分布，即 $P(X=x_i)=1/n$（$i=1$，2，…，n），$MSE(F_e)$ 通常是可以得到精确解的。因为若 X_1，X_2，…，X_n独立同分布于等概率 n 点离散分布，则类似于将 n 面的正多面体投掷 n 次，所有可能的组合有 n^n种，事实上它们的联合分布是一个多项分布，所以

$$\begin{aligned}MSE(F_e)&=E_{F_e}((g(X_1,X_2,\cdots,X_n)-\theta(F_e))^2)\\&=\sum_{i_n=1}^{n}\cdots\sum_{i_2=1}^{n}\sum_{i_1=1}^{n}(g(x_{i_1},x_{i_2},\cdots,x_{i_n})-\theta(F_e))^2P(X_1=x_{i_1},\\&\quad X_2=x_{i_2},\cdots,X_n=x_{i_n})\\&=\sum_{i_n=1}^{n}\cdots\sum_{i_2=1}^{n}\sum_{i_1=1}^{n}\frac{(g(x_{i_1},x_{i_2},\cdots,x_{i_n})-\theta(F_e))^2}{n^n}\end{aligned}\tag{9.11}$$

但是，当 n 很大时，n^n项求和不太容易。根据大数定律，对任意随机变量 X，只要能生成独立的与 X 同分布的随机变量序列 $\{\xi_i\}$，则当 m 很大时，$E(f(X))\approx\frac{1}{m}\sum_{i=1}^{m}f(\xi_i)$，这就是蒙特卡洛方法。因为产生一个服从经验分布函数 F_e的随机数相当于将有 n 面的均匀正多面体投掷一次，这很容易做到，所以可以做 m 次试验，每次试验将 n

面的均匀正多面体投掷 n 次，假设第 i 次试验的结果为 x_1^i，x_2^i，…，x_n^i，则

$$MSE(F_e) \approx \frac{1}{m}\sum_{i=1}^{m}(g(x_1^i,x_2^i,\cdots,x_n^i)-\theta(F_e))^2 \tag{9.12}$$

【例 9-20】 假设有来自未知分布 F 的两个随机样本 3 和 5，如果用 $\frac{1}{2}\sum_{i=1}^{2}(X_i-\overline{X})^2$ 估计 $\text{Var}(x)$，其中 $\overline{X}=\frac{X_1+X_2}{2}$，运用自助法计算均方误差的近似值。

【解】 由于只有两个观测值，经验分布 F_e 为一个参数为 2 的二项分布，相当于两次抛硬币试验，即等概率得到四种可能 {（3，5），（5，3），（3，3），（5，5）}。由此得到

$$E_{F_e}(X)=x_1P(X_1=x_1)+x_2P(X_2=x_2)=\frac{3+5}{2}=4$$

$$\theta(F_e)=\text{Var}_{F_e}(X)=\frac{1}{2}((3-4)^2+(5-4)^2)=1$$

因此

$$\begin{aligned}
MSE(F_e) &= E_{F_e}((g(X_1,X_2,\cdots,X_n)-\theta(F_e))^2)\\
&= E_{F_e}\left(\left(\frac{1}{2}\sum_{i=1}^{2}(x_i-\bar{x})^2-1\right)^2\right)\\
&= \left(\frac{1}{2}\left(\left(x_1-\frac{x_1+x_1}{2}\right)^2+\left(x_1-\frac{x_1+x_1}{2}\right)^2\right)-1\right)^2\\
&\quad P(X_1=x_1,X_2=x_1)\\
&\quad +\left(\frac{1}{2}\left(\left(x_2-\frac{x_2+x_1}{2}\right)^2+\left(x_1-\frac{x_2+x_1}{2}\right)^2\right)-1\right)^2\\
&\quad P(X_1=x_2,X_2=x_1)\\
&\quad +\left(\frac{1}{2}\left(\left(x_1-\frac{x_1+x_2}{2}\right)^2+\left(x_2-\frac{x_1+x_2}{2}\right)^2\right)-1\right)^2\\
&\quad P(X_1=x_1,X_2=x_2)\\
&\quad +\left(\frac{1}{2}\left(\left(x_2-\frac{x_2+x_2}{2}\right)^2+\left(x_2-\frac{x_2+x_2}{2}\right)^2\right)-1\right)^2\\
&\quad P(X_1=x_2,X_2=x_2)\\
&= \frac{1}{4}((0-1)^2+(1-1)^2+(1-1)^2+(0-1)^2)=\frac{1}{2}
\end{aligned}$$

这个例子中的 $MSE(F_e)$ 可以精确计算。

【例 9-21】 假设随机变量 X_1，X_2，…，X_{15} 独立同分布于 $F(x)$，现有它们的一组观测值：8.0，5.1，2.2，8.6，4.5，5.6，8.1，6.4，3.3，7.3，8.0，4.0，6.5，6.3，9.1。

下面是模拟的经验分布的自助样本，每个样本有 15 个数据：

样本 1：3.3，3.3，3.3，4.0，4.0，4.0，6.5，7.3，8.1，8.6，8.8，9.1，9.1，9.1，9.1

样本2：3.3，3.3，5.1，5.1，5.1，5.6，6.4，6.5，6.5，7.3，7.3，8.0，8.0，8.0，8.1

样本3：2.2，3.3，3.3，4.0，4.5，4.5，5.1，6.5，7.3，8.0，8.1，8.1，8.1，9.1，9.1

（1）假设用样本均值 $\overline{X}$ 估计分布的均值 θ，使用这三个自助样本来计算估计值的 MSE。

（2）假设 a 是无偏的样本方差，b 是经验分布的方差，求 $a-b$。

（3）假设 $\theta=F(5)$，如果 $\hat{\theta}=\dfrac{\#\{i: X_i\leqslant 5\}}{15}$，使用这三个自助样本来计算估计值的 MSE。

【解】

（1）因为 $\theta(F_e)=E_{F_e}(X)=(8.0+5.1+2.2+8.6+4.5+5.6+8.1+6.4+3.3+7.3+8.0+4.0+6.5+6.3+9.1)/15=6.20$，而三个自助样本的样本均值分别是：6.51，6.24，6.08。所以 $MSE(F)$ 的自助法近似值为：

$$\frac{1}{3}((6.51-6.20)^2+(6.24-6.20)^2+(6.08-6.20)^2)=0.037$$

（2）根据例9-19知，无偏的样本方差为：

$$S_{15}^2=\frac{1}{14}\sum_{i=1}^{15}(x_i-\overline{x})^2=\frac{1}{14}\left(\sum_{i=1}^{15}x_i^2-15\overline{x}^2\right)$$
$$=\frac{1}{14}(635.92-15\times 6.20^2)=4.237$$

经验分布的方差为：

$$\mathrm{Var}_{F_e}(X)=\frac{1}{15}\sum_{i=1}^{15}(x_i-\overline{x})^2=\frac{1}{15}\left(\sum_{i=1}^{15}x_i^2-15(\overline{x})^2\right)$$
$$=\frac{14}{15}S_{15}^2=3.955$$

$$a-b=S_{15}^2-\frac{14}{15}S_{15}^2=\frac{1}{15}S_{15}^2=0.28$$

（3）因为 $\theta(F)=F(5)$，用经验分布替换 $F(x)$，得

$$\theta(F_e)=F_e(5)=\frac{\#\{i:x_i\leqslant 5\}}{15}$$
$$=\frac{\#\{(8.0,5.1,2.2,8.6,4.5,5.6,8.1,6.4,3.3,7.3,8.0,4.0,6.5,6.3,9.1)\leqslant 5\}}{15}$$
$$=0.267$$

又因为对于自助样本有

$$\hat{\theta}(x_1^1,x_2^1,\cdots,x_n^1)=\#\{(3.3,3.3,3.3,4.0,4.0,4.0,6.5,7.3,8.1,8.6,8.8,9.1,9.1,9.1,9.1)<5\}/15=\frac{6}{15}=0.4$$

$$\hat{\theta}(x_1^2, x_2^2, \cdots, x_n^2) = \frac{2}{15} = 0.133$$

$$\hat{\theta}(x_1^3, x_2^3, \cdots, x_n^3) = \frac{6}{15} = 0.4$$

根据式（9.12）得

$$\begin{aligned} MSE(F_e) &\approx \frac{1}{3} \sum_{i=1}^{3} (g(x_1^i, x_2^i, \cdots, x_n^i) - \theta(F_e))^2 \\ &= \frac{1}{3}((0.4-0.267)^2 + (0.133-0.267)^2 + (0.4-0.267)^2) \\ &= 0.0178 \end{aligned}$$

9.6.3 风险度量的随机模拟估计

风险的度量有很多种，如方差、半方差、VaR 和 TVaR 等，各有优缺点，其中，VaR 和 TVaR 考虑的是最坏情况下的损失，在金融风险管理中很常用。但保险产品和金融衍生产品（如各种指数连接的寿险合约或利率保证的合约）混合在一起，会让结构变得很复杂，特别是当这些产品与投资策略有关时，其随机性质很难有精确的显式刻画，所以常用模拟的方法得到近似计算。

1. 风险度量 VaR 的模拟估计

由于风险度量 VaR 本质上是某个概率分布的 α 分位点，因此如果分布已知，则可以直接计算 Q_α。应用中常见的情况是，有一组数据观测值排序后为 $L_{(1)}$，$L_{(2)}$，…，$L_{(n)}$，无论分布是否已知，都可以用以下几种方法给出 Q_α 的一个估计：

（1）当观测值数量相对较大时，$\hat{Q}_\alpha = L_{[n\alpha]}$。式中，$[n\alpha]$ 表示对 $n\alpha$ 取整。

（2）$\hat{Q}_\alpha = L_{[n\alpha+1]}$。

（3）采用适当的平滑，如 $\hat{Q}_\alpha = (L_{[n\alpha+1]} + L_{[n\alpha]})/2$。

特别地，可以用自助法估计（见 9.6.2 小节）。

以上三种方法实际上是用样本分位数估计 Q_α，所以这些估计的近似置信区间可以由样本分位数的渐近分布来确定，由此可知 Q_α 的 90% 置信区间近似等于（$L_{[n\alpha-a]}$，$L_{[n\alpha+a]}$）（必要时取整）。式中，$a = 1.645\sqrt{n\alpha(1-\alpha)}$。

【例 9-22】 假设有 5 000 个索赔额数据，给出 $\mathrm{VaR}_{0.95}$ 的 0.9 置信区间。

【解】 根据题意，将这 5 000 个数据从小到大排序后为 $L_{(1)}$，$L_{(2)}$，…，$L_{(5\,000)}$，则 $a = 1.645\sqrt{5\,000 \times 0.95 \times (1-0.95)} = 25.35$，采用向上取整，即 $a = 26$，所以 $\mathrm{VaR}_{0.95}$ 的 90% 置信区间近似等于（$L_{(4\,724)}$，$L_{(4\,776)}$）。

2. 风险度量 TVaR 的模拟估计

直观上可以用条件样本均值来估计 TVaR_α，即对所有大于等于 $\hat{Q}_\alpha$ 的观测值取平均，如 $\hat{Q}_\alpha = L_{[n\alpha+1]}$，则

$$\widehat{\mathrm{TVaR}}_{\alpha}=\frac{1}{n(1-\alpha)}\sum_{j=n\alpha+1}^{n}L_{(j)}$$

9.7 本章上机指导

1. 产生多元正态分布随机数

方法 1：生成多元正态分布随机数可以利用 MASS 包的 mvrnorm 函数，其用法与 rnorm 函数基本一致。

```
Library(MASS)
set.seed(1000)
mean<-rep(1,4)                                    #期望向量
sigma<-matrix(c(1,0,0,0,
               0,1,0,0,
               0,0,1,0,
               0,0,0,1),nrow=4,ncol=4)    #协方差矩阵
mvrnorm(10,mean,sigma)
```

方法 2：当协方差矩阵正定时，也可以对协方差矩阵做 Cholesky 分解之后得到多元分布随机数，代码如下：

```
mu<-rep(1,4)
Sigma=diag(rep(1,4))
n<-10
LL<-t(chol(Sigma))
Z<-matrix(rnorm(n*length(mu)),ncol=n)
t(mu+LL%*%Z)
```

2. 产生混合分布随机数

对于一般的混合分布，先用一个均匀分布随机数模拟产生离散随机变量 J:($P(J=j)=a_j$) 的随机数 j；再用另一个均匀分布随机数，采用合适方法（如逆变换法）产生分布函数为$F_{X_j}(y)$ 的随机数，即为 Y 的随机数。假设混合分布的分布函数为：

$$F(x)=0.3(1-\mathrm{e}^{-0.02x})+0.5(1-\mathrm{e}^{-0.04x})+0.2(1-\mathrm{e}^{-0.05x})$$

生成随机数的代码如下：

```
#生成两个服从 U(0,1)的随机数u,v
u<-runif(1)
v<-runif(1)
u;v
##[1] 0.8788539
##[1] 0.2610178
```

```
#判断随机数 j
if(u<0.3){
  j=1
}else if(u<0.8){
  j=2
}else{
  j=3
}

#根据 j 的值对应不同的分布,采用逆变换法生成混合分布随机数
if(j==1){
  x=-log(1-v)/0.02
}else if(j==2){
  x=-log(1-v)/0.04
}else{
  x=-log(1-v)/0.05
}
x
## [1] 6.04963
```

3. 模拟泊松过程

泊松过程是常用的理赔次数分布模型。对于一个强度为 λ 的泊松过程，根据泊松分布的性质，事故发生的时间间隔服从期望为 $1/\lambda$ 的指数分布。因此为了模拟一个泊松过程，可以先生成服从均匀分布 $U(0, 1)$ 的随机数，利用逆变换法得到一个指数分布随机数，由此得到两次事故之间的一个时间间隔。由于时间间隔互相独立，多个单过程的叠加之后可以得到一个完整的泊松过程。

假设泊松过程的强度 $\lambda=5$，想要得到一个发生了 5 次事故的模拟过程。代码如下，模拟泊松过程见图 9-4。

```
set.seed(1000) #设置随机数种子
lambda=5
n=5              #设置事故发生次数
N=5              #设置模拟次数

t<-c(0)
for(i in 1:n){
  u<-runif(1)
  t[i+1]<-t[i]+qexp(u,lambda)
}
plot(t,0:n,type="s",main="模拟泊松过程",xlab="时间",ylab="",xlim=c(0,1))
```

```
for(j in 1:(N-1)){
  t<-c(0)
  for(i in 1:n){
    u<-runif(1)
    t[i+1]<-t[i]+qexp(u,lambda)
  }
  lines(t,0:n,type="s",main="模拟泊松过程",xlab="时间",ylab="",xlim=c(0,1))
}
abline(a=0,b=5,col="red") #均值线
```

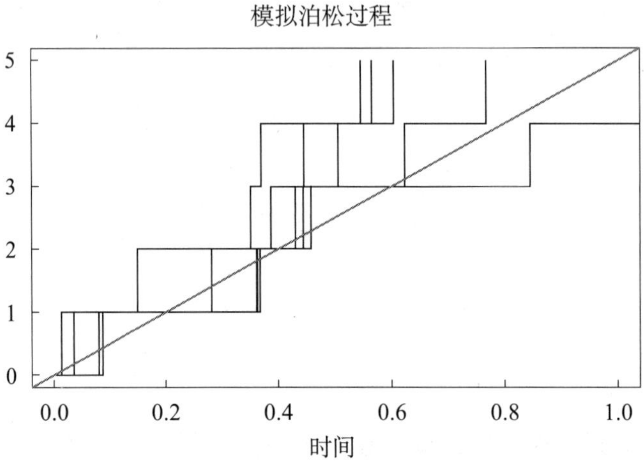

图 9-4　模拟泊松过程

4. 部分例题的代码

例 9-5 的 R 代码：

```
#固定随机数种子
set.seed(1)
#设定看病的年数 n
n=2
#从(0,1)均匀分布中产生 n 个随机数
s1=runif(n,min=0,max=1)
s1
## [1] 0.2655087 0.3721239
#逆变换法将 s1 转化为每年看病次数 k
k=qbinom(s1,size=3,prob=0.9)
k
## [1] 2 3
#从(0,1)均匀分布中产生 3n 个随机数
s2=runif(3*n,min=0,max=1)
s2
```

```
## [1] 0.5728534 0.9082078 0.2016819 0.8983897 0.9446753 0.6607978
#逆变换法将 s2 转化为每次看病花费的金额 x
x = NULL
for(i in 1:(3 * n)){
  if(s2[i] < 0.9){x[i] = 100}
  else{x[i] = 10000}}
x
## [1] 100 10000 100 100 10000 100
#计算各年总看病费用 m
m1 = x[1] + x[2]
m2 = x[3] + x[4] + x[5]
m1
##[1] 10100
m2
##[1] 10200
```

例 9 - 13 的 R 代码：

```
#固定随机数种子
set.seed(1111)
#从(0,1)均匀分布中产生 4 个随机数 s
s = runif(4,min = 0,max = 1)
s
## [1] 0.4655026 0.4129249 0.9070032 0.1371054
#逆变换法将 s 转化为每月损失额 x
x1 = qnorm(s,mean = 1500,sd = 200)
x1
## [1] 1482.684 1455.994 1764.505 1281.317
#计算保险公司的赔付额
for(i in 1:4){
  if(x1[i] <= 1000){x1[i] = 0}
  else{x1[i] = x1[i] - 1000}}
x = sum(x1)
x
## [1]1984.5
```

由于电脑生成的随机数与例题中指定的随机数不一致，因此此处结果与例 9 - 13 的结果不同。

例 9 - 15 的 R 代码：

```
#固定随机数种子
set.seed(123)
```

```
#从(0,1)均匀分布中产生20个随机数
s1 = runif(5,min = 0,max = 1)
s1
##  [1] 0.2875775 0.7883051 0.4089769 0.8830174 0.9404673
#逆变换法将s1转化为保险事故发生的时间间隔t,间隔服从均值为0.5的指数分布
t = qexp(s1,rate = 2)
t
##  [1] 0.1695421 0.7763047 0.2629501 1.0728651 1.4106146
#从(0,1)均匀分布中产生5个随机数
s2 = runif(5,min = 0,max = 1)
s2
##  [1] 0.0455565 0.5281055 0.8924190 0.5514350 0.4566147
#逆变换法将s2转化为赔付额x
x = qpareto(s2,shape = 2,scale = 1000)
x
##  [1] 23.5873 455.7190 2048.8236 493.0946 356.5821
#计算时刻1一共发生了多少次事故n
for(i in 1:4){t[i+1] = t[i+1] + t[i]}
for(i in 1:4){if(t[i]>= 1) break}
n = i - 1
n
##[1] 2
#计算公司在时刻1的盈余k
k = 1000 + 2400 - x[1] - x[2]
k
##[1] 2920.694
```

由于电脑生成的随机数与例题中指定随机数不一致，因此此处结果与例 9-15 的结果不同。

习　题

1. U_1，U_2，…，U_n是服从（0，1）均匀分布的随机数，令 $x_i=-\ln U_i$，$y_i=-\ln(1-U_i)$，$z=\sum_{i=1}^{n}x_i(i=1,2,\cdots,n)$，判断下列说法是否正确：

（1）x_1，x_2，…，x_n和 y_1，y_2，…，y_n来自同一指数分布。

（2）x_1，x_2，…，x_n与 y_1，y_2，…，y_n的均值相同。

（3）z 是伽马分布的随机数。

2. 从（0，1）均匀分布中产生一个随机数 $u_0=0.87$，使用正态分布表，对于不在表中的数据使用区间线性估计。已知 $\mu=1$，$\sigma^2=4$。运用逆变换法，确定对应于 u_0 的随机

观测值 x_0。

3. 已知 $f(x)=\begin{cases}1, & 0\leqslant x<\frac{1}{2}\\ 2, & \frac{1}{2}\leqslant x\leqslant\frac{3}{4}\\ 0, & 其他\end{cases}$，使用逆变换法，求随机数 $r=0.716$ 产生的观测值。

4. 用均匀分布随机数 0.31，0.71，0.66，0.48，0.19 模拟二项分布，$n=3$，$p=0.4$，可以产生多少个等于 2 的随机变量？

5. 从一个分布中抽取随机样本，随着样本点的增加重新计算样本均值和样本标准差。样本标准差稳定在区间[0.10，0.20]内，求使得样本均值 95%的置信区间的长度小于 0.2 的最小的样本数量。

6. （R 编程）每年的牙科理赔被模拟成复合泊松分布，其中，理赔次数均值为 2，理赔金额服从参数 $\theta=500$，$\alpha=2$ 的帕累托分布。保险公司将赔付 750 元以内的 80%，超过 750 元部分的 100%。现在用逆变换法模拟理赔次数和理赔金额，其中，小的随机数对应少的赔付次数和少的理赔金额。模拟理赔次数的随机数是 0.8。模拟理赔金额的随机数是 0.60，0.25，0.70，0.10 和 0.8。(1) 计算一年总的模拟理赔金额。(2) 编写 R 代码绘制总理赔额分经验分布曲线，计算 VaR 和 TVaR。

7. 一个取自 X 分布的样本包含两个值：$x_1=3$，$x_2=7$。运用自助法估计样本的均值估计量的均方误差。

8. 抽取样本量为 5 的样本：1，3，4，7，8。用样本中位数估计分布的中位数。下面是 5 个自助样本，它们都是从原始样本的经验分布中抽取出来的。

样本 1：1，1，1，3，7

样本 2：1，3，3，4，8

样本 3：3，4，4，7，8

样本 4：3，3，4，7，7

样本 5：3，4，7，7，8

使用自助法计算中位数估计的均方误差。

9. 已知混合指数分布：$P(X=0)=p$，当 $x>0$ 时，$f(x)=(1-p)\lambda e^{-\lambda x}$，如果 U 服从（0，1）上的均匀分布且 $U<p$，那么 $X=0$。如果 $p\leqslant U<1$，那么 X 为多少？

10. 若 X 有密度函数：

$$f(x)=\begin{cases}\frac{\sin x}{2}, & 0\leqslant x\leqslant\pi\\ 0, & 其他\end{cases}$$

用逆变换法模拟三个 X 值基于（0，1）上均匀分布的三个数：

$$u_1=\frac{\sqrt{2}-1}{2\sqrt{2}},\quad u_2=0.5,\quad u_3=\frac{2+\sqrt{3}}{4}$$

求对应 x 的均值。

11. 若 X 有密度函数：

$$f(x)=\begin{cases}\frac{3}{2}x^2, & -1\leqslant x\leqslant 1\\ 0, & \text{其他}\end{cases}$$

用逆变换法模拟两个 X 值基于（0，1）上均匀分布的两个数：0.500 5，0.244 0。计算观测值之和。

12. 若 $x_1=0$，$x_2=1$，当应用经验分布时，$MSE(F_e)$是样本均值估计量的均方误差，计算 $MSE(F_e)$。

13. N 为一年内发生事故次数的随机变量。N 服从如下分布：

$$P(N=n)=0.8\ (0.1)^{n-1},\ n=1,2,\cdots$$

X_i为第 i 个事故的理赔额的随机变量。X_i服从分布 $g(X_i)=0.02\,e^{-0.02x_i}$ （$x_i\geqslant 0$；$i=1$，2，…）。令 U，V_1，V_2，…为服从（0，1）上均匀分布的独立随机变量。

用逆变换法生成 U 和 V_i来对应模拟 N 与 X_i。已知得到的值如下表所示：

u	v_1	v_2	v_3	v_4
0.07	0.4	0.28	0.58	0.41

计算这次模拟得到的一年内总的赔付额。

14. 得到来自 F 分布的三个随机样本 2，2，5，用 $\frac{1}{3}\sum_{i=1}^{3}(X_i-\overline{X})^2$ 估计 Var（x），这里 $\overline{X}=\frac{X_1+X_2+X_3}{3}$。运用自助法计算这种估计的均方误差。

15. （R 编程）精算师正在模拟可靠保单每年的总赔付额，赔付的次数服从参数 $n=4$，$p=0.5$ 的二项分布，赔付的强度服从指数分布，$\theta=500\ 000$。赔付的次数用逆变换法模拟（小的随机数对应少的赔付次数），随机值是均匀分布［0，1］中的 0.58。赔付的强度用逆变换法模拟（小的随机数对应低的赔付金额），随机值是均匀分布［0，1］中的 0.35，0.70，0.61，0.2。(1) 计算模拟的可靠保单的总赔付额。(2) 编写 R 程序产生 5 000个总赔付额的模拟值。

16. 运用逆变换法模拟独立试验第一次成功前的失败次数，成功概率 $p=0.7$，小的随机数对应少的失败次数。均匀随机数 0.78 模拟的失败次数是多少？

17. 一个罐子里有足够多的编号从 1 到 10 的小球，其中编号为 1 的小球的比例未知。你希望通过从罐子中抽取样本小球（抽取后又放回）来估计罐子中编号为 1 的小球的比例，并且想抽出足够多的小球使估计比例的标准差小于等于 0.01。计算满足要求时，最少要抽取多少小球。

18. 有一个值为 5 和 9 的样本，用 $\frac{1}{2}\sum(X_i-\overline{X})^2$ 估计 Var(X)，运用自助法计算该估计的均方误差。

19. 设 W 是参数为 $\beta=\frac{5}{3}$ 的几何随机变量，它的分布形式被定义为 $W=0$，1，2，…，采用均匀随机数 0.70，使用逆变换法模拟 W 的值。

20. 从概率分布函数 F 中随机抽取三个样本值：1，3，5。现在使用样本 X_1，X_2，X_3 的中位数 $\hat{\theta}$ 来估计 X 的中位数 θ。使用自助法计算估计的均方误差。

21. （R 编程）假设索赔次数服从 $\lambda=2$（每小时）的泊松分布。使用逆变换法模拟索赔在前两个小时的次数。第一个小时的索赔次数使用均匀随机数 0.3 模拟，第二个小时的索赔次数使用均匀随机数 0.5 模拟。（1）求这两个小时的索赔次数的模拟值。（2）编写 R 程序产生索赔次数的模拟值。

22. 假设处理索赔需要的时间为 $\frac{1}{5}$ 小时或者 $\frac{3}{5}$ 小时，概率均为 0.5。模拟索赔事件在前两个小时的到达时间为 0.2，0.6，1.1，1.5，1.7。只有一个索赔处理器，使用均匀随机数，并且小的随机数对应短的处理时间：0.5，0.7，0.2，0.1，0.6。

判断在第二小时末索赔处理系统的状态。

23. 样本量为 18 的随机样本的样本均值为 6，无偏样本方差为 3。将 $X_{19}=5$，$X_{20}=7$，$X_{21}=9$ 添加到样本中，找出基于 21 个样本的更新的无偏样本方差。

24. 设索赔额的分布函数为：

$$F(x)=\begin{cases}0, & x<0\\ x/4, & 0\leqslant x<1\\ 3/4, & x=1\\ (x+2)/4, & 1<x<2\\ 1, & x\geqslant 2\end{cases}$$

使用逆变换法进行索赔额的模拟。6 个均匀随机数被用来进行模拟，分别是 0.3，0.9，0.4，0.5，0.8，0.1。计算样本量为 6 的模拟索赔额的样本均值。

25. （R 编程）随机变量 X 和 Y 有联合概率密度函数 $f(x,y)=x+y$（$0<x<1$，$0<y<1$）。根据 $(0,1)$ 上的均匀随机数 u 和 v 对 (X,Y) 进行模拟。求：

（1）对 u 采用逆变换法从 X 的分布中模拟出 x_0 的值。

（2）对 v 采用逆变换法从 Y 的分布中模拟出 y_0 的值。

（3）用 R 编程产生 1 000 个随机数，并计算模拟样本的样本均值和样本方差。

26. 参数 λ 服从均值为 1 的指数分布，一年中索赔次数服从参数为 λ 的泊松分布，使用逆变换法进行模拟，小的随机数对应小的参数值和少的索赔次数。随机数 0.3 用来进行参数值 λ 的模拟，随机数 0.8 用来进行索赔次数的模拟。计算模拟的索赔次数。

27. 利用逆变换法模拟 X 的值。X 服从两个指数分布的混合分布，一个指数分布的均值为 1，另一个指数分布的均值为 2。由均匀随机数 0.7 得到模拟值 $x=1.8$。计算均值为 1 的指数分布的权重。

附　录

附录 1　正态分布表 $P\ (Z<z)$

z	0.00	0.01	0.02	0.03	0.04	0.05	0.06	0.07	0.08	0.09
0.0	0.500 0	0.504 0	0.508 0	0.512 0	0.516 0	0.519 9	0.523 9	0.527 9	0.531 9	0.535 9
0.1	0.539 8	0.543 8	0.547 8	0.551 7	0.555 7	0.559 6	0.563 6	0.567 5	0.573 4	0.575 3
0.2	0.579 3	0.583 2	0.587 1	0.591 0	0.594 8	0.598 7	0.602 6	0.606 4	0.610 3	0.614 1
0.3	0.617 9	0.621 7	0.625 5	0.629 3	0.633 1	0.636 8	0.640 6	0.644 3	0.648 0	0.651 7
0.4	0.655 4	0.659 1	0.662 8	0.666 4	0.670 0	0.673 6	0.677 2	0.680 8	0.684 4	0.687 9
0.5	0.691 5	0.695 0	0.698 5	0.701 9	0.705 4	0.708 8	0.712 3	0.715 7	0.719 0	0.722 4
0.6	0.725 7	0.729 1	0.732 4	0.735 7	0.738 9	0.742 2	0.745 4	0.748 6	0.751 7	0.754 9
0.7	0.758 0	0.761 1	0.764 2	0.767 3	0.770 4	0.773 4	0.776 4	0.779 4	0.782 3	0.785 2
0.8	0.788 1	0.791 0	0.793 9	0.796 7	0.799 5	0.802 3	0.805 1	0.807 8	0.810 6	0.813 3
0.9	0.815 9	0.818 6	0.821 2	0.823 8	0.826 4	0.828 9	0.831 5	0.834 0	0.836 5	0.838 9
1.0	0.841 3	0.843 8	0.846 1	0.848 5	0.850 8	0.853 1	0.855 4	0.857 7	0.859 9	0.862 1
1.1	0.864 3	0.866 5	0.868 6	0.870 8	0.872 9	0.874 9	0.877 0	0.879 0	0.881 0	0.883 0
1.2	0.884 9	0.886 9	0.888 8	0.890 7	0.892 5	0.894 4	0.896 2	0.898 0	0.899 7	0.901 5
1.3	0.903 2	0.904 9	0.906 6	0.908 2	0.909 9	0.911 5	0.913 1	0.914 7	0.916 2	0.917 7
1.4	0.919 2	0.920 7	0.922 2	0.923 6	0.925 1	0.926 5	0.927 9	0.929 2	0.930 6	0.931 9
1.5	0.933 2	0.934 5	0.935 7	0.937 0	0.938 2	0.939 4	0.940 6	0.941 8	0.942 9	0.944 1
1.6	0.945 2	0.946 3	0.947 4	0.948 4	0.949 5	0.950 5	0.951 5	0.952 5	0.953 5	0.954 5
1.7	0.955 4	0.956 4	0.957 3	0.958 2	0.959 1	0.959 9	0.960 8	0.961 6	0.962 5	0.963 3
1.8	0.964 1	0.964 9	0.965 6	0.966 4	0.967 1	0.967 8	0.968 6	0.969 3	0.969 9	0.970 6
1.9	0.971 3	0.971 9	0.972 6	0.973 2	0.973 8	0.974 4	0.975 0	0.975 6	0.976 1	0.976 7

续表

z	0.00	0.01	0.02	0.03	0.04	0.05	0.06	0.07	0.08	0.09
2.0	0.977 2	0.977 8	0.978 3	0.978 8	0.979 3	0.979 8	0.980 3	0.980 8	0.981 2	0.981 7
2.1	0.982 1	0.982 6	0.983 0	0.983 4	0.983 8	0.984 2	0.984 6	0.985 0	0.985 4	0.985 7
2.2	0.986 1	0.986 4	0.986 8	0.987 1	0.987 5	0.987 8	0.988 1	0.988 4	0.988 7	0.989 0
2.3	0.989 3	0.989 6	0.989 8	0.990 1	0.990 4	0.990 6	0.990 9	0.991 1	0.991 3	0.991 6
2.4	0.991 8	0.992 0	0.992 2	0.992 5	0.992 7	0.992 9	0.993 1	0.993 2	0.993 4	0.993 6
2.5	0.993 8	0.994 0	0.994 1	0.994 3	0.994 5	0.994 6	0.994 8	0.994 9	0.995 1	0.995 2
2.6	0.995 3	0.995 5	0.995 6	0.995 7	0.995 9	0.996 0	0.996 1	0.996 2	0.996 3	0.996 4
2.7	0.996 5	0.996 6	0.996 7	0.996 8	0.996 9	0.997 0	0.997 1	0.997 2	0.997 3	0.997 4
2.8	0.997 4	0.997 5	0.997 6	0.997 7	0.997 7	0.997 8	0.997 9	0.997 9	0.998 0	0.998 1
2.9	0.998 1	0.998 2	0.998 2	0.998 3	0.998 4	0.998 4	0.998 5	0.998 5	0.998 6	0.998 6
3.0	0.998 7	0.998 7	0.998 7	0.998 8	0.998 8	0.998 9	0.998 9	0.998 9	0.999 0	0.999 0
3.1	0.999 0	0.999 1	0.999 1	0.999 1	0.999 2	0.999 2	0.999 2	0.999 2	0.999 3	0.999 3
3.2	0.999 3	0.999 3	0.999 4	0.999 4	0.999 4	0.999 4	0.999 4	0.999 5	0.999 5	0.999 5
3.3	0.999 5	0.999 5	0.999 5	0.999 6	0.999 6	0.999 6	0.999 6	0.999 6	0.999 6	0.999 7
3.4	0.999 7	0.999 7	0.999 7	0.999 7	0.999 7	0.999 7	0.999 7	0.999 7	0.999 7	0.999 8
3.5	0.999 8	0.998 8	0.999 8	0.999 8	0.999 8	0.999 8	0.999 8	0.999 8	0.999 8	0.999 8
3.6	0.999 8	0.999 8	0.999 9	0.999 9	0.999 9	0.999 9	0.999 9	0.999 9	0.999 9	0.999 9
3.7	0.999 9	0.999 9	0.999 9	0.999 9	0.999 9	0.999 9	0.999 9	0.999 9	0.999 9	0.999 9
3.8	0.999 9	0.999 9	0.999 9	0.999 9	0.999 9	0.999 9	0.999 9	0.999 9	0.999 9	0.999 9
3.9	1.000 0	1.000 0	1.000 0	1.000 0	1.000 0	1.000 0	1.000 0	1.000 0	1.000 0	1.000 0

常用分位数

z	0.842	1.036	1.282	1.645	1.960	2.326	2.576
$P(Z<z)$	0.800	0.850	0.900	0.950	0.975	0.990	0.995

附录 2　χ^2分布表

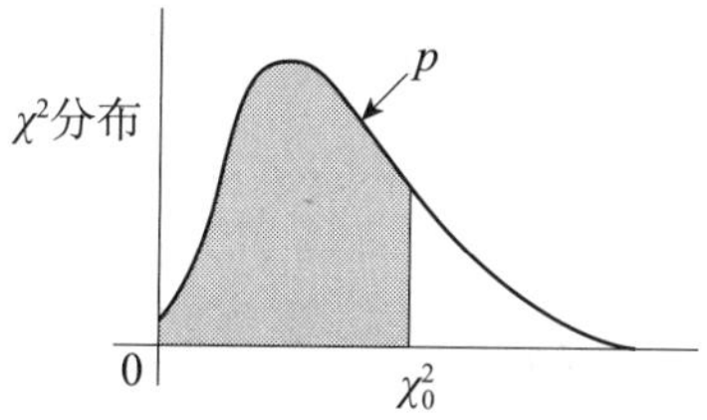

下表给出了给定 p 值对应的χ_0^2值。

自由度	p 值									
	0.005	0.010	0.025	0.050	0.100	0.900	0.950	0.975	0.990	0.995
1	—	—	0.001	0.004	0.016	2.706	3.841	5.024	6.635	7.879
2	0.010	0.020	0.051	0.103	0.211	4.605	5.991	7.378	9.210	10.597

续表

自由度	p 值									
	0.005	0.010	0.025	0.050	0.100	0.900	0.950	0.975	0.990	0.995
3	0.072	0.115	0.216	0.352	0.584	6.251	7.815	9.348	11.345	12.838
4	0.207	0.297	0.484	0.711	1.064	7.779	9.488	11.143	13.277	14.860
5	0.412	0.554	0.831	1.145	1.610	9.236	11.070	12.833	15.086	16.750
6	0.676	0.872	1.237	1.635	2.204	10.645	12.592	14.449	16.812	18.548
7	0.989	1.239	1.690	2.167	2.833	12.017	14.067	16.013	18.475	20.278
8	1.344	1.646	2.180	2.733	3.490	13.362	15.507	17.535	20.090	21.955
9	1.735	2.088	2.700	3.325	4.168	14.684	16.919	19.023	21.666	23.589
10	2.156	2.558	3.247	3.940	4.865	15.987	18.307	20.483	23.209	25.188
11	2.603	3.053	3.816	4.575	5.578	17.275	19.675	21.920	24.725	26.757
12	3.074	3.571	4.404	5.226	6.304	18.549	21.026	23.337	26.217	28.300
13	3.565	4.107	5.009	5.892	7.042	19.812	22.362	24.736	27.688	29.819
14	4.075	4.660	5.629	6.571	7.790	21.064	23.685	26.119	27.141	31.319
15	4.601	5.229	6.262	7.261	8.547	22.307	24.996	27.488	30.578	32.801
16	5.142	5.812	6.908	7.962	9.312	23.542	26.296	28.845	32.000	34.267
17	5.697	6.408	7.564	8.672	10.085	24.769	27.587	30.191	33.409	35.718
18	6.265	7.015	8.231	9.390	10.865	25.989	28.869	31.526	34.805	37.156
19	6.844	7.633	8.907	10.117	11.651	27.204	30.144	32.852	36.191	38.582
20	7.434	8.260	9.591	10.851	12.443	28.412	31.410	34.170	37.566	39.997

附录 3　常见的连续分布

1. 转换的贝塔分布

• 三参数分布

（1）广义帕累托分布（generalized Pareto-α，θ，τ）

$$f(x)=\frac{\Gamma(\alpha+\tau)\theta^{\alpha}x^{\tau-1}}{\Gamma(\alpha)\Gamma(\tau)(x+\theta)^{\alpha+\tau}},\quad F(x)=\beta(\tau,\alpha;u),\quad u=\frac{x}{x+\theta}$$

$$E(X^k)=\frac{\theta^k\Gamma(\tau+k)\Gamma(\alpha-k)}{\Gamma(\alpha)\Gamma(\tau)},\quad -\tau<k<\alpha$$

$$E(X^k)=\frac{\theta^k\tau(\tau+1)\cdots(\tau+k-1)}{(\alpha-1)\cdots(\alpha-k)},\quad k\text{ 为整数}$$

$$E((X\wedge x)^k)=\frac{\theta^k\Gamma(\tau+k)\Gamma(\alpha-k)}{\Gamma(\alpha)\Gamma(\tau)}\beta(\tau+k,\alpha-k;u)+x^k(1-F(x)),\quad k>-\tau$$

$$\text{mode}=\begin{cases}\theta\dfrac{\tau-1}{\alpha+1}, & \tau>1\\ 0, & \text{其他}\end{cases}$$

(2) 布尔分布 (Burr-α, θ, γ)

$$f(x)=\frac{\alpha\gamma(x/\theta)^{\gamma}}{x(1+(x/\theta)^{\gamma})^{\alpha+1}},\quad F(x)=1-u^{\alpha},\quad u=\frac{1}{1+(x/\theta)^{\gamma}}$$

$$E(X^k)=\frac{\theta^k\Gamma(1+k/\gamma)\Gamma(\alpha-k/\gamma)}{\Gamma(\alpha)},\quad -\gamma<k<\alpha\gamma$$

$$\mathrm{VaR}_p(X)=\theta((1-p)^{-1/\alpha}-1)^{1/\gamma}$$

$$E((X\wedge x)^k)=\frac{\theta^k\Gamma(1+k/\gamma)\Gamma(\alpha-k/\gamma)}{\Gamma(\alpha)}\beta(1+k/\gamma,\alpha-k/\gamma;1-u)$$
$$+x^k u^{\alpha},\quad k>-\gamma$$

$$\text{mode}=\begin{cases}\theta\left(\dfrac{\gamma-1}{\alpha\gamma+1}\right)^{1/\gamma}, & \gamma>1\\ 0, & \text{其他}\end{cases}$$

(3) 逆布尔分布 (inverse Burr-τ, θ, ν)

$$f(x)=\frac{\tau\gamma(x/\theta)^{\gamma\tau}}{x(1+(x/\theta)^{\gamma})^{\tau+1}},\quad F(x)=u^{\tau},\quad u=\frac{(x/\theta)^{\gamma}}{1+(x/\theta)^{\gamma}}$$

$$E(X^k)=\frac{\theta^k\Gamma(\tau+k/\gamma)\Gamma(1-k/\gamma)}{\Gamma(\tau)},\quad -\tau\gamma<k<\gamma$$

$$\mathrm{VaR}_p(X)=\theta(p^{-1/\tau}-1)^{-1/\gamma}$$

$$E((X\wedge x)^k)=\frac{\theta^k\Gamma(\tau+k/\gamma)\Gamma(1-k/\gamma)}{\Gamma(\tau)}\beta(\tau+k/\gamma,1-k/\gamma;u)$$
$$+x^k(1-u),\quad k>-\tau\gamma$$

$$\text{mode}=\begin{cases}\theta\left(\dfrac{\tau\gamma-1}{\gamma+1}\right)^{1/\gamma}, & \tau\gamma>1\\ 0, & \text{其他}\end{cases}$$

• 两参数分布

(1) 帕累托分布 (Pareto-α, θ)

$$f(x)=\frac{\alpha\theta^{\alpha}}{(x+\theta)^{\alpha+1}},\quad F(x)=1-\left(\frac{\theta}{x+\theta}\right)^{\alpha}$$

$$E(X^k)=\frac{\theta^k\Gamma(k+1)\Gamma(\alpha-k)}{\Gamma(\alpha)},\quad -1<k<\alpha$$

$$E(X^k)=\frac{\theta^k k!}{(\alpha-1)\cdots(\alpha-k)},\quad k\text{ 为整数}$$

$$\mathrm{VaR}_p(X)=\theta((1-p)^{-1/\alpha}-1)$$

$$\mathrm{TVaR}_p(X)=\mathrm{VaR}_p(X)+\frac{\theta(1-p)^{-1/\alpha}}{\alpha-1},\quad \alpha>1$$

$$E(X\wedge x)=\frac{\theta}{\alpha-1}\left(1-\left(\frac{\theta}{x+\theta}\right)^{\alpha-1}\right),\quad \alpha\neq 1$$

$$E(X\wedge x)=-\theta\ln\left(\frac{\theta}{x+\theta}\right),\quad \alpha=1$$

$$E((X\wedge x)^k)=\frac{\theta^k\Gamma(k+1)\Gamma(\alpha-k)}{\Gamma(\alpha)}\beta(k+1,\alpha-k;x/(x+\theta))+x^k\left(\frac{\theta}{x+\theta}\right)^{\alpha},$$

对任意 k 成立

$$\text{mode}=0$$

（2）逆帕累托分布（inverse Pareto-τ，θ）

$$f(x)=\frac{\tau\theta x^{\tau-1}}{(x+\theta)^{\tau+1}},\quad F(x)=\left(\frac{x}{x+\theta}\right)^{\tau}$$

$$E(X^k)=\frac{\theta^k\Gamma(\tau+k)\Gamma(1-k)}{\Gamma(\tau)},\quad -\tau<k<1$$

$$E(X^k)=\frac{\theta^k(-k)!}{(\tau-1)\cdots(\tau+k)},\quad k\text{ 为非负整数}$$

$$\text{VaR}_p(X)=\theta(p^{-1/\tau}-1)^{-1}$$

$$E((X\wedge x)^k)=\theta^k\tau\int_0^{x/(x+\theta)}y^{\tau+k-1}(1-y)^{-k}\mathrm{d}y+x^k\left(1-\left(\frac{x}{x+\theta}\right)^{\tau}\right),\quad k>-\tau$$

$$\text{mode}=\begin{cases}\theta\dfrac{\tau-1}{2}, & \tau>1\\ 0, & \text{其他}\end{cases}$$

（3）Loglogistic 分布（loglogistic-γ，θ）

$$f(x)=\frac{\gamma(x/\theta)^{\gamma}}{x(1+(x/\theta)^{\gamma})^2},\quad F(x)=u,\quad u=\frac{(x/\theta)^{\gamma}}{1+(x/\theta)^{\gamma}}$$

$$E(X^k)=\theta^k\Gamma(1+k/\gamma)\Gamma(1-k/\gamma),\quad -\gamma<k<\gamma$$

$$\text{VaR}_p(X)=\theta(p^{-1}-1)^{-1/\gamma}$$

$$E((X\wedge x)^k)=\theta^k\Gamma(1+k/\gamma)\Gamma(1-k/\gamma)\beta(1+k/\gamma,1-k/\gamma,u)+x^k(1-u),$$

$k>-\gamma$

$$\text{mode}=\begin{cases}\theta\left(\dfrac{\gamma-1}{\gamma+1}\right)^{1/\gamma}, & \gamma>1\\ 0, & \text{其他}\end{cases}$$

（4）Paralogistic 分布（布尔分布的特殊情形 $\gamma=\alpha$）

$$f(x)=\frac{\alpha^2(x/\theta)^{\alpha}}{x(1+(x/\theta)^{\alpha})^{\alpha+1}},\quad F(x)=1-u^{\alpha},\quad u=\frac{1}{1+(x/\theta)^{\alpha}}$$

$$E(X^k)=\frac{\theta^k\Gamma(1+k/\alpha)\Gamma(\alpha-k/\alpha)}{\Gamma(\alpha)},\quad -\alpha<k<\alpha^2$$

$$\text{VaR}_p(X)=\theta((1-p)^{-1/\alpha}-1)^{1/\alpha}$$

$$E((X\wedge x)^k)=\frac{\theta^k\Gamma(1+k/\alpha)\Gamma(\alpha-k/\alpha)}{\Gamma(\alpha)}\beta(1+k/\alpha,\alpha-k/\alpha;1-u)+x^ku^{\alpha},$$

$k>-\alpha$

$$\text{mode}=\begin{cases}\theta\left(\dfrac{\alpha-1}{\alpha^2+1}\right)^{1/\alpha}, & \alpha>1\\ 0, & \text{其他}\end{cases}$$

（5）逆 Paralogistic 分布（布尔分布的特殊情形 $\gamma=\alpha$）

$$f(x)=\frac{\tau^2(x/\theta)^{\tau^2}}{x(1+(x/\theta)^\tau)^{\tau+1}},\quad F(x)=u^\tau,\quad u=\frac{(x/\theta)^\tau}{1+(x/\theta)^\tau}$$

$$E(X^k)=\frac{\theta^k\Gamma(\tau+k/\tau)\Gamma(1-k/\tau)}{\Gamma(\tau)},\quad -\tau^2<k<\tau$$

$$\mathrm{VaR}_p(X)=\theta(p^{-1/\tau}-1)^{-1/\tau}$$

$$E((X\wedge x)^k)=\frac{\theta^k\Gamma(\tau+k/\tau)\Gamma(1-k/\tau)}{\Gamma(\tau)}\beta(\tau+k/\tau,1-k/\tau;u)+x^k(1-u^\tau),$$

$k>-\tau^2$

$$\text{mode}=\begin{cases}\theta(\tau-1)^{1/\tau}, & \tau>1\\ 0, & \text{其他}\end{cases}$$

2. 转换的伽马分布

• 两参数分布

（1）伽马分布（Gamma-α，θ）（α 是形状参数，θ 是规模参数，$1/\theta$ 为比率参数）

$$f(x)=\frac{(x/\theta)^\alpha e^{-x/\theta}}{x\Gamma(\alpha)},\quad F(x)=\Gamma(\alpha;x/\theta)$$

$$M(t)=(1-\theta t)^{-\alpha},\quad t<1/\theta;E(X^k)=\frac{\theta^k\Gamma(\alpha+k)}{\Gamma(\alpha)},\quad k>-\alpha$$

$$E(X^k)=\theta^k(\alpha+k-1)\cdots\alpha,\quad k\text{ 为整数}$$

$$E((X\wedge x)^k)=\frac{\theta^k\Gamma(\alpha+k)}{\Gamma(\alpha)}\Gamma(\alpha+k;x/\theta)+x^k(1-\Gamma(\alpha;x/\theta)),\quad k>-\alpha$$

$$=\alpha(\alpha+1)\cdots(\alpha+k-1)\theta^k\Gamma(\alpha+k;x/\theta)+x^k(1-\Gamma(\alpha;x/\theta)),$$

k 为整数

$$\text{mode}=\begin{cases}\theta(\alpha-1), & \alpha>1\\ 0, & \text{其他}\end{cases}$$

（2）逆伽马分布（inverse Gamma-α，θ）

$$f(x)=\frac{(\theta/x)^\alpha e^{-\theta/z}}{x\Gamma(\alpha)},\quad F(x)=1-\Gamma(\alpha;\theta/x)$$

$$E(X^k)=\frac{\theta^k\Gamma(\alpha-k)}{\Gamma(\alpha)},\quad k<\alpha;E(X^k)=\frac{\theta^k}{(\alpha-1)\cdots(\alpha-k)},\quad k\text{ 为整数}$$

$$E((X\wedge x)^k)=\frac{\theta^k\Gamma(\alpha-k)}{\Gamma(\alpha)}(1-\Gamma(\alpha-k;\theta/x))+x^k\Gamma(\alpha;\theta/x)$$

$$=\frac{\theta^k\Gamma(\alpha-k)}{\Gamma(\alpha)}G(\alpha-k;\theta/x)+x^k\Gamma(\alpha;\theta/x),\quad \text{对任意 } k \text{ 成立}$$

$$\text{mode}=\theta/(\alpha+1)$$

（3）威布尔分布（Weibull-θ，τ）

$$f(x)=\frac{\tau(x/\theta)^\tau e^{-(x/\theta)^\tau}}{x},\quad F(x)=1-e^{-(x/\theta)^\tau}$$

$$E(X^k)=\theta^k\Gamma(1+k/\tau),\quad k>-\tau$$

$$\mathrm{VaR}_p(X)=\theta(-\ln(1-p))^{1/\tau}$$

$$E((X\wedge x)^k)=\theta^k\Gamma(1+k/\tau)\Gamma(1+k/\tau;(x/\theta)^\tau)+x^k\mathrm{e}^{-(x/\theta)^\tau},\quad k>-\tau$$

$$\mathrm{mode}=\theta\left(\frac{\tau-1}{\tau}\right)^{1/\tau},\quad \tau>1;\mathrm{else}\ 0$$

（4）逆威布尔分布（inverse Weibull-θ，τ）

$$f(x)=\frac{\tau(\theta/x)\tau\,\mathrm{e}^{-(\theta/x)^\tau}}{x},\quad F(x)=\mathrm{e}^{-(\theta/x)^\tau}$$

$$E(X^k)=\theta^k\Gamma(1-k/\tau),\quad k<\tau$$

$$\mathrm{VaR}_p(X)=\theta(-\ln p)^{-1/\tau}$$

$$E((X\wedge x)^k)=\theta^k\Gamma(1-k/\tau)(1-\Gamma(1-k/\tau;(\theta/x)^\tau))+x^k(1-\mathrm{e}^{-(\theta/x)^\tau}),\quad \text{对任意 } k \text{ 成立}$$

$$=\theta^k\Gamma(1-k/\tau)G(1-k/\tau;(\theta/x)^\tau)+x^k(1-\mathrm{e}^{-(\theta/x)^\tau})$$

$$\mathrm{mode}=\theta\left(\frac{\tau}{\tau+1}\right)^{1/\tau}$$

• 单参数分布

（1）指数分布（exponential-θ）

$$f(x)=\frac{\mathrm{e}^{-x/\theta}}{\theta},\quad F(x)=1-\mathrm{e}^{-x/\theta}$$

$$M(z)=(1-\theta z)^{-1};E(X^k)=\theta^k\Gamma(k+1),\quad k>-1$$

$$E(X^k)=\theta^k k!,\quad k\text{ 为整数}$$

$$\mathrm{VaR}_p(X)=-\theta\ln(1-p)$$

$$\mathrm{TVaR}_p(X)=-\theta\ln(1-p)+\theta$$

$$E(X\wedge x)=\theta(1-\mathrm{e}^{-x/\theta})$$

$$E((X\wedge x)^k)=\theta^k\Gamma(k+1)\Gamma(k+1;x/\theta)+x^k\mathrm{e}^{-x/\theta},\quad k>-1$$

$$=\theta^k k!\ \Gamma(k+1;x/\theta)+x^k\mathrm{e}^{-x/\theta},\quad k\text{ 为整数}$$

$$\mathrm{mode}=0$$

（2）逆指数分布（inverse exponential-θ）

$$f(x)=\frac{\theta\,\mathrm{e}^{-\theta/x}}{x^2},\quad F(x)=\mathrm{e}^{-\theta/x}$$

$$E(X^k)=\theta^k\Gamma(1-k),\quad k<1$$

$$\mathrm{VaR}_p(X)=\theta(-\ln p)^{-1}$$

$$E((X\wedge x)^k)=\theta^k G(1-k;\theta/x)+x^k(1-\mathrm{e}^{-\theta/x}),\quad \text{对任意 } k \text{ 成立}$$

$$\mathrm{mode}=\theta/2$$

• 其他分布

（1）对数正态分布（lognormal-μ，σ）

$$f(x)=\frac{1}{x\sigma\sqrt{2\pi}}\exp(-z^2/2)=\varphi(z)/(\sigma x),\quad z=\frac{\ln x-\mu}{\sigma};F(x)=\Phi(z)$$

$$E(X^k)=\exp(k\mu+k^2\sigma^2/2)$$

$$E((X\wedge x)^k)=\exp(k\mu+k^2\sigma^2/2)\Phi\left(\frac{\ln x-\mu-k\sigma^2}{\sigma}\right)+x^k(1-F(x))$$

$$\text{mode}=\exp(\mu-\sigma^2)$$

（2）逆高斯分布（inverse Gaussian-μ，θ）

$$f(x)=\left(\frac{\theta}{2\pi x^3}\right)^{1/2}\exp\left(\frac{\theta z^2}{2x}\right),\quad z=\frac{x-\mu}{\mu}$$

$$F(x)=\Phi\left(z\left(\frac{\theta}{x}\right)^{1/2}\right)+\exp\left(\frac{2\theta}{\mu}\right)\Phi\left(-y\left(\frac{\theta}{x}\right)^{1/2}\right),\quad y=\frac{x+\mu}{\mu}$$

$$M(t)=\exp\left(\frac{\theta}{\mu}\left(1-\sqrt{\frac{2t\mu^2}{\theta}}\right)\right),\quad t<\frac{\theta}{2\mu^2};E(X)=\mu,\quad \text{Var}(X)=\mu^3/\theta$$

$$E(X\wedge x)=x-\mu^2\Phi\left(z\left(\frac{\theta}{x}\right)^{1/2}\right)-\mu y\exp\left(\frac{2\theta}{\mu}\right)\Phi\left(-y\left(\frac{\theta}{x}\right)^{1/2}\right)$$

（3）对数 t 分布（log t-r，μ，σ）

设 Y 服从自由度为 r 的 t 分布，则 $X=\exp(\sigma Y+\mu)$ 服从对数 t 分布。由于 t 分布的尾部比正态分布厚，因此对数 t 分布比对数正态分布要厚。可证明，对数 t 分布的 r 阶矩不存在（$r>0$）。

$$f(x)=\frac{\Gamma\left(\frac{r+1}{2}\right)}{x\sigma\sqrt{\pi r}\,\Gamma\left(\frac{r}{2}\right)\left(1+\frac{1}{r}\left(\frac{\ln x-\mu}{\sigma}\right)^2\right)^{(r+1)/2}}$$

$F(x)=F\left(\frac{\ln x-\mu}{\sigma}\right)$，其中 $F(t)$ 是自由度为 r 的 t 分布的分布函数

$$F(x)=\begin{cases}\frac{1}{2}\beta\left[\frac{r}{2},\frac{1}{2};\frac{r}{r+\left(\frac{\ln x-\mu}{\sigma}\right)^2}\right], & 0<x\leqslant e^{\mu}\\ 1-\frac{1}{2}\beta\left[\frac{r}{2},\frac{1}{2};\frac{r}{r+\left(\frac{\ln x-\mu}{\sigma}\right)^2}\right], & x\geqslant e^{\mu}\end{cases}$$

（4）单参数帕累托分布（single-parameter Pareto-α，θ）

$$f(x)=\frac{\alpha\theta^{\alpha}}{x^{\alpha+1}},\quad x>\theta;F(x)=1-(\theta/x)^{\alpha},\quad x>\theta$$

$$\text{VaR}_p(X)=\theta(1-p)^{-1/\alpha};\text{TVaR}_p(X)=\frac{\alpha\theta(1-p)^{-1/\alpha}}{\alpha-1},\quad \alpha>1$$

$$E(X^k)=\frac{\alpha\theta^k}{\alpha-k},\quad k<\alpha;E((X\wedge x)^k)=\frac{\alpha\theta^k}{\alpha-k}-\frac{k\theta^{\alpha}}{(\alpha-k)x^{\alpha-k}},\quad x\geqslant\theta$$

$$\text{mode}=\theta$$

这里只有 α 是参数，θ 是事先给定的。

3. 具有有限支撑的分布

（1）广义贝塔分布（generalized Beta-a，b，θ，τ）

$$f(x)=\frac{\Gamma(a+b)}{\Gamma(a)\Gamma(b)}u^a(1-u)^{b-1}\frac{\tau}{x},\quad 0<x<\theta;u=(x/\theta)^\tau$$

$$F(x)=\beta(a,b;u)$$

$$E(X^k)=\frac{\theta^k\Gamma(a+b)\Gamma(a+k/\tau)}{\Gamma(a)\Gamma(a+b+k/\tau)},\quad k>-a\tau$$

$$E((X\wedge x)^k)=\frac{\theta^k\Gamma(a+b)\Gamma(a+k/\tau)}{\Gamma(a)\Gamma(a+b+k/\tau)}\beta(a+k/\tau,b;u)+x^k(1-\beta(a,b;u))$$

（2）贝塔分布（Beta-a，b，θ）

$$f(x)=\frac{\Gamma(a+b)}{\Gamma(a)\Gamma(b)}u^a(1-u)^{b-1}\frac{1}{x},\quad 0<x<\theta;u=x/\theta$$

$$F(x)=\beta(a,b;u)$$

$$E(X^k)=\frac{\theta^k\Gamma(a+b)\Gamma(a+k)}{\Gamma(a)\Gamma(a+b+k)},\quad k>-a$$

$$E(X^k)=\frac{\theta^k a(a+1)\cdots(a+k-1)}{(a+b)(a+b+1)\cdots(a+b+k-1)},\quad k\text{ 为整数}$$

$$E((X\wedge x)^k)=\frac{\theta^k a(a+1)\cdots(a+k-1)}{(a+b)(a+b+1)\cdots(a+b+k-1)}\beta(a+k,b;u)+x^k(1-\beta(a,b;u))$$

附录 4　常见的离散分布

1. （a，b，0）分布

（1）泊松分布（Poisson-λ）

$$p_0=e^{-\lambda},\quad a=0,\quad b=\lambda,\quad p_k=\frac{e^{-\lambda}\lambda^k}{k!}$$

$$E(N)=\lambda,\quad \mathrm{Var}(N)=\lambda,\quad P(z)=e^{\lambda(z-1)}$$

（2）几何分布（geometric-β）

$$p_0=\frac{1}{1+\beta},\quad a=\frac{\beta}{1+\beta},\quad b=0,\quad p_k=\frac{\beta^k}{(1+\beta)^{k+1}}$$

$$E(N)=\beta,\quad \mathrm{Var}(N)=\beta(1+\beta),\quad P(z)=(1-\beta(z-1))^{-1}$$

（3）二项分布（binomial-m，p），$0<p<1$，m 是正整数

$$p_0=(1-p)^m,\quad a=-\frac{p}{1-p},\quad b=\frac{(m+1)p}{1-p}$$

$$p_k=\binom{m}{k}p^k(1-p)^{m-k},\quad k=0,1,\cdots,m$$

$$E(N)=mp,\quad \mathrm{Var}(N)=mp(1-p),\quad P(z)=(1+p(z-1))^m$$

(4) 负二项分布(negative binomial-β, r)

$$p_0=(1+\beta)^{-r},\quad a=\frac{\beta}{1+\beta},\quad b=\frac{(r-1)\beta}{1+\beta}$$

$$p_k=\frac{r(r+1)\cdots(r+k-1)\beta^k}{k!\,(1+\beta)^{r+k}}$$

$$E(N)=r\beta,\quad \mathrm{Var}(N)=r\beta(1+\beta),\quad P(z)=(1-\beta(z-1))^{-r}$$

2. (a, b, 1) 分布

(1) 零截断泊松分布(zero-truncated Poisson-λ)

$$p_1^{\mathrm{T}}=\frac{\lambda}{\mathrm{e}^{\lambda}-1},\quad a=0,\quad b=\lambda$$

$$p_k^{\mathrm{T}}=\frac{\lambda^k}{k!\,(\mathrm{e}^{\lambda}-1)}$$

$$E(N)=\lambda/(1-\mathrm{e}^{-\lambda}),\quad \mathrm{Var}(N)=\lambda(1-(\lambda+1)\mathrm{e}^{-\lambda})/(1-\mathrm{e}^{-\lambda})^2$$

$$\bar{\lambda}=\ln(n\mu/n_1)$$

$$P(z)=\frac{\mathrm{e}^{\lambda z}-1}{\mathrm{e}^{\lambda}-1}$$

(2) 零截断几何分布(zero-truncated geometric-β)

$$p_1^{\mathrm{T}}=\frac{1}{1+\beta},\quad a=\frac{\beta}{1+\beta},\quad b=0$$

$$p_k^{\mathrm{T}}=\frac{\beta^{k-1}}{(1+\beta)^k}$$

$$E(N)=1+\beta,\quad \mathrm{Var}(N)=\beta(1+\beta)$$

$$\beta=\mu-1$$

$$P(z)=\frac{(1-\beta(z-1))^{-1}-(1+\beta)^{-1}}{1-(1+\beta)^{-1}}$$

(3) Logarithmic 分布-β

$$p_1^{\mathrm{T}}=\frac{\beta}{(1+\beta)\ln(1+\beta)},\quad a=\frac{\beta}{1+\beta},\quad b=-\frac{\beta}{1+\beta}$$

$$p_k^{\mathrm{T}}=\frac{\beta^k}{k(1+\beta)^k\ln(1+\beta)}$$

$$E(N)=\beta/\ln(1+\beta),\quad \mathrm{Var}(N)=\frac{\beta(1+\beta-\beta/\ln(1+\beta))}{\ln(1+\beta)}$$

$$\bar{\beta}=\frac{n\hat{\mu}}{n_1}-1 \text{ 或 } \frac{2(\hat{\mu}-1)}{\hat{\mu}}$$

$$P(z)=1-\frac{\ln(1-\beta(z-1))}{\ln(1+\beta)}$$

这是零截断负二项分布的极限情形($r\to 0$)。

(4) 零截断二项分布(zero-truncated binomial-m, p),m 是正整数,$0<p<1$

$$p_1^{\mathrm{T}}=\frac{m(1-p)^{m-1}p}{1-(1-p)^m},\quad a=-\frac{p}{1-p},\quad b=\frac{(m+1)p}{1-p}$$

$$p_k^{\mathrm{T}}=\frac{\binom{m}{k}p^k(1-p)^{m-k}}{1-(1-p)^m},\quad k=1,2,\cdots,m$$

$$\mathrm{E}(N)=\frac{mp}{1-(1-p)^m}$$

$$\mathrm{Var}(N)=\frac{mp((1-p)-(1-p+mp)(1-p)^m)}{(1-(1-p)^m)^2}$$

$$\bar{p}=\frac{\hat{\mu}}{m}$$

$$P(z)=\frac{(1+p(z-1))^m-(1-p)^m}{1-(1-p)^m}$$

（5）零截断负二项分布（zero-truncated negative binomial-β，γ），$r>-1$，$r\neq 0$

$$p_1^{\mathrm{T}}=\frac{r\beta}{(1+\beta)^{r+1}-(1+\beta)},\quad a=\frac{\beta}{1+\beta},\quad b=\frac{(r-1)\beta}{1+\beta}$$

$$p_k^{\mathrm{T}}=\frac{r(r+1)\cdots(r+k-1)}{k!\ ((1+\beta)^r-1)}\left(\frac{\beta}{1+\beta}\right)^k$$

$$\mathrm{E}(N)=\frac{r\beta}{1-(1+\beta)^{-r}}$$

$$\mathrm{Var}(N)=\frac{r\beta((1+\beta)-(1+\beta+r\beta)(1+\beta)^{-r})}{(1-(1+\beta)^{-r})^2}$$

$$\bar{\beta}=\frac{\hat{\sigma}^2}{\hat{\mu}}-1,\quad \bar{r}=\frac{\hat{\mu}^2}{\hat{\sigma}^2-\hat{\mu}}$$

$$P(z)=\frac{(1-\beta(z-1))^{-r}-(1+\beta)^{-r}}{1-(1+\beta)^{-r}}$$

参考答案

第 2 章　理赔强度模型

1. 4％
2. 0.099
3. 12.5
4. 35，50％，52.5
5. 1.435
6. 119.71
7. 1.115
8. 58.3
9. 324，5.82％
10. 1.94
11. 43.6％
12. 0.8
13. 6
14. 0
15. 990 944
16. 0.13
17. 2 000

18. 0.625

19. 175

20.

$$Y^L=0.75(X\wedge 80)+0.25(X\wedge 60)-(X\wedge 40),\quad E(Y^L)=14.5$$

21. 略

22. 略

23. 略

第3章　理赔次数的分布

1. 0.47

2. 0.29

3. 0.938

4. $r=2$，$\beta=1.536$ 的负二项分布

5. 0.449

6. $0.0165\approx\frac{1}{60}$，即平均来说，每60年会出现一年中有4份或以上的保单会发生损失

7. 7

8. 2.4

9. 90（其中 $E(S)=30$，$\mathrm{Var}(S)=60$）

10. $\frac{191}{192}$

11. 0.264 12

12. 5/3

13. 略

14. 略

第4章　短期个体风险模型

1. 0.5，6.416 7

2. 5/12

3. 0.412 9

4.

(1)$F_S(s)=\int_0^s f_{X_1}(x)F_{X_2}(s-x)\mathrm{d}x$

$$=\int_0^s \beta_1 \mathrm{e}^{-\beta_1 x}(1-\mathrm{e}^{-\beta_2(s-x)})\mathrm{d}x$$

$$=\int_0^s [\beta_1 \mathrm{e}^{-\beta_1 x}-\beta_1 \mathrm{e}^{-(\beta_1-\beta_2)x-\beta_2 s}]\mathrm{d}x$$

$$=1+\frac{\beta_2}{\beta_1-\beta_2}\mathrm{e}^{-\beta_1 s}-\frac{\beta_1}{\beta_1-\beta_2}\mathrm{e}^{-\beta_2 s}$$

(2)0. 199 2

5. 3/4

6. $a=\frac{9}{7}\approx 1.285\ 7$，$B=\frac{3\ 150}{29}=108.6$

7. 70 000，1 072 000 000，1. 372 4

8. 856

9. $G=(1+\theta)E(S)$，$\theta=\frac{1.645\sqrt{\mathrm{Var}(S)}}{E(S)}=0.007\ 690\ 4$

10. 74. 233

11. 0. 245 1

12. 46. 13

13. 2

14. 略

第 5 章　短期集体风险模型

1. 0. 042

2.

x	$f_S(x)$	$F_S(x)$
0	0. 818 731	0. 818 731
1	0. 130 997	0. 949 728
2	0. 043 229	0. 992 957
3	0. 005 799	0. 998 756
4	0. 001 097	0. 999 853
5	0. 000 128	0. 999 981
6	0. 000 018	0. 999 999

3. 0. 04，0. 04

4. 0. 036 5

5. 768

6. 2.064

7. 92.16

8. 6.38

9. 2 000 000

10. 15.19

11. 22 500

12. 54，1 080

13. X 的矩母函数为：

$$\begin{aligned} M_X(t) &= E(e^{tX}) \\ &= \sum_{x=1}^{\infty} \frac{c^x}{-\ln(1-c)x} e^{tx} \\ &= \frac{\ln(1-ce^t)}{\ln(1-c)} \end{aligned}$$

其中，第二个等式利用级数 $x+\frac{x^2}{2}+\frac{x^3}{3}+\cdots=-\ln(1-x)$。

利用复合分布矩母函数的性质

$$\begin{aligned} M_S(t) &= P_N(M_X(t)) \\ &= \exp(\lambda(M_X(t)-1)) \\ &= \exp\left[\lambda\left(\frac{\ln(1-ce^t)}{\ln(1-c)}-1\right)\right] \\ &= (e^{-1}(1-ce^t)^{[\ln(1-c)]^{-1}})^{\lambda} \\ &= \frac{e^{-\lambda}}{\{(1-ce^t)^{[\ln(1-c)]^{-1}\lambda}\}^{-1}} \\ &= \frac{e^{-\lambda}}{(1-ce^t)^{\frac{-\lambda}{\ln(1-c)}}} \\ &= \left(\frac{1-c}{1-ce^t}\right)^{\frac{-\lambda}{\ln(1-c)}} \end{aligned}$$

令 $q=c$，$r=\frac{-\lambda}{\ln(1-c)}$，则 $M_S(t)=\left(\frac{1-q}{1-qe^t}\right)^r$，这是一个负二项分布的矩母函数，参数为 $1-c$ 和 r。

14. 13/4

15. 0.051 8

16. $\frac{1.2m}{m!}e^{-1.2}$

17. 0.158 7

18. 0.11

19. 0.636 8

20. 1 308.68
21. 10 000 000，6.55%
22. 0.351 8
23. 2 654.4，66 495 851
24. 略

第 6 章　经验模型

1. 0.014 7，0.572
2. 304.7
3. $$\widetilde{F}(x)=\begin{cases}0, & x\leqslant 0\\ 0.001\,5x, & 0<x\leqslant 100\\ 0.001\,2x+0.03, & 100<x\leqslant 200\\ 0.001\,1x+0.15, & 200<x\leqslant 500\\ 0.000\,34x+0.53, & 500<x\leqslant 1\,000\\ 0.000\,13x+0.74, & 1\,000<x\leqslant 2\,000\\ 1, & x>2\,000\end{cases}$$
4. −0.032
5. 0.583 5
6. 0.957 75
7. 2
8. 1.030 4
9. 0.531 25
10. [1，2]
11. 0.3
12. $\sqrt{69\,375}=263.4$
13. 450
14. 0.485
15. 30
16. 1 955
17. $\sqrt{86\,125-212.5^2}=202.4$
18. −0.032
19. 0.464 4
20. 0.583 5
21. $S_{25}(20)=[0.074\,2]^{20/16}=0.038\,7$
22. 5.5
23. 0.875

24. 略

第 7 章　参数模型

1. 10.857 1
2. 30，12.5，7.5
3. 1.26，0.582
4. 11.85，0.609
5. 1.5
6. $\hat{\lambda}=\bar{t}=7.95$，$\frac{\hat{\omega}}{2}=7.95$，$\hat{\omega}=15.9$

   由均匀分布的性质 $\omega>20$，故 $\hat{\omega}$ 不是一个合理的估计值。

   指数分布的方差：$\hat{\lambda}^2=63.2$，均匀分布的方差：$\frac{\hat{\omega}^2}{12}=21.1$
7. 0.52
8. 14，35，0.424
9. 15
10. 0.322
11. 0.294
12. 0.125 8
13. 二项分布
14. 0.238
15. $\frac{\bar{x}}{1+\bar{x}}$
16. $\frac{1}{3}\max(X_1,X_2,\cdots,X_n)$
17. 0.06
18. $\hat{\theta}_A-\hat{\theta}_B=0$
19. 31.98
20. 0.66
21. 0.343
22. $e^{-\frac{1}{X}}$
23. 58.5
24. 138
25. 0.285
26. 6.65
27. 似然比统计量是 $T=2\ln\frac{L_1}{L_0}=0.14$，且自由度是 1，此时对应 5%显著性水平下

的临界值是 $\chi^2_{0.05}(1)=3.84>T$，因而此时无法拒绝原假设。

28. $Q=\sum_{j=1}^{5}\frac{(n_i-E_j)^2}{E_j}=5.20$，自由度是 $5-2-1=2$，5%置信水平下的临界值为 $\chi^2_{2,0.05}\approx 6.0$，则在5%置信水平下无法拒绝原假设。

29. $T=3.42>\chi^2_{0.1}(1)=2.706$。因此在题设条件下拒绝原假设。

30. 略

31. 略

32. 略

第8章　信度理论

1. 1 375
2. 5 412
3. 1 443.2
4. 15.52
5. 8 694
6. n 大于 1 082 时，理赔额总值为 5 412.65
7. 1 083
8. 大于 4 328
9. 20 154
10. 1.9
11. 0.557 2
12. 3
13. 15
14. 1/3
15. 0.059 6
16. 57
17. 0.1
18. $\sqrt{1.5}$
19. 5/48
20. 232 500，0.93
21. 1.5，1.5
22. 0.899
23. 后验分布为伽马分布，参数 $\alpha'=\alpha+y$，$\theta'=\frac{\theta}{1+2\theta}$
24. 1
25. $\frac{2}{\theta^2}$，1，$\tilde{\alpha}_0=\frac{1}{n+1}$，$\frac{n}{n+1}$

26. 1.66
27. 0.148
28. 493.1
29. 0.247
30. $E(X_2/X_1=x)=\frac{1+x}{4}$，$E(X_3/X_1=0.25, X_2=0.5)=\frac{1}{4\ln 2}$
31. $E(X)=15$，$\mathrm{Var}(X)=241.5$
32. 0.677 8
33. 9/28
34. 保单组合 1：$\frac{205}{216}\times 7+\frac{11}{216}\times 10=\frac{515}{72}$

    保单组合 2：$\frac{205}{216}\times 13+\frac{11}{216}\times 10=\frac{925}{72}$
35. 保单组合 1：$0.537\times 212.5+0.463\times 195.96=204.84$

    保单组合 2：$0.708\times 188.06+0.292\times 195.96=190.37$
36. 0.72
37. 略

第 9 章　随机模拟

1. 正确，错误，正确
2. 3.252
3. 0.608
4. 2 个
5. 16
6. (1) 631；(2) 代码略
7. 2
8. 3.8
9. $x=\frac{1}{\lambda}\ln\left(\frac{1-p}{1-U}\right)$
10. $\frac{x_1+x_2+x_3}{3}=\frac{19\pi}{36}$
11. -0.7
12. 0.125
13. 25.54
14. 4/3
15. (1) 817 377，代码略
16. 1

17. 2 500

18. 8

19. 2

20. 2.1

21. (1) 1，2；(2) 代码略

22. 有一个索赔事件正在处理中，没有索赔事件在等待

23. 2.67

24. 1.033

25. $x_0=0.2$，$y_0=0.32$，代码略

26. 1

27. 0.44

参考文献

[1] 陈希孺．高等数理统计学．合肥：中国科学技术大学出版社，1999.

[2] 成世学．关于可信性模型的若干评注．应用概率统计，2002 (11).

[3] 戴维・卢恩伯格．投资科学．北京：中国人民大学出版社，2005.

[4] 方再根．计算机模拟和蒙特卡罗方法．北京：北京工业学院出版社，1988.

[5] 汉斯．盖伯．数学风险论导引．北京：世界图书出版公司北京分公司，1997.

[6] 黄向阳，金阳，肖宇谷，等．精算中常用的统计模型．北京：中国人民大学出版社，2009.

[7] 霍萨克・波拉德・策恩维茨．非寿险精算基础．北京：中国金融出版社，1992.

[8] 卡尔斯，胡法兹，达呐，等．现代精算风险理论．北京：科学出版社，2005.

[9] 李晓林，孙佳美．生命表基础．北京：中国财政经济出版社，2006.

[10] 李秀芳，傅安平．寿险精算．北京：中国人民大学出版社，2002.

[11] 茆诗松，程依明，濮晓龙．概率论与数理统计教程．北京：高等教育出版社，2004.

[12] 孟生旺，刘乐平，肖争艳．非寿险精算学．3 版．北京：中国人民大学出版社，2015.

[13] 孟生旺．风险模型：基于 R 的保险损失预测．北京：中国人民大学出版社，2017.

[14] 彭非，王伟．生存分析．北京：中国人民大学出版社，2004.

[15] 让・勒梅尔．汽车保险费的定价原理．北京：经济科学出版社，1997.

[16] 王晓军，江星，刘文卿．保险精算学．北京：中国人民大学出版社，1995.

[17] 王晓军．寿险精算学．北京：中国人民大学出版社，2005.

[18] 王星，褚挺进．非参数统计．2 版．北京：清华大学出版社，2009.

[19] 吴岚，王燕．风险理论．北京：中国财政经济出版社，2006.

[20] 肖争艳，高洪忠．非寿险精算．北京：中国人民大学出版社，2006.

［21］谢志刚，韩天雄．风险理论与非寿险精算．天津：南开大学出版社，2000.
［22］谢志刚，朱仁栋．英汉精算学词汇．上海：上海科学技术出版社，2000.
［23］徐仲济．蒙特卡罗方法．上海：上海科学技术出版社，1985.
［24］严士健，刘秀芳．概率与测度．北京：北京师范大学出版社，2003.
［25］张波，张景肖．应用随机过程．北京：清华大学出版社，2004.
［26］张博．精算学．北京：北京大学出版社，2005.
［27］D. 伦敦．生存模型．上海：上海科学技术出版社，1996.
［28］Stuart A Klugman，Harry H Panjer，Gordon E Willmot. 损失模型：从数据到决策：第 2 版．北京：人民邮电出版社，2009.
［29］Ross S M. 统计模拟：第 4 版．北京：人民邮电出版社，2007.
［30］S. M. 劳斯．随机过程．北京：中国统计出版社，1997.
［31］Aarts E，Korst J. Simulated Annealing and Boltzmann Machines. New York：Wiley，1989.
［32］Anderson T W，Darling D A. A Test of Goodness of Fit. Journal of the American Statistical Association，1954，49：765－769.
［33］Bowers N L，et al. Actuarial Mathematics. 2nd ed. Schaumburg. Illinois：Society of Actuaries，1997.
［34］Bowman A W，Azzalini A. Applied Smoothing Techniques for Data Analysis：The Kernel Approach with S-Plus Illustrations. Oxford University Press，1997.
［35］Breslow N，Crowley J. A Large Sample Study of the Life Table and Product Limit Estimates under Random Censorship. The Annals of Statistics，1974，2：437－453.
［36］Broffit J D. Maximum Likelihood Alternatives to Actuarial Estimators of Mortality Rates. TSA，1984，XXXVI：77－142.
［37］Brown R L. Introduction to the Mathematics of Demography. Winsted：ACTEX Publications，Inc.，1993.
［38］Finetti B D. La Prision：Ses Lois Logiques，Ses Sources Subjectives. Annales de l'Institut Henri Poincar，1937.
［39］Casualty Actuarial Society. Foundations of Casualty Actuarial Science. 4th ed. Arlington，2001.
［40］Daykin C D，Pentikainen T，Pesonen M. Practical Risk Theory for Actuaries. London：Chapman & Hall，1994.
［41］DePril N. Improved Approximations for the Aggregate Claims Distribution of a Life Insurance Portfolio. Scandinavian Actuarial Journal，1988：61－68.
［42］Dropkin L. Some Considerations on Automobile Rating System Utilizing Individual Driving Records. Proc. of the Casualty Actuarial Society，1959，XLVI：391－405.
［43］Fan J，Yao Q. Nonlinear Time Series：Parametric and Nonparametric Methods. Princeton：Springer，2005.

[44] Gerber H G. An Introduction to Mathematical Risk Theory. University of Pennsylvania. Philadelphia: S. S. Huebner Foundation, 1980.
[45] Gompertz B. On the Nature of the Function Expressive of the Law of Human Mortality. Phil Trans Royal Soc, 1825, 115: 513 - 583.
[46] Grandell J. Mixed Poission Process. London: Chapman & Hall, 1997.
[47] Greenlee H R, Jr. , Keh A D. The 1971 Group Annuity Mortality Table. Transactions of Society of Actuaries, 1971, 23: 569 - 622.
[48] Panjer H H, Willmot G E. Insurance Risk Model. Schaumburg Illinois: Society of Actuaries, 1992.
[49] Hoem J M. A Flaw in Actuarial Exposed-to-risk Theory. Scandinavian Actuarial Journal, 1984: 187 - 194.
[50] Kaas R, Goovaerts M, Dhaene J, et al. Modern Actuarial Risk Theory. Kluwer Academic Publishers, 2001.
[51] Kaplan E L, Meier P. Nonparametric Estimation from Incomplete Observations. Journal of the American Statistical Association, 1958, 53: 457 - 481.
[52] Kimeldorf G S, Jones D. A Bayesian Graduation. TSA, 1967, XIX: 66 - 112.
[53] Klugman S T, Panjer H H, Willmot G E. Loss Models: From Data to Decisions. New York: John Wiley & Sons, 1998.
[54] Lehmann E L. Theory of Point Estimation. New York: John Wiley & Sons, 1983.
[55] London D. Graduation: the Revision of Estimates. Winsted: ACTEX Publications, Inc. , 1985.
[56] London D. Survival Models and Their Estimation. Winsted, Connecticut: ACTEX Publications, 1997.
[57] Lowrie W B. An Extension of Whittaker-Henderson Method of Graduation. TSA, 1982, XXXIV: 329 - 372.
[58] Makeham W M. On the Law of Mortality and the Construction of Annuity Tables. Journal of the Institute of Actuaries, 1860, 8: 301 - 310.
[59] Nelson W A. Theory and Applications of Hazard Plotting for Censored Failure Data. Technometrics, 1972, 14: 945 - 966.
[60] Press S J. Bayesian Statistics: Principles, Models and Applications. New York: John Wiley & Sons, 1989.
[61] Ramsay C M. Loading Gross Premiums for Risk Without Using Utility Theory. Transactions, 1987, XLV: 305 - 348.
[62] Schuette D R. A Linear Programming Approach to Graduation. TSA, 1978, XXX: 407 - 431.
[63] Wichmann B A, I D Hill. Algorithm AS 183: An Efficient and Portable Pseudo-Random Number Generator. Journal of the Royal Statistical Society. Series C (Applied Statistics), 1982, 31: 188 - 190.

图书在版编目（CIP）数据

精算模型/肖争艳编著．--4版．--北京：中国人民大学出版社，2023.1

新编21世纪风险管理与精算系列教材

ISBN 978-7-300-31236-1

Ⅰ.①精… Ⅱ.①肖… Ⅲ.①保险精算-教材 Ⅳ.①F840.48

中国版本图书馆CIP数据核字（2022）第220673号

新编21世纪风险管理与精算系列教材

精算模型（第4版）

肖争艳　编著

Jingsuan Moxing

出版发行	中国人民大学出版社		
社　　址	北京中关村大街31号	**邮政编码**	100080
电　　话	010－62511242（总编室）		010－62511770（质管部）
	010－82501766（邮购部）		010－62514148（门市部）
	010－62515195（发行公司）		010－62515275（盗版举报）
网　　址	http://www.crup.com.cn		
经　　销	新华书店		
印　　刷	天津鑫丰华印务有限公司	**版　　次**	2013年1月第1版
规　　格	185 mm×260 mm　16开本		2023年1月第4版
印　　张	21.75 插页1	**印　　次**	2023年1月第1次印刷
字　　数	491 000	**定　　价**	49.00元

版权所有　侵权必究　　印装差错　负责调换

中国人民大学出版社　管理分社

教师教学服务说明

中国人民大学出版社管理分社以出版经典、高品质的工商管理、统计、市场营销、人力资源管理、运营管理、物流管理、旅游管理等领域的各层次教材为宗旨。

为了更好地为一线教师服务，近年来管理分社着力建设了一批数字化、立体化的网络教学资源。教师可以通过以下方式获得免费下载教学资源的权限：

- 在中国人民大学出版社网站 www.crup.com.cn 进行注册，注册后进入“会员中心”，在左侧点击“我的教师认证”，填写相关信息，提交后等待审核。我们将在一个工作日内为您开通相关资源的下载权限。

- 如您急需教学资源或需要其他帮助，请加入教师 QQ 群或在工作时间与我们联络。

中国人民大学出版社　管理分社

教师 QQ 群：648333426（仅限教师加入）

联系电话：010-82501048，62515782，62515735

电子邮箱：glcbfs@crup.com.cn

通讯地址：北京市海淀区中关村大街甲 59 号文化大厦 1501 室（100872）